Callwey

Berg am Laim
Nachdruck verboten

CHRISTL KNAUER-NOTHAFT
ERICH KASBERGER

BERG AM LAIM

Von der Hofmark zum Stadtteil Münchens

CALLWEY

Zu Abbildung Seite 2:
Berg am Laim, vor 1900. Im Vordergrund die Kirche St. Stephan mit dem Pfarrhof (links) und dem Voglhof (rechts), hinten die Loretokapelle, oben links St. Michael. Valentin-Musäum, München

CIP-Kurztitelaufnahme der Deutschen Bibliothek
Knauer-Nothaft, Christl:
Berg am Laim: von d. Hofmark zum Stadtteil Münchens
Christl Knauer-Nothaft; Erich Kasberger. – München: Callwey, 1987.
ISBN 3-7667-0869-4
NE: Kasberger, Erich:

Umschlaggestaltung Baur + Belli Design, München, unter Verwendung eines Plans aus dem Staatsarchiv München (s. Abb. 40)
Lithos Brend'amour, München
Satz Filmsatz Schröter GmbH, München
Druck Kastner & Callwey, München
Bindung Schauenburg, Lahr
Printed in Germany
ISBN 3-7667-0869-4

INHALT

7 VORWORT

Christl Knauer-Nothaft

9 SIEDLUNGSANFÄNGE IM RAUM BERG AM LAIM

14 DIE WITTELSBACHER HERZÖGE ALS BESITZER VON BERG

17 DAS DORF UND SEINE BEWOHNER BIS ZUM 16. JAHRHUNDERT

21 DIE FREIHERRN VON LERCHENFELD, DIE NEUEN HERREN DER HOFMARK

25 FÜRSTBISCHOF ALBRECHT SIGMUND, ERSTER GEISTLICHER HOFMARKSHERR

28 BERG AM LAIM IM ZEICHEN DES HEILIGEN MICHAEL UNTER DEM KÖLNER ERZBISCHOF JOSEPH CLEMENS

37 DIE BAUTEN DES ROKOKOFÜRSTEN CLEMENS AUGUST IN BERG AM LAIM

37 ST. MICHAEL BERG AM LAIM

42 DAS NEUE SCHLOSS

45 SIEDLUNG, WIRTSCHAFT UND BEVÖLKERUNG IM 17. UND 18. JAHRHUNDERT

52 ZEIT DES UMBRUCHS: 1778–1852

Erich Kasberger

61 BAUMKIRCHEN

66 ZIEGELEIEN IM 19. JAHRHUNDERT

73 VOM GEMEINDEDORF ZUM MODERNEN STADTTEIL

79 SCHULEN IN BERG AM LAIM

80 DIE VOLKSSCHULE

83 DAS INSTITUT DER ENGLISCHEN FRÄULEIN *(Christl Knauer-Nothaft)*

90 SCHULEN IN BERG AM LAIM – EIN AUSBLICK

(Erich Kasberger) 91 VERSTÄDTERUNG
104 SOZIALE FÜRSORGE
109 EIN DÜSTERES KAPITEL
113 GESELLIGES LEBEN
118 BERG AM LAIM – EIN STADTVIERTEL OHNE ZENTRUM

Christl Knauer-Nothaft/Erich Kasberger 119 ABBILDUNGEN
210 ZEITTAFEL
213 ANMERKUNGEN
224 BILDNACHWEIS
224 REGISTER

VORWORT

In den vergangenen Jahren bildete sich in einigen Münchner Stadtvierteln ein eigenes Stadtteilbewußtsein heraus, das einem nivellierenden Aufgehen in der Großstadt entgegenwirkte und in Ansätzen eine neue Stadtteilkultur schuf. So verstärkte sich auch das Interesse an der jeweiligen Lokalgeschichte, und es entstand eine ganze Reihe von Publikationen, beispielsweise über Haidhausen, Trudering, Moosach, Grünwald, Pasing und Freimann; mit der Geschichte Berg am Laims werden nun diese Forschungen fortgesetzt. Die Autoren des vorliegenden Buches beabsichtigen nicht, eine lückenlose Chronik des Stadtteils vorzulegen oder Teile des umfangreichen Archivmaterials abzudrucken. Es soll vielmehr an einigen wesentlichen Beispielen die Entwicklung des Dorfes zum modernen Stadtteil der Großstadt München vorgestellt werden.

Berg am Laim erlebte eine wechselnde, zeitweise sogar glänzende Geschichte. Die kleine Hofmark gehörte lange Zeit zum Besitz der Wittelsbacher. Einer von ihnen, der Kölner Erzbischof Clemens August, ließ hier für die Michaelsbruderschaft und den gleichnamigen Ritterorden eine bedeutende Hofkirche errichten, die bis heute zu den Prunkstücken des bayerischen Rokoko zählt. Das kleine Dorf mit seiner bäuerlichen und handwerklichen Siedlungsstruktur profitierte von der Baufreudigkeit der Hofmarksherrn des 17. und 18. Jahrhunderts. Die nachfolgenden Besitzer der Hofmark, die Freiherrn von Hompesch, führten Berg am Laim durch die Anbindung an das Münchner Straßennetz und durch die Vergrößerung des Ortes in eine neue Zeit. Mit der beginnenden Industrialisierung und dem Ausgreifen der Stadt München rückte Berg am Laim dann wegen seiner erheblichen Lehmvorkommen mehr und mehr in das Blickfeld eines spekulierenden Unternehmertums. Neben der wachsenden Großstadt bestimmten also auch die Bodenschätze und die geographische Lage im Osten Münchens Art und Weise sowie Tempo der Verstädterung in Berg am Laim. Da diese mit der Eingemeindung nach München nur äußerlich einen Abschluß fand, werden einige Erscheinungsformen der Urbanisierung bis heute nachgezeichnet – das 75jährige Jubiläum der Eingemeindung im Jahre 1988 bietet dazu einen weiteren Anlaß.

Zwei maschinenschriftliche Manuskripte über Berg am Laim, zusammengestellt von den überaus fleißigen und kenntnisreichen Heimatforschern Josef Hartmann und Dr. Anton Kreuzer, bildeten den Einstieg in die Geschichte Berg am Laims; den Angehörigen der beiden verstorbenen Forscher sei daher herzlich gedankt. Allerdings konnten diese Unterlagen nicht die intensive Arbeit in Archiven und Sammlungen ersetzen, in denen sich neben den schriftlichen Zeugnissen auch bisher wenig beachtetes Karten- und Bildmaterial fand. Dem Bild als historischer Quelle gilt deshalb in diesem Buch ebenfalls unsere Aufmerksamkeit. Die Autoren danken den vielen Berg am Laimern, die beim mühevollen Zusammentragen der Bilddokumente geholfen haben. Stellvertretend gilt hier unser Dank vor allem Herrn Helmut Kolmeder und dem Bürgerkreis von Berg am Laim für die Überlassung der Fotosammlung Fries, ebenso aber auch den Schulen, allen Archiven und Sammlungen, in denen wir bei unserer Arbeit aufmerksame Unterstützung fanden. Besonders herzlichen Dank möchte Erich Kasberger an dieser Stelle Frau Dr. Marita Krauss aussprechen, die seine Arbeit wissenschaftlich kompetent betreute und ihm den Kontakt zu den Bearbeitern des von ihr zusammen mit Prof. Dr. Friedrich Prinz geleiteten Forschungsprojekts »München 1900« vermittelte – ein Kontakt, der viele hilfreiche Hinweise und Anregungen erbrachte.

Das Kulturreferat der Stadt München und der Bürgerkreis von Berg am Laim halfen uns, die Kosten für die Reproduktionen in einem annehmbaren Rahmen zu halten, und die Firma Rohde und Schwarz ermöglichte es, den Bildteil so umfangreich wie geplant zu gestalten.

Zu Dank verpflichtet sind wir vor allem auch Herrn Dr. Luitpold Knauer für seine unermüdliche liebevolle Anteilnahme und Geduld. Christl Knauer-Nothaft möchte überdies ihre Kinder Susanne und Christoph lobend hervorheben, die ihrer Berg-am-Laim-begeisterten Mutter mit viel Verständnis entgegengekommen sind. Vom Callwey-Verlag und seinen Mitarbeitern wurde dieses Stadtteilbuch in großzügiger und vertrauensvoller Weise betreut. Ihnen gilt unser besonderer Dank.

Christl Knauer-Nothaft
Erich Kasberger

Fig. 1 Philipp Apian, Bairische Landtafeln, Ingolstadt 1568, Ausschnitt aus Tafel 18, Stiftsbibliothek St. Bonifaz ▷

SIEDLUNGSANFÄNGE IM RAUM BERG AM LAIM

Berg am Laim, älter als München

Berg am Laim, 4 km östlich vom Marienplatz entfernt, gehörte zum engeren Kreis der alten um München gelegenen Dörfer, wie Ramersdorf, Thalkirchen, Sendling, Laim, Schwabing und Bogenhausen.
München, ursprünglich eine Siedlung links der Isar, konnte sich durch seine Lage am Fluß und die 1158 von Heinrich dem Löwen geschaffenen günstigen Voraussetzungen, Brücke und Markt, schnell zum Zentralort entwickeln.
Auch am rechten Isarufer nahm die Bevölkerung, durch die Stadt angezogen, rasch zu: zuerst am Gasteig, dann in der Au, in Giesing und Haidhausen. Durch die dynamische Vergrößerung Münchens wurden seit Mitte des letzten Jahrhunderts die umliegenden Dörfer in die Stadt eingebunden.

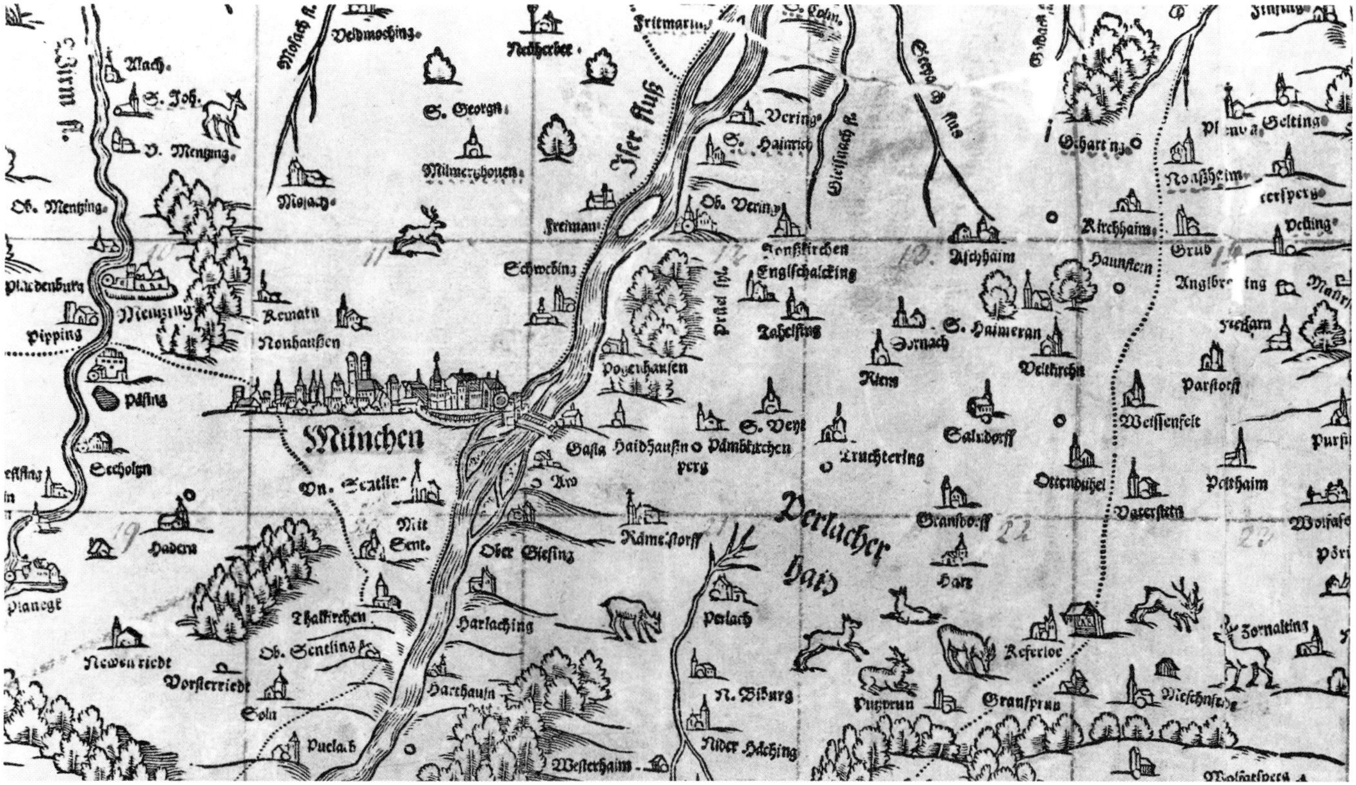

Auf der Hochfläche des rechten Isarufers finden wir in weiterem Umkreis die Ortschaften Ismaning, Föhring, Englschalking, Daglfing, Trudering, Eglfing, Haching und Derbolfing (das heutige Grünwald). Mit Absicht werden hier die ing-Orte herausgegriffen, da sie auf früheste bajuwarische Siedlung hinweisen. Auch Berg am Laim lag mitten in diesem bayerischen Altsiedelland.
Gute geologische Bedingungen boten sich hier für die Niederlassung an: Die sich von Ramersdorf bis Ismaning erstreckende, mit Löß bedeckte Lehmzunge, die fruchtbaren Getreideanbau ermöglichte, und der Hachinger Bach, der die Wasserversorgung sicherstellte. Dieser nur 12 km lange Bach versickert zwar an der Grenze zwischen Perlach und Berg am Laim (Ecke Heinrich-Wieland-/Kampenwand-Straße), und fließt von da an nur noch unterirdisch, in zwei Wasserarmen gegabelt, weiter. Man kann aber davon ausgehen, daß diese Bäche bis zum Spätmittelalter oberirdisch verliefen, einer nach Westen, bis er bei Ismaning in die Isar mündete, der andere nach Osten über Aschheim zum Erdinger Moos (Abb. 4, 5).[1]
Auf dem heutigen Stadtplan umfaßt Berg am Laim die Ortsteile Echarding, Berg am Laim, Josephsburg, Michaeliburg und Baumkirchen.[2] Noch bis ins 19. Jahrhundert bestanden hier nur drei räumlich voneinander getrennte, kleine Siedlungen, in einer Achse am östlichen Rand der Lehmzunge gelegen: Der Weiler Erhartingen[3], einen halben Kilometer nördlich davon das Dorf Berg und wiederum einen halben Kilometer in nördlicher Richtung das Pfarrdorf Baumkirchen. Ein vierter Ort, der längst verschwunden ist, befand sich zwischen Baumkirchen und Trudering: Pachem bzw. Bachheim.
Der Name Berg am Laim wurde in der ersten Hälfte des 15. Jahrhunderts gebräuchlich, bezog sich aber anfangs nur auf den Ort Berg, seit 1620 auch auf Echarding. Baumkirchen gehörte erst seit 1808 zu Berg am Laim.

Echarding und das Kloster Tegernsee

Archäologische Funde, die uns über die frühe Besiedlung sichere Auskunft geben könnten, liegen in Echarding (Abb. 54) selbst nicht vor. Man kommt der Entstehungszeit dieser Siedlung nur über die Ortsnamenkunde näher. So bedeutet Erhartingin[4] – dies ist der erste bezeugte Name – bei den Leuten des Erhart. Durch die Endung drückt sich der frühmittelalterliche Personenverband aus: Auf den Gütern des Grundherrn lebten und arbeiteten die von ihm abhängigen Menschen.
Echarding gehört zu den echten ing-Orten, von denen es im heutigen Stadtkreis München 17 gibt. Wie diese Siedlungen entstand Echarding in der Frühzeit der germanischen Landnahme.[5]
In diesem Zusammenhang soll das 750 Meter von Echarding entfernt gefundene, schon auf die zweite Hälfte des 5. Jahrhunderts datierte germanische Reihengrab erwähnt werden.[6] Andere nahegelegene Orte, wie Denning, Englschalking, Kirchtrudering, Daglfing und Zamdorf, weisen zahlreiche Gräberfunde aus dem 6. und 7. Jahrhundert auf.[7]
Ein weiterer Hinweis auf eine schon beim frühen Landesausbau entstandene Siedlung könnte das Fehlen einer Kirche sein.[8] Die im Zweiten Weltkrieg zerstörte Echardinger Kapelle war eine Gründung des 18. Jahrhunderts (Abb. 161).
Die erste gesicherte Erwähnung Echardings findet sich in einer Urkunde des Klosters Tegernsee von 1091: Ein Angehöriger aus der Dienstmannschaft (Ministerialität) des Klosters, »Rihker servus sancti Quirini«, tauschte sein Gut zu »Erhartingin« gegen ein Gut in Unterzeismering (Landkreis Starnberg).[9] Noch im 15. Jahrhundert wird Echarding in grundherrschaftlichen Aufzeichnungen Tegernsees in verschiedenster Schreibweise erwähnt.[10]
Wie Tegernsee in den Besitz Echardings kam, ist unbekannt. Das Kloster, um 760 n. Chr. gegründet, hatte zu Beginn des 10. Jahrhunderts an ungefähr 90 Orten Besitzungen, sehr viele davon auf dem »Gefilde«, dem Höhenzug rechts der Isar.[11]
Die Neugründung des Klosters Tegernsee nach einer Niedergangsphase, die unter anderem durch die Ungarneinfälle bedingt war, erfolgte 979.[12] Mit kaiserlichen Privilegien ausgestattet, wurde das wiederaufblühende Kloster durch seine Besitzungen auf dem »Gefilde« zum Konkurrenten des Bischofs von Freising. Dieser besaß schon seit der Zeit König Pippins Land um Föhring.[13] Durch Verleihung der Hochgerichtsbarkeit durch Ludwig den Bayern im Jahr 1319 konnte der Bischof sein Gebiet an der Isar zur »Grafschaft Ismaning« ausbauen.[14] Das freisingische Hochstift erstreckte sich bis zum Priel, wie man die Isarauen bei Bogenhausen nannte, also fast bis zur nordwestlichen Grenze Berg am Laims (Abb. 4).

Das Kloster Tegernsee baute seine Stützpunkte vorzugsweise an wichtigen Handelswegen auf. Vor der Gründung Münchens verlief ein bedeutendes Straßensystem von Süden nach Norden, parallel zur Isar, auf die bis ins 12. Jahrhundert benützte Römerstraße Feldkirchen-Föhring zu, welche über die nördliche Isarbrücke führte.[15] Eine dieser Verkehrsverbindungen wird für unser Gebiet wichtig. Es ist die durch das Hachinger Tal verlaufende Straße, an der die Tegernseer Benediktiner Niederlassungen in Deisenhofen, Potzham, Winning, Unterhaching, Unterbiberg und Perlach besaßen.[16] Die Vermutung, daß diese Straße weiter über Echarding und Berg nach Oberföhring führte, liegt nahe, da der tegernseeische Besitz in Echarding in der Verbindungslinie zwischen Perlach und Oberföhring liegt. Echarding war also eine Verlängerung des Stützpunktsystems des Klosters Tegernsee.

Neben Echarding erscheint in den Tegernseer Urbaren noch eine Niederlassung bei Berg am Laim mit dem Namen Egerdach. Dieses Egerdach war ein Teil eines 1214 erwähnten Lehens der Hohenburger, das Tegernsee zusammen mit der Burg Hoheneck verlieh. Die Burg an der Isar war Brückenkopf für die hier vorbeiführende Salzstraße Süd (von Aibling nach Weilheim), die durch Tegernseer Besitztümer gesichert wurde.[17] Nach 1289 verlieren sich die Spuren Egerdachs.[18] Vermutlich ist diese Siedlung mit einem Teil Echardings identisch, oder dieser Siedlung angegliedert worden.

Der Tegernseer Stützpunkt bestand wohl aus einem oder zwei Maierhöfen (Echarding, Egerdach), die aber gegen Ende des 15. Jahrhunderts aufgeteilt wurden. Durch veränderte Wirtschaftsbedingungen waren Teilungen der alten Maierhöfe schon seit dem Hochmittelalter üblich.[19] Es entstanden mehrere Höfe, darunter der Groß- und Kleinmaier.[20]

Wie gering das Interesse Tegernsees an seinem Stützpunkt Echarding geworden war, zeigt der ab dem 16. Jahrhundert erfolgende Verkauf der Höfe. Zu dieser Zeit verliefen die Straßen längst nicht mehr nur in südnördlicher Richtung, sondern auf den Handelsmittelpunkt München zu. Hier, am Umschlagplatz für Salz, Wein und Tuche, besaß das Kloster Tegernsee schon seit Mitte des 13. Jahrhunderts eine Niederlassung »nächst St. Klara auf dem Anger«.[21]

Einer der Hofkäufer war Ulrich Rieger aus Berg. Er erwarb »das Guett, genannt Erhartting in der Hofmark Perg und Perlacher gebiet gelegen«, das er schon vorher bewirtschaftet hatte, um 134 Gulden (Abb. 3).[22] Noch Ende des 18. Jahrhunderts besaß der »Riegerbauer« zusätzlich zu seinem Berg am Laimer Hof (Abb. 57) den Rest des »tegernseeischen Hofguts« und ein Tagwerkerhäusl in Echarding als sein persönliches Eigentum.[23] Die anderen Echardinger Anwesen, der Groß- und Kleinmaier, gehörten seit der Erwerbung durch Albrecht von Lerchenfeld im Jahr 1620 zur Hofmark.

Bis heute erhalten hat sich nur der ehemalige Großmaier an der Echardinger Straße 29 (Abb. 54), der noch bis 1984 vom »letzten Bauern« Berg am Laims, Stefan Engert, in Pacht bewirtschaftet wurde. Die Stadt München, seit 1928 als Nachfolger Hugo Ritter von Maffeis im Besitz des Anwesens, plant hier einen Neubau, in dem die Bezirksbetriebsstelle München-Ost des Gartenbauamtes untergebracht wird.

Ortsname, Lage und erste urkundliche Erwähnungen Bergs

Der Ortsname Berg kommt im frühen Bayern sehr häufig vor. Eine Lokalisierung der verschiedenen, in den Urkunden erwähnten »Berg«-Orte ist deshalb schwierig. Erst durch die Beifügung »auf dem Laimb«, die 1430 zum ersten Mal auftritt[24], werden Verwechslungen endgültig ausgeschlossen.

Der »Laimb«, eine mittelhochdeutsche Bezeichnung für Lehm, der bei Berg die Münchner Schotterebene mehrere Meter hoch bedeckte, war namengebend für unseren Ort.

Die erste Siedlung entstand am ansteigenden südöstlichen Rand der Lehmzunge in der heutigen Josephsburgstraße. »Perke«, so die vermutlich erste Bezeichnung[25], muß deshalb »Siedlung am Berg« bedeutet haben. Von Osten kommend, ist diese ehemalige Erhebung heute kaum mehr wahrnehmbar, da der Lehmabbau des 19. Jahrhunderts und die Abtragung von Erdreich beim Bau der Straßenbahn 1926 in Höhe der Echardinger/Berg-am-Laim-Straße, eine Nivellierung des Bodens zur Folge hatten. Immerhin schrieb Michael Wening noch 1701, das Schloß (Abb. 19) – das später gegenüber dieser ersten Ansiedlung entstanden ist – liege »an einem wenigen Gehäng« (Fig. 6).[26]

Die frühesten schriftlichen Aufzeichnungen mit Nennung von Ortsnamen finden sich für unser Gebiet im ältesten

Traditionsbuch Deutschlands, das unter dem Freisinger Bischof Hitto (811–835) entstand.[27] Es enthält die Abschrift aller seit 744 vorliegenden Urkunden, die Güterschenkungen an das Domstift Freising bezeugen.[28] Kanzlei und Kirche Freisings waren zu dieser Zeit ein Mittelpunkt der fränkischen Königsprovinz, die Bayern nach dem Sturz Herzog Tassilos geworden war.[29]

Drei Urkunden, die Schenkungen an Freising zur Zeit Bischof Hittos zum Inhalt haben, werden mit großer Wahrscheinlichkeit Berg am Laim zugeschrieben:

1. Tradition vom 23. April 812:[30]
Der Priester Cundhart und sein Neffe Liuthram übergeben ihren Besitz zu Berg (»ad Perke«) an den Freisinger Marienaltar.

2. Tradition vom 20. Januar 813:[31]
Hahmunt und seine Mutter Ellanpirc übergeben der Freisinger Marienkirche ihren Besitz zu Berg (»ad Perge«) zusammen mit ihrer hier stehenden Kirche und leibeigenem Gesinde.

3. Tradition vom 8. Januar 814:[32]
Der Priester Starcholf und der Diakon Hatto schenken Besitz in Berg (»ad Perke«), Pframmern, Harthausen und Hohenbrunn der Freisinger Bischofskirche.

Die ersten beiden Urkunden werden Berg am Laim zugeschrieben, weil in der langen Zeugenreihe jeweils zwei gleiche Namen auftauchen: Haholf und Reginpald. In der Tradition von 813 fällt zusätzlich der als Zeuge genannte Rumolt auf, der des öfteren als bischöflicher Vogt östlich der Isar vorkommt.[33] Außerdem wird der Name des an Berg am Laim angrenzenden Ramersdorf auf einen Rumolt zurückgeführt. Es heißt in seiner ältesten urkundlichen Erwähnung Rumoltesdorf.[34] In der dritten Urkunde ist die Nähe der genannten Orte zu Berg am Laim ein Hinweis, daß es sich um unser Berg handelt.

Diese Schenkungen aus priesterlicher und adeliger Hand an die Kirche entsprachen der Vorstellung, durch Übergabe von Besitz sein »Seelenheil« im Jenseits vorzubereiten. Aber auch materielle und geistliche Vorteile noch zu Lebzeiten mögen eine Rolle gespielt haben.[35]

Bei zwei weiteren Berg am Laim betreffenden freisingischen Geschäftsverträgen geht es ebenfalls um Abrundung von Kirchenvermögen. Während der Ungarneinfälle in der ersten Hälfte des 10. Jahrhunderts wurde auch Freising am 30. Juli 909 in Brand gelegt. Nach dem Sieg König Ottos I. über die Ungarn fiel Bischof Lantbert (937–957) der Wiederaufbau des Bistums zu. Der Bischof führte zwei nicht datierte Tauschgeschäfte mit Berger Besitz durch: Für drei Höfe und eine Kirche aus Berg (»Perec«) erhielt er fünf Höfe in Sendling[36], für zwei Höfe mit Wiesen und Weiden, Wäldchen und Gewässern aus dem Besitz der Kirche in Berg (»in loco Perage«) drei Güter in Haidhausen.[37] Den zweiten Vertrag bezeugten 12 Männer, die der Sitte gemäß an den Ohren gezogen wurden, um sich den Vorgang zu merken.

In Zusammenhang mit Berg wird in diesen Traditionen immer wieder eine Kirche genannt, die aber in den Bistumsbeschreibungen des 14. und 16. Jahrhunderts nicht mehr als Berger Kirche erscheint. Wahrscheinlich handelt es sich deshalb hier um einen Vorgängerbau der späteren Kirche St. Stephan in Baumkirchen (Abb. 6, 7). Berg und Baumkirchen wurden vermutlich namentlich nicht immer unterschieden. Erst im Jahr 870 trat ein eigenständiger Name für Baumkirchen auf: Pouminunchirihum.[38] Die Kirche entstand demnach vor 813, da sie der adelige Hahmunt, wie urkundlich erwähnt, als seine Kirche erbaute. Die Besitzzugehörigkeit der Kirche ist erst ab 1052 endgültig zu klären. In diesem Jahr bestätigte Kaiser Heinrich III. ihre Übergabe zusammen mit drei anderen Kirchen – darunter die St. Stephanskirche in Unterhaching –, an das Stift St. Veit in Freising. Die Chorherren von St. Veit sollten durch diese Schenkung, mit der der Zehnt, zwei Huben und Leibeigene verbunden waren, wirtschaftliche Hilfe erhalten. Bis 1803 waren sie nun berechtigt, den Pfarrer von Baumkirchen zu stellen und die zugehörigen landwirtschaftlichen Abgaben zu fordern.[39]

Solange für Echarding, Berg und Baumkirchen verschiedene Grundherrschaften (Tegernsee, Hofmarksherren, St. Veit/Freising) zuständig waren, blieben der Pfarrer und St. Stephan, die seit 1315 Pfarrkirche war und damals zum Dekanat Ismaning gehörte, das einzig verbindende Element für die drei Orte.

Das Dorf Pachem, eine ehemalige Siedlung am Hachinger Bach, und die Kirche St. Veit

Die Entstehungsgeschichte der später untergegangenen Siedlung Pachem liegt weitgehend im Dunkeln. Wahrscheinlich wurde sie schon im 15. Jahrhundert von ihren

Bewohnern verlassen. Der Ortsname Pachem, bzw. Bachheim[40], deutet auf eine frühe Ansiedlung am Hachinger Bach hin. Wie die ing-Orte gehören die heim-Orte zur ältesten germanischen Namensschicht.

Das heute nicht mehr genau lokalisierbare Pachem befand sich zwischen Baumkirchen und Trudering und damit auch zwischen den beiden, zumindest in wasserreichen Zeiten des Jahres, oberirdisch verlaufenden Armen des Hachinger Baches.[41] Ganz in der Nähe des vermuteten Ortes Pachem, am Ellingerweg und in der St. Veit-Straße, traf man auf Spuren aus der Römerzeit.[42] Die Reste römischer Besiedlung aus dem 1. Jahrhundert n. Chr. und die zwölf ausgegrabenen spätrömischen Skelettgräber (Abb. 2) lassen auf eine kontinuierliche Besiedlung dieser Ortschaft bis ins späte Mittelalter schließen.

Zahlreiche schriftliche Erwähnungen Pachems gibt es seit dem 12. Jahrhundert.[43] So wird anläßlich einer Beurkundung des freisingischen Besitzes in Ismaning zwischen 1197 und 1212 unter einer großen Zahl von Freisinger Ministerialen auch »Hainricus villicus de Pacchem« genannt[4], offenbar ein Verwalter eines bischöflichen Gutes in Pachem.

1340 erhielt »Chunrad der Ziegelmeister von Perg« vom Dechanten und dem freisingischen Domkapitel ein Gut zu Pachem verliehen, unter der Bedingung, daß er Hof und Stadel innerhalb von zwei Jahren bauen solle.[45]

Im Salbuch des Heiliggeistspitals von 1390 findet sich der Eintrag: »Item ze Pachen II öde Höf ...«[46] Zwischen 1392 und 1424 werden zwei Güter »zu dem Sailer in pechaim perger pfarr« genannt.[47]

Laut Bistumsbeschreibungen gab es 1315 noch eine Pachemer Kirche als Filialkirche von Baumkirchen, allerdings 1524 nicht mehr.[48]

Gründe für die Aufgabe des Dorfes Pachem konnte es in einer Zeit der Pestepidemien und der allgemeinen Landflucht mehrere geben. Mitverantwortlich war sicher das Versickern des Hachinger Bachs, dessen Wassermenge immer mit der Höhe des Grundwasserspiegels zusammenhing. In wasserarmen Zeiten trocknete er aus, in wasserreichen überschwemmte er die umliegenden Äcker (Abb. 4, 5). Obwohl der Bach gegen Ende des Mittelalters ab Perlach nur noch als Grundwasserstrom weiterfloß, traten die Überschwemmungen im Bereich des östlichen Berg am Laim und Trudering bis ins 20. Jahrhundert hinein als »Hiedlwasser« auf.[49] Die heute noch bekannte Sage vom Hachinger Bach bewältigt dieses geologische Phänomen auf volkstümliche Weise (Fig. 2).

Die Sage vom Hachinger Bach.

Vor vielen hundert Jahren stand zwischen Perlach und Berg a. Laim eine stattliche Mühle, deren Räder getrieben wurden von dem Wasser des Hachingerbaches. Es war die größte Mühle auf viele Stunden im Umkreis und brachte ihren Besitzern viel Geld ein. Die Besitzer waren zwei Brüder, die beständig im Streite miteinander lagen, wer von ihnen mehr Recht auf die Mühle habe. So wurden sie ihres Besitzes nie froh; ja der Streit wurde immer heftiger und eines Tages gerieten sie so in Wut, daß sie aufeinander losschlugen. In der Nacht begab sich der Jüngere mit einer Schaufel leise aus dem Hause und begann dem Bache oberhalb der Mühle ein anderes Bett zu graben. „Lieber soll die Mühle still stehen", dachte er bei sich in blinder Wut, „als daß ich sie meinem Bruder überlasse".

Doch der stand auch schon hinter ihm und stellte ihn zornig zur Rede. Da hub ein wildes Ringen an zwischen den Brüdern — bis der jüngere den Arm frei bekam, die Schaufel hoch in der Luft schwang und den andern damit niederschlug. Mit einem gräßlichen Fluche ging er von dannen. Am Morgen standen die Räder der Mühle still. Kein Bach war mehr zu sehen. Dort wo die schauerliche Tat geschehen war, verschwand alles Wasses spurlos in den Boden.

Fig. 2 Aus »Ausflüge in die östliche Umgebung von München«, Führer München-Ost, bearbeitet v. F. Schleifer und August Weinländer, 1926

Mitte des 16. Jahrhunderts ließ das Freisinger Kollegiatsstift St. Veit auf altem Pachemer Boden eine neue Kirche als Filiale zu Baumkirchen errichten. Die von Philipp Apian auf seiner 1568 erschienenen Landkarte als »S. Veyt« bezeichnete Kirche (Fig. 1) erhielt wegen ihrer Lage inmitten von Feldern und Wiesen den Beinamen »auf dem Wasen«.[50] In einem kleinen Schulhaus an der Kapelle unterrichtete ein Eremit aus einer nahen Einsiedelei die Kinder aus Berg, Baumkirchen, Zamdorf, Denning, Riem und Daglfing.[51] Besonders am 15. Juni, dem Tag ihres Patroziniums, war die Kirche St. Veit auf dem Wasen Ziel von Wallfahrten und Bittgängen der Dorfbewohner aus der Umgebung.[52]

1806, drei Jahre nach Auflösung des Kollegiatsstifts St. Veit in Freising, kam St. Veit auf dem Wasen unter den Hammer und wurde abgerissen.[53] An das untergegangene Dorf Pachem und an die Kirche St. Veit erinnern heute in Berg am Laim zwei Straßennamen.

DIE WITTELSBACHER HERZÖGE ALS BESITZER VON BERG

Wie wurden die Wittelsbacher hier Grundherren?

Da die Siedlung Berg Zentrum der späteren Hofmark war – Echarding blieb bis 1620, Baumkirchen bis 1808 eigenständig –, soll im folgenden nur die historische Entwicklung dieses Ortes verfolgt werden.
11. und 12. Jahrhundert hinterließen keine einzige schriftliche Kunde über Berg, erst ab 1280, als die Wittelsbacher im Besitz der Berger Höfe waren, erhalten wir wieder konkrete Nachrichten. So können wir bis dahin nur aus der allgemeinen Entwicklung im Raum zwischen Wolfratshausen, Ebersberg und Freising Rückschlüsse auf unseren Ort ziehen. Ursprünglich lag der Herrschaftsbereich der Grafen von Scheyern, die sich seit 1115 Wittelsbacher nannten, westlich und nicht östlich der Isar.[1]
Welche Veränderungen in den Herrschaftsverhältnissen hatten in der Zwischenzeit stattgefunden?
Im 10. und 11. Jahrhundert waren die Grafen von Ebersberg, eine der größten Adelsfamilien ihrer Zeit, bestimmend für den Raum rechts der Isar. Wohl als Dank für ihre Hilfe in den Ungarnkriegen verlieh ihnen der König Land, darunter ehemaliges Tegernseer Klostergut, nachweislich in Höhenkirchen, Perlach, Giesing und Ismaning.[2] Als die Grafen von Ebersberg 1045 ausstarben, verteilte der König ihren Besitz, der zum größten Teil aus Reichslehen bestand, neu.[3] So könnte Baumkirchen, das Kaiser Heinrich III. 1052 an das Kollegiatstift St. Veit verlieh, aus diesem Erbe der Ebersberger stammen.
Ein großer Anteil aus ehemaligem Ebersberger Besitz fiel jedenfalls auch an die Grafen von Scheyern. Als Otto von Wittelsbach 1180 mit der bayerischen Herzogswürde belehnt wurde, besaß seine Familie bereits östlich der Isar gelegene Ländereien und Vogteigüter des Klosters Ebersberg.[4]
Noch einmal gelangten die Wittelsbacher in diesem Raum zu Grund und Boden, als sie sich 1248 des Herrschaftsbereichs der Grafen von Andechs bemächtigten. Dieses große Adelsgeschlecht besaß, neben seinem Hauptsitz im Gebiet Andechs-Dießen, einen zweiten wichtigen Stützpunkt, die Burg und Grafschaft Wolfratshausen. Als Vögte verwalteten die Grafen von Andechs außerdem die Klöster Tegernsee und Benediktbeuren.[5]

Der Kampf, den die Wittelsbacher im Zuge ihres Landesausbaus zum geschlossenen Herrschaftsbezirk gegen die Andechser und Wolfratshausener Grafen führten, begann im Jahre 1208. Der ältesten Aufzeichnung des herzoglichen Besitzstandes zufolge befanden sich schon 1231 Kirchheim, Englschalking und die Vogtei Solalinden in der Hand des Wittelsbachers.[6] Nach der Eroberung der Burg Wolfratshausen 1243 konnte der Wittelsbacher Herzog endgültig seinen Herrschaftsbereich rechts der Isar ausdehnen.
Unter den neu erworbenen Gütern und Ländereien befand sich auch Berg mit seinen Bauernhöfen. An den Herzog als neuen Grundherrn mußten die Bauern nun Sach- und Geldleistungen entrichten.

Berg in den herzoglichen Urbaren von 1280 und 1340

Die Einkünfte aus den neuen Besitzungen der Wittelsbacher wurden in Büchern, sogenannten Urbaren, verzeichnet, die einzelnen Orte dabei verschiedenen Ämtern zugeteilt. Berg, im 1. Urbar von 1231 noch nicht aufgeführt, gehörte im 2. Urbar von 1280 neben Föhring, Haidhausen, Brunntal und Sendling zum herzoglichen Amt Kirchheim.[7] Es war eines von 110 Ämtern, die zu dieser Zeit das Herzoggut verwalteten.[8]
Bei den abgabepflichtigen Höfen Bergs (»Perge«) wird unterschieden zwischen zwei großen Bauernhöfen (»curia«) und neun kleineren Hofstellen (»huba«). So betrugen die jährlichen Abgaben der großen Höfe neun Scheffel Weizen, neun Scheffel Hafer, ein kräftiges Schwein, zwei Gänse, vier Hühner, 100 Eier und zusätzlich 48 Denar. Die Huben mußten zwei bis drei Scheffel Weizen, drei bis sechs Scheffel Hafer und 26 bis 28 Denar abliefern. Weitere

Abgaben zogen herzogliche Verwaltungsbeamte, der Richter und der »super cellarius«, für sich ein.
Im Urbar von 1340 werden wieder 11 Höfe verzeichnet. Auch die Abgaben blieben gleich, nur war jetzt statt der Leistungen an die Beamten eine nicht näher bezeichnete Steuer von sechs bzw. drei Denar für die Huben zu bezahlen.[9]
Die Ertragslisten mit den bäuerlichen Abgaben führten herzogliche Beamte später in sogenannten Kastenämtern (Kasten = Getreidespeicher) weiter, wobei Berg bis um 1600 zum Kastenamt Wolfratshausen, dann zum Hofkastenamt München zählte.
Aus diesen wittelsbachischen Güterverzeichnissen wird deutlich, daß auch in Berg am Laim eine für das 13. Jahrhundert typische Entwicklung eingetreten ist: Die bisherige grundherrschaftliche Organisation, der Herrenhof, bzw. Maierhof mit Leibeigenen, hatte sich aufgelöst. Die ländliche Bevölkerung war nicht mehr an ein zentrales Gut gebunden, sondern arbeitete selbständig auf einzelnen Höfen. Die Zugehörigkeit zu einem bestimmten Herrn, in unserem Fall dem Wittelsbacher Herzog, drückte sich nicht mehr durch tägliche Dienstleistung, sondern durch Abgaben aus.[10]

Berg am Laim beim Landgericht Wolfratshausen

Im 13. und 14. Jahrhundert entwickelte sich allmählich eine umfassendere Verwaltungsorganisation.
Neben die Urbarsämter (»officia«) mit wirtschaftlicher Funktion traten die herzoglichen Landgerichte (»iudicia«) als Mittelpunkte von Justiz und Verwaltung.
Die Landrichter, später Pfleger, standen den Landgerichten oder Pflegämtern vor, und übten stellvertretend für den Herzog die Hochgerichtsbarkeit aus. Nur sie ahndeten die schwersten Verbrechen, wie Mord und Diebstahl und konnten zum Tod verurteilen. Da den Landrichtern diese Blutgerichtsbarkeit über alle Untertanen ihres Bereichs zustand, stellten sie die höchste Autorität des Landesherrn dar.[11] Die niedere Gerichtsbarkeit, die geringere Vergehen bestrafte, besaß der Landrichter nur über die Untertanen, die nicht zu eigenständigen adeligen Herrschaften gehörten.
Beim Entstehen der Landgerichtsbezirke wirkten vielfältige Faktoren mit: Die nach dem Aussterben der alten Geschlechter im 13. Jahrhundert an die Wittelsbacher gefallenen Grafschaften und Vogteien, aber auch die weiterhin selbständigen Adelsherrschaften mußten verwaltungsmäßig und gerichtlich erfaßt werden. Für die neue Gerichtsorganisation spielten unter anderem die alten Grafschaften eine Rolle, in denen die Grafen als Inhaber des königlichen Gerichtsbanns Steuerherren und Befehlshaber des Heeres waren. Mit ihrem Erbe übernahmen die Wittelsbacher auch deren »Gerichtsbesitz«.[12] Es lag nahe, die alten Herrschaftssitze bei der Neuorganisation zu berücksichtigen.[13] So war die Burg Wolfratshausen, als einer der ehemaligen Stützpunkte der Grafen von Andechs, ein politischer Mittelpunkt in unserem Bereich, lange bevor das neugegründete München eine Verwaltungsorganisation ausbilden konnte.[14]
Wann die Orte in unserem Gebiet zum Landgericht Wolfratshausen kamen, ist nicht genau geklärt, Perlach und das Hachinger Tal möglicherweise nach 1280. Noch 1002 richtete in Haching der Andechser Graf Friedrich.[15]
Berg am Laim gehörte zum Amt Perlach, das neben Thanning, Wolfratshausen und Warngau, eines der vier später geschaffenen Unterämter des Landgerichts Wolfratshausen bildete. Erst 1803 entstand ein eigenes Landgericht München, dem neben vielen östlichen Orten das Amt Perlach mit Berg am Laim zugeordnet wurde.

Das Dorfgericht Berg am Laim

Als wittelsbachische Eigenleute unterstanden die Bauern Bergs niedergerichtlich einem herzoglichen Beamten, der zugleich als Dorfrichter und als Kastner fungierte.[16]
Ursprünglich beschränkte sich die Zuständigkeit des Dorfgerichts auf das bäuerlich-gemeindliche Zusammenleben. Der Dorfrichter achtete unter anderem darauf, daß Verordnungen über Weidebenutzung, Ernteeinbringung, Viehhaltung und Feuerschutz eingehalten wurden. Es stand ihm nur die Bestrafung kleinerer Übertretungen und Vergehen zu, die im Bereich der sogenannten 72-Pfennig-Buße blieben, wobei er davon 60 Pfennig an den Landrichter weitergeben mußte.[17]
Der niedere Adel Bayerns, häufig Inhaber der Dorfgerichte, strebte eine erweiterte Gerichtshoheit an, denn sie war nicht nur mit Macht, sondern auch mit größerem Einkommen verbunden.
Einen ersten Erfolg in dieser Richtung erzielten die landsässigen Adeligen Niederbayerns in der »Ottonischen Hand-

feste« von 1311. Für die Gewährung einer einmaligen Steuer an Herzog Otto III. konnten sie die Hofmarksgerichtsbarkeit weiter ausbauen oder, wenn sie nicht schon in ihrem Besitz war, erwerben. Zu ihr gehörten alle Gerichtsfälle bis auf »die zu dem tod ziehent: deuf (Diebstahl), todsleg (Mord), notnunft (Vergewaltigung), strazraub ...«[18]
Wie aus einer Beschreibung der Landgerichte von 1430 hervorgeht, hatte der vom Herzog in Berg am Laim als Dorfrichter und Kastner eingesetzte Dietrich Casten eine erweiterte Gerichtsbarkeit auch schon erhalten:
»Itt Dietrich Casten hat ain Dorfgericht von maine Her gnadn genannt perg darinn hat er den Amtman nichts handeln ausgenommen die drey hänndl die an den Laib geen ...«[19]
Der Berger Dorfrichter behandelte also seit mindestens 1430 alle Fälle der Niedergerichtsbarkeit, während der Amtmann, als Vertreter des herzoglichen Landgerichts, nur bei todeswürdigen Verbrechen einschreiten durfte. Dieser Amtmann oder Scherge, wie eine andere Bezeichnung lautete, gehörte wahrscheinlich schon zum Schergenamt Perlach, das seit dem Jahr 1481 als Außenstelle des Landgerichts Wolfratshausen bezeugt ist.[20]
1430 entsprachen die Aufgaben des Dorfgerichts von Berg am Laim weitgehend denen eines Hofmarksgerichts. Kurz darauf wurde es tatsächlich so genannt: »Perg auf dem Laim ain Hoffmarch.«[21]

Die Hofmark Berg am Laim

Am Ende des Mittelalters gab es in Bayern ungefähr 1400 Hofmarken in der Hand des Adels, der Kirchen und Klöster.[22]
Meistens bestand eine Hofmark nur aus einem Dorf mit den dazugehörigen Fluren, über das der private Eigentümer »staatliche« Hoheitsrechte ausübte. Sogenannte geschlossene Hofmarken – nur hier war der Gerichtsherr zugleich Grundherr aller Dorfbewohner –, entwickelten sich zu kleinen »Staaten im Staat«[23], die nicht einmal mehr der Amtmann des Landgerichts betreten durfte. Nach einem Verstoß gegen die hohe Gerichtsbarkeit mußte der Delinquent an einem festgelegten Punkt der Flurgrenze dem Schergen ausgeliefert werden.
Anfangs hatten sich die rechtlichen Beziehungen zwischen Obrigkeit und Untertanen in jeder Hofmark individuell und regional verschieden gestaltet. Seit dem 16. Jahrhundert versuchte der Herzog durch genaue Vorschriften die Aufgaben und Rechte der Adels- und Kirchenherrschaften zu normieren.[24]
Entscheidend wurde der 60. Freiheitsbrief von 1557. Er legte Rechte und Pflichten der Hofmarksherren endgültig fest.
Zu den Rechten gehörte:

1. Die Strafgerichtsbarkeit (mit Ausnahme der schweren Verbrechen, deren Zahl inzwischen auf 20 angewachsen war).
2. Die Zivilgerichtsbarkeit (mit Ausnahme von Streitigkeiten um Grund und Boden).
3. Die gesamte Polizeihoheit (einschließlich der Gewerbe- und Sittenpolizei).
4. Die freiwillige Gerichtsbarkeit (sie bestand aus der Pflicht aller Dorfbewohner, Gutsverkäufe, Heiratsbriefe und Testamente protokollieren zu lassen und dafür Gebühren zu entrichten).[25]
5. Der Anspruch auf unentgeltliche Dienstleistungen aller Untertanen (Scharwerk).

Zu den vom Landesherrn auferlegten Pflichten gehörte:

1. Die Einziehung der von Fall zu Fall ausgeschriebenen landesherrlichen Steuern.
2. Die Musterung der wehrfähigen Männer der Hofmark für das Landaufgebot.[26]

Der Besitz der Hofmark sicherte dem Inhaber nicht nur Unabhängigkeit, sondern auch politischen und gesellschaftlichen Aufstieg. Nur Inhaber der Niedergerichtsbarkeit konnten Mitglied der Ständevertretung werden. Dieser Zusammenschluß aus Adel, hoher Geistlichkeit, Städten und Märkten vertrat gegenüber dem Landesherrn wichtige Rechte, wie die Steuerbewilligung und Mitbestimmung über Krieg und Frieden. Zwar verlor die Ständevertretung seit Anfang des 17. Jahrhunderts immer mehr an Bedeutung, der Besitz einer Hofmark aber blieb bis ins 19. Jahrhundert entscheidende Grundlage der Vorrechte von Adel und Kirche.
Wie die oben beschriebene Entwicklung gezeigt hat, wurde Berg am Laim eine Hofmark im Besitz der Wittelsbacher Herzöge. Als Inhaber vieler Hofmarken setzten die Herzöge stellvertretend einen Richter und Verwalter zur Ausübung ihrer Herrschaft ein. Die östlich der Isar gelegenen herzoglichen Hofmarken Grünwald, Hofolding, Wörn-

brunn, Baierbrunn, Taufkirchen und Berg am Laim unterstanden alle demselben Verwalter.[27]
Die Bedeutung dieser Hofmarken für die wirtschaftliche Versorgung der im 16. Jahrhundert immer aufwendiger werdenden Hofhaltung in München darf nicht unterschätzt werden. So lieferten die wittelsbachischen Hofmarken Grünwald, Hofolding und Wörnbrunn mit ihrem Waldbestand das Heizmaterial für die Münchner Neuveste und die zahlreichen Jagdschlösser der Herzöge. Wie aus dem Salbuch von 1593 hervorgeht, hatten auch die Eigenleute des Herzogs – wie die Berg am Laimer Bauern – als »Forstzinser« Anspruch auf 16 Fuder Holz aus Grünwald oder mußten, bei größerem Bedarf, das begehrte Brenn- und Baumaterial hier vom Herzog kaufen.[28]
Das Hachinger Tal war wegen des Fischreichtums seines Baches für den Hof von Interesse. Herzog Wilhelm V. gehörte im Ferchen- oder Forellenbach, wie der Hachinger Bach genannt wurde, die ganze Fischerei.[29] Seit Anfang des 15. Jahrhunderts war die wirtschaftliche Nutzung des Berg am Laimer Lehmvorkommens eine zusätzliche Einkommensquelle für den Herzog.
Alle diese in den östlichen Jagdrevieren der Wittelsbacher gelegenen Hofmarken spielten eine große Rolle für die Hofgesellschaft, die hier der Hohen und der Niederen Jagd nachging. So fand am 10. Juni 1530 auf der Perlacher Heide eine Hirschjagd statt, die zum Empfang Kaiser Karls V. abgehalten wurde. 500 Hirsche trieb man für dieses Jagdfest zusammen, an dem sich neben dem Hofstaat der Kaiser selbst, dessen Bruder und der bayerische Herzog Wilhelm IV. beteiligten.[30] Für die scharwerkspflichtigen Bauern der Hofmarksdörfer bedeuteten diese Jagden Großeinsatz als Treiber, Lastenträger und Fuhrleute. In der Schwaige Laufzorn, einer Rodungsinsel im Grünwalder Forst, mußten die Berg am Laimer Hofmarksuntertanen beim Jagdschloß und Gutshof Herzog Wilhelms IV. (1508–1550) im Herbst sogar acht Tage Wiesen und Äcker düngen.[31]
Bis Anfang des 17. Jahrhunderts blieb Berg am Laim eine von herzoglichen Kastnern verwaltete Hofmark, aber »den [Landes-] Fürsten zugehörig«.[32]

Mit Herzog Maximilian I. setzte sich endgültig eine neue Politik durch. Die Landstände waren politisch bedeutungslos, »die fürstliche Autorität das beherrschende Prinzip« der Regierenden geworden.[33] Für die Durchsetzung seiner Politik brauchte der Landesherr fähige Männer seines Vertrauens. Was lag näher, als daß er erprobte Verwaltungsbeamte mit Privilegien belohnte und so an sich band. In diesem Zusammenhang ist die Übergabe der Hofmark Berg am Laim an den Kastner und Hofkammerrat Albrecht von Lerchenfeld im Jahre 1615 zu sehen.[34]

DAS DORF UND SEINE BEWOHNER BIS ZUM 16. JAHRHUNDERT

Der Dorfkern Bergs entwickelte sich im Bereich der heutigen Josephsburg- und Echardinger Straße (Abb. 37).
An der alten Nord-Süd-Verbindung, die von Perlach über Echarding nach Berg lief, standen seit Jahrhunderten der Rieger- und Zeugnerhof, ihnen gegenüber die Schmiedwerkstatt (Abb. 53, 56, 57). Springer-, Bachmaier- und Gerblhof (Abb. 45, 55) reihten sich an der nach Osten führenden Dorfstraße nebeneinander auf. An der südlichen Seite dieser Dorfstraße befanden sich – wahrscheinlich an Stelle des heutigen Schul- und Institutsgebäudes der Englischen Fräulein – zwei weitere landwirtschaftliche Anwesen, die aus frühester Zeit als Neumaier- und Gelbhof, später als »Schloßhöfe« überliefert sind. Da der Grundbesitz dieser Bauernhöfe in einer Zeit größter hofmärkischer Bautätigkeit auf andere Bauern aufgeteilt wurde, ist zu vermuten, daß sie den Schloßbauten des späten 17. Jahrhunderts weichen mußten.[1]
Bis 1680 lagen nur ganz wenige kleine Häuser verstreut

zwischen den großen Gehöften, erst dann entstanden durch systematische Ansiedlung – zuerst außerhalb des alten Dorfkerns, in der Nähe Baumkirchens (Abb. 62)–, dann Anfang des 19. Jahrhunderts an den alten Dorfstraßen, Handwerker- und Taglöhnerhäuschen (Abb. 73–77). Trotz dieser steigenden Anzahl von Kleinhäuslern (Sölden) blieben bis um die Mitte des 19. Jahrhunderts die wenigen großen bäuerlichen Anwesen, auf die sich fast der ganze Grund und Boden Berg am Laims verteilte, bestimmend für die dörfliche Lebensweise (Abb. 40, 41).[2]
Im heutigen, von der Großstadt geprägten Berg am Laim haben sich kaum noch Zeugnisse des alten Dorfes erhalten. Äcker und Flureinteilungen, Hecken, Brunnen und alte Wege sind längst verschwunden. Durch die vielen Wohnblöcke, die in den letzten Jahren im Bereich des ursprünglichen Dorfkerns gebaut wurden, lassen sich nicht einmal mehr die Standorte aller Höfe feststellen. Nur noch drei Gebäude erinnern an die frühe Siedlung: das Café Mahlerhaus (Abb. 55), als der ehemalige Gerblhof, das niedrige Wohnhaus mit Sattlerwerkstatt an der Josephsburgstraße 19, als der alte Bachmaierhof (Abb. 45), und das Jugendfreizeitheim an der Josephsburgstraße 16, im Stil des Zeugnerhofs als Neubau errichtet (Abb. 53).
Eine genauere Kenntnis über Dorf und Dorfbewohner des frühen Berg am Laim verschafft uns eine glücklicherweise erhaltene Aufzeichnung des Kastenamts Wolfratshausen aus dem Jahr 1593, die in ihrer Ausführlichkeit andere Steuer- und Abgabenlisten – als häufigste schriftliche Quellen jener Zeit – übertrifft.[3] Dieses Grundbuch, damals als Salbuch bezeichnet, läßt Rückschlüsse auf Aussehen des Dorfes, landwirtschaftliche Anbauformen und grundherrschaftliche Verhältnisse zu, wie sie über Jahrhunderte vorherrschten.

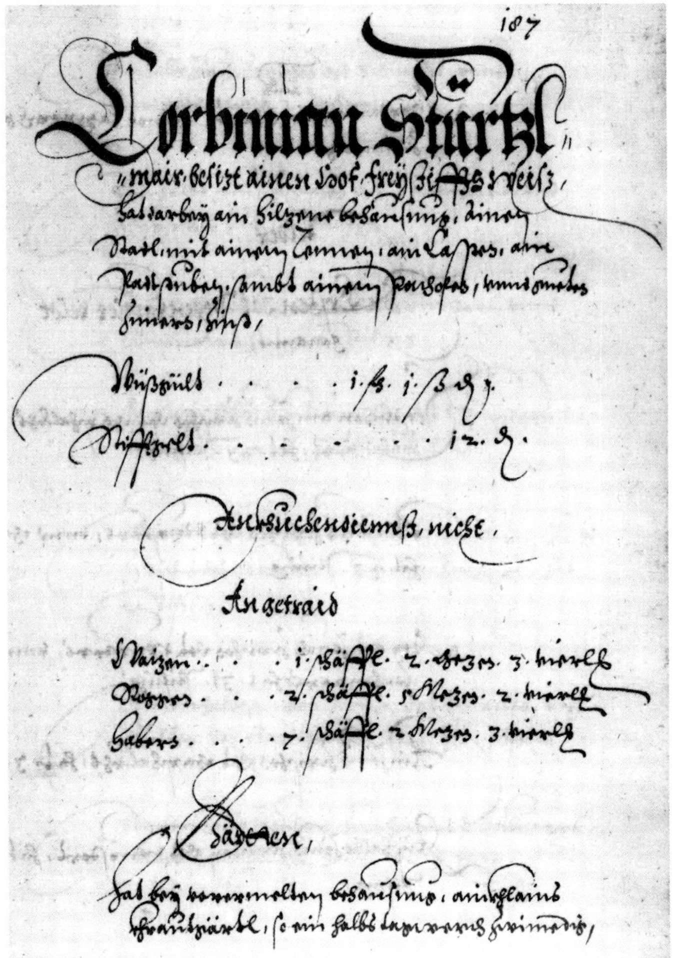

Fig. 3 Auszug aus dem Salbuch der Hofmark Berg am Laim von 1593, Bayerisches Hauptstaatsarchiv

Das alte Dorf nach dem Salbuch von 1593

Am unteren Ende der nach Osten führenden Dorfgasse wohnte der Gerblbauer, Korbinian Stürzlmair (Abb. 55). Wie sechs andere Berger Bauern besaß er einen ganzen Hof, »hat darbey ain hilzene behausung, ainen Stadl, mit ainem Tennen, ain Casten, aine Padtstuben, sambt ainem Pachofen, und gueten Zimmern« (Fig. 3).[4] Unter dieser »Behausung« dürfen wir uns nicht ein großes, stattliches Bauernhaus vorstellen, wie wir es heute aus dem Voralpenland kennen. Der Wohnteil bestand aus einem ebenerdigen, in Blockbauweise errichteten Holzhaus. Ein Stall, in dem nur die dem Eigenbedarf dienenden Tiere, einige Kühe und Pferde, standen, schloß sich daran an. Der Stadel mit der Tenne bildete den Abschluß der drei unter einem Dach vereinten Teile des Hofs. Wie man heute noch am Engerthof in Echarding (Abb. 54) sehen kann, ordnete man dieser Einfirstanlage die Nebengebäude so zu, daß sich ein Viereck ergab. Um den Hofraum gruppierten sich die Schuppen, eine Badestube, ein Backofen und der »Kasten« für

das wertvolle, ausgedroschene Getreide.[5] Alle Bauern besaßen eine Badestube, die, wie damals üblich, mit einem aus Feldsteinen und Lehm aufgemauerten Ofen ausgestattet war. Auf dem Herd liegende heiße Steine goß man mit Wasser auf und erzielte so – den uns wieder bekannten – Saunaeffekt. Als im 18. Jahrhundert diese Schwitzbäder außer Mode kamen, trockneten die Bauern in den Badestuben Flachs.[6]
Beim Hausbau fand neben Holz der hier reichlich vorhandene Rohstoff Lehm vielfache Verwendung. Außen wurden die Holzkonstruktionen der Hauswände mit einer Mischung aus Stroh und Lehm aufgefüllt und dann gekalkt, im Innern schützte oft eine Lehmschicht die Holzdecke über der Feuerstelle vor Brand oder diente zur Wärmeisolierung unter dem Dach.[7]
Neben den ebenerdigen, mit steilen Strohdächern gedeckten Häusern setzten sich später auch einstöckige mit Scharschindeldächern durch. Auf dem Weningstich von 1701 (Abb. 19) sind beide Haustypen erkennbar. Noch bis zum Zweiten Weltkrieg stand in Berg am Laim beim Bachmaierhof ein mit Stroh gedeckter Stadel (Abb. 44).
An Haus und Hof schloß sich ein umzäunter »Garten« oder Anger an. Er bestand meistens aus einer Wiese, die man als Viehweide nützte. Nur in einem kleinen Teil, im »Krautgärtl«, wurden Salat, Gewürze und, wie im Garten des Schmied, »gelbe Rueben« gezogen.[8]
Neben den großen Hofanlagen bestand das restliche Dorf aus einigen Taglöhner- bzw. Söldenhäusern und dem Haus des Amtmanns. Dieser, als Vertreter des Hofmarksherrn Respektperson des Dorfes, wohnte vielleicht schon damals außerhalb der Dorfgemeinschaft, im sogenannten Amtmannhaus, das heute noch geduckt zwischen Hochhäusern an der Kreillerstraße 16 steht.[9]

Die Landwirtschaft

Auch die von den Bauern bewirtschafteten Äcker, die direkt um den Siedlungskern lagen, beschreibt das Salbuch von 1593, allerdings nach uns fremd gewordenen Maßeinheiten, wie Jauchert und Bifang. Der Bifang bezog sich auf die Ackerbreite, der Jauchert entsprach dem Stück Acker, das an einem Tag mit einem Gespann oder Joch umgepflügt werden konnte. Die gleiche Definition gilt für das Tagwerk, doch war ein Jauchert um 1600 nicht unbedingt identisch mit der später gebräuchlichen Größe eines Tagwerks.[10] Die Bauern besaßen damals keine zusammenhängenden Ackerflächen, sondern eine Vielzahl von kleinen Ackerstreifen, die über die Flur verstreut lagen. So bestellte der Gerblbauer beispielsweise 34½ Jauchert Grund, der sich auf 37 Äcker verteilte. Einer dieser Äcker war »Ain halb Jauchen (groß)ligt zwischen des Zeichingers und Pfarrers zu Pämkirchen Acker, hat 25 Pifing.«[11]
Da es in Bayern bis 1808 keine einheitliche Landesvermessung als Grundlage für die Steuerleistung gab, behalf man sich mit der Einteilung nach dem »Hoffuß«. So unterschieden die Abgabenlisten schon seit dem 15. Jahrhundert zwischen ganzen Höfen, Huben (½ Höfe), Lehen (¼ Höfe) und Hofstätten oder Sölden (⅛ Höfe).[12]
Hausbesitzer und Hofgrößen in Berg am Laim nach dem Salbuch von 1593:

Hausname[13]	Hausbesitzer	Grundbesitz In Jauchert	Hofgröße
1678 aufgeteilter Hof	Georg Neumaier	39	Hof
(später Springer)	Hans Gelb	35	Hof
Zeugner	Michael Zeichinger	38	Hof
Rieger	Georg Marschalckh	36	Hof
Bachmaier	Michael Wurster	36½	Hof
	Michael Wurster	11½	Hube
Gerbl	Korbinian Stürzlmair	34½	Hof
Schmied	Wolf Deyrl	3	Lehen
Amtmann	Hans Schmidt	–	Hofstatt
	Achazi Schneider	–	Hofstatt mit ½ TW Wiese
Tagwerker	Leonhard Grill	–	Hofstatt
Tagwerker	Wolf Schuster	–	»Heisl« ohne Grund
Gesamtfläche der Äcker		233½ Jauchert.	

Für die Berg am Laimer Bauern bildete der Getreideanbau die wirtschaftliche Grundlage. Von höchster Bodenqualität waren die Lehmäcker mit ihrer nährstoffhaltigen Humusschicht, die sich nördlich und westlich des Dorfes auf dem »Bogenhauser Feld« und dem »Feld gegen die Ziegelstätten« erstreckten. Hier sind im Jahr 1593 noch die Haidhauser Ziegeleien gemeint. Ein drittes Feld, das außerhalb der Lehmzunge lag, war das weniger fruchtbare

Grießfeld östlich des Dorfes. Diese Dreiteilung der gesamten Flur ergab sich aus der damals üblichen Dreifelderwirtschaft. Eines dieser drei Felder blieb jedes Jahr zur Erholung des Bodens unbebaut liegen, eine Maßnahme, die aus Mangel an Dünger notwendig war. Auf das brachliegende Feld, das sich schnell mit Gras überzog, trieben die Bauern ihr Vieh. Auf den anderen Feldern säten sie abwechselnd im Herbst als Wintergetreide Weizen und Roggen, im Frühjahr als Sommergetreide Gerste und Hafer. Bei dem ziemlich steinigen Grießfeld nahm man eine zusätzliche Teilung vor. Im neunjährigen Turnus diente eine Hälfte als Weide für das Vieh, die andere als Saatfeld.[14] Die Dreifelderwirtschaft, die gegenüber der vorher auch in Berg am Laim gebräuchlichen Feld-Graswirtschaft schon einen großen Fortschritt darstellte, wurde erst im 19. Jahrhundert weiter verbessert.[15]

Wie damals üblich, beinhaltet das Salbuch nicht den Ernteertrag, sondern die Menge der Aussaat. Die Ernte, die sehr von den Wetterverhältnissen abhing, brachte zu dieser Zeit im Normalfall wohl den vierfachen Ertrag.

An erster Stelle bei der Getreideproduktion stand Hafer, gefolgt von Gerste, Roggen und Weizen.[16]

Hafer, der heute beim Anbau eine untergeordnete Rolle spielt, wurde damals zum größten Teil an die Pferde verfüttert, die als Reit-, Last- und Zugtiere in der Landwirtschaft, im Handels- und Militärwesen unersetzbar waren.

Der hohe Anteil von Gerstenbau ist damit zu erklären, daß Ende des 16. Jahrhunderts für dieses Getreide am Münchner Schrannenmarkt, dem Umschlagplatz für die Agrarprodukte der umliegenden Dörfer, steigende Nachfrage bestand. Der neue Bedarf an Gerste, die um diese Zeit Höchstpreise erzielte, hing mit einer veränderten Verbrauchergewohnheit zusammen: der im Mittelalter bevorzugte Wein wurde nun vom Bier verdrängt.[17]

Während heute der Anbau von Weizen den von Roggen um ein Vielfaches übersteigt, war damals »Korn«, wie man Roggen hier nannte, Nahrungsgrundlage. Erst im 17. Jahrhundert wurden neben dem Roggenschwarzbrot auch hellere, aus Weizen hergestellte Brotsorten, beliebter.[18]

Bis zum 30jährigen Krieg ermöglichte die Getreideproduktion den bayerischen Bauern – trotz der Abgabenbelastung – einen gewissen Wohlstand, da Löhne und Preise für gewerbliche Produkte wesentlich niedriger lagen, als die für bäuerliche Erzeugnisse.[19]

Die Grundherrschaft

Die Bewohner Berg am Laims unterstanden nicht nur der Gerichts-, sondern auch der Grundherrschaft des Hofmarksherren. Der Grundherr, als Besitzer des Bodens, verpachtete, oder wie man damals sagte, verstiftete die Höfe zur Bewirtschaftung an die Bauern. Daraus ergab sich ein geteiltes Eigentum: für die ihm anvertraute Nutzung entrichtete der Bauer Abgaben und Leistungen an den Obereigentümer, den Grundherrn. Aber auch das Nutzungsrecht des Bauern entsprach einem Geldwert, der bei Rücknahme oder Verkauf des Hofs ersetzt werden mußte.[20]

Ende des 16. Jahrhunderts waren die Berger Bauernhöfe in der damals in unserer Gegend gebräuchlichsten Form, der »Freistift«, ausgegeben. Sie gab rechtlich dem Grundherrn, in unserem Fall Herzog Wilhelm V., die Möglichkeit, dem Bauern zu kündigen und den Hof wieder einzuziehen.

Als einziger Berg am Laimer besaß Michael Zeichinger (Zeugnerhof) einen Erbrechtsbrief, den Herzog Ernst seinen Vorfahren schon 1432 verliehen hatte. Das »Erbrecht«, das die übrigen Bauern in Berg erst Ende des 18. Jahrhunderts erhielten, entzog dem Grundherrn das Einspruchsrecht bei der Weitergabe des Hofs. Allerdings gelangte auch bei den übrigen Leiheformen der Hof normalerweise an den bäuerlichen Erben, da die Herrschaft von einer kontinuierlichen Bewirtschaftung des Bodens profitierte.

Die Abgaben bestanden aus jährlichen Geld- und Naturalleistungen, aus »Stiften« und »Gülten«. Als kleine Anerkennungsgebühr für die Hofübertragung zahlte 1593 jeder Hofinhaber einen Grundzins von 12 Pfennig, die kleineren Sölden die Hälfte. Dazu kam die »Wißgült«, ein Pachtzins für den Grund, von einem Gulden und einem Schilling. Zudem mußten die Bauern für eine vom Herzog an sie verpachtete Wiese im Aschheimer Moos gemeinsam ein Pfund Pfennig bezahlen, obwohl diese feucht, weit entfernt und wenig ertragreich war.

Der »Küchendienst«, eine Naturalienabgabe für die herzogliche Küche, wurde, wie schon im Urbar von 1280, immer noch von zwei Höfen, dem Gelbhof und Neumaier, verlangt. Jetzt konnte er allerdings durch Geld ersetzt werden. 100 Eier entsprachen wie auch zwei Gänse 2 Schilling 24 Pfennig, vier Hühner 1 Schilling 14 Pfennig.

Für die von allen Höfen geleisteten Getreideabgaben soll wieder der Gerblhof als Beispiel dienen. Im Jahr 1593 lieferte er ab: 1 Scheffel, 2 Metzen und 3 Vierling Weizen, 2 Scheffel, 5 Metzen und 2 Vierling Roggen, 7 Scheffel, 2 Metzen und 3 Vierling Hafer, alles nach Münchner Schrannenmaß.[21]

Der Zehnt

Von alters her wurde der zehnte Teil des bäuerlichen Ertrags von der Kirche eingezogen. Man unterschied zwischen Großzehnt, der aus Getreideabgaben bestand und Klein- oder Blutzehnt, zu dem Fleisch, Gemüse, Eier, Butter und Käse zählten. Fast alle Berg am Laimer Höfe lieferten den Großzehnt an den Baumkirchner Pfarrer. Eine Ausnahme machten dabei nur der Neumaier-, der Gelbhof und die »Zehenthub«, die zum späteren Bachmaierhof gehörte. Der Zehnt dieser Höfe fiel an den Herzog, der ihn aber Anfang des 15. Jahrhunderts, wohl gegen Zins, an Münchner Bürger weiterverlieh. Nach dem schwunghaften Handel zu urteilen, der nun mit den Zehntrechten einsetzte, waren den Münchnern die bäuerlichen Produkte aus Berg am Laim einiges wert. Heinrich Krell, erster Inhaber dieser Rechte, verkaufte 1419 »den großen und den kleinen Zehnt« für 115 rheinische Gulden, »die gut an gold warn und ir wag wol haten« an den Münchner Hans Häberl, dieser wiederum veräußerte sie an den Großkaufmann Hanns Ursentaler um »anderhalb hundert Pfund gut Minnchner Pfennig«.

Erst 1446 zog der Herzog die Zehntrechte wieder ein und vermachte sie dem vom Herrscherhaus immer wieder mit Privilegien ausgestatteten Leprosenspital auf dem Gasteig. 1597 besann sich der Pfarrer von Baumkirchen endlich auf seine Zehntansprüche und forderte sie vom »Spital der Sundersiechen vor dem ysertor zu München« zurück. Ein Vergleich legte schließlich fest, daß die Bauern Georg Neumaier und Wilhelm Gelb ihren Zehnt weiter an das Leprosenhaus abzuliefern hätten, der Pfarrer aber ⅔ aus der »Hub« erhalte.[22] Nach Aufteilung des Gelb- und Neumaierhofs zahlten die neuen Besitzer für ihre Ackeranteile den Zehnt bis ins 19. Jahrhundert an das Spital am Gasteig.[23]

DIE FREIHERRN VON LERCHENFELD, DIE NEUEN HERREN DER HOFMARK

Die detaillierte Bestandsaufnahme der Berg am Laimer Häuser und Felder des Jahres 1593 führte der herzogliche Kastner Caspar Lerchenfelder durch.[1]
23 Jahre später stieg hier Caspars ältester Sohn Albrecht zum Hofmarksinhaber auf und löste die wittelsbachischen Herzöge ab.
Seit dem 16. Jahrhundert gewann die von Straubinger und Regensburger Bürgern abstammende Familie Lerchenfelder kontinuierlich Macht und Ansehen. Wie schon sein Vater Georg, hatte sich Caspar Lerchenfelder durch Einheirat in ein Münchner Patriziergeschlecht – der Vater ehelichte eine Ligsalz, der Sohn eine Weiler, geb. Barth – und durch Eintritt in den Staats- und Hofdienst emporgearbeitet.[2] Als er im Jahr 1557 von Herzog Albrecht V. die Niedergerichtsbarkeit für seine Besitzungen in Gebelkofen bei Regensburg erhielt, war damit die Mitgliedschaft in der Ständevertretung verbunden.[3] Nach der Adelsbestätigung durch den Kaiser nannte sich die Familie »von Lerchenfeld«.[4]
In der folgenden Generation teilte sich das mit immer mehr Gütern ausgestattete Adelsgeschlecht in fünf Zweige.[5] Einer davon war die Familie Lerchenfeld-Aham, die einer Statistik des beginnenden 19. Jahrhunderts zufolge zu den reichsten Grundbesitzern Bayerns zählte. Von 258 dem Ritterstand angehörenden Adeligen, darunter so mächtige Geschlechter wie die Grafen von Törring, Tattenbach und Preysing, standen die Lerchenfeld-Aham an neunter Stelle des adeligen Großgrundbesitzes in Bayern.[6]
Zu dieser erfolgreichen Linie gehörte Caspars ältester Sohn Albrecht, der am 1. April 1615 »die Hofmark Berg am

Laim samt Zubehör gegen andere, dessen eigenthümliche, jedoch nicht benannte Güter« im Tauschgeschäft mit Herzog Maximilian I. erwarb.[7]

Albrecht von Lerchenfeld, gemäß der Tradition der Familie von Beruf fürstlicher Hofrat und Kastner, konnte wie seine Vorfahren das Vermögen der Familie beträchtlich vergrößern. Er kaufte 1620 nicht nur den Groß- und Kleinmaierhof in Echarding, sondern auch die drei Schwaigen Harlaching, Harthausen (die spätere Menterschwaige) und Geiselgasteig, die er der Hofmark angliederte.[8] Die Schwaigbauernhöfe, die inmitten von Wiesen und Weiden lagen, entsprachen den heutigen Grünlandbetrieben. Da sie – anders als die Getreidebauern Berg am Laims – hauptsächlich Viehzucht betrieben, lieferten sie dem Lerchenfeldschen Grundherrn Milchprodukte wie Butter, Käse, und Schmalz.

Weitere Besitzungen Albrechts im Münchner Osten bestanden aus drei schon 1614 erworbenen Höfen in Ottendichl (bei Haar)[9] und aus zwei vom Vater geerbten Tagwerkerhäusern in Haidhausen.[10]

Der Aufstieg Albrechts von Lerchenfeld, der vor Ausbruch des 30jährigen Kriegs zum Generalkriegskommissar ernannt worden war, fand mit seinem Tod im Jahr 1620 ein frühes Ende. Er hinterließ eine Frau mit vier Kindern, darunter den erst siebenjährigen Sohn und Erben Georg Konrad.

Die Witwe, Maria Jacobe, geb. Rechlingerin, eine resolute Frau, konnte sich gegen die Ansprüche ihres Schwagers Christoph von Lerchenfeld durchsetzen, der in Moosach das Erbe des Vaters angetreten hatte und nun auch kurzfristig die Besitzungen ihrer Familie in Ottendichl übernahm. Nicht Christoph, der übrigens mit der Patriziertochter Maria Jacobe Schrenckh verheiratet war[11], vertrat sie in geschäftlichen Angelegenheiten bis zur Mündigkeit Georg Konrads, sondern ihr Schwiegersohn, der Landrichter und kurfürstliche Rat Hanns Christoph Ilsung.[12]

Auch ihrem Sohn Georg Konrad, dem letzten Berg am Laimer Hofmarksinhaber aus dem Lerchenfeldschen Adelsgeschlecht (Abb. 17), war eine große Karriere im Staatsdienst bestimmt. Seine Laufbahn als Geheimer Rat und Hofoberrichter in München wurde bekrönt durch die Erhebung in den Stand der Reichsfreiherrn.[13]

Offenbar wohnte die Familie von Lerchenfeld, zumindest in den ersten Jahrzehnten ihrer Herrschaft, häufig in ihrer

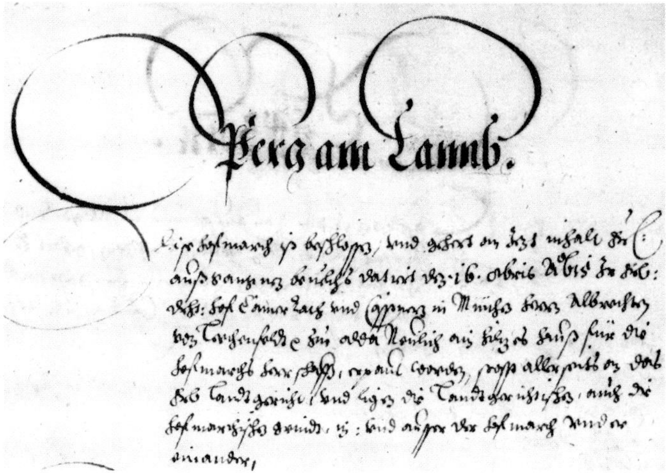
Berg am Laimb.

Fig. 4 Aus einer Beschreibung des Landgerichts Wolfratshausen, um 1620, Bayerisches Hauptstaatsarchiv

Hofmark Berg am Laim. Das Holzhaus, das der Familie noch 1620 als Landsitz diente, baute sie im Laufe der Zeit zu einem einstöckigen Schlößchen aus.[14] Material dafür lieferte ein vermutlich neu erstellter Berg am Laimer Ziegelofen. Wie aus einer Bemerkung Georg Konrads hervorgeht, gab es aber noch »Schwierigkeiten« beim Ziegelbrennen.[15] Zwei Bauernhöfe, den Neumaier- und Gelbhof, verlieh die Hofmarksherrschaft nicht mehr an Grunduntertanen, sondern ließ sie nun als Schloßhöfe in Eigenregie bewirtschaften.[16]

Die Loretokirche, eine Gründung der Maria Jacobe von Lerchenfeld

Wer heute noch nach Spuren der Familie von Lerchenfeld sucht, die 63 Jahre die Hofmark Berg am Laim besaß, findet sie in der Klosterkirche der Englischen Fräulein, der Loretokirche, an der Josephsburgstraße 24 (Abb. 13).

Hier ist in die westliche Wand ein Grabstein aus rotem Marmor mit dem Lerchenfeldschen Wappen (Abb. 17) eingelassen, der an den 1689 verstorbenen Freiherrn Georg Konrad erinnert. Es ist kein Zufall, daß sich das Epitaph in dieser Kirche befindet, denn Georg Konrads Mutter Maria Jacobe war es, die im Jahr 1626 eine Kapelle zu Ehren der Maria Loreto stiftete. Allerdings stand diese erste Berg am

Fig. 5 Ausschnitt aus einem Andachtsbild mit Lauretanischer Muttergottes der Loretokapelle, Kupferstich 1740, Stadtmuseum München

Laimer Loretokirche (Abb. 15) nicht an dieser Stelle, sondern am damaligen nördlichen Ortsrand.[17]

Sehr bald hatte sich das Gnadenbild der Kirche, eine Lauretanische Madonna mit Jesuskind (Fig. 5, Abb. 20), zum Ziel vieler hilfe- und ratsuchender Pilger aus der Umgebung entwickelt. Der Weg, der die Münchner Wallfahrer zur Kapelle führte, hieß »Loretosteig« (heute Berg-am-Laim-Straße).

Die Kirchengründung fiel in die Epoche der Gegenreformation. Kurfürst Maximilian verordnete Frömmigkeit »von oben« und überwachte mit strengen Vorschriften und Strafen die Einhaltung kirchlicher Pflichten. Auch die höchsten Hofbeamten gingen täglich zur Morgenmesse und beachteten die Fastenregeln. Beim Gebetläuten gab es keine Standesunterschiede mehr: Adel und Volk knieten gleichermaßen nieder und beteten den »Engel des Herrn«.[18]

Die Gefahren, die mit der Ausweitung des Konfessionskriegs zwischen der von Maximilian geführten katholischen Liga und der protestantischen Union zusammenhingen, warfen damals schon ihre Schatten auf Bayern.

Viele Gründe mögen Maria Jacobe zur Stiftung der Loretokirche bewogen haben, am nächsten lag ihr sicher das Seelenheil ihrer Angehörigen, vor allem ihres verstorbenen Mannes, dem sie hier wöchentlich ein Requiem lesen ließ. Dieses Anliegen drückt sich auch im Gründungsbrief der Kirche vom 31. 12. 1629 aus: »Ich Jacobe von Lerchenfeld ... bekenne und thue kund ... daß für mich, meine Erben und Nachkommen ... in meiner eigentümlichen Hofmark Berg Ufm Laimb die Lauretanischen Kapellen ... erpauen, Selbige auch in honorem der allerheiligsten Himmelskönigin ... habe weihen lassen, ... zu meinem und all meiner Erben und Nachkommen Haill, Nuz (und Frommen) ...«[19]

Wie seit Mitte des 19. Jahrhunderts die Madonna von Lourdes jährlich Ziel Tausender trostsuchender Pilger ist, so war im Zeitalter des Barock die italienische Stadt Loreto bei Ancona Mittelpunkt der Marienverehrung. Von hier aus verbreiteten sich die Loretowallfahrten in alle katholischen Länder.

Kurfürst Maximilian, ein eifriger Anhänger und Förderer des Marienkults, besuchte selbst mehrmals das »Santuario della Santa Casa« im italienischen Loreto. Sichtbaren Ausdruck gab er seiner Verehrung der Muttergottes, indem er den neuen Bau der Residenz in München unter den Schutz einer Hausmadonna stellte, und noch einmal später, als er inmitten der Stadt, auf dem Schrannenplatz, die Mariensäule errichten ließ.

Adel und Bürger nahmen Maximilians Vorbild rasch auf, so auch Maria Jacobe mit ihrer Loretostiftung.

Wie sehr die Familie von Lerchenfeld dem kurfürstlichen Hof verbunden war, zeigt die im Fundationsbrief der Kirche hervorgehobene Berufung auf den Gründer der Jesuiten, Ignatius von Loyola und den Missionar des Ordens, Franz Xaverius. Förderten doch die Wittelsbacher seit Herzog Albrecht V. die Gesellschaft Jesu, »die Kampftruppe der katholischen Reform und der Gegenreformation«![20]

Ein berühmter Jesuit, der Prinzenerzieher, Prediger und Geschichtsschreiber am kurfürstlichen Hof in München, Jakob Balde (1602–1668), erhielt am 20. Oktober 1626 Tonsur und niedere Weihen in der Loretokirche zu Berg am Laim.[21] Balde sollte später zum großen Lyriker der Barockzeit werden, von Zeitgenossen als »Teutscher Horaz« gerühmt.[22]

Wie bei adeligen Kirchenstiftungen üblich, stattete Maria Jacobe die Loretokirche mit einer Pfründe, einem sogenannten Benefizium, aus. Es bestand aus einem Kapital von 1000 Gulden, dessen Zinsertrag halb der Erhaltung der Kirche zugute kommen sollte, halb dem Kaplan, der als »herrschaftlicher Benefiziat« die im Stiftungsbrief genau festgelegte Anzahl von Messen lesen mußte. Außer der finanziellen Zuwendung erhielt er ein Haus (es stand bis 1968 an der Echardinger Straße 6) (Abb. 56) »gemauert samt einem Statl, Stallung ... großen Garten und Pflanzgärtl« und dreieinhalb Joch Acker, die er mit den Pferden der Hofmarksherrschaft bebauen durfte, allerdings sollte er sich um Dünger und Saat selbst kümmern.[23]

Die Wallfahrt scheint nach den unheilvollen Jahren des 30jährigen Krieges nicht mehr so recht belebt worden zu sein. Im April 1674 klagte der Kaplan Leopold von Friedrich vor dem Geistlichen Rat, der obersten Kirchenbehörde des Landesherrn, daß die Loretokirche schlecht verwaltet werde und die »Benefiziatenbehausung auch nicht zur Wohnung zugericht« sei.[24] Ebensowenig reichte sein jährliches Gehalt von 50 Gulden wegen der inflationären Entwicklung zum Lebensunterhalt aus. Man bedenke, daß die Jesuitenpatres schon Jahrzehnte früher von Kurfürst Maximilian 200 Gulden bezogen.[25] Mit Nebeneinnahmen konnte offenbar auch nicht gerechnet werden: »Da gehen wohl zehn Personen um den Altar, bis eines ein Pfennig auf den Altar legt«, beobachtete einer der Betroffenen.[26]

Georg Konrad von Lerchenfeld vernachlässigte nicht nur die Kirchenstiftung, er verlor wohl überhaupt das Interesse an seinen Gütern in der von den Schweden schwer verwüsteten Umgebung von München. Mißernten und Seuchen, als Folgen des Kriegs, beeinträchtigten die Erträge aus der Landwirtschaft. Schon 1669 hatte Georg Konrad seine Höfe in Ottendichl an das Kloster Weyarn veräußert[27], wenige Jahre später trat er mit dem Bischof von Freising, Albrecht Sigmund (Abb. 18), wegen des Verkaufs der Hofmark Berg am Laim in Verhandlungen.

Offenbar bestand der Bischof auf einer Aufbesserung der Loretostiftung, denn auch nach Abtretung der Hofmark blieb der jeweils älteste Nachkomme der Familie Lerchenfeld der finanziell verantwortliche Schirmherr der Kirche. Im Juni 1674 kam es schließlich zur Abfassung eines neuen Stiftungsbriefes, in dessen Einleitung der Bischof schrieb, »der liebe und getreue Georg Konrad von Lerchenfeld« habe sich vorgenommen, die bestehende Fundation »unserer lieben Frauen Loretto Capellen« zu »perfectionniern«.[28] Erst vier Jahre später wurde der Verkauf der Hofmark endgültig besiegelt.

In den folgenden Jahrzehnten, in denen Berg am Laim in bischöflichen Händen war, erlebte die Loretokirche ihre eigentliche Blütezeit. Die geistlichen Herren förderten die Wallfahrt und statteten die Kirche mit wertvollen Paramenten und Kirchensilber aus. Zum Kirchenschatz gehörten ein schwerer vergoldeter, mit bischöflichem Wappen versehener Kelch, ein Rauchfaß mit Schiff, zwei silberne Meßkannen und Ampeln, zwei große Engel und eine silberne und vergoldete Krone für die Muttergottes und das Jesuskind. Die Pilger stifteten der Kapelle zahlreiche Votivgaben, wie silberne Herzen, Hände, Hufeisen, Figuren, Wachskerzen und Bilder (Abb. 14; 15).[29]

Als die Loretokirche während der Zeit der Aufklärung und nachfolgenden Säkularisation von herrschaftlicher Seite keine finanzielle Unterstützung mehr erfuhr, verfiel sie zusehends. Hilfe kam nun von anderer Seite. Der Riegerbauer Michael Gruber, dessen Vorgänger schon öfter als Wohltäter aufgetreten war, verhalf der Kirche zu einer neuen, sinnvollen Nutzung. Zusammen mit der Oberin der Englischen Fräulein, die seit 1841 in Berg am Laim ein Internat unterhielten, beschloß er den Abbruch der alten Kapelle und den Neuaufbau neben dem Institut der Klosterfrauen (Fig. 16, Abb. 39). Nach Bewilligung dieses Vorhabens, auch durch den damaligen Patronatsinhaber Otto Freiherr von Lerchenfeld, erfolgte die Verlegung im Jahr 1851.[30]

Nur ein Teil der ehemals reichen Barockausstattung fand den Weg in die neue Loretokirche, darunter die hinter dem Lerchenfeldschen Epitaph aufbewahrte Zinnurne mit dem

Herzen der Stifterin. Die Inschrift der Urne erinnert an die schweren Zeiten des 30jährigen Krieges, die auch das Lebensschicksal Maria Jacobes bestimmten. Mit dem kurfürstlichen Hofstaat floh die Freifrau einige Jahre nach der Weihe der Kirche vor den Schweden nach Salzburg, von wo sie nicht mehr in ihre Heimat zurückkehren sollte.
Der Urne eingeprägt sind die Worte: »Alda ist verschlossen, das Herz der woledelgeboren. Maria Jakobe von Lerchenfeld in Ammerlandt und Perg, geborne Reichlingerin von Haltenberg, welche den 4. Okt. 1648 zu Salzburg in Gott verschieden ist, und in St. Petruskirche begraben ist, ihr Herz in dies Kirchlein Loretto so sie von Grund erbaut, und ihr Begräbnis dahingericht und gestellt worden ist, weilen der Leichnam Kriegsgefahr halber nicht konnte daher nach Loretto gebracht werden, deren Seel Gott eine fröhliche Auferstehung verleihe. Amen.«[31]

FÜRSTBISCHOF ALBRECHT SIGMUND, ERSTER GEISTLICHER HOFMARKSHERR

Der Verkauf der Lerchenfeldschen Hofmark um 29300 Gulden an Albrecht Sigmund (Abb. 18) wurde am 17. Juni 1678 besiegelt.[1] Mit diesem Besitzwechsel gehörten die Berg am Laimer Dorfbewohner, wie über die Hälfte der bayerischen Untertanen nach dem 30jährigen Krieg, geistlicher Grundherrschaft an.[2]
Zur Zeit der Erwerbung der Hofmark stand Bischof Albrecht Sigmund auf dem Höhepunkt seiner früh begonnenen Laufbahn. Der Neffe Maximilians I., schon 14jährig Domherr von Salzburg und Augsburg, 16jährig Koadjutor des Freisinger Bischofs Veit Adam von Gebeck[3], trat 38jährig dessen Nachfolge an. Nur massiver Druck Kurfürst Maximilians auf das Freisinger Domkapitel hatte die Wahl Albrecht Sigmunds durchgesetzt. Als Bischof von Freising wurde er nicht nur geistliches Oberhaupt einer Diözese, die das »Kernland Altbayerns« umfaßte[4], sondern auch weltlicher Territorialherr, unter anderem über die Stadt Freising, die Grafschaften Ismaning (Abb. 4) und Werdenfels.[5] Die zum freisingischen Hochstift zählenden reichsunmittelbaren Territorien galten als Ausland inmitten des kurfürstlichen Bayern. So war es nur zu verständlich, daß die Wittelsbacher Landesherren dieses Bistum mit einem Angehörigen ihrer Dynastie besetzen wollten.
Die gleichen wittelsbachischen Interessen galten in Bayern dem Bistum Regensburg. Hier setzte Albrecht Sigmund 1668 seine Wahl zum Bischof mit Hilfe seines Vetters, Kurfürst Ferdinand Maria, durch.[6] Obwohl er dieses Hochstift erst aus der Verschuldung herausführen mußte, gelang es ihm durch Anhäufung anderer einträglicher Ämter – wie die Dompropstei in Konstanz und die Stiftspropstei in Altötting –, in den 70er Jahren neue Hofmarken und Herrschaften zu erwerben, neben Berg am Laim vor allem Ländereien in Österreich.
Albrecht Sigmunds Hofhaltung entsprach seinem fürstlichen Rang: In der Freisinger Gemäldegalerie hingen Bilder berühmter zeitgenössischer Maler, wie die seines Freundes Joachim von Sandrart. Er verlieh Aufträge an die Hofbaumeister Antonio Riva und Johann Moosbrugger. In seinem Freisinger Marstall standen 80 Pferde[7], in seinen Landgütern besaß er zahlreiche Gestüte.[8]
In einer Zeit »fürstlicher Macht- und Prachtentfaltung« war es auch für einen Bischof nicht ungewöhnlich, glänzende Hoffeste zu feiern.[9] Eine 1681 zu Ehren von Kurfürst Max Emanuel im bischöflichen Freising veranstaltete Feierlichkeit mit »Feuerwerk, Wolfshatz, Komödie und Ball« soll 30000 Gulden verschlungen haben[10], mehr als die ganze Hofmark Berg am Laim gekostet hatte.
Albrecht Sigmund, der sich trotz seines Amtes nie zum Priester weihen ließ, wird in der Geschichtsschreibung im Gegensatz zu den nachfolgenden bischöflichen Hofmarksherrn gnädig beurteilt: »... freilich war (er) noch mehr Fürstensohn als Bischof, zwar persönlich untadelig und fromm, aber ohne die Kraft und den Willen die höheren Weihen zu empfangen.«[11]

Dem leidenschaftlichen Jäger Albrecht Sigmund standen zahlreiche Jagdreviere zur Verfügung. Dazu gehörten die Auenwälder rechts der Isar, das Erdinger Moos, die Perlacher Heide und der Grünwalder Forst, wo er schon als Knabe beim elterlichen Jagdschloß Laufzorn auf Hirsch- und Rehjagden ritt.[12] Neben den im Hochstift gelegenen Schlössern Erching und Ismaning (Abb. 4) war nun die Hofmark Berg am Laim ein zwischen Grünwald und Freising zentral gelegener Stützpunkt für seine Jagden.

Albrecht Sigmund, Bauherr des Berg am Laimer Schlosses

Gleich nach Ankauf der Hofmark ließ Albrecht Sigmund hier das schon stark im Verfall begriffene Lerchenfeldsche »Schlößchen« zu einem repräsentativen Bau umgestalten (Abb. 19, 20). Die Entstehungszeit dieses neuen Berg am Laimer Schlosses lag zwischen der Fertigstellung Nymphenburgs 1675 und dem Beginn des Schloßbaus von Lustheim 1684.[13] Albrecht Sigmunds Berg am Laimer Schloß, dessen beste Abbildung auf Wenings Kupferstich von 1701 (Abb. 19) zu sehen ist, entsprach noch ganz der alten Bautradition, und orientierte sich nicht am neuen Stil des kurfürstlichen Hofs. Es ähnelte eher dem wesentlich früheren, noch stehenden Renaissanceschloß in Erching und dem Vorläuferbau des heutigen Ismaninger Schlosses.[14] Albrecht Sigmund ließ in Berg am Laim ja kein neues Gebäude errichten, sondern den Vorgängerbau, »die ... zweigädige schlechte Wohnung«, die »niemals ruinieret«, erneuern (Fig. 6).[15] Das Schloß wurde um ein Stockwerk erhöht, mit einem Walmdach gedeckt, jede Ecke mit einem zwiebelüberkuppelten Turm versehen. So entstand ein Kastenschloß, dessen Außenwände durch Pilastergliederung und giebelbekrönte Fenster aufgelockert wurden. Wie auf Wenings Stich und dem Grundriß des kurfürstlichen Schloßangers von 1773 (Fig. 15) ersichtlich, stand es mit

Gericht Wolfertshausen

Perg am Laimb.

SChloß vnnd Hofmarch in Obern Bayrn / Renntambt München / Gericht Wolfertshausen/Bistumb Freysing / ein kleine Stundt von der Churfürstl. Haupt- vnd Residentz Statt München/ gantz ebnen Lands entlegen / würdet sonsten die Hofmarch Perg am Laimb genannt / welche von vnfürdencklichen Jahren die von Lerchenfeld innen gehabt; Anno 1677. aber Ihro Hochfürstlichen Durchl. Albrecht Sigmund / Bischoff zu Freysing Höchstseeligister Gedächtnuß von dem Baron Conrad von Lerchenfeld / gewesten Churfürstl. Revisions-Rath/ Käufflich eingethan / vnnd nach Dero zeitlichen Hintritt an den Churfürsten von Cölln Erblich gefallen / alsdann aber zu Fidei Commiss gemacht worden ist / die anjetzo Ihro Churfürstl. Durchl. zu Cölln Joseph Clement, dermahlig regierender Herr Lebenslang zu gaudirn hat.

Das Schloß / welches an einem wenigen Gehäng ligt / ist niemahls ruinirt, sondern auff der vormahls gestandenen zweygädigen schlechten Wohnung / durch obhöchstgedacht Seiner Hochfürstl. Durchl. Bischoffen zu Freysing / zu einer schönen dreygadigen Wohnung mit vier versehenen Thürnen erhebt: nachmahls auch von dem jetzt regierenden Herrn höchstgedacht Ihro Churfürstl. Durchl. zu Cölln / Anno 1693. an dem darbey ligenden grossen Garten ein schöne Schantz / die Josephs-Burg genannt / vnnd darein St. Michaels Capellen (in welcher Sie gantz Ruhmwürdigist die Churfürstl. Ertz-Bruederschafft St. Michaelis eingerichtet) erbauet worden; vnd weilen dise Hofmarch mit der Seelsorg der Pfarr Baumkirchen vnderworffen/ so befind sich allda kein Pfarr Gottshauß; wol aber neben obgemelter St. Michaels Capellen auch U. L. Frauen von Laureta Kirchlein / welches ein Miraculos-Bild / vnd von den Innwohnern der Statt München / auch andern benachbarten Orthen einen grossen Zugang hat. Sonsten aber hat in disem Lauretanischen Kirchlein die Lerchenfeldische Famili eine Begräbnuß / auch ruhet allda ein H. Leib St. Placidis / vnnd bey St. Michael der H. Leib St. Clementis.

Fig. 6 Text zu Schloß Perg am Laimb, Michael Wening, Historico-Topographica Description, I. Teil, Tf. 253, 1701, Rentamt München

seiner Längsseite an der heutigen Echardinger-, mit der Schmalseite an der Josephsburgstraße.
Die ursprüngliche Abgrenzung des Schloßareals durch eine Mauer ist bis heute weitgehend unverändert erhalten.
Südlich des Schlosses befand sich im Garten ein großer, pavillonartiger Turm, der ebenfalls mit einer Zwiebelhaube gedeckt war, vermutlich aus Holz errichtet, ähnlich denen, die in den zeitgenössischen Jagdbildern von P. Horemann in der Amalienburg als Jagdhäuser dargestellt werden.
Östlich des Schlosses stand ein Wirtschaftsgebäude, dessen Turmaufsatz »eine Schlaguhr mit zwei Glocken zu den ganzen und Viertelstunden« enthielt.[16] Die Einheit von Wirtschaftsgebäude und Schloß deutet darauf hin, daß die Anlage noch einer Zeit entstammt, in der die Leistungsfähigkeit der Ökonomie für die Gutsbesitzer eine wichtige Rolle spielte. Erst gegen Ende des Jahrhunderts baute der Adel nach dem Vorbild von Versailles Schlösser, deren einziger Zweck die »Erlustierung« war. Wirtschaftsgebäude, wenn überhaupt noch errichtet, versteckte man fernab vom Schloß.[17] Solche Landsitze entstanden ganz in der Nähe, kurz nach dem Berg am Laimer Bau. Als Beispiel seien die anmutigen Sommerschlösser des Baron Mayr in Harlaching und der Reichsgrafen von Preysing-Hohenaschau in Haidhausen genannt, die inmitten von französischen Gartenanlagen mit Terrassen, Grotten und Springbrunnen lagen.[18] Im Schloßanger von Berg am Laim, einem 20 Tagwerk umfassenden Garten, erstreckten sich dagegen Baumkulturen, Gemüsegärten, Äcker und Wiesen.

Leider geben uns nur später aufgeschriebene Inventare Auskunft über das Innere des Schlosses: »... worin sich zu ebener Erde die in einer Stuben, Kammer, Kuchel und Speise bestehende ehemalige Hausmeisterwohnung befindet. Dann sind nebst der großen Hofkuchel fünf Behältnisse und vier Zimmer vorhanden. Item ein gewölbter Keller in dem sich eine Öffnung bezeichnet. Weiters sind in dem 1. Stock acht und in dem 2. Stock vier Zimmer nebst einem großen Saal.«[19] Dieser Saal und der Treppenaufgang zum 2. Stock wurden als repräsentativer Mittelpunkt des Schlosses mit Gemälden ausgestattet, die Szenen aus der griechischen Mythologie darstellten. So war die Saaldecke mit 12 auf Leinwand gemalten Feldern geschmückt, die das Schicksal Phaetons, Sohn des Sonnengottes, zum Inhalt hatten. Christliche Motive waren die Themen in den Nebenzimmern, ein »Hl. Korbinian in ganzer Figur« und »eine sitzende Muttergottes mit Jesuskind«.[20] Beide Darstellungen stellten die Verbindung zu Freising her, war doch die dortige Bischofskirche dem bayerischen Missionar Korbinian und der Gottesmutter Maria geweiht.
Der Fürstbischof verbrachte seine Aufenthalte in Berg am Laim in Begleitung seines Hofstaats. Daher standen Räume für die Jesuitenpatres bereit – als Schüler Jakob Baldes wählte Albrecht Sigmund seine Beichtväter aus diesem Orden aus –, ebenso Salons für die »Herren Cavelir«, und Zimmer für die Kammerdiener.
Über die zeitgenössische Möblierung ist nichts überliefert, ebensowenig über die ursprüngliche Einrichtung der Hofküche. 100 Jahre später zählte man hier nur noch: »4 Duzend Zinnteller, 8 Becher, 15 große und kleine Zinnschüsseln, 2 zinnene Kannen, 2 Tafeltücher und 18 Tischsaluet (Servietten).«[21]
Mit seiner Erstausstattung genügte das Schloß aber wohl höchsten Ansprüchen. Als die Residenzstadt München Kurfürst Max Emanuel nach seiner Hochzeit mit der Kaisertochter Maria Antonia am 9. September 1685 einen glänzenden Empfang bereitete, nahm das junge Paar das Mittagsmahl mit Albrecht Sigmund in Schloß Berg am Laim ein.[22]
Unterbringungsmöglichkeit für die Pferde der Gäste und des Fürstbischofs bestand im Wirtschaftsgebäude. Hier befanden sich außer dem Pferdestall zwei Viehställe und »zwei Hundskucheln nebst des Hundskoch Stuben mit Kammer«.[23] Der »Wildbahnbereiter«, Forstaufseher über die herrschaftlichen Reviere und Jagdbegleiter des Bischofs, wohnte in der Hausmeisterei des Schlosses.[24]

Das Schloß, Verwaltungsmittelpunkt der Hofmark

Albrecht Sigmunds Berg am Laimer Jagd- und Sommerresidenz diente auch als Verwaltungsmittelpunkt der Hofmark. Im Erdgeschoß des Schlosses übte der Hofmarksrichter sein Amt aus, unter Albrecht Sigmund der auch in Ismaning und Erching zuständige Pfleger Johann Franz Rieder.[25] Wahrscheinlich stand Amtmann Rieder ein Gehilfe zur Seite, um Urkunden und Protokolle zu schreiben, den Briefwechsel des Hofmarksherrn zu verfassen und die jährlichen Getreide- und Geldabgaben zu registrieren. Wie empfindlich die Strafen waren, zu denen der Pfleger die

Untertanen verurteilen konnte, zeigen die noch 1778 im Schloß befindliche Schandgeige und der Strafstock aus Eichenholz.[26] Für seine Dienste als Hofmarksverwalter erhielt Johann Franz Rieder den Stürzlmairhof (später Gerbl) (Abb. 55) in Berg am Laim als Lehen.[27]

Nicht immer ging es jedoch den Amtmännern so gut. Heinrich Strobel klagte im Jahr 1754: »Bei der Hofmark befindet sich nur ein Beamter, kein Untergebener, kein Schreiber. Sämtliche Gefälle (Gelder) werden von dem Amtmann selbst einkassiert. Die Untertanen sind mit Büchlein versehen, in welche ihre Zahlungen richtig eingetragen werden. Bei Protokollen führt der Amtmann selbst die Feder.«[28]

Bischof Albrecht Sigmund bewohnte wohl als einziger der bischöflichen Herren von Berg am Laim das Hofmarkschloß selbst. Schon sein Nachfolger, Joseph Clemens, baute sich am südöstlichen Rand des Schloßangers eine seinen Vorstellungen entsprechende Residenz, die Josephsburg.

Zwar diente das Schloß noch bis Ende des 18. Jahrhunderts als Verwaltungsmittelpunkt, aber im Laufe der Zeit verfiel es immer mehr. Die sonst recht baufreudigen Kölner Kurfürsten, Nachfolger des Freisinger Fürstbischofs, investierten hier kein Geld mehr.

Witterungseinflüsse setzten dem Schloß sehr zu, besonders die Überschwemmungen des immer wieder auftretenden Hiedlwassers. Obwohl man die Wetterseite mit einer »Ummantelung« schützte und den für das schwere Ziegeldach zu leichten Dachstuhl teilweise mit »Sprengwerk« abstützte, blieben die Schloßtürme und ein Teil des Daches weiterhin vom Einsturz bedroht. Der undicht gewordene Speicher, Lagerplatz für das Getreide, mußte geräumt, dafür der Barocksaal im 2. Stock als Getreidekasten verwendet werden.[29]

Bei der Übernahme der Hofmark im Jahr 1778 registrierte Franz Freiherr von Hompesch von der einst prächtigen Ausstattung Albrecht Sigmunds nur noch: »6 alte Stühle groß, und kleine Lehnsessel mit blauem Tuch, aber schon zerrissen, 2 große Aufzugslaternen, zwei Barthwisch . . .«, um die Zimmer von Spinnweben zu reinigen.[30]

Trotz der neuerlichen Ausgaben von 4500 Gulden für Reparaturen schloß sich Freiherr von Hompesch schließlich der Ansicht des Hofmaurermeister Matthäus Gießl an: Abbruch des alten Schlosses und des Wirtschaftsgebäudes, dafür Ausbau des »Neugebäudes«, das seit 1732 östlich des Hofmarkschlosses stand (Fig. 15).[31]

Nach Zustimmung des Obersten Lehenhofs am 31. März 1787, der das Gebäude als »lästig und ohnnöthig« bezeichnete, erfolgte die Zerstörung des alten Schlosses.[32]

Obwohl heute in Berg am Laim nichts mehr an Albrecht Sigmund, den Bauherrn des Schlosses und Initiator einiger Siedlungshäuschen am Rand des Dorfs, erinnert, sollte dieser Bischof, dessen Bautätigkeit das Bild der Hofmark wesentlich prägte, nicht vergessen werden.

BERG AM LAIM IM ZEICHEN DES HEILIGEN MICHAEL UNTER DEM KÖLNER ERZBISCHOF JOSEPH CLEMENS

Berg am Laims einzige heute noch erhaltene kunsthistorische Sehenswürdigkeit von hohem Rang ist die Rokokokirche St. Michael. Der Bauherr, Kurfürst Clemens August, übernahm den Schutzpatron seiner Kirche von der Michaelskapelle, die sein Onkel Joseph Clemens um 1690 in der Josephsburg errichtet hatte.

Joseph Clemens (Abb. 22) weihte diese Kapelle dem Erzengel Michael, der als Verteidiger des Glaubens und Überwinder des Bösen galt, zu einer Zeit, in der sein Bruder Max Emanuel, der »Blaue Kurfürst«, glänzende Siege über die andersgläubigen Türken errang.[1] Mit der Verehrung dieses Heiligen nahm der früh zum geistlichen Beruf bestimmte Joseph Clemens eine wittelsbachische Tradition auf: schon Herzog Wilhelm V. unterstellte die während der Gegenreformation gegründete Jesuitenkirche in München der Schirmherrschaft des Erzengels Michael.

Joseph Clemens kam 1688 (im Jahr der Einnahme von Belgrad) als Erbe seines Onkels, des Kölner Erzbischofs Max Heinrich (Abb. 21), in den Besitz der Hofmark Berg am Laim. Max Heinrich, Bruder des 1685 verstorbenen Freisinger Bischofs Albrecht Sigmund, war der letzte männliche Nachkomme der Herzöge Leuchtenberg-Wittelsbach. Aus diesem Grund setzte er in seinem Testament vom 1. Juni 1688 fest, daß das regierende kurfürstliche Haus »in seinen Eigengütern, so auch Berg am Laim« erbberechtigt sei, »daß jedoch die Nutznießung davon ... Seine Durchlaucht Herzog Joseph Clemens, Bischof zu Freising und Regensburg« habe und daß auch künftig, falls Herzöge »in geistlichem Stande vorhanden wärn« diese in der Erbfolge vorzuziehen seien.[2] Nur noch in der Joseph Clemens nachfolgenden Generation konnte das Haus Wittelsbach im Rahmen seiner über Jahrhunderte erfolgreich ausgeübten Reichskirchenpolitik Prinzen als geistliche Würdenträger stellen. Clemens August und Johann Theodor, beide Söhne Max Emanuels, waren aus diesem Grund die letzten geistlichen Hofmarksinhaber Berg am Laims.

Den Wittelsbachern Joseph Clemens und Clemens August (Abb. 22; 32), typische Repräsentanten der Barock- und Rokokozeit, verdankt Berg am Laim eine glanzvolle Epoche.

Im Rang waren beide Fürsten ihren erstgeborenen, regierenden Brüdern gleichberechtigt. Als Erzbischöfe von Köln, zugleich Kurfürsten, besaßen sie die für die Kaiserwahl entscheidende Kurstimme, als Inhaber zahlreicher anderer Bistümer und der damit verbundenen Fürstentümer unterstand ihnen eine ungeheure geistliche und weltliche Einflußsphäre.[3]

Das Schicksal Joseph Clemens' war eng verknüpft mit dem Max Emanuels, dessen Großmachtpolitik auch ihm zum Verhängnis wurde. Clemens August allerdings betrieb eigenmächtig Politik. Zum Ärger seines Bruders Karl Albrecht stand er in den europäischen Bündniskoalitionen nicht immer auf der Seite der bayerischen Wittelsbacher.

Die Verwicklung in die europäische Politik wirkte sich für Joseph Clemens sofort nach seiner Ernennung zum Erzbischof von Köln im Jahr 1688 aus. Sechs Jahre lang konnte der junge Wittelsbacher nicht in sein Erzbistum einziehen, da der französische König Ludwig XIV., aus Protest gegen die von Max Emanuel durchgesetzte Wahl Joseph Clemens', hier seine Truppen einmarschieren ließ.

Diese Wartezeit nutzte Joseph Clemens, um in Berg am Laim ein dem hl. Michael geweihtes, geistliches Zentrum zu schaffen, bestehend aus der Michaelskapelle in der neu erbauten Josephsburg, der Stiftung des hochadeligen Ritterordens St. Michael und einer bis heute bestehenden Michaelsbruderschaft.

Die Josephsburg und die Michaelskapelle

Für die Gesamtkonzeption der Josephsburg spielte offenbar die Michaelskapelle von Anfang an eine große Rolle. Sie lag im nördlichen der beiden zweigeschossigen Eckpavillons, die das langgestreckte, ebenerdige Schloß einrahmten.

Michael Wening, auf dessen Kupferstich die einzige bekannte Abbildung der Josephsburg dargestellt ist, betitelte die gesamte Anlage als »St. Michaels Kirch« (Fig. 6, 7, Abb. 19). Im beigegebenen Text allerdings schrieb er, daß »Ihro Churfürstliche Durchlaucht zu Cölln ... eine schöne Schantz die Josephsburg genannt und darein St. Michaels Capellen ...« gebaut habe. Tatsächlich wurde das Schloß von einer festungsartigen Mauer, um die ein Wassergraben lief, begrenzt, ähnlich barocken Schloßanlagen des norddeutschen Raums.[4] Planender Architekt war der Graubündner Enrico Zuccalli, vielbeschäftigter Hofbaumeister Max Emanuels, der ein Jahr vor Joseph Clemens' Berg am Laimer Auftrag, Lustheim als unbewehrtes Jagdschloß in der Art eines »italienischen Casinos« vollendet hatte. Der

Fig. 7 Die Josephsburg mit Michaelskapelle im linken Pavillon, Ausschnitt aus »Schloß Perg am Laimb«, Kupferstich von Michael Wening, 1701

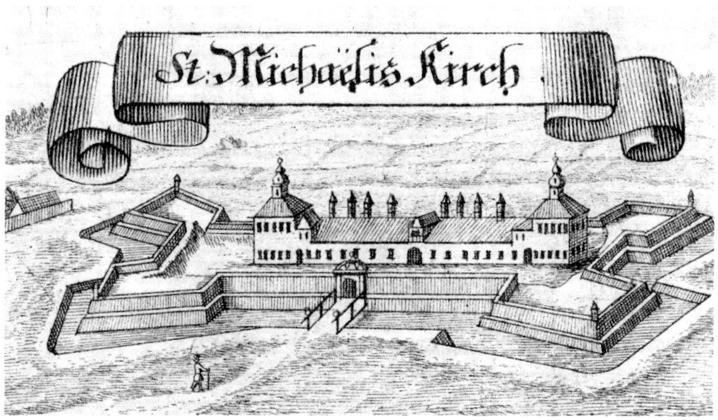

Erzbischof setzte hier wohl seine eigenen Ideen durch, denn er verwarf Zuccallis ersten Bauplan von 1690. Erst der zweite Entwurf »mit allen aussenwerken und Fortifikationen« fand Gefallen. Allerdings bestand Joseph Clemens nochmals auf einer Änderung, wie wir aus einer Notiz Zuccallis erfahren: »Und weillen J. Ch. Dt. nach solch verfassten Grundriß und verfertigten Modell der Pau zu hoch geschienen, haben dieselbe mir gst. befolchen, ein ander Riß und Modell auf einen geringeren und zwar den jezig Pau zu Perg zu verfertigen, welchem gleichfalls nachkommen.«[5]

Ähnliches Durchsetzungsvermögen bewies Joseph Clemens bei der Schaffung einer Wasserzufuhr für den Kanal, der die Josephsburg umgab. Der Perlacher Amtmann meldete dem dortigen Hofmarksbesitzer Johann Sebald Neusöner: »Seine churfürstliche Durchlaucht zu Cölln, welcher sich dermalen wieder in dero Schloß zu Perg befindet, solche Veranstaltung gemacht habe, daß selber Bach, welcher sich sonsten unterhalb Perlach auf den Churfürstlichen großen Hofanger mit Wässerung desselben allerdings geendet und gänzlich verschwunden, nunmehr wirklich bis Perg geleitet und allda eingeführet worden, maßen höchstgedacht Ihro Churfürstliche Durchlaucht zu Cölln in eigener Person nach Perlach geritten und dem Wasserer alldort befohlen, das Bachwasser unhinderlich durchzulassen.«[6]

Eine Vorstellung über das Innere der Josephsburg gibt uns leider nur teilweise ein Kupferstich von 1735 (Abb. 36). Darauf wird die Raumaufteilung der beiden Pavillons dargestellt, nicht aber der mittlere eingeschossige Trakt, der Dragonerställe enthalten haben soll.[7]

Die im nördlichen Pavillon gelegene Kapelle, die aus einem zweistöckigen, rechteckigen Saal bestand und an ihrer südlichen und nördlichen Seite umbaut war, bezog ihre Wirkung aus der von besten Bildhauern und Malern geschaffenen Ausstattung und aus den für eine Hauskapelle typischen Lichtverhältnissen. Der Hauptaltar stand vor der mit Fenstern versehenen Apsis frei im Raum, so daß die seitlichen Altarfiguren, die Erzengel Raphael (Abb. 27) und Gabriel, wie auch das Altarblatt mit dem hl. Michael, für den Betrachter im Gegenlicht erschienen.[8]

Das 1693/94 von Andreas Wolff gemalte Altarbild, das »Michaels Triumpf über Lucifer« darstellt (Fig. 8), wurde 1767 von Franz Ignaz Oefele um ein apokalyptisches Szenarium erweitert und in der heutigen Kirche als Hochaltarblatt (Abb. 31) eingesetzt.[9] Auch der Erzengel Raphael vom Hochaltar sowie zwei weitere Figuren von Andreas Faistenberger für die später aufgelassene Michaelskapelle, ein hl. Rochus und hl. Sebastian, sind erhalten.[10]

Das bedeutendste Kunstwerk des Kirchenschatzes ist eine

Fig. 8 Altarbild »Triumph des hl. Michael« von Andreas Wolff in der ehemaligen Michaelskapelle der Josephsburg, Kupferstich, Stadtmuseum München

dem Goldschmied Joseph Großauer zugeschriebene vergoldete Monstranz (Abb. 26), die Kurfürst Joseph Clemens 1722 der Michaelsbruderschaft schenkte. Wie auf dem ehemaligen Kapellenaltar werden auf der Monstranz die drei Erzengel dargestellt: Eine Michaelsfigur trägt den Monstranzkörper, Raphael und Gabriel flankieren die Lunula mit der Hostie.[11]

Zur Ausstattung der Michaelskapelle zählten noch andere, in der heutigen Kirche St. Michael vorhandene Gegenstände: der Reliquienschrein des hl. Clemens, den der Erzbischof zur Ehrung seines Namenspatrons aufstellen ließ, eine Schutzengelgruppe des Hofbildhauers Balthasar Ableithner, eine vergoldete Monstranz mit Akanthusranken, ein Elfenbeinkreuz und einige Rauchfässer. Die Figur des hl. Michael am südwestlichen Altar, eine Nachbildung des vom italienischen Bildhauer Sansovino für den Monte Gargano geschaffenen Erzengels, soll von dort 1699 mitgebracht worden sein. Auch Teile der erhaltenen wertvollen Krippe stammen aus der Michaelskapelle in der Josephsburg.[12]

Die Michaelsbruderschaft

Am 8. Mai 1693 gründete Kurfürst Joseph Clemens die »Bruderschaft des Hl. Ertzengel und Himmelsfürsten Michael«.[13] Seine kurz vorher erbaute Hofkapelle in der Berg am Laimer Josephsburg erhob er nun zur Bruderschaftskirche. Motiv des Stifters war die Verherrlichung des hl. Michael, »dieses Guttäters, ... der uns sämtlich von sovielen Gefahren erlediget«.[14]

In der Bevölkerung schätzte man die Bruderschaften besonders deswegen, weil sie dem Laien »kirchliche Gnadenschätze« zuteil werden ließen. Darunter verstand man hauptsächlich die Ablässe, die von zeitlichen Sündenstrafen befreien konnten. So war vor allem die persönliche Heilssorge in den Mittelpunkt der barocken Bruderschaften gerückt.[15] Durch die Gewährung von Ablässen für gute Taten, wie Beherbergung von Armen, Versöhnung von Feinden, Teilnahme an Beerdigungen und gemeinsame religiöse Übungen, bildeten die Bruderschaften aber auch ein soziales Regulativ.[16] Allerdings spielten caritative und öffentliche Aufgaben im Gegensatz zu den mittelalterlichen Bruderschaften nur noch eine untergeordnete Rolle.[17]

Mit ihren prächtigen Wallfahrten, Prozessionen und dem pompösen kirchlichen Zeremoniell kamen die Bruderschaften dem barocken Lebensgefühl sehr entgegen. Eine besondere Prachtentfaltung entwickelte die Berg am Laimer Michaelsbruderschaft, da sie durch ihren Gründer Joseph Clemens und dessen Nachfolger Clemens August mit den höchsten Kreisen des Hofes verbunden blieb.

Schon beim Eröffnungszeremoniell nahmen 62 vorwiegend aus dem Hochadel stammende Persönlichkeiten teil. Anfang des 18. Jahrhunderts gehörte das gesamte bayerische Herrscherhaus zur Michaelsbruderschaft, darunter Max Emanuel und seine zweite Gemahlin, Therese Kunigunde, Prinzessin von Polen sowie der Erbprinz Karl Albrecht, dann zahlreiche Bischöfe, Äbte und Äbtissinnen, Herzöge und Herzoginnen, Prinzen und Prinzessinnen des Reichsadels, Maria Anna, Königin von Spanien und Maria Eleonora, Königin von Polen.[18]

Joseph Clemens ließ die adligen Mitglieder in einem Fürstenbuch verzeichnen, das aber 1715 in Bonn, seiner kurkölnischen Residenz, verloren ging. Sein Neffe, Clemens August, legte deshalb ein zweites Buch an, das in blauen Samt gebunden, mit dem kurfürstlichen Wappen, silbernen Beschlägen und Schließen verziert war. Es enthielt einen kolorierten Kupferstich des Altargemäldes und 77 Pergamentseiten mit den gemalten Wappen und handgeschriebenen Gelöbnisformeln der Aristokraten. Obwohl nach einem Luftangriff im Jahr 1944 das gesamte Bruderschaftsarchiv im Berg am Laimer Pfarrhof verbrannte, überstanden 63 Blätter dieses wertvollen Buches den Krieg.[19] Den traditionellen Wert des Fürstenbuchs erkannte man noch im 19. Jahrhundert: Pfarrer Hagmeier wies die hohe Summe von 30000 Gulden, die ihm 1880 eine Adelsfamilie dafür bot, zurück.[20] Seit den sechziger Jahren unseres Jahrhunderts aber sind auch die Blätter, die beim Archivbrand verschont blieben, verschollen.

Glücklicherweise hat sich eine große Tafel von 1734 erhalten, auf der Wappen und Namen der höchsten Mitglieder der Bruderschaft dargestellt werden (Abb. 23). Sie vermittelt uns, welche Bedeutung die »fast weltberuembte« Michaelsbruderschaft in Berg am Laim durch die Beteiligung »königlich chur- und hochfürstlicher Häupter« besaß.[21]

Auch außerhalb des Adels fand die Michaelsbruderschaft sehr schnell Verbreitung durch die Franziskaner, denen Kurfürst Joseph Clemens die Organisation anvertraut hatte. Erster Präses wurde Fortunatus Hueber, hochgebildeter Abt der Münchner Franziskaner und zeitweise bayerischer Provinzialoberer des Ordens. Jahrelang Lehrer an der Ingolstädter Universität, später Geschichtsschreiber, Prediger und Dichter, verband Pater Hueber geistige Fähigkeiten mit einer Diesseitsfreude, die sich in seiner Baulust und Begeisterung für »Feierlichkeiten« ausdrückte. Seit Jahrzehnten pflegte er den Kontakt zum Haus Wittelsbach, in früheren Jahren zu Albrecht Sigmund von Freising, später zu Joseph Clemens, besonders seit dieser 1688 ein Priesterseminar einrichtete.[22]

Die Verbindung zwischen Joseph Clemens und dem Franziskaner fand ihren Höhepunkt im gemeinsamen ideellen und organisatorischen Aufbau der Michaelsbruderschaft. Der Legendenbildung um den hl. Michael leisteten beide Vorschub: Der Bischof erklärte, eine höhere Eingebung in der Michaelskirche in München am 6. Mai 1693 hätte ihn zu der zwei Tage später erfolgten Gründung veranlaßt.[23] Fortunatus Hueber wies in barocker Ausführlichkeit darauf hin, daß ihm eine Nacht vor der Ernennung zum Bruderschaftsvorstand im Traum der Erzengel Michael als Vernichter des Teufels erschienen sei. Außerdem habe ihn 1687 der Erzengel bei einer Visitation in Ungarn vor türkischer Gefangenschaft errettet.[24]

Dem Zusammenspiel des wortgewaltigen und erfahrenen Franziskaners Fortunatus Hueber, der anfänglichen finanziellen Unterstützung von Joseph Clemens und der Protektion Kurfürst Max Emanuels ist die rasche Ausdehnung der Bruderschaft zu verdanken. Sie soll 1696 schon 60000 Mitglieder umfaßt haben.[25]

An 17 kirchlichen Festtagen konnte man der Bruderschaft beitreten. Besonders zahlreich waren die Einschreibungen am 29. September, dem Michaelstag, und am 8. Mai, dem Erscheinungstag des hl. Michael am Monte Gargano.[26] Von diesem Wallfahrtsort in Apulien ging der Michaelskult seit dem 5. Jahrhundert aus.

Das Aufnahmezeremoniell der Bruderschaft schrieb vor, daß nach der Beichte – die durch einen Beichtzettel nachgewiesen werden mußte – und Kommunion die Einkleidung des Gläubigen erfolgt: »Muß der so eingekleydt will werden und Männlichen Geschlechtes ist ein brinnende wäxene Kerzen haben. Einen Bruderschaffts-Pfennig an einem blauen Band oder Schnur. Die Kutten Staab und Gürtel wird ihme von der Bruderschafft gegeben. Weiblichen Geschlechts aber brauchen nichts dann ein Kerzen und Bruderschaffts-Pfenning an einem blauen Band oder blauen Schnur massen selbe keine Bruderschaffts-Habit bekommen.«[27] Ein blaues Bruderschaftskreuz schmückte die Kutten – weiße Leinengewänder mit Kapuze – auf der linken Seite. Kommentar dazu im Bruderschaftsbüchlein, das sich jedes Mitglied kaufen sollte: »Blaue und weisse Farb, welche die Herzog aus Bayren in ihrem Wappen führen, müssen sonderbahr gehalten werden, weilen in solchen Farben die Engel uns Menschen zu erscheinen pflegen.«[28] Auf dem blauen Kreuz waren vier Buchstaben eingeprägt: F. P. F. P. Diese Initialen stehen für fideliter (getreu), pie (fromm), fortiter (tapfer), perseveranter (ausdauernd) und sollten die Mitglieder an die vorbildlichen Tugenden des hl. Michael erinnern. Alle Kunstgegenstände und Devotionalien der Bruderschaft tragen dieses Motto, das neben dem Aufruf zur Verteidigung des Glaubens »quis ut deus« (wer ist wie Gott?), Wahlspruch der Michaelsgemeinde wurde (Abb. 29).

Um den begehrten Ablaß zu erhalten, mußten die Mitglieder vorgeschriebene Gebete verrichten, zweimal jährlich Messen lesen lassen und an Festtagen die Michaelskapelle besuchen. Am Hauptfest war ein Geldopfer erwünscht, worauf eine kleine Fußnote in den damaligen Bruderschaftsbriefen hinwies.[29] Dies, obwohl laut päpstlicher Anordnung seit dem Konzil von Trient keine kirchlichen Gnadenschätze mehr für Geld vergeben werden sollten!

Mit dem Verkauf der Bruderschaftsmedaillen, die man in mehreren Ausführungen anbot, machte man ein gutes Geschäft: 1696 kostete ein vergoldeter Pfennig 2¼ Gulden, ein silberner Pfennig 1 Gulden 35 Kreuzer, einer aus Messing 15 Kreuzer (Abb. 28; 29). Jährlich verkaufte die Bruderschaft ungefähr 4000 Stück, allerdings vorwiegend die preiswertesten Exemplare (Fig. 9).[30] Der Bruderschaftspfennig hatte, wie die in der Barockzeit so beliebten Amulette, Schutzfunktion. »Sollen auch alle Brüder und Schwestern den Bruderschaffts-Pfenning fleissig bey sich tragen und sich dessen als eines Schilds wider die höllischen Anfechtungen gebrauchen ...«, lautete eine Anweisung im Bruderschaftsbuch.[31] Wie begehrt die Medaillen waren, geht aus der Notiz eines Augenzeugen hervor, der schrieb, daß die Pfennige »ein Candidat dem andern vom Halse riß und sich umhängte«.[32]

Nach Einkleidung, Gelöbnisformel und Hochamt folgte der feierliche Umzug, bei dem Fahnen und Bruderschaftsstangen (Abb. 25) mit dem hl. Michael getragen wurden.

Von GOttes Genaden / Wir Carl Albrecht / in Obern und Nidern Bayrn / auch der Oberen Pfaltz Herzog / Pfaltz-Graf bey Rhein / des Heil. Röm. Reichs Ertz-Truckses / und Chur-Fürst / Land-Graf zu Leuchtenberg / etc. etc.

ENtbieten allen und jeden Unsern Hof-Raths-Præsidenten / Vice-Domen / Vice-Stadt-Haltern / Räthen / Pflegern / Richtern / Castnern / Mautnern / und all anderen Unsern Beambten / nit weniger Unsern Land-Ständen / Unserer Chur-Fürstenthum / und Landen / Prælaten / Grafen / Herrn / Ritterschafft / auch Städt / und Märckten / und ins gemein allen Unsern Unterthonen / Unser Gnad / und Gruß zuvor / und geben denenselben zuvernehmen / daß / gleichwie Weyland Unser Hochgeehrtist-geliebster Herr Vatter und Vorfahrer Chur-Fürst Liebden hochseel. auf Ansuchen Unsers geliebsten Herrn Vötters / des Churfürsten von Cölln Liebden / etc. nunmehr hochseel. Vice-Præfecti, Præsidis, und gesambten Magistrats der Hof- und Ertz-Bruderschafft S. Michaëlis Archang. zu Josephs-Burg in der Hof-March Berg am Laimb nächst allhier / schon im Monat Jenner 1722. die Gnädigist Verschaffung gethan haben / daß nach Innhalt Sr. Kayserlichen Majestät / erwehnter Archi-Confraternitet, allergnädigist ertheilt-widerhollten Privilegien, die zu diser Andacht benöthigte guldene / silberne / Metall / oder messingene Bruderschafft-Pfenning / Testimonia, und Büchlein / auch in Unsern Landen zu Bayrn / und der obern Pfaltz nit nachgedruckt / geprägt / nachgestochen / feil gehalten / noch zum Verkauff herumb getragen werden: sondern vermög des neu-erworbenen Kayserl. Privilegij, bey Vermeydung hoher Straff / und Kayserlicher Ungnad / der Archi-Confraternitet einzig und alleinig zuthun / zustehen solle / Wir also auch auf Beschwären mehrberührter Archi-Confraternitet, was gestalten da und dort zu Præjuditz derselben falsche Prägungen sträfflichen practiciert / und solche Gattungen fast auf allen Jahrmärckten verkaufft werden / wardurch widerhollte Bruderschafft unerträglich zuleyden kommet / abermahlen allen Unsern Eingangs-ermeldt nachgesetzten Obrigkeiten widerhollter Gnädigist / und zumahlen ernstlich befelchen / aller Orthen die zuverlässige Verfügung und zwar mit mehrern Eyfer als bisher bey mehrern Orthen verspührt worden / zuthun / daß solche Michaelische Ablaß-Pfenning / oder andere diser Confraternitet specialiter Allergnädigist verwilligte: und noch zu verordnen seyende Requisita, weder von denen Petschier: oder Kupfferstechern / Goldschmidten / Messing: oder Rottgiessern / dann denen Buchdruckern / noch jemand anderen / wer es auch seye / nit nachgedruckt / geprägt / feil gehalten / herumb getragen / oder verkaufft / sonderen denen jenigen / welche ohne einig von der Ertz-Bruderschafft aufzuweisen-habender Licenz, darmit handlen wurden / alsogleich abgenommen / und zu der darauf geschlagnen Kayserlichen Straff unfehlbar gezogen werden sollen / allermassen sonderbar denen in Unsern Land-Gerichtern / Städt / und Märckten sich befindenden Filial-Bruderschafften / und deren Vorstehern / auf ihr / vorfallender Nothdurfft nach / beschehendes Ansuchen / mit allzulänglicher Assistentz an Hand gegangen: oder auch ausser disem hauptsächlich bey denen Jahrmärckt / Kirchweyhen / und Wahlfahrten auf die Ubertretter ex officio Obacht gehalten / und getrungen: das bey ihnen Erfundene (an welchen um soweniger anzustehen / als offternannte Ertz-Bruderschafft durch die Krämer nichts verkauffen lasset) confisciert / mithin das Allergnädigist Kayserlich Privilegium, und Unser General-Mandat auf das kräfftigist manuteniert / und aller Schaden von letztgemeldter Ertz-Bruderschafft abgewendt und zu solchem Ende dises Unser Gnädigistes Mandat jeden Orths behörig affigiert werden solle. Warnach sich Jedermann zurichten / und ihme vor Schaden zuseyn wissen wird. Geben in Unserer Haupt- und Residentz-Stadt München den 19. Junij 1733.

Ex Commissione Serenissimi Domini,
Domini Ducis Electoris Speciali, &c.

Fig. 9 Kurfürstliches Verbot des Nachdrucks von Münzen, Medaillons und Büchern der Michaelsbruderschaft von Berg am Laim, 1733, Bayerisches Hauptstaatsarchiv

Die Prozessionen, gemeinsam mit dem im selben Jahr gegründeten adligen Ritterorden begangen, waren von heute kaum mehr vorstellbarem Pomp und Gepränge.
Der ersten Prozession im Mai 1693 ging Kurfürst Joseph Clemens selbst mit dem Vortragekreuz voran, zum Zeichen, daß »es keinen Rangunterschied gäbe«.[33] Schon im nächsten Jahr nahm Joseph Clemens nicht mehr an den Berg am Laimer Michaelsprozessionen teil, da er nun 23jährig nach Abzug der französischen Truppen sein Amt als Erzbischof von Köln antrat. Anordnungen, welchen Weg die Prozessionen durch die Josephsburg zu nehmen haben, schickte er nun aus Bonn: »Gehet man auf erstlich durch Josephsburg durch, allwo das 1. Evangelium hinder dem Gartenthor bey dem äußeren Schlagbäuml gelesen wird alsdann rechter Handt über die Prücke ... ist das 2. Evangelium bei dem Münchner Thor, alsdann ganz hinaus und ist das 3. Evangelium in St. Maria Neuen Bastei, darauf wieder herab gegen den Dragonerställen und ist das 4. Evangelium unweit der neuen Zimmer, ... darauf wieder zum Gartenthor hindurch, die Josephsburg heim.«[34]
Wie gern der Kurfürst an Berg am Laim dachte, geht aus einem Schreiben aus Bonn an Fortunatus Hueber hervor: »Ach, were ich heunt zu Berg an unserem Fesst; iedannoch, obwohl ich nit dort, so ist doch mein Gedankhen daselben.«[35]
Ein erhaltenes Inhaltsverzeichnis des ehemaligen Pfarrarchivs zählt die zu den verschiedensten Anlässen durchgeführten Umzüge und Wallfahrten der Michaelsbruderschaft auf, so zum Beispiel: »Gnädigster Befehl, eine Prozession nacher Ebersberg, und Altenötting anzustellen wegen hartbelagerter Stadt Bonn.«
»Pestpredig bey der Michaelitischen Prozession zu Ebersberg gehalten anno 1720.«
»An Herrn Buergermeister Reindl abgesandter Befelch betreffend die bevorstehende Prozehsion wegen des Jubil(äums) deren Patrum S. J.«[36]
Hinter diesem »Befehl« an den Bürgermeister verbirgt sich Joseph Clemens' Auftrag zu einer der prächtigsten Prozessionen, die die Bruderschaft zum 100jährigen Bestehen der Jesuitenkirche St. Michael in der Kaufingerstraße durchführte. Am 30. Juni 1697 schrieb der Kurfürst, er könne zwar seine »ihm anvertrauten Landen« nicht verlassen, seine Michaelsbruderschaft müsse aber eine Prozession ausrichten, die sich vom Franziskanerkloster durch die »Residenz, ... Dienersgassen, über den Markt, Käffingergassen biß zu St. Michael« (in der Innenstadt) zu bewegen habe.[37]
Fortunatus Hueber war der Arrangeur der »ganzen herrlichen Prozession«, die mit über 350 prächtig gekleideten Darstellern, bunten Tragebühnen und einem von sechs Schimmeln gezogenen Wagen den Triumph des Himmelsfürsten Michael über die Hauptfeinde der Christenheit verherrlichte.[38] Hier einige Auszüge aus der Prozessionsordnung:
»... 36 Englknaben aus dem Waißlhaus, alle ser schön gekleidet mit glänzenten neuen zeugen undt Röcklen ... stellen vor gar ziehrlich Chör der Englen ... alle mit Zincken undt Poßaunen, Trompetten, Pfeiffen, Schallmeyen, Fagotten und was von Mundt lieblich kan geblaßen werdten, versehen. Englischer Aufzug mit Schlayr bedeckten Gesichteren.
... Ferculum (Tragebühne) des hl. Erzengls Raphaelis. Ferdinand Röderer siehet aus, wie ein reisender Pillgram schön von Angesicht. Pilgermäntelein um den Hals. Huett mit Muschlen, zwei schöne Flügl, schön gestallte Kleyder, Reiß-Schuech. Pilgerstab. Kirbis-Fläschlein an der Seythen, haltet in der Hand den jungen Tobias, dieser aber den Fisch.
... 2 Tugendt-Kräfften. Joann Morasch und Bernardus Rockinger: zwei Engl ganz grüen aufziechent, grüene Lorber-Cränz und Föderen auf dem Haubt, grüene Creuz, eingebutterte Haar, grüene Kleider, Stifflet, Bändter und Geschmuckzierdten, in einer Handt mit Bluemen geflochtne Cränz, grüene Fligl und Strimpf.
... Diabolus der Teuffel. Matthias Moser, häßlich genug gekleidet: haltet in der Handt ein Schlangen, wird von der Fortitudo, Starkmüthigkeit ... bemeistert. Georgius Unterrainer fiehret Strick, und Hackhen, auf dem Schildt das F. ...«[39]
Kurz nach Joseph Clemens' Tod zählte die Bruderschaft schon 80000 Mitglieder und zirka 50 dem Josephsburger Institut angegliederte Filialen in Bayern, Österreich und dem Rheinland.[40] Diese große Anhängerschaft und die Fürsprache von Violanta Beatrix – einer Schwester Max Emanuels und Gemahlin eines Medici – bewirkten die durch den Papst am 27. Juli 1725 vollzogene Erhebung zur Erzbruderschaft. Daß die Bruderschaft auf dem Höhepunkt ihrer Entwicklung stand, zeigt die Besetzung des

63 Mitglieder umfassenden Vorstands, zu dem 1732 vier Söhne Max Emanuels gehörten: der Kölnische Kurfürst Clemens August, Karl Albrecht, Kurfürst von Bayern und späterer Kaiser, Herzog Ferdinand von Bayern und Bischof Johann Theodor.[41]

Der Reichtum der Berg am Laimer Michaelsgemeinschaft an »kostbaren ornatis et ornamentis samt silber« war so groß geworden, daß 1746 Johann Michael Fischer den Auftrag erhielt, eine eigene von Feuermauern abgesicherte Schatzkammer für die Kleinodien der Bruderschaft im Münchner Franziskanerkloster zu errichten.[42]

Das Amt des Schatzmeisters und Sekretärs übte zu dieser Zeit Franz de Paula Würnzl aus, der zugleich die kurkölnische Hofmark Berg am Laim verwaltete. Er wurde für den Bau der neuen St. Michaelskirche von zentraler Bedeutung.

Der Ritterorden St. Michael

Am Hauptfest der im gleichen Jahr gegründeten Michaelsbruderschaft, am 29. September 1693, stiftete Joseph Clemens einen Ritterorden mit dem Titel »Hl. Erzengel Michael, Beschützer der göttlichen Ehre«.[43]

Während die Bruderschaft »jeden, wessen Standes und Geschlechtes er auch sei«, aufnahm, stand der Orden nur den vom Großmeister ausgewählten »Personen des höchsten Adels« offen. Da diese durch ihren Stand »über den gemeinen Haufen erhoben seien«, sollten sie die ihnen verliehene Macht für die Verteidigung des katholischen Glaubens einsetzen.[44] Mit dieser Zielsetzung nahm Joseph Clemens die Tradition geistlicher Ritterorden auf, die nach dem Vorbild der Mönchsorden schon während der Kreuzzüge zum Kampf gegen Ungläubige entstanden. Auch mit der Verpflichtung der Michaelsritter zu sozialen Aufgaben, knüpfte der Kurfürst an die Ritterorden des Mittelalters an: »Soll Jeder nach eigenem Vermögen und gutem Willen den armen Soldaten, welche wider den Erbfeind oder andere des katholischen Glaubens willen ihre geraden Glieder und Gesundheit verlohren, mit aller Hilfe beyspringen . . . daß sie nicht an dem harten Bettelstabe nagen und beißen müssen, sondern in Spitäler oder Armenhäuser . . . aufgenommen werden.«[45]

Joseph Clemens, der wie Max Emanuel 1701 im Krieg um die spanische Erbfolge, ein Bündnis mit Frankreich einging, wurde fünf Jahre später als Reichsverräter vom Kaiser geächtet und mußte mit seinem Bruder bis zum Ende des Krieges 1715 ins Exil gehen. Wegen dieser »langjährigen Kriegsunruhen«, wie Joseph Clemens schrieb, war der Ritterorden in »Unform« geraten.[46] Deshalb legte er am 3. April 1721 die Ordensregeln, die Vorschriften über Aufbau, Zeremoniell, Kleidung und Insignien enthielten, nochmals fest. An der Spitze des hierarchisch aufgebauten Michaelsordens stand der Großmeister. Dieses Amt übte Joseph Clemens bis 1723, dann sein Nachfolger Clemens August bis 1761, aus. Dem Großmeister unterstanden je 31 geistliche und weltliche Ritter, die besonders unter Clemens August zu den einflußreichsten Persönlichkeiten des europäischen Hochadels gehörten. Ordensoffiziere, Ordensbediente und alle Mitglieder der Bruderschaft waren den Rittern untergeordnet. Als Vorbild für die Organisation diente Joseph Clemens der gleichnamige französische Ritterorden, den König Karl VII. nach einem Sieg über die Engländer 1428 dem hl. Michael stiftete.[47]

Bis ins kleinste schrieb Joseph Clemens Abzeichen und Ordenskleidung vor. Der Großmeister und die weltlichen Kommandeure trugen eine goldene Ordenskette (Abb. 24), jeder Ritter besaß drei Ordensgewänder für verschiedene Anlässe und mehrere Kreuze von je nach Rang unterschiedlicher Farbe und Ausführung. Vier Donnerkeile, die Buchstaben F. P. F. P. und das Motto quis ut deus kennzeichneten alle Ordensgegenstände, auch die bei Prozessionen getragenen Ordensdegen, die reich verzierten Schilde und die bis zu drei Pfund schweren Wachskerzen der Ritter.[48]

Am 29. September 1693 feierte Joseph Clemens mit »beinahe königlichem Gepränge«, wie ein zeitgenössischer Chronist bemerkte, die Zeremonie des Ritterschlags in der Josephsburg.[49] Im Kapitelsaal des Berg am Laimer Schlosses versammelten sich Orden und Bruderschaft, um die neuen Ritter zur Michaelskapelle zu begleiten. Hier erhob der Großmeister Joseph Clemens seine »vornehmsten hochadeligen geist- und weltlichen Hofherren« in den Ritterstand. Während des »Te deum« feuerte man die zu diesem Anlaß aus dem Zeughaus in München geholten Kanonen ab.[50] Nach vollzogenem Ritus versammelte sich der Hofstaat zum Bankett in der Josephsburg, wo zur Unterhaltung »ein musikalisches Vorspill . . . vor Ihro Churfürstlichen Durchlaucht zu Berg exhibiret« wurde.[51]

Das Aufnahmezeremoniell in den Orden vollzog Joseph Clemens später nicht mehr nur in Berg am Laim. Im Jahr

1721 ist es in Bonn bezeugt, am 25. Oktober und 1. November 1722 in der Hofkapelle der Herzog-Maxburg und der Theatinerkirche in München.[52]
In seinem Testament gab Joseph Clemens der Hoffnung Ausdruck, daß Clemens August, sein Nachfolger als Berg am Laimer Hofmarksherr und Großmeister, den Ritterorden unterstützen werde: »Die Herrschaft Berg, und Josephsburg sambt allen appertinenzien überlasse ich Meinem geliebten Vetteren und Nachfolger Herzogen Clement alß großmeister vom Orden S. Michaelis Beschützeren göetlicher Ehr, in der gänzlichen Hoffnung, (Seine Durchlaucht) werden nach meiner intention diesen Orden continuieren ...«[53] Dem Orden selbst hinterließ Joseph Clemens nicht allzu viel. Trotz seiner einträglichen geistlichen Pfründen aus drei Bistümern und der Propstei Berchtesgaden, lebte der Kurfürst ständig in Geldnot. Wie er im Testament selbst schrieb, hatte er die »in den Ordensschaz (1695) eingelegten Eintausend Pistolen« wieder zu sich genommen, »und zu anderen Sachen verwendet«. Zum Ausgleich dafür vermachte er dem Orden Teile seines Tafelsilbers im Wert »der obgenannten Summ«.[54]
Nach dem Tod des letzten geistlichen Hofmarksherrn, Johann Theodor, im Jahr 1763, fiel das Amt des Großmeisters an Mitglieder des Hauses Wittelsbach, die nicht mehr in Verbindung mit Berg am Laim standen. König Ludwig I. wandelte dann den Michaelsritterorden in einen bis 1918 verliehenen bayerischen Verdienstorden um.[55]

Der Michaelskult, den Joseph Clemens auch in seinen norddeutschen Bistümern pflegte, wurde von seinen Zeitgenossen nicht immer unwidersprochen hingenommen. In einer »Trauer- und Lobpredigt« anläßlich des Todes von Joseph Clemens, prangerte der kurkölnische Jesuitenpater Josepho Averhausen diese Kritiker an: »Sehen Sie da nicht ... wie unrecht man die demüthigste Andachten zu S. Michael und der Engelschaar als Einem Fürsten unanständig getadlet ... Er wisse wohl«, fuhr er fort, daß »es ... nicht ermangelt habe bey erst erwehnten Andachten an heimlichen Schnarcheren und Spöttleren«. Aber treuherzig bemerkte er, man sehe doch, daß sich die über eine Million Gulden, die Joseph Clemens für die Ehre des hl. Michael verwendete, gelohnt habe. Ohne Zweifel seien die Ernennungen zum Bischof von Köln (1688), Lüttich (1694) und Regensburg (1695) »durch Beyhülff Michaelis« erfolgt.[56]

Der Michaelskult, ein Mittel der wittelsbachischen Reichskirchenpolitik?

Die Berg am Laimer Stiftungen der Michaelsbruderschaft und des Ritterordens sind durchaus in Verbindung mit Max Emanuels Kampf um den Lütticher Bischofsstuhl für seinen Bruder Joseph Clemens zu sehen. Der bayerische Kurfürst setzte hohe Bestechungsgelder ein, um das Domkapitel zu gewinnen, trennte doch das Bistum Lüttich die von ihm verwalteten Spanischen Niederlande in zwei Teile.[57] Die geistlichen Michaelsstiftungen dienten wohl auch dazu, Kirche und Apostolischen Stuhl dem Haus Wittelsbach in dieser Sache gnädig zu stimmen. War es Zufall, daß die päpstliche Wahlbestätigung zugunsten von Joseph Clemens »am Tag nach Michaelis ...« eintraf, »ja so fern nicht die Pferd ... dazu ermangelet hätten«, wie Pater Averhausen anmerkte, »an dem Fest Michaelis selbsten eingeloffen wäre?«[58]
Auch ein in der Berg am Laimer Josephsburg 1694 anläßlich der Ernennung Joseph Clemens' zum Bischof von Lüttich aufgeführtes »Drama comicum« zeigt, welche Bedeutung Max Emanuel und Joseph Clemens dem hl. Michael für den Ausgang der Wahl beimaßen. Der Erzengel trifft in diesem Stück die Entscheidung über die beiden Bewerber um das Lütticher Bischofsamt, Joseph Clemens und Ludwig Anton. Dieser ebenbürtige Gegenkandidat unseres Bischofs war Wittelsbacher aus einer pfälzischen Nebenlinie und Hochmeister des Deutschen Ritterordens. Im Theaterstück werden die Anwärter auf der Waage des hl. Michaels gewogen. Mit »zwey Herzoghüttlein, zwey Regimentstäb, zwey bayerischen Wappen« und dem »teutschen Ritter- und S. Michaels Ritter Creiz« in den Schalen, bleibt die Waage im Gleichgewicht. Erst der Bruderschaftspfennig auf Joseph Clemens' Seite gibt den Ausschlag zugunsten des Münchner Herzogs.[59]
Auch Clemens August erkannte die Bedeutung von Berg am Laimer Michaelsorden und Bruderschaft als kirchenpolitisches Machtinstrument. An zahlreichen Bauwerken in seinen norddeutschen Bistümern ließ er demonstrativ die Kette des Michaelsordens darstellen, in Bonn errichtete er für die Ordensmitglieder das von einer Statue des Erzengels gekrönte Michaelstor, in Berg am Laim die repräsentative Erzbruderschafts-, Ritterordens- und Hofkirche St. Michael.

DIE BAUTEN DES ROKOKOFÜRSTEN CLEMENS AUGUST IN BERG AM LAIM

ST. MICHAEL BERG AM LAIM

Zwei Wittelsbacher Brüdern, dem Kurfürsten und späteren Kaiser Karl Albrecht und dem Erzbischof und Kurfürsten Clemens August, verdankt München berühmte Schöpfungen des bayerischen Rokoko, die Amalienburg im Nymphenburger Park und die Kirche St. Michael in Berg am Laim (Abb. 30).

Clemens August, vierter Sohn Max Emanuels, stand Karl Albrecht, dem regierenden bayerischen Landesherrn, an fürstlicher Selbstdarstellung keineswegs nach, ja er übertraf ihn sogar (Fig. 10, Abb. 32).

Noch dem Einfluß seines Vaters war es zuzuschreiben, daß Clemens August schon in seinem 28. Lebensjahr über fünf Bistümer regierte: Münster, Paderborn, Köln, Hildesheim und Osnabrück. Hinzu kam 1732 die Wahl zum Hochmeister des reichen und mächtigen Deutschen Ritterordens. Durch diese bis dahin kaum erreichte Häufung geistlicher Ämter und weltlicher Besitztümer vereinigte er den gesamten katholischen Westen und Nordwesten Deutschlands in seiner Hand.[1]

Als echter Rokokofürst verbrauchte Clemens August ungeheure Geldsummen für üppige Hofhaltung, glänzende Feste, Parforce- und Falkenjagden und vor allem für seine Bauunternehmungen. Berühmt wurde er als Bauherr des von acht Pavillons umgebenen Jagdschlosses Clemenswerth im ehemaligen Fürstbistum Münster, der Augustusburg und des Schlößchens Falkenlust in Brühl, im ehemaligen Kurfürstentum Köln. Schloß Augustusburg mit dem unvergleichlichen Balthasar-Neumann-Treppenaufgang ist die bedeutendste Barockanlage am Rhein und dient heute als repräsentativer Rahmen für Staatsempfänge.

Clemens Augusts höfische Prunkentfaltung fand ihren Höhepunkt am Tag der Krönung seines Bruders, am 12. Februar 1742, mit dessen Wahl zum Kaiser der schon lange gehegte dynastische Anspruch der Wittelsbacher auf die Reichskrone Wirklichkeit geworden war. Clemens August, ausersehen, seinem Bruder Karl Albrecht in Frankfurt die Krone des »Hl. Römischen Reiches deutscher Nation«

Fig. 10 Der Kölner Erzbischof und Kurfürst Clemens August, aus: Churkölnischer Hofkalender von 1759, Stadtarchiv und wissenschaftliche Stadtbibliothek, Bonn

aufzusetzen, rückte auch sich ins rechte Licht. Für die Krönungszeremonie erwarb der Erzbischof in Lyon einen vielteiligen kostbaren, gold- und silberdurchwirkten Ornat, der heute noch in der Kölner Schatzkammer aufbewahrt wird. Sein Gefolge, er reiste mit 1600 Personen und 750 Pferden, übertraf das des neugewählten Kaisers.[2]
Wie beliebt Clemens August bei seinen norddeutschen Untertanen war, denen er durch seinen aufwendigen Lebensstil und sein Mäzenatentum viele Aufträge verschaffte, drückt der nach seinem Tod geprägte Spruch aus: »Bei Clemens August trug man Blau und Weiß, da lebte man wie im Paradeis.«

Rivalitäten unter den wittelsbachischen Brüdern

Als Clemens August in Berg am Laim, seinem Eigenbesitz in Bayern, als Bauherr einer Kirche auftrat, flackerte die vermutlich schon lange schwelende Rivalität zwischen den wittelsbachischen Brüdern auf.
Die Idee, für die immer mehr Mitglieder umfassende Bruderschaft eine neue Kirche zu bauen, erwog man noch zu Joseph Clemens' Lebzeiten. Dieser winkte jedoch ab: »Die Capel zu Josephsburg betreffend, ist mir lieber, daß selbe, ohne erweiterung, in dem jetzigen standt, und zugleich die Mutterkirch der Erzbruderschaft S. Michaelis bleibe.«[3]

Der jetzt von dem ehrgeizigen und kunstbesessenen Clemens August aufgegriffene Plan zur Errichtung einer Hofkirche, so nahe an der Residenzstadt des kurfürstlichen Bruders, war sicher nicht erwünscht – anders lassen sich die Hindernisse, die dem mit der Bauausführung betrauten Franz de Paula Würnzl in den Weg gelegt wurden, nicht erklären. Auch von seinem jüngsten Bruder Johann Theodor konnte Clemens August keine Unterstützung erhoffen. Das Verhältnis zwischen Johann Theodor und Clemens August war wegen des Anspruchs beider auf das bald frei werdende Bistum und Hochstift Lüttich äußerst gespannt.[4] Als Bischof von Freising für Berg am Laim zuständig, stellte sich Johann Theodor auf die Seite des Pfarrers von Baumkirchen, der fürchtete, seine Pfarrei würde durch die nahe Hofkirche ganz zur Bedeutungslosigkeit herabsinken. Wann Würnzl den Kirchenneubau mit dem jungen Kurfürsten absprach, dessen Bruderschaftssekretär er seit 1723 war, ist nicht zu klären.[5] Jedenfalls stand er als Hofmarksrichter – für dieses Amt wurde er 1727 mit einem Lehen, dem Gerblhof (Abb. 55), belohnt – in Verbindung mit dem Hofmarksherrn Clemens August.[6]
Schon vor der offiziellen Zustimmung des Kölner Kurfürsten zum Bau, die erst am 11. Februar 1737 erfolgte, begann der Bruderschaftssekretär mit eifrigen Aufrufen zu Geldspenden. Bald mußte er sich deswegen schwere Vorwürfe gefallen lassen: Sein Vorgehen sei eigenmächtig, er handle ohne Wissen des Magistrats der Bruderschaft und »ohne Dero hegsten Consens«, das heißt, ohne Zustimmung des Bischofs von Freising.[7] Das zwiespältige Echo auf Würnzls Aktivität beleuchtet auch eine Aktenüberschrift aus dem Archiv der Franziskaner: »Unterschiedliche theils sehr höfliche und gutthätige, theils auch zimlich massiv abschlägige Antwort-Schreiben an Secretarium Würnzl ... zum neuen Kirchenbau.«[8] 1735 gab Würnzl bei S. T. Sondermayr einen Kupferstich mit Grundriß und Fassadenentwurf für die neue Kirche in Auftrag (Abb. 36), dessen 100 Abzüge als Werbezettel dienen sollten: »... statt der jetztmahligen all zu kleinen Erzbruderschafft Capel S. Michaelis ... zu Josephsburg eine hierbey ange-

Fig. 11 St. Michael, Fassadenprojekt, anonymer Kupferstich, 1741, Stadtmuseum München

zeigt grössere und ansehentlichere Haupt- und Mutterkirch, so zwischen des vorhinstehenten alten gebäu gezeichnet zu sehen...«[9] Es war also geplant, die neue Kirche zwischen die Pavillons der Josephsburg zu stellen, wozu – wie Würnzl in einem anderen Spendenaufruf schrieb – der Kurfürst »als erster Gnädigster Benefactor Dero gantzes Schloß Josephsburg ... hergeschencket«.[10] Welchem Architekt der auf dem Sondermayr-Stich abgebildete Erstentwurf mit einer Einturmfassade zuzuschreiben ist, konnte bislang nicht eindeutig geklärt werden.[11]
Der Architekt Johann Michael Fischer reichte erst »vor September 1737« einen Fassadenentwurf mit zwei Türmen ein, wobei er die Kosten des Kirchenneubaus auf 12000 Gulden schätzte.[12]

Die Architekten Köglsperger, Fischer und Cuvilliés

Ab November 1737 wurde mit der Grundaushebung begonnen, wahrscheinlich nach Plänen von Johann Michael Fischer.[13] Bereits nach wenigen Wochen, am 4. Februar 1738, löste Fischers großer Konkurrent, Philippus Jakobus Köglsperger, diesen als Bauleiter ab.[14] Der »Maurerpalier« Köglsperger war Günstling des Dekans von St. Peter, Anton Caietan von Unertl, eines Bruders des Hofkanzlers. Im Auftrag des Freisinger Bischofs, Johann Theodor, überwachte Unertl die Planung in Berg am Laim.[15]
»Unter Trompetenschall und Böllerknall« und im Beisein des kurkölnischen Gesandten Graf Trauner, fand endlich am 7. Oktober 1738 die feierliche Grundsteinlegung statt. Der Stein trägt die Inschrift: »Clemens August Elector 1737«.[16]
Mittlerweile blieb der entlassene Architekt Johann Michael Fischer nicht untätig. In einem Brief vom 17. Dezember 1738 an Würnzl denunzierte er Köglsperger als »unsicheren Man«, bot seine Dienste als Architekt »umbsonst« an und versprach für den Fall seiner Wiederanstellung eine Spende von 300 Gulden »durch einen guedten Freint«. Eine Bauinspektion im Auftrag des Kurfürsten Anfang April 1739 fiel zuungunsten Köglspergers aus. Würnzl, der Johann Michael Fischer im Mai 1739 wieder als Architekt unter Vertrag nahm, schrieb: man habe jenen »vermöglichen Maurermeister«, der »schon zwanzig Kirchen gebaut«, wieder eingesetzt.[17]
In einem Brief vom 2. Juli 1739 aus Augustusburg beauftragte Clemens August nun François Cuvilliés, der wohl schon vorher Einblick in die Baupläne hatte, ausdrücklich mit der Inspektion des Berg am Laimer Kirchenbaus.[18] Der kurbayerische und kurkölnische Hofbaumeister hatte gerade die Umgestaltung von Schloß Augustusburg in Brühl im Stil des französischen Rokokos vollendet.[19] Gegenüber Würnzl und Fischer äußerte Cuvilliés, »daß die Riß alle Anzeig zu einem thauerhaften Gebäu« geben, aber daß die Fassade zierlicher werden müsse.[20]

So war schließlich trotz der Querelen durch das Zusammenwirken von drei Architekten ein für den Kirchenbau glückliches Ergebnis zustandegekommen. »Fischers Idee der Doppelturmfassade und Köglspergers Änderungsvorschlag mit zweigeschossigen Doppelsäulen hat Cuvilliés zu homogener Baugestalt geführt und ... die Disposition der späteren Bauausführung festgelegt«, stellt der Kunsthistoriker Robert Stalla in seinen Forschungen über die Michaelskirche fest.[21]
Im Herbst 1742 konnte der Dachstuhl aufgesetzt werden, 1750 stand endlich die Fassade mit den zwei Türmen.

Innenraum und Ausstattung der Michaelskirche

Im Gegensatz zu der einfachen Außenkontur mit ihrer auf Fernwirkung zielenden Doppelturmfassade tritt uns im Innern eine komplizierte Raumfolge entgegen: die querovale Eingangshalle und drei aufeinanderfolgende Zentralräume (Fig. 12, Abb. 31).
Die Konzeption entsprach der Bestimmung des Baus als Hof-, Bruderschafts- und Ritterordenskirche: Der Chor war der aristokratischen Elite des Michaelsordens vorbehalten, die seitlichen Oratorien für die Wittelsbacher Fürsten bestimmt, im großen Zentralraum versammelte sich die Bruderschaft.
Die Innenausstattung und Einrichtung der Kirche zog sich noch bis 1779 hin. Ab 1743 begann der Wessobrunner Johann Baptist Zimmermann mit der Stukkierung des Raumes und den Deckengemälden, die in den Wölbungen der drei Zentralräume jeweils eine Erscheinung des hl. Michael darstellen (Abb. 35). Die Fresken sind wie auch das Gemälde des Hochaltars wesentliche Teile eines Programms der feierlichen Darstellung des triumphierenden Erzengels. Siegreich wie der hl. Michael am Monte Gargano sah sich Clemens August in Berg am Laim, dem »neuen Monte Gargano«, als Lichtbringer und Verteidiger

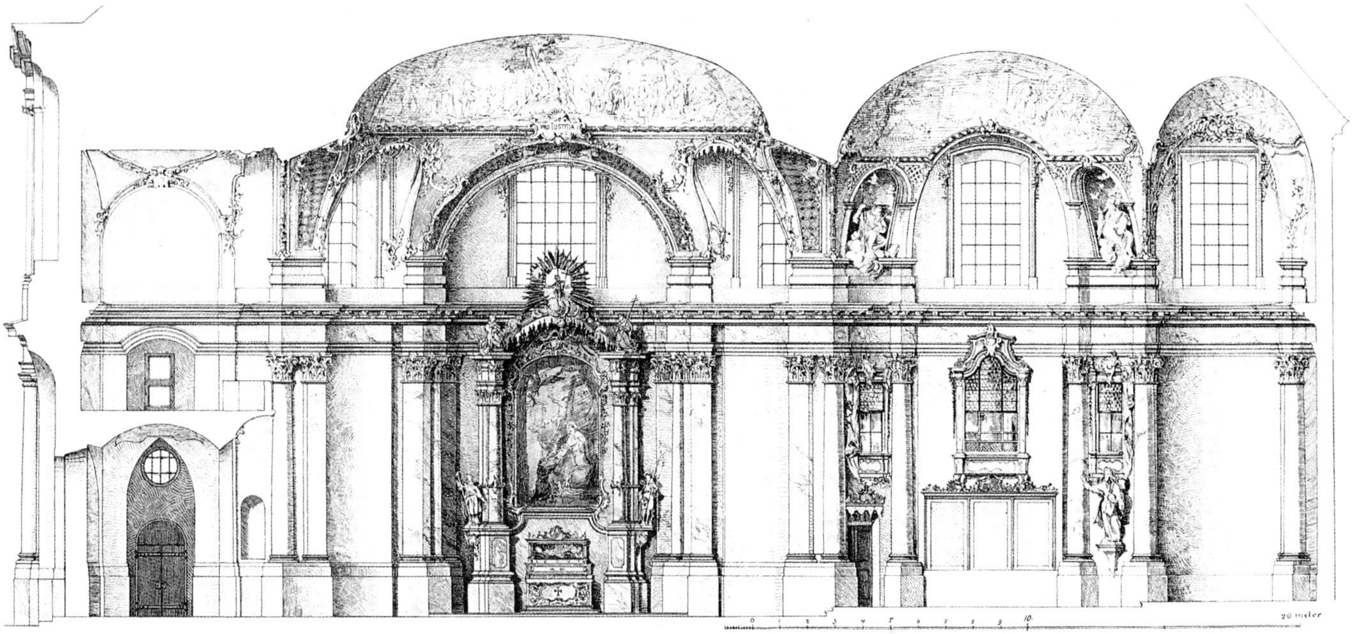

Fig. 12 Aufriß der Nordwand von St. Michael, Seitenaltar des hl. Franziskus, Bayerisches Landesamt für Denkmalpflege

des wahren Glaubens inmitten seiner Michaelsritter und der Bruderschaft.[22]

Gleichzeitig mit Zimmermann begann der Hofbildhauer Straub mit der Altarausstattung (Abb. 34). Straubs Hauptwerk, der Hochaltar, wurde nach dem Tod Clemens Augusts 1761 nicht in der vom Bauherrn geplanten Form vollendet, so daß bei dem jetzigen Altar Kurfürstenwappen mit Krone, Ordenskreuz und Insignien des Erzbischofs fehlen.[23] Ein ursprünglich hinter dem Hochaltar gemalter weiß-blauer Brokatvorhang galt ebenso wie das Rautenbanner über der Kanzel der Verherrlichung des Hauses Wittelsbach.[24]

Der Bezug zur Michaelsbruderschaft, die nach dem Tod Clemens Augusts Hauptgeldgeber war, blieb gewahrt. Auf dem Schalldeckel der Kanzel (Abb. 33) trägt einer der Engel neben dem hl. Michael einen Bruderschaftspfennig um den Hals. Der Wahlspruch F. P. F. P. begegnet uns außer auf dem Bruderschaftskreuz des Altargemäldes noch mehrmals: in den Rahmungen der Oratorien, an vier Seitenaltären, am großen Abschlußgitter, den Gebetsbänken darunter und über dem Westportal der Kirche.[25]

St. Michael, »eine reichsbekannte Kirch«

Auch während der Innenausgestaltung der Kirche mußte sich Franz de Paula Würnzl gegen Intrigen wehren. Obwohl die Kirche am 1. Mai 1744 von dem Baumkirchner Pfarrer Praschler, dem eifrigsten Gegner des Kirchenbaus, vorläufig geweiht wurde, gab der Bischof von Freising keine Erlaubnis, die Bruderschaftsablässe aus der alten Josephsburger Kapelle auf die neue Kirche zu übertragen.[26]

Als Würnzl Altarbild und Opferstock in den neuen Kirchenraum herüberbrachte, erfolgte sofort das freisingische Verbot der »Profanation« der alten Hofkapelle.[27]

Dies geschah alles trotz eines Briefes Clemens Augusts vom 26. Dezember 1742 an seinen Bruder Karl Albrecht, worin er diesen um Unterstützung für seine neue Kirche bat: »Die vielfältige unter dem Vorwand des Freysingischen Ordinariats gerechtsame wider meine Josephsburgische Hof-Ca-

pell und alda errichtete Erzbruderschaft verübende eingriffe veranlassen mich, Eurer kayserl. Mayestät so wohl der Sachen wahre Bewandnis, als die darunter verborgene eigennützliche absichten zu Höchstgefälliger gerechtester remedur in geziementer devotion vorzustellen ...«[28]
Clemens August erklärte dann, daß die Hofkapelle laut Anordnung des Stifters, des Onkels Joseph Clemens, nicht dem Ordinariat unterstellt sei und »daß sich kein Bischof, vielweniger ein benachbarter Pfarrer/als sich der zu Paumkirch sträflich angemaßet/sich jemahlen darin zu mischen gedacht ...«[29] Dieser Brief – übrigens einige Monate nach seinem zu pompösen Auftreten bei der Kaiserkrönung seines Bruders und der kurkölnischen Abwendung von der bayerischen Bündnispolitik geschrieben – bewirkte nichts. Erst nach dem Tod des Kaisers war Clemens August erfolgreich. Wahrscheinlich trug auch sein Verzicht auf das Bistum Lüttich zugunsten Johann Theodors zur Entspannung der Lage bei. Die von Clemens August am 5. März 1745 geforderte Übertragung der für die Bruderschaft so wichtigen Ablässe in die neue Kirche erfolgte bald darauf.[30]
Ein Jahr später konnte er Würnzl befehlen: »... daß ihr bey dem Freysingischen Ordinariat geziement anbringet, was massen Wir uns entschlossen sothane Kirch anstatt der alten für die Hauptkirch des ... Ritterordens und der Erzbruderschaft zu erklären ...« (Fig. 13)[31]

Trotz der Rivalitäten, die sich im Hintergrund abspielten, erfreute sich die Kirche längst größter Beliebtheit. Der Bruderschaftspräses berichtete am 6. Oktober 1745 nach Bonn: »Es kann nicht genugsam angezeigt werden, was für eine unbeschreibliche Menge Volkes aus der Stadt und sonst dem Feste beigewohnt, da zu glauben gewesen, es habe sich mehr als halbe Stadt München ausgeleert und sind an diesem Tag allein 418 Brüder und Schwestern (in die Bruderschaft) einverleibt, dann über 1000 Kommunikanten gezählt worden.«[32]
Ein Jahr nach der feierlichen Einweihung der Kirche durch Bischof Ferdinand von Pödigheim, einem Stellvertreter Johann Theodors, besuchte sogar Kaiserin Maria Theresia die inzwischen »reichsbekannte Kirch«.[33]

Der Kirchenbau – Verdienst Franz de Paula Würnzls

Im Jahr 1759 starb Würnzl, der »unverdrossene Leiter des Kirchenbaus«, auf dessen Rücken oft genug die Intrigen ausgetragen worden waren. Durch Spendenaufrufe, Bittbriefe, Aufstellung von Opferstöcken in vier norddeutschen Bistümern, die er beim Kurfürsten erwirkt hatte[34], und die Organisation von freiwilligen Hilfsdiensten, ermöglichte er den immer mehr Geld verschlingenden Bau. Unter den 42 000 Gulden, die er bis um 1750 zusammenbrachte, waren Spenden aus der nahen Bevölkerung, wie

Fig. 13 Unterschrift des Kurfürsten Clemens August aus einem Brief an Würnzl aus Augustusburg vom 26. März 1746, Bayerisches Hauptstaatsarchiv

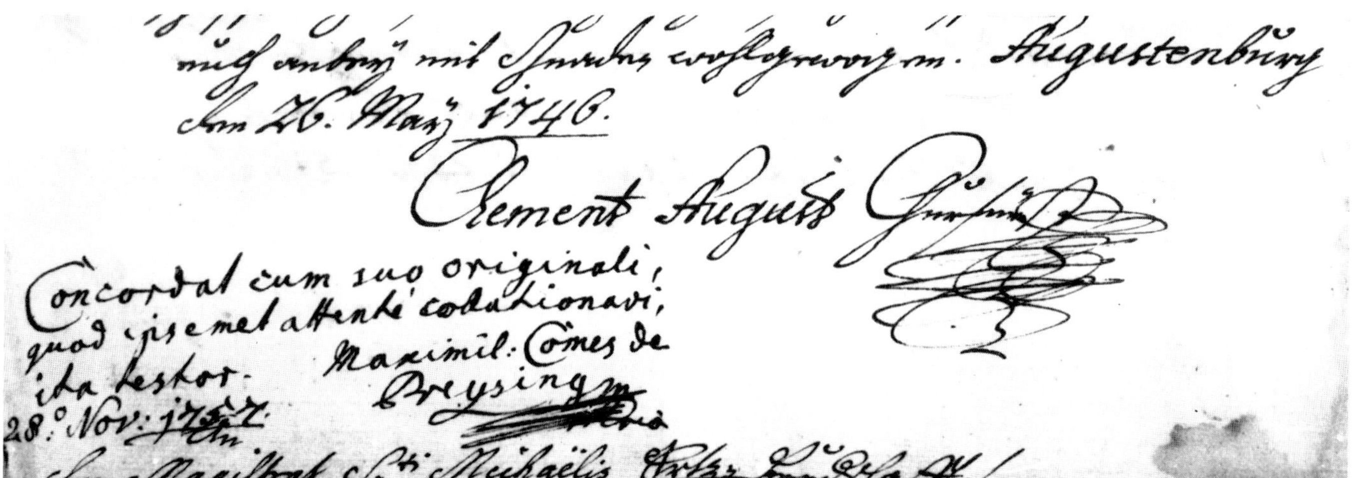
mich anbey mit Gnaden wohlgewogen. Augustenburg
den 26. Marz 1746.
Clement August Churfürst
Concordat cum suo originali, quod ipsemet attente collationavi; ita testor.
Maximil: Comes de Preysing
28° Nov: 1747
An den Magistrat S.ti Michaëlis Ertz-Bruderschafft.

die 200 Gulden der Bäuerin Apollonia Stürzlmeier aus Zamdorf, aber auch 828 Gulden der »Cron Pohlens«.[35] Der Beitrag des Bauherrn Clemens August belief sich auf 11000 Gulden und die Lieferung von 100000 kostenlosen Ziegeln aus der kurkölnischen Ziegelei in Berg am Laim.

Der von vielen Seiten angefeindete Würnzl sorgte noch zu Lebzeiten selbst für sein Andenken durch eine 1759 im Vorraum der Sakristei eingelassene Gedenktafel, auf der er sich als Erbauer dieses »Gottshauß« dem hl. Michael anempfiehlt (Fig. 14). Obwohl er am 2. Dezember 1754 aus Bonn die kurfürstliche Genehmigung einer »Grabstätt hinter der großen Kirchenpforten« erhalten hatte, begrub man ihn laut Sterbebuch der Pfarrei am 2. Mai 1759 in Baumkirchen.[36]

Die Pflege der Kirche übernahmen weiterhin die Franziskaner, die sogar 1751 »bey höchster Anwesenheit Seiner Churfürstlichen Durchlaucht von Cöln« ein Hospiz für drei Patres im südlichen Pavillon der Josephsburg einrichteten.[37] Als Hofkapläne zelebrierten sie bis 1803 die Gottesdienste für die Bruderschaft, die noch bis 1840 Verwaltungsräume im nördlichen Pavillon unterhielt.

Nach der Säkularisation erhob König Max I. Joseph St. Michael zur Pfarrkirche von Berg am Laim.[38] Andacht und Prozession, die jährlich am 29. September in Josephsburg zu Ehren des hl. Michael begangen werden (Abb. 133), erinnern noch jetzt an ihre ursprüngliche Bestimmung als Bruderschaftskirche.

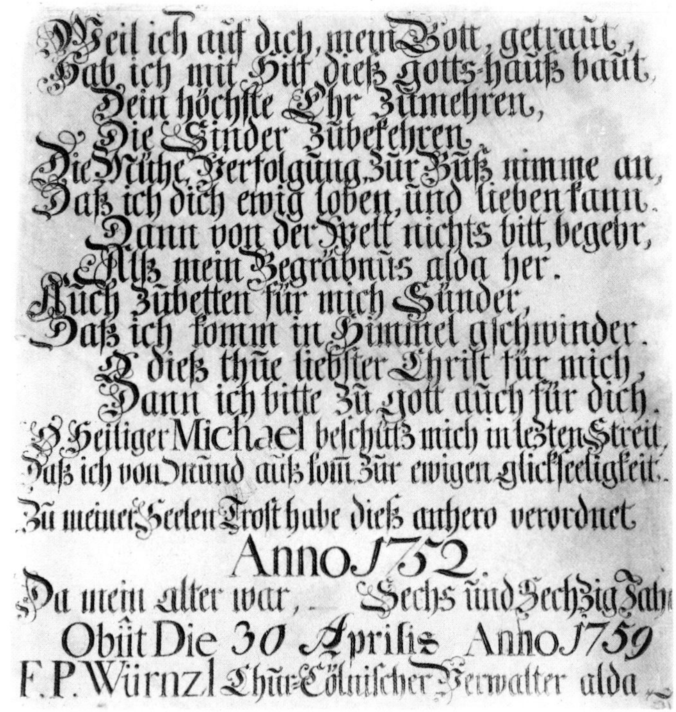

Fig. 14 Gedenktafel an Franz de Paula Würnzl im Vorraum der Sakristei von St. Michael, gesetzt 1759

DAS NEUE SCHLOSS

Bau eines Jagdschlosses für Herzog Ferdinand

Kurfürst Clemens Augusts Andenken in Berg am Laim gilt heute nur mehr der Michaelskirche. Es ist in Vergessenheit geraten, daß er auch Bauherr eines heute noch am »Hofanger« stehenden Schlößchens war.

Aus einer Notiz des Hofmarksverwalters von 1778 geht hervor, daß »dieses Gebäude in dessen Jahren 1731 et 1732 auf unkosten Sr. Churf. Durchlaucht zu Kölln Clemens August, ... zur Jagdlust und zum Gebrauch für dero Herrn Bruder des Herzogs Ferdinand auf dem ... Schloßgrund errichtet worden ...«[39]

Herzog Ferdinand erfreute sich offenbar mehr als die beiden anderen Brüder der Gunst Clemens Augusts. Als einziger besaß Ferdinand, vom Vater Max Emanuel nicht in die geistliche Laufbahn gedrängt, keine einträglichen und einflußreichen Ämter, war somit keine Konkurrenz für Clemens August.

Die Kosten für das Berg am Laimer Jagdschlößchen fielen, verglichen mit den sonstigen Ausgaben des Kölner Kurfürsten, wohl nicht allzu sehr ins Gewicht. Clemens August, in zeitgenössischen Flugschriften seiner Pfründen wegen »Monsieur cinq eglises« (Herr Fünfkirchen) genannt, flossen neben den Geldern aus den fünf Bistümern seit 1732 auch noch große Einkünfte des Deutschen Ritterordens zu. Als Bauplatz stellte Clemens August einen östlich des Hofmarkschlosses gelegenen Grund zur Verfügung, so daß das »Neugebäude einerseits an die Dorfgassen (heute Josephsburgstraße) und andererseits an den Schloßgarten ... stoßend« errichtet werden konnte (Fig. 15).[40] Das damalige Aussehen des Jagdschlößchens läßt sich an Hand von späte-

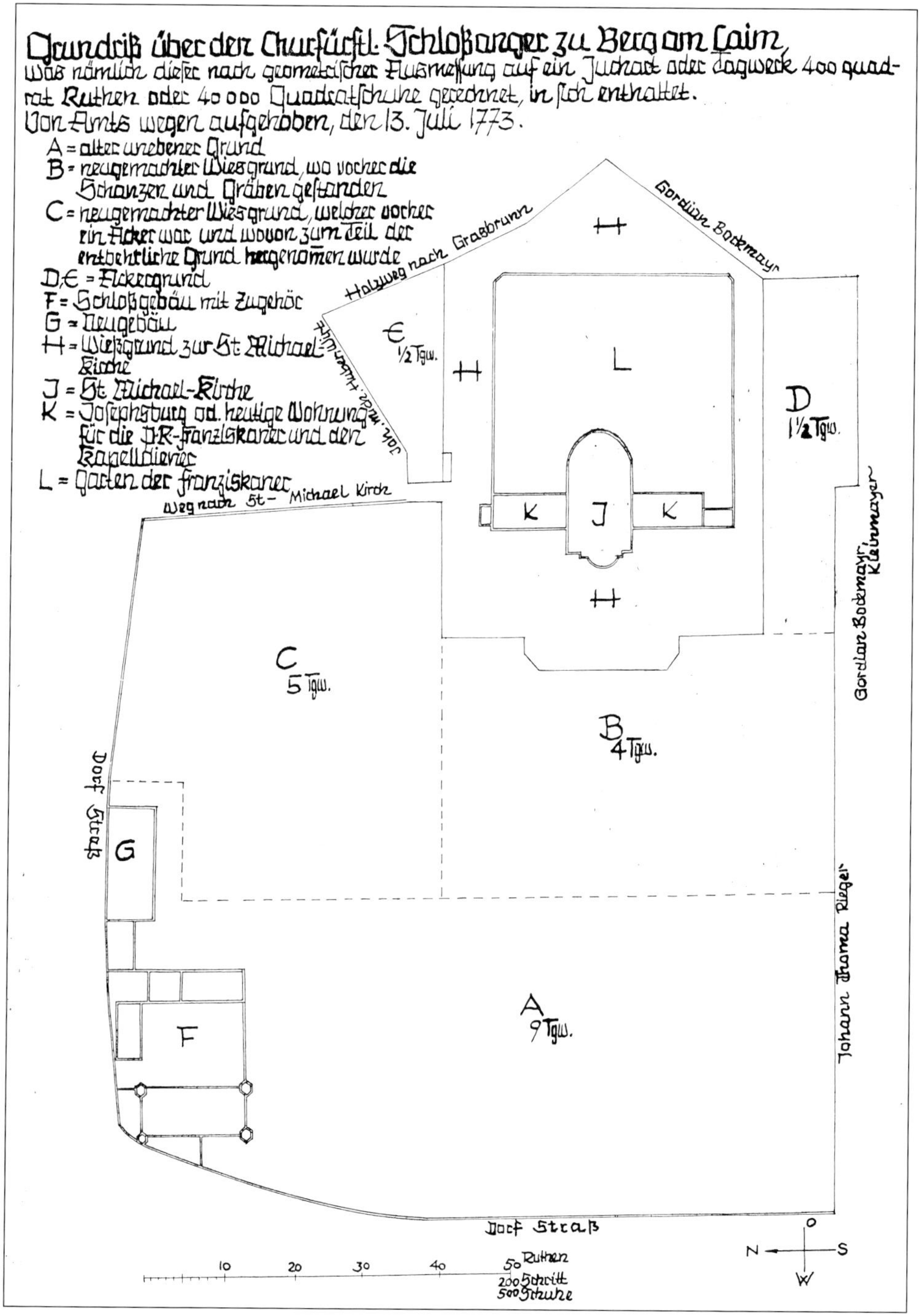

Fig. 15 Grundriß des kurfürstlichen Schloßangers von 1773 mit Hofmarksschloß (F), Jagdschlößchen (G) und Kirche St. Michael (J)

ren Bildern und Aufzeichnungen rekonstruieren (Abb. 38, 39). Wie viele der ländlichen »maisons de plaisance« jener Zeit bestand es aus einem kubischen Zentralbau mit Mansardendachstuhl. Zwischen Erdgeschoß und oberem Stockwerk befand sich ein Mezzanin, das an der Südfassade mit dem vorgelagerten Pavillon eine Linie ergab und an der Nordfassade über der Toreinfahrt und zwei Portalen lag. Der Pavillon an der Gartenfront – nach vielen Umbauten noch vorhanden – nahm die Breite des etwas vorgezogenen Mittelteils des Gebäudes ein und bildete so den Hauptakzent der Südseite. Durch diesen Vorbau entstand der hohe, sich über zwei Geschosse erstreckende Salon im Inneren, der – obwohl eine Zwischendecke eingezogen wurde – durch die ovale Form seine repräsentative Bestimmung beibehalten hat. Zu beiden Seiten schlossen sich doppelgeschossige Flügel mit großen Stallungen an »in jeder auf 16 Pferde«, mit »Zimmern für die Stallbedienten und zwei Heukammern«.[41]
Im Jahr 1778 noch vorhandene Reste von Hundezwingern und einer »zusammengefallenen Schmidstat« neben dem Schloß deuten darauf hin[42], daß Herzog Ferdinand von Berg am Laim aus die damals beliebten Parforcejagden unternahm. Hierfür benötigte er eine große Hundemeute und viele Pferde für die jagende Hofgesellschaft.

Praktische Nutzung von Jagdschloß und Hofanger unter Kurfürst Max III. Joseph

Nach Herzog Ferdinands Tod im Dezember 1738 ließ die Instandhaltung des Jagdschlößchens wie auch des großen Hofmarkschlosses zu wünschen übrig. Laut Akteneintrag der Hofmarksverwaltung waren zwischen 1774 und 1778 das Ziegeldach, die Fenster, Fensterstöcke, Türen und Schlösser schadhaft, die Räume wegen des eingedrungenen Wassers nicht bewohnbar, die Pferde aus »gemelter Ursach« nicht unterzubringen, der Brunnen außerhalb des Gebäudes unbrauchbar und die Mauern »wegen des weiten Umfangs ... nicht mehr unterhalten worden, von den Ungewittern aufgespült und vermorscht ... (und) auch heuer ... bei dem vorgewesten Sturmwind ... ein großer Teil eingestürzt ...«
Seit Jahren hatte in dem Schlößchen offenbar nur noch Personal gewohnt, bis 1774 die »Büchsenspannerin Barbara Rottenbucherin«, dann der alte »gesichtsblöde Hausmeister Kasimir Strauß«.
Kurfürst Max III. Joseph, Nachfolger des letzten geistlichen Hofmarksinhabers, interessierte nur noch die praktische Nutzung von Schloß und Hofanger. So ließ er in den Stallungen Munitionswagen und Artillerierüstungen des kurfürstlichen Oberlandeszeugamts unterbringen und den Schloßanger für landwirtschaftlichen Anbau herrichten. Die von Joseph Clemens um die Josephsburg angelegten Schanzen und Gräben, die weit in den Schloßgarten hineinreichten, mußten in wochenlanger Arbeit von Tagwerkern eingeebnet werden. Nach der Abtragung von riesigen Schutt- und Steinmengen schaffte, wie der Hofmarksrichter notierte, der Wirt Michael Huber einen Monat lang »mit zwei Hengsth und drei Wägen« gute Erde heran. Ein Jahr nach Beendigung der Arbeiten betrug die Ernte auf dem Hofanger »sieben Fuhren Heu, sieben Fuhren Grummet, eine Fuhre Haiden und 16 Fuhren Haber«.[43]

Auch die schon 1669 begonnene Anpflanzung von Maulbeerbäumen zur Seidenraupenzucht – auf kurfürstliches Ersuchen sollten damals die Adligen um München Rohseide für die neugegründete Seidenfabrik in der Au liefern – griff Max III. Joseph wieder auf. Obwohl die Auer Manufaktur nach kurzer Zeit wieder eingegangen war, rief nun der Kurfürst erneut eine »Bayerische Seidenindustrie mit nur bayerischer Rohseide ins Leben«.[44] Der Hofgärtner Kobustuhl, auf dem Berg am Laimer Schloßanger mit der Pflege der Maulbeerbäume betraut, schien wegen des rauhen Klimas nicht sehr erfolgreich zu sein. Die Bäume seien »zu sehr der Entwendung des Laubes ausgesetzt«, klagte er, und müßten an einen geschützteren Ort verpflanzt werden. Mit Schwierigkeiten kämpfte auch der Landbienenmeister, der auf dem Schloßgrund 30 Bienenvölker versorgte. Er verlor in einem Jahr vier Völker durch Raubbienen und drei wegen zu großer Kälte.[45]

Wiederinstandsetzung des Schlosses und Verkauf an die Englischen Fräulein

Erst der Hofmarksherr Franz Carl von Hompesch setzte das ehemalige Jagdschlößchen wieder in Stand. Er ließ 1778 die nötigen Reparaturen am Wohngebäude durchführen und die Seitenflügel neu ausbauen:»... auf einer Seite mit einer Pferdestallung und Wagenremise, nebst Sattel- und Knechtkammer, auf der anderen Seite mit einer Viehstallung, Wagenremise nebst Futter und Ehehaltenkammer ...

in beiden oberen Teilen mit einem Getreidekasten und einer Heulege ...«[46]
Ein weiterer Eintrag des Hofmarksrichters Strobel aus diesem Jahr hat immer noch Aktualität. »In dem Übrigen ist niemand berechtigt durch das Schloß über den Schloßanger zur gemelten Erzbruderschaft den Durchgang zu nehmen, obschon dieser Mißbrauch von den längsten Jahren her eingeschlichen.« Diese Abkürzung des Wegs zur Kirche durch den ehemaligen Schloßgarten wünschen sich die Berg am Laimer noch immer. Damals fand man folgende Lösung: An den Hauptfesttagen der Erzbruderschaft wurde der Durchgang »mit Ausschluß alles Fahrens und Reitens« gestattet, »damit die Mauern und Blanken ... verschont bleiben mögen«.[47]
Da das alte Schloß 1787 abgerissen wurde, verlegte Freiherr von Hompesch die Amtsräume der Hofmark in sein neuausgebautes Landschloß.
Aufgrund der Anfang des 19. Jahrhunderts durchgeführten Reformen verlor das jetzige Hofmarkschloß als Sitz von Verwaltung und Justiz seine zentrale Bedeutung im Dorf. Zur Arbeitserleichterung des Hofmarksrichters, der mehreren Gerichten von Adelsfamilien vorstand, wurde das Berg am Laimer Gericht 1826 nach Haidhausen, später nach München verlegt.[48]
Wilhelm von Hompesch verkaufte 1840 die gesamte Hofmark. Das Schlößchen, einzig erhaltenes weltliches Bauwerk der Berg am Laimer Kurfürstenzeit, erwarben die Englischen Fräulein zum Preis von 10000 Gulden.[49] Es diente ihnen anfangs als Kloster und Internat, nach Anbau der Schulgebäude nur noch als Kloster (Abb. 137).
Im September 1987 ging das ehemalige Jagdschloß und spätere Kloster in den Besitz der Erzdiözese München und Freising über.

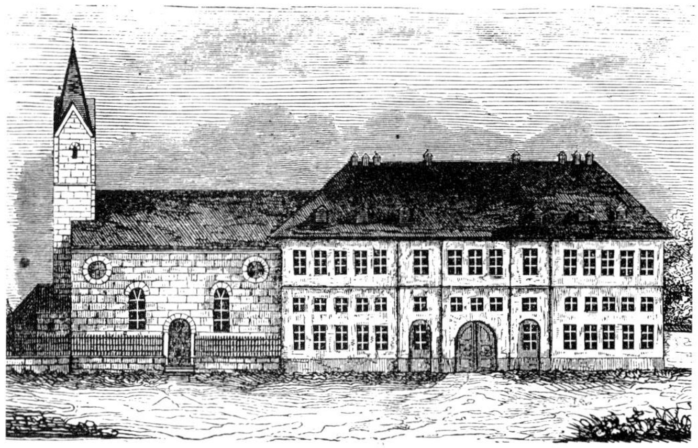

Fig. 16 Ehemaliges Jagdschloß und späteres Institut der Englischen Fräulein, Holzstich, aus: Kalender für katholische Christen, Sulzbach 1855

SIEDLUNG, WIRTSCHAFT UND BEVÖLKERUNG IM 17. UND 18. JAHRHUNDERT

Bau von zehn Häusern unter Bischof Albrecht Sigmund

In engem Zusammenhang mit den Hofmarksbesitzern stand die Siedlungsentwicklung des Dorfes Berg am Laim. Nur die Gutsherren waren berechtigt, eine Genehmigung zum Bau von Häusern als Voraussetzung für Familiengründungen zu erteilen. Dieses Recht zur Ansiedlung beanspruchten die bayerischen Hofmarksherren besonders nach dem 30jährigen Krieg, weil sie für den Wiederaufbau des zerstörten Landes viele Arbeitskräfte in Gewerbe und Landwirtschaft benötigten.
Häufig entstammten die Siedlungswilligen bäuerlichen Familien, da sich seit Verbot der Hofteilungen die nachgeborenen Kinder eine eigene Existenz schaffen mußten. Mit dem vom Hoferben ausbezahlten Erbanteil konnten sie ein Haus erwerben, das ihnen die herrschaftliche Heiratserlaubnis sicherte.[1]
Bis 1678 hatte sich der Häuserbestand der Berg am Laimer Hofmark kaum verändert: fünf Berger, zwei Echardinger Höfe, der Schmied und fünf Sölden, darunter das Marxenhäuschen[2] (heute noch Josephsburgstraße 29) (Abb. 157)

und das Schusterhäuschen (Ecke Kreiller-/Baumkirchnerstraße) (Abb. 60; 110), bildeten das Dorf.
Erst Bischof Albrecht Sigmund vergrößerte die Hofmark dann um zehn Handwerker- und Taglöhnerhäuser (Abb. 59–62).[3] Einige standen entlang des Zamdorfer Wegs (heute östliche Baumkirchnerstraße), darunter das Weberhäuschen (Abb. 59), das noch, als letztes dieser 1680 errichteten Sölden, verloren zwischen Hochhäusern steht[4], die anderen befanden sich weiter östlich in der Gegend des heutigen Behrparks.[5]
Wie die schon ansässigen Sölden galten die Siedler als »Leerhäusler«, weil sie fast keinen Grund besaßen (1/32 Hoffuß). Sie zahlten einen Gulden Zins für ein Haus mit kleiner Wiese und mußten jährlich als Scharwerksleistung zwei Pfund Flachs zu »Gespunst« verarbeiten.[6] Einige dieser neuen Hofmarksuntertanen übten ein Handwerk aus, so der Leinweber Georg Weber, der Schäffler Hans Miller und der Ziegelschneider Michael Wiedenbacher, die meisten verdingten sich als Lohnarbeiter.[7]

Auszüge aus Rechnungen, die Schmied und Wagner im Jahr 1754 an Pfarrer Chlingensperg von Baumkirchen stellten:

– vier Eisen beschlagen und zwei Zügel gemacht	*12 x*
– auf ein Rad den Reifen gemacht	*34 x*
– zwei Paar Pflugeisen gespitzt	*6 x*
– einen neuen Pflug beschlagen	*1 fl 24 x*
– einen neuen Ring gemacht und eine Schnalle an die Stalltür gelegt	*4 x*
– an die zwei hinteren Räder zwei Speichen gemacht	*12 x*
vier neue Räder an die Chaise gemacht	*7 fl*

(x = Kreuzer, fl = Gulden)

(nach Hartmann)

Fig. 17 Zum Pfarrhaus gehörte ein großer landwirtschaftlicher Betrieb.

Dörfliches Handwerk und Gewerbe

In den Städten regelten die Zünfte die Zulassungen zu den Handwerksberufen, in den Hofmarken verlieh der Hofmarksherr die Gewerbekonzession an die zunftfreien Söldner. Diese »Handwerksgerechtigkeit« war nicht an die Person, sondern an Haus und Werkstatt gebunden. Starb der Mann vor seiner Ehefrau, so mußte die Witwe für die weitere Berufsausübung in ihrem Haus sorgen, entweder durch Übergabe an die eigenen Kinder oder durch Wiederverheiratung, andernfalls verlor sie ihr Wohnrecht.[8]

Der Schmied

Die längste Handwerkertradition im Dorf hatte der Hufschmied. Wie schwierig es war, den Beruf von einer Generation zur anderen weiterzugeben, zeigen Aufstieg und Niedergang der Besitzer der Schmiede des 18. Jahrhunderts.
Der Schmied August Ruedorfer, Ahnherr einer traditionsreichen Familie, zählte als Eigentümer einer ererbten Landwirtschaft und eines Viertels des alten Schloßhofes zu den angesehenen Bewohnern Berg am Laims.[9] Des öfteren wird er als Trauzeuge bei Hochzeiten der Großbauern genannt. Sein Sohn Peter, seit 1726 Schmied, machte eine gute Partie, als er die Tochter des Emplbauern aus Zamdorf, Ursula Stürzlmeier, mit einer Mitgift von 900 Gulden zur Frau nahm. Auch die drei Söhne aus dieser Ehe heirateten standesgemäß, Kaspar, der neue Schmied, eine Bauerntochter aus Unterföhring, Thomas die Erbin des reichen Riegerhofbauern aus Berg am Laim. Nach dem Tod Kaspars nahm die Schmiedwitwe den »Dachauer Schmiedgsölln« Johann Krägl zum Mann.[10] Nach ihrem Tod heiratete dieser in zweiter Ehe 1786 die Tochter des Truderinger Hufschmieds Martin Zehetmeier mit einer Mitgift von 400 Gulden, kurz darauf wieder Witwer, in dritter Ehe Maria Vordermeier, die Tochter eines Halbhofbauern aus Markt Schwaben. Beim Tod Johann Krägls, 1804, war die Schmiede schuldenfrei. Noch im gleichen Jahr heiratete seine Witwe Maria den »wesentlich jüngeren« Schmiedsohn Paul Winkler aus Ebersberg, dessen Heiratsgut im Ehevertrag festgehalten wurde: »Erstlich verspricht der Hochzeiter seiner Braut neben einer Bettstatt Kasten, Schmiedewerkzeug, silbernen Schuhschnallen und einer Sackuhr noch an Geld 400 fl am Hochzeitstag zu übergeben.« Diese Ehe stand offenbar unter einem unglücklichen

Stern, denn als der junge Schmied zwei Jahre später starb, beliefen sich die Schulden des Anwesens auf 2400 Gulden. Maria mußte Schmiedwerkstatt und Landwirtschaft an den ortsfremden Hufschmied Georg Bachmeier verkaufen. Mit dem Erlös von 2800 Gulden konnte sie die Schulden aus zweiter Ehe tilgen. Die dritte Ehe allerdings, die die ehemalige Schmiedin mit dem Berg am Laimer Kleinhäusler Korbinian Hagl einging, endete in einer Katastrophe: Im Jahr 1814 wurde sie von ihrem Mann ermordet.
Doch zurück zum neuen Schmied Georg Bachmeier. Als dieser starb, fand seine Frau »wegen vorgerückten Alters« keinen Mann mehr. Sie trennte die Landwirtschaft, die Jahrhunderte zur Schmiede gehört hatte, von der Werkstatt und verkaufte Grund und Betrieb an neue Interessenten.[11]
Erst als am 28. März 1831 der Wirtssohn Franz Poiger aus Niederbayern die Schmiede als reinen Handwerksbetrieb erwarb, kam sie wieder über Generationen in die Hände einer Familie. Die Familie Poiger, die heute in Berg am Laim noch ein Sportgeschäft mit Werkstatt betreibt, unterhielt die Schmiede, zu der noch eine Wagnerei kam, bis in die fünfziger Jahre unseres Jahrhunderts (Abb. 56; 87).

Schuster und Metzger

Als das Schusterhäuschen (Abb. 60; 110) 1964 abgebrochen wurde, hatte es über 300 Jahre lang die Werkstatt eines Schuhmachers beherbergt. Aus einer Steuererhebung von 1671 geht hervor, daß der Schuster Georg Steinschneider seit 22 Jahren ein Söldenhäusl und eine Kuh besitzt, keine Schulden habe, aber auch »nichts übrig, als selbsten Wohl von nöten«.[12] Noch 1764 mußte der Schuster im Schloß zum »Scharwerken mit der Hand« antreten.[13]
Bei der Fortführung der Schusterei treffen wir häufig auf Witwen, die – ohne männlichen Erben – durch nochmalige Heirat ihrem Haus die Berufskontinuität sicherten. Stellensuchende auswärtige Handwerker, in der Residenzstadt von den Zünften als »Pfuscher und Stimppler« abgewiesen, gab es in der Umgebung Münchens genug.[14] So heiratete die Schusterwitwe Ursula Thoma 1741 in zweiter Ehe den Schuhmacher Johann Michael Glonner, 1757 in dritter Ehe den aus der Oberpfalz stammenden Schustergesellen Sebastian Daller, ihre Erbin, die Stieftochter Maria Glonner, 1768 den aus Ried kommenden Schuster Mathias Gast.[15] Erst dieser konnte Haus und Handwerk einem männlichen Erben hinterlassen. 1805 verkaufte aber Joseph Gast den Besitz um 900 Gulden an den Schuhmachermeister Anton Knoll aus Erching. Die 200 Gulden Mitgift seiner Braut, einer Müllerstochter aus Ismaning, dienten Knoll als Startkapital.[16]
Von den Handwerkern besaßen im 18. Jahrhundert außer dem Schmied nur Schuster und Metzger einen bescheidenen Grundbesitz von ungefähr 3500 m² (1/16 Hoffuß).[17]
Im nördlich gelegenen Nachbarhaus des Schusters wurde seit 1733 eine Metzgerei geführt.[18] Den alteingesessenen Berg am Laimern ist der Standort dieses Hauses sicher bekannt, denn es war der Vorläufer des um 1900 erbauten Gasthofs Strell (Ecke Kreiller-/Baumkirchnerstraße) (Abb. 117). Während der Verbreiterung der Kreillerstraße zwischen Schusterhaus und Wirtshaus Strell opferte man beide Häuser dem Straßenausbau.

Wirt und Mesner

Berg am Laim verdankte sein erstes Wirtshaus der 1626 erbauten Loretokapelle (Abb. 15). Nicht daß die Stifterin der Kapelle auch zugleich an die hungrigen und durstigen Wallfahrer, die oft weite Wege zurücklegen mußten, gedacht hätte, nein, ein richtiges Wirtshaus gab es damals in Berg am Laim noch nicht. Es war der Mesner, der gegenüber der kleinen Kirche, am nördlichen Rand des Dorfes, in seinem Häuschen die Wallfahrer aufnahm. Wo hätten sonst die frommen Pilger in der kalten Jahreszeit, wie beispielsweise »die bürgerlichen Metzger von München«, die »alljährlich an den drei Mittwochen nach dem Aschermittwoch eine Wallfahrt nach Loreto in Berg am Laim« unternahmen, Brotzeit machen sollen?[19] Richtig verköstigen konnte der Mesner seine Gäste allerdings erst, seit ihm 1680 vom Hofmarksherrn Albrecht Sigmund »ein Virtl von dem Schloßhof« verliehen wurde.[20] Mit diesen zirka 14 Hektar Grund konnte er eine eigene Landwirtschaft betreiben.[21]
Die Wirtsfamilie Huber, die uns mit Bartlmä Huber, »Wirth und Mesner allda«, zum ersten Mal 1710 namentlich begegnet[22], erhielt am 22. Oktober 1759 von Kurfürst Clemens August »auf das ehemalige Meßnerhaus ... eine Tafernsgerechtigkeit« mit Erlaubnis »der Aushangung des Churköllnischen Wappen-Schilds«.[23] Eine Schankgenehmigung bekam er nur für Bier, nicht aber für Wein und Branntwein.[24] Als Gewerbesteuer mußte er jährlich 12 Gulden an den Hofmarksherrn entrichten.[25]

Diese Taverne, im 20. Jahrhundert unter dem Namen »Altwirt« oder »Gasthof Baumann« bekannt, blieb bis um 1900 das einzige Wirtshaus Berg am Laims (Abb. 115; 116). Nicht nur die Loretowallfahrer, auch die zahlreichen Besucher der Feste der Michaelsbruderschaft und später die Ausflügler aus München, sorgten hier für ständigen Betrieb. »Seit Bestehen des Wirtshauses« feierte man hier mit Vorliebe Hochzeiten bei »Tanz- und Blechmusik« nach vollzogener Trauung in der Loretokirche. An Sonn- und Feiertagen fanden »öffentliche Belustigungen«, wie Baumsteigen, Sacklaufen, Hindernisrennen und Ringelstechen statt. Schon in »unvordenklichen Zeiten« spielte, laut Polizeiprotokoll vom 3. 9. 1847, beim Tafernwirt die Musik zum Tanz auf, und zwar am Tag der Leonhardsfahrt, am 1. Montag im September zur Zeit des Keferloher Markts, an jeder Auer Dult und an der großen wie kleinen Kirchweih.[26]

Dem Benefiziaten der Loretokirche war das lustige Treiben im Wirtshaus gegenüber ein Stein des Anstoßes, zumal immer wieder in die Kirche eingebrochen wurde. Benefiziat Pizer berichtete 1775, daß »eine 1½ Schuh lange, schön gefaßte Muettergottes, ein zinnernes Teller zu den Meßkändln, ein silbernes Herz, darin eine Ampel gebrannt, ein silbernes Monstränzl darin Reliquien gewesen, eine Messingampel, drei Messingketten, 2 neue Schlösser« gestohlen worden seien. Er beklagte sich dabei heftig über die mangelnde Aufsicht des Mesners, der, wenn »die Messe um halb Neun aus ist – trotzdem er mit seinem Heißl an die Ringmauer stoßet –, die Kapelle bis nachts um das Betläuten nicht mehr anschaut.«[27] Seit 1752 war eigens für den Mesner – der Wirt war inzwischen zu überlastet, um den Kirchendienst auszuführen – ein Haus neben der Kapelle errichtet worden (Abb. 15). Auch jetzt konnte der Mesner von Loreto nicht allein von seinem Lohn und den »4 Schid Stroh«, die er von jedem Bauern für das Wetterläuten bekam, leben. Er erhielt deshalb die Konzession für das Schneiderhandwerk.[28] Das Schicksal des Mesnerhäuschens oder »Kirchlschneideranwesens« war 1850 besiegelt, als man die Loretokirche wegen der häufiger werdenden Diebstähle, der Lärmbelästigungen aus dem nahen Wirtshaus und ihres schlechten Bauzustands zum Abbruch freigab. Es wurde ebenfalls abgerissen, der Grund von Bernhard Lindmeyer, der auch schon das Gelände der alten Loretokirche von den Englischen Fräulein um 51 Gulden erworben hatte, gekauft. Das hier vom Ehepaar Lindmeyer 1856 erbaute Haus ging 1879 um 1800 Gulden in den Besitz des Baumeisters Joseph Berlinger über[29], dessen Tochter Antonie mit ihrem Ehemann Josef Daschner dem Wirtshaus gegenüber eine Bäckerei (Abb. 93; 109) eröffnete.[30] Der Altwirt, dessen Existenz auf die Loretokirche zurückzuführen war, überlebte die Barockkirche um ein Jahrhundert. Wie so viele alte traditionsreiche Häuser Berg am Laims fiel auch dieser Gasthof mit seinem alten Kastaniengarten und der Kegelbahn dem Ausbau der Berg-am-Laim-Straße zum Opfer.

Schneiderrechnung aus dem Nachlaß Pfarrer Chlingenspergs (um 1750):

– den Klagrock gemacht, Macherlohn	*2 fl 50 x*
– zwei Ellen Streifleinwand	*36 x*
– ein Lot schwarze Seide	*28 x*
– ¼ Lot Kamelhaar	*10 x*
– das braune Kleid gemacht, Faden und Macherlohn	*3 fl 15 x*
– Zwei Lot Kamelhaar, mehr Seide als Kamelhaar	*40 x*
– eine neue Lederhose gemacht, Faden und Macherlohn	*36 x*
– einen Rock gewendet	*1 fl 40 x*
– das grüne Mieder ausgebessert	*7 x*
– das gestrichelte Korsett ausgebessert	*2 x*
– das schwarze Mieder überzogen, Faden und Macherlohn	*40 x*

(x = Kreuzer, fl = Gulden)

(nach Hartmann)

Fig. 18 Dem Pfarrer wurden auch Schneiderarbeiten für die im Pfarranwesen tätigen Dienstboten in Rechnung gestellt.

Die Verdienstmöglichkeiten für Handwerker und Taglöhner

Die Handwerker und Taglöhner Berg am Laims waren vom Arbeitsangebot im Dorf abhängig. Trotzdem konnte im Dezember 1774 der Hofmarksrichter protokollieren:

»In der Hofmark befinden sich zwar viele, aber angesessene Leerhäusler und zum Teil auch arme Innleut (Untermieter), welche aber der ordentlich Verpflegung nicht zur Last fallen. Von einem vagierenden Gesindel ist nichts bekannt.«[31] Auch in einer gegen Ende des 18. Jahrhunderts erhobenen Statistik heißt es für Berg am Laim: »Bettlleut keine«.[32]

Wenn auch aus dem vorliegenden Quellenmaterial die wirtschaftliche Lage der Sölden nicht hervorgeht, so kann man doch von recht guten Verdienstmöglichkeiten im Berg am Laim der Barock- und Rokokozeit ausgehen. Waren in vielen Dörfern die Handwerker und Lohnarbeiter nur auf den Bedarf der Nachbarn und des Pfarrers angewiesen, so bot hier die rege Bautätigkeit der bischöflichen Hofmarksherren – drei Schlösser und eine Kirche entstanden innerhalb von 70 Jahren – ständig Arbeit. Bis zur Säkularisation kam als großer Auftraggeber die Michaelsbruderschaft hinzu.

Die für die Berg am Laimer Großbauten des 18. Jahrhunderts benötigten Ziegel entstammten größtenteils den hofmärkischen Ziegelstadeln. In der älteren Ziegelei arbeitete um 1680 ein Ziegelmeister namens Kaspar Weinberger.[33] Sie befand sich an der Grenze zwischen Berg am Laim und Haidhausen (heute Ecke Burggrafen-/Friedensstraße).[34] Eine Beschreibung ist aus dem Jahr 1774 überliefert: »Ein Ziegelstadel mit dem größeren Brennofen gegen die Stadt München, auf der nämlichen Seite mit einem gemauerten Haus samt Pferdestallung, dann Gärtl und eingefangenen Grasfleckl für den Ziegelmeister, wie auch einen hinlänglichen Platz zur Holzlege und zunächst mit einer Lacken zur Roßschwemm, auf der anderen Seite aber mit einem gezimmerten Heustadel.«[35] Rösser waren als Zugpferde der Fuhrwerke von größter Bedeutung. Sie mußten nicht nur die Ziegel abtransportieren, sondern auch die ungeheuren Mengen von Holz, die man zum Brennen brauchte, von der Floßlände in München heranschaffen.[36] Ein zweiter Ziegelstadel »mit dem kleinen Brennofen gegen die Hofmark gelegen . . . samt Holzlege« wurde Anfang des 18. Jahrhunderts erbaut und lag nördlich der älteren Ziegelei (heute Nähe Haidenauplatz).

Seit 1726 häufen sich die Berichte über die »zum Abziegeln eingetauschten Äcker nächst dem churkölnischen Ziegelstadel«.[37] Fand zur Entschädigung kein Grundstückstausch statt, dann erhielten die Bauern »ab jedem Tausend jähr-

Fig. 19 Taglöhner bei der Arbeit. Strohgedecktes Haus im Hintergrund, um 1800, Radierung v. J. M. Mettenleiter, Stadtmuseum München

lich gebrannter Ziegelstein 15 Kreuzer« vom Hofmarksherrn oder einem Pächter, wie Johann Michael Häckl, »Bürger und Feuerhäuslwirth zu München«, der ab 1771 gegen Abgabe von 20 Gulden pro Ziegelbrand, beide Ziegelstadel auf sechs Jahre unter Vertrag hatte (Fig. 24). Endgültig bekamen die Bauern das Geld für den Ernteausfall aber erst, wenn sie den abgeziegelten »Grund in den ackermäßigen Stand und zum Anbauen vollkommen hergestellt« hatten.[38]

Mit Lehmabbau, Ziegelbrand, Fuhrdienst, Maurer-, Zimmerer- und Handlangerarbeiten für die Bauunternehmungen bestand in Berg am Laim, zumindest in der warmen Jahreszeit, ein Arbeitsangebot, das weit über die Hofmark hinausreichte.

Berg am Laim war schließlich Ende des 18. Jahrhunderts noch ein kleines Dorf, in dem, laut Statistik, nur 103 Erwachsene – 50 Männer, 53 Frauen – und 52 Kinder unter 15 Jahren wohnten. Davon arbeiteten als Handwerker acht Meister, vier Gesellen und zwei Lehrjungen, als Mägde und Knechte 24 Ehehalten bei den Bauern.[39]

Die Bauern, Leidtragende des 30jährigen Krieges

Die günstige wirtschaftliche Entwicklung, die sich noch Ende des 16. und Anfang des 17. Jahrhunderts für die

Bauern abzeichnete, wurde durch die verheerenden Folgen des 30jährigen Krieges unterbrochen.
München konnte 1632 durch Zahlung eines hohen Lösegeldes an König Gustav Adolf die Brandschatzung durch die Schweden abwenden. Seit 1638/1640 schützte die Stadt eine Festungsmauer.[40]
Den Feinden ausgesetzt waren vor allem die umliegenden Dörfer und Fluren, die von den schwedischen Reitern geplündert und zerstört wurden. Krankheit, Hungersnot und seit 1634 grassierende Pest betrafen auch Berg am Laim.[41]
Eine 23 Jahre nach dem Ende des Krieges erfolgte Befragung der Untertanen nach ihren Einkommensverhältnissen, läßt Besitzverschiebungen, Armut und Verschuldung der Bauern erkennen. Von 13 zur Steuer veranlagten Hofmarksuntertanen waren nur der Schmied und die grundbesitzlosen Sölden schuldenfrei. So gab Balthasar Stürzlmeier, damaliger Besitzer des Zeugnerhofs, zu Protokoll: »... habe keine Schulden herein, hingegen sei er Balthasaren Kholmann auf der Au ... 100, ansonsten ... auf die 300 fl schuldig, darunter 240 fl der Kirchen Loretho.« Die Frage, ob von »Getreidt oder Vieh« über den Eigenbedarf (Hausnotdurft) hinaus etwas zum Verkauf bleibe, beantworteten alle Bauern abschlägig. Stellvertretend die Antworten von Hans Stürzlmayr, Gerblbauer, und der Witwe Maria Hämperger, Besitzerin des halben Hofs in Echarting: »... bleibe ihm über seine Hausnotdurft und was er der Grundherrschaft raiche soviel nit übrig, daß er die Ehalten und Taglöhner davon bezahlen ... könne.«
»Weilen sie 4 kleine Kinder und keinen Mann (habe) sei leichtlich zu erachten, daß sie über die Hausnotdurft nichts zu verkaufen hat.«[42]

Drückende Abgabenlasten: Forderungen des Landesherrn, Hofmarksherrn und des Pfarrers

Zu den überkommenen grundherrlichen Abgaben mußten die Bauern vermehrt landesherrliche Steuern entrichten. Dies war eine Folge der hohen Staatsverschuldung, die besonders auf die bayerische Großmachtpolitik Kurfürst Max Emanuels und Kaiser Karl Albrechts zurückging.
Die Besetzung Bayerns durch die Österreicher während des Spanischen Erbfolgekrieges bedeutete für die Bauern nicht nur Einquartierung österreichischer Truppen und kaiserliche Zwangsrekrutierungen, sondern auch ein vier- bis siebenfach erhöhtes Steueraufkommen.[43] Zur Zeit des Österreichischen Erbfolgekrieges griff man wieder auf die Bauern zurück. So erfolgte am 3. August 1742 ein Aufruf an alle Hofmarken: »... daß zur Verpflegung unserer zahlreichen Mannschaften zu Pferd und zu Fuß, auch Bestreitung anderer hochnotwendiger Kriegsausgaben eine namhafte Summe Geld erforderlich ist, welche wir ... ohne Beitrag des Landmannes unmöglich ... verschaffen können... Deswegen sehen wir uns bemüßigt zwei ganze Landsteuer einzubringen, also zwar, daß die erste auf nächste Allerheiligen und die andere zu St. Andreas entrichtet werden muß.« Im Februar des nächsten Jahres wurden die Hofmarksherren angehalten, Männer für Schanzarbeiten in Braunau zu schicken. »Wer aber wegen weiten Weges nicht kommen will, zahlt pro Schanzer 12 Kreuzer für den Tag, doch nicht mehr als 1½ Gulden pro Hof.«[44]
Außer diesen zusätzlichen Abgaben mußten die Bauern in bestimmten Abständen erhobene Steuern abführen, wie zum Beispiel der nach einem Hoffuß veranlagte Gerblbauer, Barthlmä Thaimer, laut Steuererhebung vom 25. April 1771, 19 Gulden 52 Kreuzer einfache Land-, Heer-, Haus- und Grundsteuer.[45]
Adel und Geistlichkeit, grundsätzlich von der Steuer befreit, zahlten als Mitglieder der Ständevertretung eine »Rittersteuer« in die Landschaftskasse.[46] Sie betrug für die ganze Hofmark Berg am Laim im Jahr 1737 nur 4 Gulden 40 Kreuzer.[47]
Die Leistungen wie Scharwerk und Küchendienst, die die Bauern seit altersher ihren Grund- und Gerichtsherrn entrichteten, wurden gegen Ende des 18. Jahrhunderts immer mehr in Geld umgewandelt.[48] Seit 1812 ersetzte Geld auch die Getreidegült.[49]
Zu diesen jährlichen Abgaben verlangte der Hofmarksherr eine einmalige Zahlung bei Übernahme des Hofs, die der neue Pächter – im Normalfall der Hoferbe – aufbringen mußte. Dieses »Laudemium« war sehr hoch. 1671 bezahlte der Zeugnerbauer Balthasar Stürzlmeier, der wie die anderen Bauern in Berg am Laim zu dieser Zeit seinen Hof zu Leibrecht, das heißt auf Lebenszeit, pachtete, 100 Gulden.[50] Nach Umwandlung des Leibrechts zu Erbrecht Ende des 18. Jahrhunderts stiegen die Laudemien noch einmal erheblich.[51] Der Zeugnerbauer zahlte nun 259 Gulden! Erst Ende des 18. Jahrhunderts zog man statt der

Als sich die reiche Springerbäuerin Katharina Hörmann um 1810 auf den Altenteil zurückzog, wurde vertraglich festgelegt, daß ihr im Austrag folgendes zustand:

- *eine trockene und heizbare Wohnung*
- *ein Abstandsgeld von 1500 Gulden, davon 600 in bar, der Rest in jährlichen Raten von 100 Gulden.*
- *jährlich 3 Klafter Hartholz, 12 Pfund gehächelter Flachs, ein Paar Schuhe und Pantoffeln, 1 leinenes Hemd und ein Fürtuch*
- *jährlich ein Schaf und vier Lämmer, alle gut in Futter, jedes im Wert von zwei Gulden, dazu 2 Scheffel Weizen und ein Scheffel Korn*
- *monatlich ein weißer Laib Brot, 1½ Pfund Butter, ½ Pfund Schmalz und 2 Pfund Ochsenfleisch*
- *wöchentlich 2 Maß Milch und 15 Eier, diese von Ostern bis Michaeli, die übrige Zeit nur 8 Eier*

Im Falle ihrer Erkrankung mußte Sohn Simon die »Doctor- und Baderspesen« und die Kosten der Arzneien und einer Wärterin übernehmen. Nach ihrem Tod sollte er 2 Seelenmessen lesen lassen. (nach Kreuzer)

Fig. 20 Auch für die Altersversorgung der im Austrag lebenden Eltern mußten die Hoferben aufkommen.

hohen Gebühren 20 Jahre laufende Jahresrenten ein, die $1/20$ des letzten Laudemiums ausmachten.[52] Wegen dieser Zahlungsverpflichtung, zu der noch die Auszahlung der Geschwister kam, wurde es zur Regel, daß die Eltern dasjenige ihrer Kinder, Sohn oder Tochter, zum Hoferben bestimmte, das die beste Heirat in Aussicht hatte.[53] Braut oder Bräutigam mit einer Mitgift zwischen 900 und 1000 Gulden galten bei den Berg am Laimer Bauern als gute Partie, die Großbauern, wie der Rieger und Springer, erwarteten sogar bis zu 2000 Gulden.[54]

Die Belastung der Bauern mit landesherrlichen und hofmärkischen Abgaben erfolgte ohne Rücksicht auf deren tatsächliche Einnahmen, die ja von Jahr zu Jahr, je nach Ernteerträgen, unterschiedlich waren. Trotzdem bereitete die Abgabe an den Pfarrer von Baumkirchen, die den 10. Teil des wirklich vorhandenen Ernteertrags ausmachte, in Berg am Laim immer wieder größten Ärger.
Bis auf den Springerbauern, der als Erbe des Gelbhofs »den armen Leith auf dem Gasteig«, dem Leprosenspital, zehntpflichtig war, erhielt der Pfarrer von allen Hofmarksbauern einen Getreidezehnt.[55] Pfarrer Michael Lichtenegger, der zusätzlich den Kleinzehnt einnehmen wollte, und deswegen den ältesten Bauern »von 81 Jahr« befragte, notierte 1672: »Der alte Mann, sonst Gerbl genannt, sagte, er denke sein Lebtag nicht, habe es auch vom Vater oder Andl nicht gehört, daß ein Kleinzehnt gegeben worden, bin also von diesem alten Mann abgewiesen worden.«[56]
Schon sieben Jahre lang hatte Pfarrer Scheitterer Anfang des 17. Jahrhunderts wegen des Kleinzehnts mit den Berger Bauern gestritten. Auch er konnte mangels Erinnerungsfähigkeit der Zeugen keinen Beweis für eine solche Abgabe erbringen.[57]
1710 flammte erneut ein Streit zwischen Pfarrer Georg Müller und den Bauern auf. Er führte sogar zu einer Beschwerde der Pfarrgemeinde Berg und Baumkirchen bei »Seiner Kaiserlichen Majestät«, Joseph I., der Bayern in dieser Zeit besetzt hielt: »Wie daß unser Pfarrer nicht wie sich gebührt . . . sondern wie ein Soldat oder ander Gewaltmann mit uns umgeht, . . . uns nicht nur . . . schinden und schmähen, sondern uns auch mit Streichen ärgerlich traktieren tuet . . . und dieses bloß darumben, weilen er nicht zufrieden sein will, daß ihm die Zehentgarben, wie bishero, für seinen Zehend liegen gelassen werden, sondern er will die Garben selbst aufsuchen und jedesmal von denen zehenten die schwerste herausnehmen und also mit uns umgehen, als wenn wir seine Leibeigenen wären . . .«[58]
Als die Bauern nicht recht bekamen – ihr Wortführer Niklas Reindl, Besitzer des Zeugnerhofs, wurde wegen Widersetzlichkeit auf dem Feld vom Amtmann festgenommen, der Wirt Bartlmä Huber und Christoph Kolberer, Großmayr, in das Amtshaus eingeliefert –, schrieben sie am 5. September 1710 an das Landgericht, daß sie nicht mehr in die Kirche gehen wollten, bis sie den Pfarrer »vom Pfarramt gebracht haben«.[59] Daraufhin ordnete der Pfleger von Wolfratshausen an, daß eine Kommission die Streitsache klären solle. Falls die Bauern an der Verhandlung nicht teilnähmen, sollten sie »mit Gewalt und zwar in eusen und pandt« herbeigebracht werden.[60] Der Entscheid vom 13. 7. 1711 zwang die Bauern endgültig zum Nachgeben. Nur

Niklas Reindl schickte sich nicht drein. »Während bei den schon zusammengetragenen Garben der Zehent ausgezählt wurde, stand er dabei mit trutzigen, politischen und schlimmen Worten, so daß der Scherge den Befehl erhielt, ihn in Eisen zu schlagen und ihn zum schuldigen Gehorsam zu bringen. Der Bauer wartete aber nicht darauf, sondern sprang vom Roß und lief dem Walde zu. Die Nachfolgenden bedrohte er mit Aufhebung großer Steine und mit höhnischem Zurückschreien und schließlich setzte er sich nächst dem Wald auf einen Holzzaun, warf den Nachfolgenden seine Schuhe hin und schrie, die sollen sie ihm sauber machen.« Der damalige Chronist kommentierte diesen Vorfall so: »Diese Person führt sich also hitzig und verbissen auf, daß selbiger mehr einem Wilden als einem vernünftigen Menschen gleicht.«[61]

Der Unmut über die Vielzahl von Abgaben entlud sich wohl hauptsächlich deshalb am Zehnteinnehmer, weil er für die Bauern greifbar war. Der Pfarrer gehörte nicht, wie die selten oder nie anwesenden Hofmarksherren, einer fremden Welt an, sondern betrieb selbst neben der Pfarrei (Abb. 58) ein landwirtschaftliches Anwesen in Baumkirchen.

Der große Kenner bäuerlichen Lebens in Bayern, Friedrich Lütge, stellte fest, die Tendenz gehe dahin, »die Leistungsfähigkeit der Bauern voll auszuschöpfen, aber doch zu vermeiden, daß sie dabei etwa ruiniert werden«.[62] Bei der Betrachtung der Geschichte der bäuerlichen Familien in Berg am Laim kommt man für die Zeit des 17. und 18. Jahrhunderts zu einer ähnlichen Beurteilung. Trotz aller Abgaben und Schulden, die zeitweise auf jedem Hof in Berg am Laim lasteten, konnten die Bauern ihren Besitz in der Regel innerhalb der Familien weitergeben, so daß sich Anfang des 19. Jahrhunderts fast der ganze Grund Bergs und Echardings in der Hand der wenigen alteingesessenen Bauern befand. Der Bestand der Höfe war aber nicht der Rücksichtnahme der Obrigkeiten zuzuschreiben, sondern dem Zusammenhalt der bäuerlichen Familien. Hierfür sei ein Beispiel genannt:

Als 1775 der Bachmeierhof wegen hoher Verschuldung »auf die Gant« (zur Versteigerung) kam – ein Einzelfall im Berg am Laim des 18. Jahrhunderts – konnte der Hoferbe Matthias Killer das Anwesen des Vaters ersteigern und die Schulden tilgen. Die finanzielle Hilfe dazu erhielt er von der Verwandtschaft.[63]

ZEIT DES UMBRUCHS: 1778–1852

Die Reformpolitiker Franz Carl und Johann Wilhelm von Hompesch

Die Ideen der Aufklärung, die Französische Revolution und die Napoleonischen Kriege lösten in Bayern große Veränderungen auf staatlichem, wirtschaftlichem und kulturellem Gebiet aus. Ihre Auswirkungen betrafen auch Berg am Laim.

Die Neuerungen wurden hier zur Zeit der Hofmarksherrschaft der Freiherren von Hompesch durchgeführt, von denen sich besonders Johann Wilhelm einen Namen als Reformpolitiker zur Zeit König Max I. Joseph und Graf Montgelas machte.

Schon Johann Wilhelms Vater, Franz Carl von Hompesch, stand in engster Verbindung zum kurfürstlichen Hof. Ihn hatte der Pfälzer Kurfürst Karl Theodor, seit 1777 Nachfolger des letzten Wittelsbachers aus der altbayerischen Linie, nach München geholt. Von seinem Posten als Kanzler in Düsseldorf, der Hauptstadt der zur pfalz-bayerischen Linie gehörenden Herzogtümer Cleve und Berg, abberufen, wurde er zum »Staats- und Konferenzminister der Finanzen« in Bayern ernannt.[1]

Obwohl Franz Carl von Hompesch den Haushalt des verschuldeten bayerischen Staates, unter anderem durch energischen Kampf gegen die Korruption, konsolidieren konnte, fiel er schon ein Jahr später in Ungnade und mußte sich nach Düsseldorf zurückziehen.[2] Als die Staatsfinanzen wieder in katastrophalen Zustand gerieten, rief man ihn 1788 auf den Rat Montgelas' nochmals zurück.

Wenn auch Franz Carl von Hompesch nach dem Urteil eines französischen Historikers ein »atheistischer, frankophiler, aber antirevolutionärer Grandseigneur« gewesen sein soll, so entwarf er doch schon 1778 mit dem jungen Montgelas einen Plan zur Abschaffung aller Vorrechte des Adels und begegnete dem Staatsbankrott mit finanzieller Belastung der Klöster.[4]
An den am 1. August 1800 verstorbenen Franz Carl von Hompesch, dessen bahnbrechende Ideen erst später wieder aufgegriffen wurden, erinnert eine marmorne Gedenktafel im Vorraum der Berg am Laimer St. Michaelskirche.
Auch der 1761 geborene Johann Wilhelm von Hompesch begann, wie der Vater, seine Beamtenkarriere im Herzogtum Berg und wurde später Finanzminister in Bayern. Nachdem Montgelas seit der Säkularisation die Staatskasse durch radikalen Einzug der Klostervermögen aufzufüllen versucht hatte, setzte Johann Wilhelm von Hompesch gleiche Besteuerung für alle, auch für den Adel, durch. Im Sinn der Aufklärung beseitigte er die Judenzölle und hob die Leibzinse auf, die als letzte Belastung aus der Zeit der Leibeigenschaft stammten.[5] Durch die Aufhebung der Zollschranken machte er Bayern zum freizügigsten Staat Europas.[6]
Als König Max I. Joseph und Montgelas 1809 vor den Österreichern flohen, wurde Johann Wilhelm von Hompesch sogar mit der Leitung der Regierung betraut. Er führe sie »so glänzend«, stellte der Historiker P. Stumpf fest, »daß er nicht nur die Anerkennung des Königs, die allgemeine Verehrung der Bewohner Münchens, selbst die Achtung des Feindes sich erwarb«.[7]
Noch im gleichen Jahr starb Johann Wilhelm, erst 48jährig.[8] Am 11. Dezember 1809 wurde er neben seinem Vater in St. Michael bestattet. Freiherr von Asbeck ließ hier seinem Freund zum Andenken eine rote Marmortafel gegenüber der seines Vaters Franz Carl anbringen (Fig. 21).[9]
Selbst der junge Kronprinz, der spätere König Ludwig I., trauerte in zwei Gedichten um Johann Wilhelm von Hompesch: »Tief versunken in Wehmuth füllen mir Thränen die Augen, Hompesch denkend an ihn, den ich beweinte, wie nie ich noch Jemand beweint, wie keinen beweinen ich werde.« Und: »Hompesch! Namenlos war der Schmerz, ach! Welchen die Seele gefühlet, als Du, Trefflicher, starbst, klage noch immer um dich, Werde zu Tränen gerührt, wenn von dem Freunde ich rede, Unter den Sterblichen all' lebet kein Hompesch mir mehr.«[10]

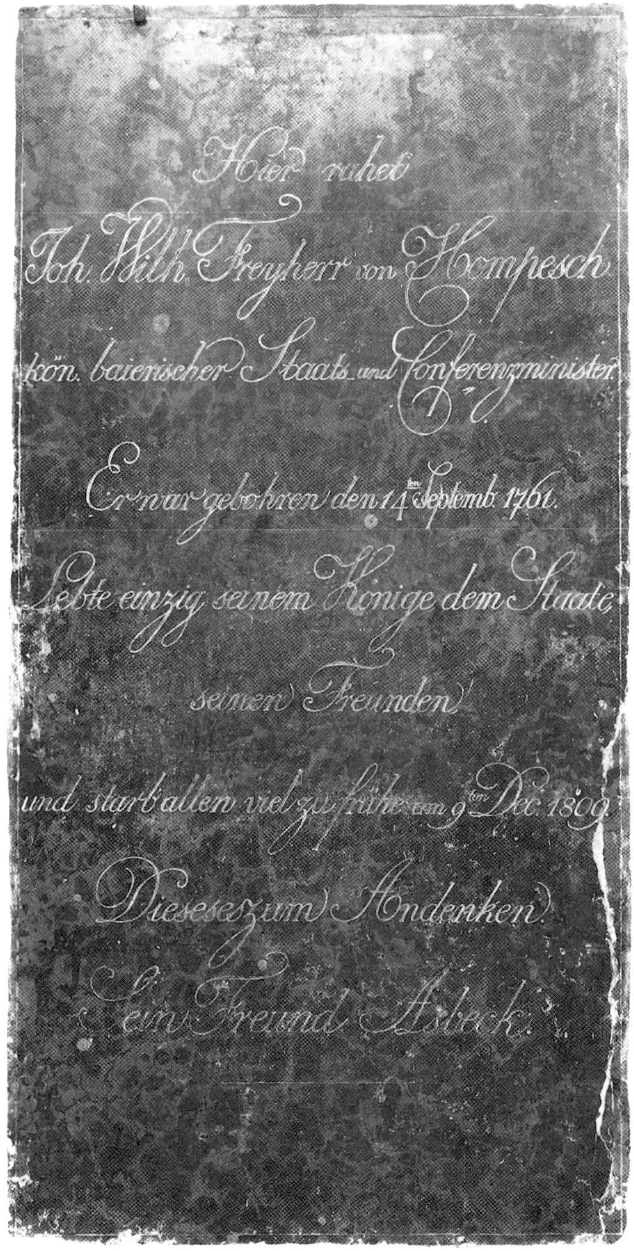

Fig. 21 Gedenktafel für Johann Wilhelm von Hompesch im Vorraum der Michaelskirche

Berg am Laim, ein »Mannsritterlehen«

Am 28. August 1778 belehnte der Kurfürst Franz Carl von Hompesch für seine Verdienste mit der Hofmark Berg am Laim. Er erhielte sie als »echtes Mannsritterlehen ... mit darzu gehörigen Gründen, Gütern, Unterthanen, Zinsen, Gülten, Rechten, sametlich Schloß, Feldern, Wiesen, Ziegelstadl« (Fig. 22).[11] Zwei Monate später traf der neue Hofmarksherr »ad locum Berg« ein, wie der Richter Heinrich Strobel protokollierte, »wo nach vorheriger Zusammenrufung sämtlicher Untertanen der Baron von Hompesch als ihre künftige Herrschaft vorgestellt wurde und ihm selbige ordentlich eingepflichtet ... wurden«.[12]

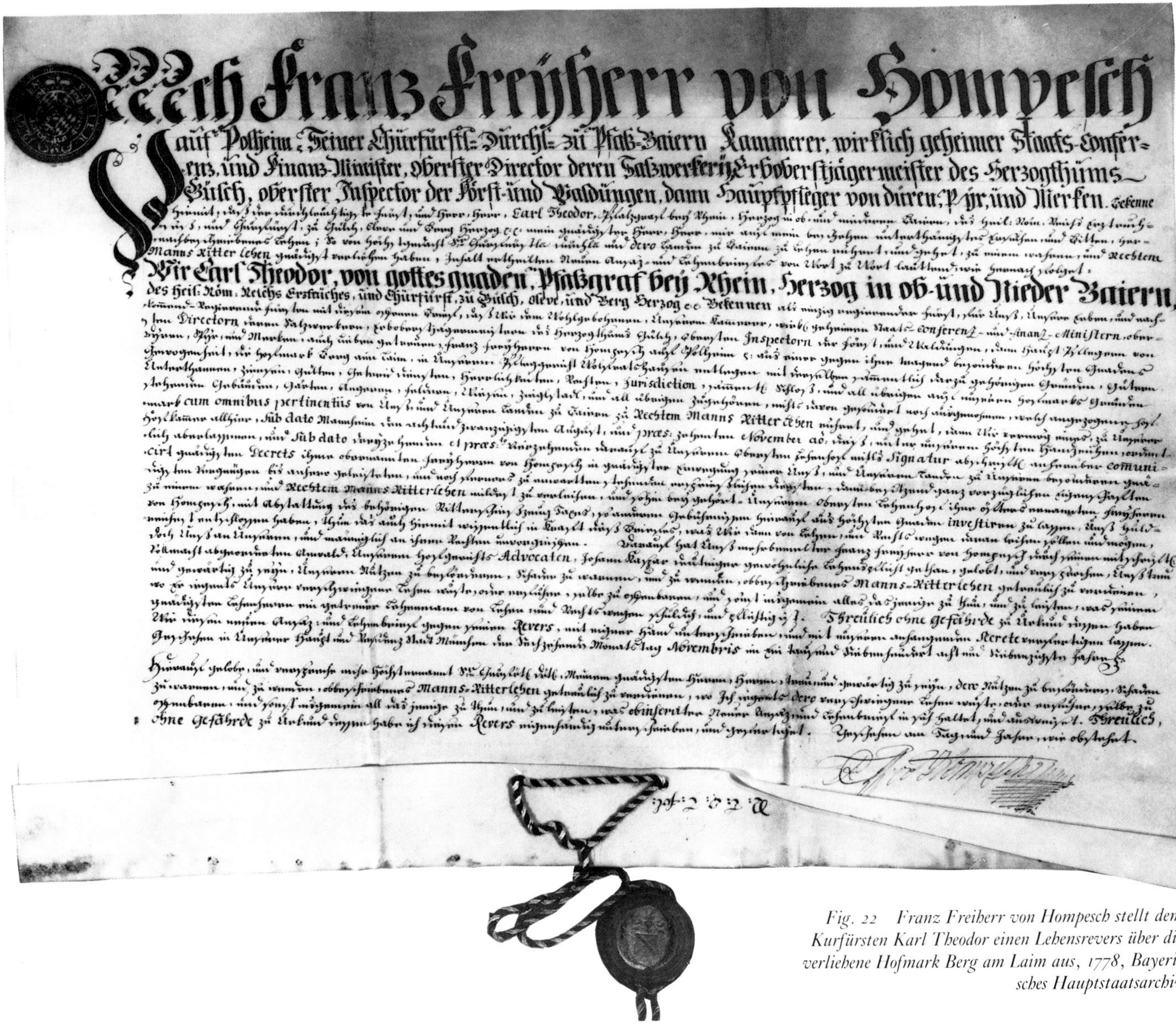
Ich Franz Freyherr von Hompesch
auf Polheim, Seiner Churfürstl. Durchl. zu Pfalz-Baiern Kammerer, wirklich geheimer Staats-Conferenz, und Finanz-Minister, oberster Director deren Salzwerkern, Erboberstjägermeister des Herzogthums Gülch, oberster Inspector der Forst- und Waldungen, dann Hauptpfleger von Düren, Pyr, und Merken. Bekenne ...
Wir Carl Theodor, von gottes gnaden, Pfalzgraf bey Rhein, Herzog in Ob- und Nieder Baiern, des Heil. Röm. Reichs Erztruchses, und Churfürst, zu Gülch, Cleve, und Berg Herzog etc. Bekennen ...

Fig. 22 Franz Freiherr von Hompesch stellt dem Kurfürsten Karl Theodor einen Lehensrevers über die verliehene Hofmark Berg am Laim aus, 1778, Bayerisches Hauptstaatsarchiv

Der Freiherr bekam mit seinem Lehen Berg am Laim sehr bald Schwierigkeiten. Als er Rechnungen und Kostenvoranschläge für Reparaturen am alten Hofmarkschloß zur Erstattung einreichte, begann ein zäher Kampf mit den Behörden. Juristische Gutachter stellten jetzt fest, daß der Pfälzer Kurfürst die Hofmark zu Unrecht verliehen habe. Laut Testament Bischof Max Heinrichs vom Jahr 1688 sei nur die Münchner Linie der Wittelsbacher erbberechtigt, gehöre folglich die Hofmark nun dem bayerischen Staat.[13]

Der Streit war wohl nicht zuletzt deshalb ausgebrochen, weil sich Kurfürst Karl Theodor über eine in Bayern seit der Aufklärung verfolgte Praxis hinwegsetzte, keine Hofmarken mehr zu verleihen, um den Ausverkauf an staatlichen Hoheitsrechten an den Adel einzuschränken.[14]

Nach jahrelangen Auseinandersetzungen erreichte erst der Sohn Johann Wilhelm von Hompesch am 31. Juli 1806 einen Kompromiß: Gegen Bezahlung eines Drittels des Gutswertes sollte die Hofmark Eigentum der Freiherrn von Hompesch werden. Der Schätzwert betrug 35 137 Gulden, die jährlichen Einnahmen 1522 Gulden 55 Kreuzer.[15] Hompesch bezahlte nicht bar, sondern trat die in seinem Besitz befindliche Hofmark Hettenkirchen an den Staat ab und verzichtete auf den Untergiesinger Krebsbauernhof, der seit 1681 zur Hofmark Berg am Laim gehörte.[16]

Auswirkungen der Revolutionskriege

Seit 1792 kämpften die Revolutionsarmeen Frankreichs gegen die konservativen Mächte Österreich und Preußen. Auch Bayern konnte sich diesen Auseinandersetzungen nicht entziehen. Wieder waren es die Bauern und Handwerker der ungeschützten Dörfer, die hart unter den Kriegen litten, ganz gleich, ob Verbündete oder feindliche Truppen im Land standen.

1796 wurde Riem Hauptquartier von Infanterieeinheiten der alliierten Österreicher. In den umliegenden Ortschaften Giesing, Haidhausen, Ramersdorf, Berg am Laim und Trudering »bedienten« sich die Soldaten mit allem, was sie brauchen konnten. »Noch viel ärger als Straßenräuber und Kannibalen« hausten hier aber die berüchtigten Condeér, eine Hilfstruppe adeliger Emigranten aus Frankreich, die »weder Mann noch Weib und Kind schonete«.[17] Als vier Jahre später Österreicher und Bayern bei Hohenlinden im Ebersberger Forst von den Gegnern geschlagen worden waren, fiel auch das französische Heer in die östlichen Dörfer Münchens ein.

Wegen der hohen Kriegskosten und der von Frankreich geforderten Zahlungen versuchte der bayerische Staat alle Geldreserven auszuschöpfen. Eine der Anordnungen, die auf den damaligen Finanzminister Franz Carl von Hompesch zurückging, traf Berg am Laim besonders hart: Alles Kirchensilber, dessen man habhaft werden konnte, sollte zur »Ausmünzung« gelangen.[18]

Obwohl der Hofmarksrichter schon im Mai und September des Jahres 1800 fast den ganzen Silberschatz der Loretokirche zum Einschmelzen abgeliefert hatte, erreichte im März des folgenden Jahres Berg am Laim der Befehl, innerhalb von 24 Stunden die »silberne und vergoldete Monstranz« zu schicken, »widrigenfalls man beauftragt ist, einen eigenen Boten gegen Bezahlung seines Laufgeldes abzuordnen«.[19] Ende des Jahres zog das Münzamt silberne Leuchter, Monstranzen, Engel, Kelche und Kreuze der Michaelsbruderschaft ein.

Auch die Kirche St. Veit auf dem Wasen wurde vom Krieg nicht verschont. Trotz des Schulhauses neben der Kirche brachte Artillerie-Major Graf von Spreti nichts davon ab, hier Sprengstoff einzulagern. Das Argument, daß die Kapelle feucht sei und immer wieder das unterirdische Hiedlwasser durchschlage, entkräftete er: »Bei der heurigen nassen Jahreszeit hätte sich dieses Wasser zeigen müssen, aber es sei nicht einmal in den Brunnen etliche Zoll höher aufgestiegen.«[20]

Kurz nachdem Kurfürst Max IV. Joseph, der spätere König Max I., mit Kaiser Napoleon den Vertrag von Bogenhausen (25. 8. 1805) abgeschlossen hatte, standen die Franzosen als Verbündete in München.[21] Eines ihrer Regimenter nahm Quartier in Zamdorf, dem Nachbardorf Baumkirchens. Die Hofmark und die umliegenden Ortschaften mußten für die Verpflegung der französischen Soldaten aufkommen. Zwischen Pfarrer Duschl von Baumkirchen und Hofmarksrichter Schrödl kam es bei dieser Gelegenheit zu Kompetenzstreitigkeiten. Auf den Vorwurf Schrödls, der Pfarrer hätte sich nicht einmischen dürfen, antwortete Duschl am 17. 12. 1805, daß er statt Drohungen, Dank verdient hätte, »... denn das Pfarramt Baumkirchen war es, welches um alle Exzesse, Mißhandlungen zu verhindern und um noch größeren Schaden abzuwenden zum Wohl beider Gemeinden 236 Bund Stroh und 400

Pfund Fleisch in das Lager nach Zamdorf, von woher es mit Ungestüm requiriert wurde, ablieferte. Das Pfarramt Baumkirchen war es, welches durch seine Vermittlung das Haus des Anton Schmidbauer, Taglöhner und Hofmarksuntertan, vor dem Abbrennen rettete, wodurch nicht nur er, sondern auch die ganze Hofmark hätte höchst unglücklich werden können.«[22]

Im April 1809 spitzte sich die Lage noch einmal zu, als die Österreicher in sechs- bis siebenfacher Übermacht gegen die Landeshauptstadt vorstießen. Am 6. April standen sich die Armeen Bayerns und Österreichs bei Landshut gegenüber.

Am gleichen Tag ereignete sich vor dem Berg am Laimer Wirtshaus ein Zwischenfall, der überliefert ist. Pfarrer Duschl sollte Major Straßer vom königlich-bayerischen Infanterie-Regiment Herzog Pius, das in Baumkirchen und Berg am Laim stationiert war, mit seinem Pferdegespann nach München mitnehmen. Der Major, in größter Eile, mußte seine bereits nach Landshut abgerückte Truppe einholen. Als Duschl, wohl etwas verspätet, beim Tafernwirt, dem Quartier des Majors, ankam, stand dieser »in vollem Zorn vor mir«, wie der Pfarrer schrieb, »schaffte mich sogleich aus meinem Wagen ... ließ mir nicht einmal Zeit, das im Wagen befindliche Silberzeug herauszuholen, stieg dann mit seinem Bedienten ein und ich als Eigentümer der Pferde mußte als Lohn für meine Gefälligkeit zu Fuß gehen«.[23] Nach einer Beschwerde beim Landgericht wurde Pfarrer Duschl von zukünftigen Vorspannleistungen befreit.

Zwar blieben die Dörfer des Münchner Ostens im weiteren Kriegsverlauf von Besatzungen verschont, wieviele ihrer Bewohner aber zu den 30000 Opfern zählten, die allein der Rußlandfeldzug Napoleons Bayern kostete, ist den Archiven nicht zu entnehmen.

Folgen der Säkularisation

Die katastrophale Finanzlage und weltanschauliche Motive führten in Bayern in den Jahren 1802/1803 zur Verstaatlichung von Grundbesitz und Vermögen der Klöster und Hochstifte. Mißachtung, häufig Verbot kirchlicher Einrichtungen und traditioneller Bräuche, die dem Geist der Aufklärung widersprachen, begleiteten die Säkularisation. Nicht vom Volk ging diese Geringschätzung aus, sondern von den gebildeten Kreisen, in Berg am Laim von Hofmarksherr, Pfarrer und Lehrer.

Der klosterfeindlichen Einstellung fielen als erstes die Bettelorden zum Opfer. Schon am 26. Februar 1802 wurde deshalb das Franziskanerhospiz der Michaelsbruderschaft aufgelöst und die Patres in das Zentralkloster nach Ingolstadt geschickt.[24] Der Bruderschaftspräses selbst beantragte, Michaelsfeste und Prozessionen einzuschränken. Wenn sich auch die Bruderschaftsmitglieder noch eine Weile gegen die Unterdrückungsmaßnahmen wehrten und sogar Bußgelder in Kauf nahmen, so verlor die Michaelsgemeinde doch zunehmend an Bedeutung.

Wie sehr sich die Zeiten gewandelt hatten, zeigt die Verwendung der Bruderschaftsräume in den Jahren 1827 bis 1829. Mit königlicher Erlaubnis widmete sich hier der Botaniker Alois Sterler geheimnisumwitterten Experimenten, die der Herstellung eines neuen Futtermittels für Seidenraupen dienten. Von den 300 Gulden, die er vom Fonds für Industrie zur Unterstützung erhielt, mußte er jährlich 60 Gulden Miete an die »Michel-Hofbruderschaft« abführen, die, wie der König bemerkte, »ohnehin nicht vermöglich ist«.[25]

Schon seit 1806 unterrichtete Jakob Kink die Schulkinder in den ehemaligen Räumen der Franziskaner im südlichen Anbau der Kirche. Kink hatte nach Verbot der Eremitenkongregation den Klausner von St. Veit als Lehrer abgelöst.[26] Die von dem Einsiedler betreute Wallfahrtskirche St. Veit auf dem Wasen fiel, wie viele bayerische Kirchen in dieser Zeit, der Spitzhacke zum Opfer.

Der neue Lehrer, »Schulseminarist« Jakob Kink, der in Berg am Laim fast 45 Jahre seinen Beruf ausüben sollte, brachte die Qualifikationen mit, die man damals entsprechend der heftig einsetzenden Schulreformen an einen Pädagogen stellte. In seiner erstklassigen Beurteilung wurde besonders die silberne Gedenkmünze des Landwirtschaftsvereins hervorgehoben, die ihn für seine Kenntnisse in der Garten-, Bienen- und Seidenzucht auszeichnete.[27]

Lehrer Kink und der Biologe Sterler, Nachbarn in der Josephsburg und verbunden durch gleiche Interessen, arbeiteten offenbar bestens zusammen. Kink hielt die Schulkinder dazu an, die »filzigen Blätter«, die Sterler für sein geheimnisvolles »Surrogat« brauchte, »von der anhangenden Wolle zu reinigen«. Als Sterler die Verwendung seiner staatlichen Zuschüsse belegen mußte, fielen den Behörden

auf den eingereichten Rechnungen Ausgaben für die Berg am Laimer Schüler auf. Bei dieser Arbeit erhielten die Kinder nämlich »je nach der Hitze des Tages« ein bis zwei Flaschen Bier, um dadurch »dem Hustenreiz und den entzündlichen Brustkrankheiten vorzubeugen«.[28]
Ob diese Teamarbeit den Absichten der Bildungsreformer, die 1803 eine »Arbeitsschule« – als Verbindung von Volksschule und Gewerbe – eingeführt hatten, entsprach?[29]

Als eifriger Förderer Jakob Kinks trat Pfarrer Duschl von Baumkirchen auf, der als Geistlicher zugleich die Schulaufsicht führte. Nach Auflösung des Freisinger Chorherrenstifts St. Veit mußte sich Duschl zwischen der Pension als Chorherr oder der Pfarrstelle entscheiden. Duschl blieb Pfarrer und damit Nutznießer eines großen landwirtschaftlichen Anwesens, da Pfarrpfründe während der Säkularisation nicht angetastet wurden. Das Rentamt, das in Verkennung der Lage das Pfarranwesen als Klostergrund deutete, und dessen Felder und Zehnten schätzen ließ, mußte vom kurfürstlichen Landesdirektorium einen schweren Verweis hinnehmen. Auch die Bauern hatten sich umsonst auf die Versteigerung der Äcker des Pfarrers gefreut.[30]
Pfarrer Duschl gehörte dem Geheimbund der Illuminaten an, deren Mitglieder radikale Aufklärer waren. Duschls Kampf gegen den frommen Priester Märkl, den neuen Bruderschaftsvorstand, läßt sich aus dieser Einstellung erklären. Als Märkl in einer Predigt wieder einmal dem hl. Michael die Rettung vor den plündernden Franzosen zuschrieb, kommentierte der Illuminat Duschl: ». . . Ob das noch dem Geist der Zeit, der fortschreitenden Aufklärung, noch dem Wunsch der königlichen Regierung (entspreche) . . . wenn man neue Wunder erdichtet und anstatt das Volk zu moralisch guten Menschen zu bilden, nur irre führt und auf argwöhnische Gedanken hinleitet, will ich nicht entscheiden . . .«[31]
Als Pfarrer Duschl den Antrag stellte, Pfarramt und Vorsitz der Michaelsbruderschaft zu vereinigen, konnte er sich der Zustimmung der Behörden sicher sein.

Am 16. April 1806 erhob daraufhin König Max I. Joseph die vormalige Hof-, Erzbruderschafts- und Ritterordenskirche St. Michael zur Pfarrkirche, den Pfarrer zum Vorstand der Bruderschaft. St. Stephan in Baumkirchen wurde Filialkirche.[32]

Eingliederung Baumkirchens, Straßenbau und Errichtung von Musterhäusern

Ein Ziel des Reformkabinetts unter Leitung Montgelas' war die Schaffung eines straffen, zentralistischen Staats. Im Sinn der Zentralisierung sollten auch Kleinstgemeinden zu überschaubaren Einheiten zusammengefaßt werden.[33] Unter diesem Gesichtspunkt betrieb Johann Wilhelm von Hompesch den Anschluß Baumkirchens an die Hofmark. Nach Aufhebung des Freisinger Chorherrenstifts stand einem zweiten Tauschgeschäft mit dem Staat als neuem Eigentümer des Pfarrdorfs nichts mehr im Weg. Für die zwei großen Bauernhöfe Baumkirchens verzichtete Hompesch im August 1808 auf vier Höfe im Landgericht Moosburg.[34] Vier Monate später genehmigte König Max I. Joseph auch noch die Eingliederung des Pfarrhofs (Abb. 40) und des Mesnerhauses in die Hofmark.[35]
Die Selbständigkeit des Pfarrers, die immer wieder in »Gemeindsverhältnissen«, wie Hompesch an das königliche General-Landeskommissariat schrieb, zu »kleinen Reibereien und Differenzen« geführt hatte, war nun eingeschränkt.[36] Niedergerichtlich unterstand der Pfarrer jetzt nicht mehr dem königlichen Landgericht, sondern dem Hofmarksherrn.
Außer den beiden großen Landstraßen nach Rosenheim und Wasserburg (Abb. 42), zwischen denen die Hofmark lag, führten bis 1809 nur zwei Feldwege direkt nach München, der Mitterweg (die heutige Altöttinger Straße) und der Loretosteig (die heutige Berg-am-Laim-Straße). Als im Zuge der Modernisierung Bayerns ein Hauptstraßennetz ausgebaut wurde[37], bot es sich nach Anschluß Baumkirchens an, den näher am Pfarrort gelegenen Loretoweg an das neue Straßensystem anzuschließen und zu verbreitern. Diese erste Steinstraße der Hofmark, die kerzengerade von Haidhausen zur Loretokirche führte, entwickelte sich zur zentralen Achse zwischen den langsam zusammenwachsenden Orten Berg und Baumkirchen.[38] Erst der Ausbau zur heutigen Berg-am-Laim-Straße legte wieder eine Schneise zwischen die alten Ortskerne.
Einer Bestimmung der Edikte von 1808 und 1812 zufolge mußten Patrimonialgerichte, wie die ehemaligen Hofmarksgerichte nun hießen, mindestens 50 Familien umfassen.[39] Johann Wilhelm von Hompesch ließ daraufhin 11 Häuser an der heutigen St.-Michael-/Josephsburg- und Clemens-August-Straße errichten (Abb. 76; 77; 74), wei-

tere drei am westlichen Rand des Schloßangers (Abb. 73).[40] Diese kleinen Siedlungshäuser waren alle ebenerdig, aus Ziegelsteinen gemauert, mit einem Schopfwalm- oder Steilsatteldach gedeckt und mit ungefähr 1000 m² Grund ausgestattet. Im Stil entsprachen sie ganz den Häusern, die man damals nach einer Art »Vorbildersammlung« (Abb. 75) für Taglöhner und Handwerker errichtete.[41] Beide Bautypen sind heute noch in der Clemens-August-Straße nebeneinander zu sehen (Abb. 159).[42]

Nach einer Hauszählung des Hofmarksrichters Schrödl standen im Jahr 1813 54 Häuser in Berg am Laim. Als Hausbesitzer registrierte er: 9 Bauern, 1 Schmied, 1 Wirt, 10 Tagelöhner, 2 Schuster, 1 Zimmermann, 2 Zimmergesellen, 2 Ziegelmeister, 2 Ziegelschlager, 2 Steinführer, 1 Maurer, 1 Schlosser, 1 Dachdecker, 1 Fuhrmann, 1 Weber, 1 Metzger, 1 Bäcker, 1 Sattler, 1 Hafner, 1 Schäffler 1 Kistler, 1 Schneider (zugleich Mesner von Loreto), 1 Pfarrer, den Mesner von St. Stephan und den Benefiziaten von Loreto.[43]

Ferdinand von Hompesch, nach dem Tod seines Bruders Johann Wilhelm bis 1831 Hofmarksinhaber, mußte wegen des Rußlandfeldzugs den schon geplanten weiteren Ausbau der Hofmark an der Echardinger Straße einstellen.[44] Bis 1851 stagnierte die Bauentwicklung. Als Neubau entstand in dieser Zeit nur das Haus des Schmiedbauern, an der Stelle des heutigen Bergbads.[45]

Gerichtsbarkeit und Verwaltung bis 1848

Die Edikte von 1808/1812 brachten auch eine Neuerung auf dem Gebiet der Hofmarksgerichte. Obwohl grundsätzlich die adelige Niedergerichtsbarkeit bis 1848 bestehen blieb, sorgte nun eine Einschränkung ihrer Rechte und vermehrte staatliche Aufsicht für eine gerechtere Behandlung der Hofmarksuntertanen.[46]

Seit der Neueinteilung der gutsherrlichen Gerichte im Jahr 1812 zählte Berg am Laim zu den Ortsgerichten, seit 1826 zu den Patrimonialgerichten II. Klasse und damit zu den unteren Adelsgerichten.[47] Diese waren bezüglich der Strafjustiz nur mehr Vollzugsbehörde des zuständigen Landgerichts.[48] Berg am Laim unterstand seit 1803 dem Landgericht München, seit 1831 dem Landgericht Au und seit 1854 dem rechts der Isar.[49]

Für einige Bereiche der Gemeindeverwaltung ließ das Edikt vom 17. Mai 1818 die Mitbestimmung der Dorfbewohner zu. Einem gewählten Gemeindeausschuß gehörten der Gemeindevorstand und der Stiftungspfleger an. Simon Hörmann, Springerbauer, und Joseph Thomann, Riegerbauer, beide Besitzer der größten Höfe Bergs, bekleideten diese Ämter. Als Beisitzer fungierte der angesehene Schuhmachermeister Georg Knoll, als Schreiber Lehrer Kink.[50] Einen bleibenden Namen als Wohltäter machte sich Joseph Thomann, der durch zahlreiche Stiftungen die Berg am Laimer Volksschule und die Loretokirche unterstützte. Zu Recht erinnert heute noch eine Straße an ihn.

Die Aufsicht über alle Gemeindeangelegenheiten führte aber bis 1848 der Hofmarksrichter. Beschlüsse der Gemeinde mußten ihm gemeldet werden, wie auch die Verwaltung des Gemeindevermögens, Führung der Gemeindebücher, des Hypothekenbuchs, Aufbewahrung der Akten, sogar der Sparbücher, in seinen Aufgabenbereich gehörten.[51]

Die Amtsräume des Berg am Laimer Patrimonialgerichts befanden sich ab 1826 in Haidhausen, drei Jahre später im Bogenhausener Rokokoschloß der inzwischen in den Grafenstand erhobenen Hompesch, ab 1835 im Palais dieser Familie am Karolinenplatz 5, das der Architekt Carl von Fischer hier im klassizistischen Stil erbaut hatte.[52] Noch einmal änderte sich die Adresse des Gerichts, als Wilhelm von Hompesch – seit 1831 Herr Berg am Laims in 3. Generation – die Hofmark 1840 an Simon von Eichthal veräußerte.[53] Dieser Besitzwechsel spielte für die Berg am Laimer nur insofern eine Rolle, als nun der noch von Wilhelm von Hompesch angestellte Gerichtshalter Weber die Amtsräume in sein eigenes Haus an der Blumenstraße 13 verlegte. Die Behörden, die den gut eine Fußstunde von der Hofmark entfernten Gerichtssitz für unzumutbar hielten und stattdessen Haidhausen vorschlugen, überzeugte Eichthal mit folgenden Argumenten: »Die Grund- und Gerichtsholden . . . stehen mit München in immerwährendem Verkehr und würden in diesem durch Verlegung des Amtssitzes nach Haidhausen sehr beeinträchtigt . . ., denn mancher, der seine Produkte zu Wagen nach München bringt, müßte entweder vor oder nach Vollendung seines Geschäftes in München, wo er ohnehin einzustellen gezwungen ist, auch in Haidhausen einstellen, und würde hierdurch nicht allein um Zeit, sondern auch um Kosten

gebracht werden ...« Außerdem fügte Eichthal hinzu, hätte er dann »einen minderen Kaufschilling« geboten, da er »mit Haidhausen ... in keinem Verkehr stehen will«.[54] Wegen seiner hohen Kriminalität und Übervölkerung war Haidhausens Ruf damals nicht der beste.
Simon von Eichthal, Hofbankier und Mitbegründer der Bayerischen Hypotheken- und Wechselbank (Fig. 29, 30), erwarb die Hofmark um 40000 Gulden, eine geringe Summe, im Vergleich zu den bald darauf sprunghaft in die Höhe gestiegenen Grundstückspreisen. Eichthal sah wohl längst die kommende Entwicklung voraus: Mit der seit Beginn des Jahrhunderts diskutierten Beseitigung der Hofmarken – der letzten Bastion der Sonderrechte des Adels – fiel endgültig die Gebundenheit des Grundbesitzes. Landverkäufe, durch Aufteilung des Bodens vermehrte Bautätigkeit und Verkehrsausbau mußten in der Nähe der bayerischen Hauptstadt die Folge sein. Simon von Eichthal war seit 1837 Vorsitzender des Verwaltungsrates der Eisenbahn-Aktien-Gesellschaft Augsburg–München[55], seinem Sohn Karl blieb es vorbehalten, beim Ausbau der Eisenbahnlinie München–Rosenheim, die an Berg am Laim vorbeiführte, zu investieren.

Ende der Hofmarkszeit

Die Abdankung König Ludwigs I. nach den Märzunruhen des Jahres 1848 veranlaßte die Regierung zu weiteren Reformgesetzen. Eines der Gesetze vom 4. Juli 1848 beseitigte durch Aufhebung von Grundherrschaft und Hofmarksgerichten die letzten ständischen Privilegien des Adels.
Laut Schreiben vom 5. Oktober 1848 an die Gemeinde Berg am Laim »ist das bisherige Patrimonialgericht Berg am Laim aufgelöst worden und sowohl die Gerichtsbarkeit als die Polizeigewalt ... an den Staat übergegangen ...« Zur Kenntnisnahme mußten die neuen Staatsuntertanen dieses Papier eigenhändig unterzeichnen.[56]
Das den Gutsherren aberkannte Obereigentum an den bäuerlichen Anwesen ging nun gegen jährlichen Bodenzins oder eine einmalige Zahlung an die Bauern selbst über. Diese Summe betrug 7½ Prozent des Hofwerts. So bezahlte Peter Huber, Gerblbauer, für seinen auf 7000 Gulden geschätzten Hof, 525 Gulden in eine vom Staat eingerichtete Ablösungskasse.[57] Die anderen grund- und gerichtsherrlichen Lasten wurden teils entschädigungslos aufgehoben, teils bar abgegolten. Als Ersatz für den über Jahrhunderte langen Anspruch der Pfarrei auf den Großzehnt forderte Pfarrer Geyr von der Gemeinde 937 Gulden, wovon – um den Anteil eines Betroffenen zu nennen – 57 Gulden auf den Gerblbauer trafen.[58] Die an die ehemaligen Grundherren ausbezahlten Entschädigungssummen überstiegen die bäuerlichen Beiträge in der Ablösungskasse bei weitem. Der Staat übernahm die Differenz, die in die Millionen ging.[59]

Veränderungen in der Sozialstruktur Berg am Laims bis Mitte des 19. Jahrhunderts

Die um 1800 einsetzenden Agrarreformen zielten auf eine erhöhte Leistungsfähigkeit der Landwirtschaft, die durch intensivere Bodennutzung und verbesserte Arbeitstechniken erreicht werden sollte.
Joseph von Hazzi, Aufklärer und Landwirtschaftsexperte der Regierung, hob in seiner sonst recht pessimistischen Beschreibung des Wolfratshauser Landgerichts Berg am Laim positiv hervor: »... Eine Ausnahme macht ein kleiner Raum des untern Distriktes ... wo stets leimigte Erde und also vorzüglicher Weizenboden zu 10 bis 12 Saamen die Oberhand hat ...«
Welch fortschrittlicher Produktionsmethoden sich die Bauern hier bedienten, zeigt der in der gleichen Schrift erwähnte »Klee- und Erdäpfelbau«.[60] Entsprechend der verbesserten Dreifelderwirtschaft sollten die bayerischen Bauern auf den früher brachliegenden Feldern neu eingeführte Kulturpflanzen, wie die Kartoffel, züchten. Da aber nun die Brache nicht mehr als Viehweide zur Verfügung stand, mußte auf Stallfütterung umgestellt werden. Daß sich diese Neuerung schwer durchführen ließ, geht aus einer Beschwerde der Berg am Laimer Bauern über Pfarrer Duschl hervor, der eine Landwirtschaft von 42 Hektar betrieb:[61] Durch ihre ständigen Zehntabgaben an den Pfarrer besitze dieser »Stroh und Futterey« mehr als genug, sie aber könnten »aus Mangel an beidem« die Stallfütterung nicht einführen. »Der allgemeinen Wohlfahrt ist es gedeihlicher«, fuhren die Beschwerdeführer fort, »wenn auch unser Getreidebau und unser Vieh als nur die des Herrn Pfarrer allein emporgebracht werden.«[62]
Mathias Schäfftlmayr, Zeugnerbauer und Mitunterzeichner des Briefs, sprach im Namen der anderen Bauern, die alle über beträchtlichen Grund verfügten. Wie aus dem Kataster von 1812 ersichtlich, dem ersten Grundbuch mit

genauen Maßeinheiten, besaß der Springer als größter Bauer 101 Hektar Land, der Gerbl als kleinster vollbäuerlicher Betrieb immerhin 41 Hektar.[63] Vergleichszahlen, die allerdings nur Durchschnittswerte angeben, zur Verdeutlichung: Im Jahr 1853 umfaßte ein Vollerwerbsbetrieb in Bayern 8,3 Hektar, im Jahr 1986 20,9 Hektar.[64]

Die ausgedehnten Felder der Berg am Laimer Bauern konnten nur durch viele Arbeitskräfte effektiv bewirtschaftet werden. Anfang des Jahrhunderts war dieser Bedarf offenbar noch nicht gedeckt, denn Johann Wilhelm von Hompesch begründete seine Ansiedlung von Sölden im Jahr 1808 mit dem Argument, daß dadurch »manche Strekken von bisher nur halb, oder oft gar nicht benützten Grunds und Bodens zur möglichst höchsten Produktion gebracht ... werde«.[65]

Seit der Säkularisation gab es in Bayern durch die Aufhebung der Klöster viele arbeitslose Handwerker und Taglöhner, die – von der Grundherrschaft befreit – auf Arbeitssuche gingen. Zusätzlich unterstützte die Lockerung des städtischen Zunftrechts und eine nicht mehr an Werkstätten, sondern an Personen gebundene Vergabe von Gewerbekonzessionen, die Mobilität der Bevölkerung.[66] Besonders übte die Landeshauptstadt auf die Arbeitsuchenden ganz Bayerns eine Sogwirkung aus. Münchens Bevölkerung stieg von 36000 Einwohnern im Jahr 1800 auf 95500 im Jahr 1840.[67] Als Auffangbecken für die von der Stadt nicht mehr aufgenommenen Zuzügler dienten vor allem Giesing, die Au und Haidhausen. 1831 lebten in Haidhausen 3465, in der Au 11000 Menschen.[68] In den drei erwähnten Orten unterstützte die Armenkasse 1400 Arbeitslose, 1080 Erwerbsunfähige und 1500 Erwerbsbeschränkte.[69]

Die nur eine halbe Fußstunde von Haidhausen entfernte Hofmark wurde um diese Zeit noch kaum von der neuen Entwicklung berührt. Anselm Martin stellte noch 1837 fest: »Außer den Landwirthen befinden sich in den genannten Ortschaften (Baumkirchen, Berg am Laim, Zamdorf) auch mehrere Taglöhner, welchen die Umgebung Nahrung gibt... Die vier Gemeinden Berg am Laim, Bogenhausen, Daglfing und Oberföhring sind so glücklich, daß sie häufig gar keine Armen haben.«[70] Zwar stiegen auch in der Hofmark die Einwohnerzahlen – von 204 im Jahr 1804 auf 298 im Jahr 1834[71] –, doch fanden hier zumindest die Taglöhner Kost, Lohn und Unterkunft bei den Bauern. Dies trotz der Rückschläge, die die landwirtschaftlichen Betriebe durch Mißernten und seit 1821 durch totalen Preisverfall von Getreideprodukten hinnehmen mußten.[72] Schlimmer wirkten sich die Folgen der Agrarkrise auf die dörflichen Handwerker aus, besonders auf jene erst 1808, großteils aus Nord- und Ostbayern nach Berg am Laim gezogenen Familien.[73] Die Bauern, die in diesen Notzeiten ihre Lebenshaltung einschränken mußten, erteilten nur die allernötigsten Aufträge, die Kirchen fielen in der Zeit der Säkularisation als Auftraggeber sowieso aus. Ohne Einnahmen waren die Handwerker nicht in der Lage, ihre für die Existenzgründung aufgenommenen Darlehen zurückzubezahlen.[74] Häufige Hausverkäufe im Bereich der neuen Siedlung zeugen von den Schwierigkeiten der Gewerbetreibenden, hier Fuß zu fassen.[75]

Wenn auch die alteingesessenen Handwerker ihr Auskommen fanden, Aufstieg durch Erwerb von Grundbesitz gelang nur einigen. Außer dem Metzger, der 1848 über 3 Hektar Land besaß, konnten nur der Schuster, Schäffler, Weber, Loretomesner und der Ziegelschlager ihren Grund auf ungefähr 10000 m² vergrößern.[76]

Schon seit 1803 durften die Bauern mit Zustimmung des Grundherrn einzelne Äcker veräußern.[77] Sie machten aber bis um 1850 davon nur in Notfällen Gebrauch. Als einziger gab der Zeugnerbauer, Thomas Hörmann, 1832 wegen zu hoher Schuldenlast ganz auf und verkaufte 38 Hektar an das Heimstettener Ehepaar Fuchs um 5600 Gulden, je einen Hektar an den Schuster Anton Knoll und den Mesner Leonhard Schieder.[78]

Ergaben sich bis zur Jahrhundertmitte an der landwirtschaftlichen Struktur Berg am Laims keine grundlegenden Veränderungen, so trat 1848 durch Auflösung der Hofmark und die Entlassung der Bauern aus der adeligen Grundherrschaft in die Eigenverantwortlichkeit größter Wandel ein. Ein Gesetz vom 28. Mai 1852, das »die Auflösung geschlossener Güter in ihre einzelnen Bestandteile« nicht mehr beschränkte und es jedem freistellte, »zur Förderung seines Wohlstandes sein Gut ganz oder teilweise zu zerschlagen«, hatte in der Nähe der Großstadt München nachhaltige Wirkung:[79] Die Bodenspekulation mit den wertvollen Lehmäckern konnte beginnen. Grundstückstausch, Zusammenlegung weitauseinanderliegender Akkerparzellen wurden nicht, wie vom Gesetzgeber beabsichtigt, zur Erhöhung der landwirtschaftlichen Produktion vorgenommen, sondern zur rationelleren Abziegelung.

Verlockt durch die gestiegenen Bodenpreise verkaufte der größere Teil der Berg am Laimer Bauern seinen gesamten Grundbesitz. Zehn Jahre nach Auflösung der Hofmark standen schon acht Ziegeleien auf Berg am Laimer Boden[80], davon vier von Einheimischen betrieben. Als einziger alteingesessener Großbauer hielt der Rieger (Abb. 57), Michael Gruber, an der Landwirtschaft fest. Sein noch 1877 74 Hektar umfassender Besitz wurde aber nach seinem Tod ebenfalls Spekulationsobjekt.[81] Die übrigen Bauernanwesen, die nach ihrer »Zerschlagung« noch aus Haus und einem Restgrund von 10 bis 17 Hektar bestanden, bewirtschafteten neuzugezogene Landwirte (Abb. 46; 47; 49–52).

Als Arbeitgeber für die jetzt rasch wachsende Bevölkerung – sie war bei fast gleichbleibender Häuserzahl auf 453 Einwohner im Jahr 1855 angestiegen[82] – kamen die verkleinerten Höfe nur noch zur Erntezeit in Frage. Auch die neuen Ziegeleibesitzer konnten nur Saisonarbeit mit niedrigen Löhnen und ohne Verpflegung anbieten.

Lassen wir den Chronisten Pfarrer Geyr zu Wort kommen, der die veränderten Lebensbedingungen in Berg am Laim/ Baumkirchen 1857 beschrieb: »Die Pfarrgemeinde ... ist eine kleine, unbemittelte, ja im Landgericht München r. d. Isar unstreitig die ärmste Landgemeinde ... Sie zählt nur 7 Bauern und 3 halbe Bauern, dagegen mehr als 40 Häusler und Gewerbsleute, die buchstäblich von der Hand in den Mund leben, meist bloß während des Sommers in den Ziegelstädeln Arbeit erhalten und die übrige Zeit das sauer Erworbene wieder verzehren, in Krankheit fallen und meist auf Kosten der Privatwohltäter erhalten werden müssen. Hierorts besteht auch der Umstand, daß die armen Leerhäusler und ebenso armen Gewerbsleute, die auf dem Anwesen sich selten zu halten wissen und daher zum Verkauf ihrer Anwesen sich bestimmen lassen, obdachlos werden und mit Kindern und Kindeskindern, worunter viele uneheliche sind, der Gemeinde zur Last fallen, sodaß diese armselige Gemeinde z. Zt. 70 obdach- und heimatlose Personen zählt.«[83]

So war Berg am Laim, wie viele Dörfer am Rand einer Großstadt, schon um die Mitte des 19. Jahrhunderts von den Problemen der Frühindustrialisierung erfaßt worden. Die sich weiter ausdehnende Ziegelindustrie und die damit verbundene Bodenspekulation beschleunigten die Auflösung des alten Dorfes »als bäuerlich-handwerkliche Wirtschafts- und Sozialeinheit«.[84]

BAUMKIRCHEN

Die katholische Filialkirche St. Stephan-Baumkirchen gehört heute zu den kunsthistorisch weniger beachteten Kirchen im Raume München (Abb. 6 u. 7). Sie gilt als stilistisch uneinheitlich[1] und führt in der Nachbarschaft der künstlerisch außergewöhnlichen Pfarrkirche St. Michael Berg am Laim ein Schattendasein. Ihre besondere Bedeutung liegt in ihrer geschichtlichen Tradition.

Besitzverhältnisse und Zehentstreit

St. Stephan ist eine der ältesten, urkundlich erwähnten Kirchen Münchens. Der Name Baumkirchen erscheint erstmals in der Form »ad Pouminunchirihun« in einer im Jahre 870 für die Nonne Swanahilda ausgestellten Freisin-

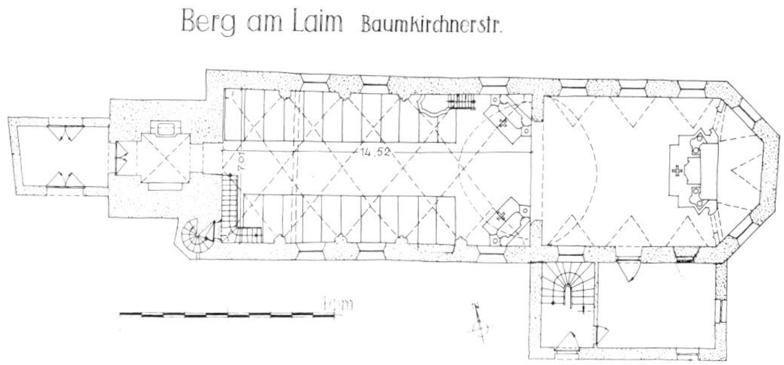

Fig. 23 Grundriß der Kirche St. Stephan in Baumkirchen. Spätgotische Wandpfeilerkirche von 1511, barockisiert 1713–1727, Bayerisches Landesamt für Denkmalpflege

ger Urkunde;[2] er bezeichnet eine aus Holz gebaute Kirche, die nahe bei einer Baumgruppe errichtet wurde.[3] Ihre Erbauung könnte auf die Zeit um 800 zurückgehen, denn in einer 813 von Hahmunt und dessen Mutter Ellanpirc aus Berg unterzeichneten Urkunde wird von einer Kirchenstiftung an das Bistum von Freising berichtet[4] und Bischof Atto (783–811) eine rasche Übergabe zugesichert. Freising hatte sich wie Salzburg, Regensburg und Passau seit dem 9. Jahrhundert zu einem bedeutenden Bistum mit ausgedehnten Besitzungen entwickelt. Es entstanden dort ein Domkloster und ein Domkapitel, »dessen Kanoniker 842 erstmalig genannt sind und allmählich den entscheidenden Einfluß auf das Bistum gewannen«.[5] Neben diesem bedeutenden Stift bestand in Weihenstephan in Freising noch das Kollegiatkapitel St. Veit, in dem die weltlichen Kleriker lebten. Im Jahre 1052 bestätigte Kaiser Heinrich III. die bestehenden Besitzverhältnisse und übertrug die Kirche St. Stephan in den ständigen Besitz des St. Veitstifts in Freising. Bei diesem Stift blieb Baumkirchen ohne Unterbrechung bis zum Jahre 1803.

Mit der Kirche von St. Stephan wurden dem St. Veitstift auch zwei Huben mit mehreren Leibeigenen und der gesamte Zehent überlassen.[6] Der Zehent, eine Art Kirchensteuer, gehörte zu einem oder zu zwei Dritteln dem Pfarrer, der Rest mußte an den Bischof abgeführt werden. Von diesen Einnahmen bestritt man dann den Unterhalt der Kirche und des Pfarrhofs. Die Zehentabgabe führte in den folgenden Jahrhunderten immer wieder zu Streitigkeiten; zum einen bedeutete sie für die Bauern eine Reduzierung ihrer Erträge, zum anderen suchten die Pfarrer selbst ihren Abgabenteil an die kirchliche Behörde zu mindern. Immerhin hatte der Baumkirchner Pfarrer 1442 an das St. Veitstift jährlich 10 Pfund Pfennige, 6 Hühner und 50 Eier abzugeben. Baumkirchen war durchaus eine reiche Pfarrei: von den siebzehn Dekanaten der Diözese Freising wurde im Kirchenbezirk Baumkirchen, zu dem auch Berg am Laim, Echarding und Zamdorf zählten, der höchste Getreidezehent entrichtet.[7] So ist es weiter nicht verwunderlich, daß sich 1487 Erhart Schuestl aus Baumkirchen weigerte, den Zehent nach Freising abzugeben. Zur Schlichtung des Streits bedurfte es schließlich eines Schreibens durch Papst Alexander VI., der dem St. Veitstift die Besitzungen der Pfarreien von »Anzing, Pogenhausen, Paumkhirchen« und das Recht auf ihren Anteil am Zehent bestätigte.[8]

Für die Ortspfarrer war die Zehentabgabe der Bauern als Lebensunterhalt meist zu wenig, so daß sie häufig noch eine eigene Ökonomie führten und sich oft mehr den bäuerlichen, als den geistlichen Pflichten widmeten. Zum Baumkirchner Besitz gehörten umfangreiche Ländereien, so unter anderem zwei bei der Kirche gelegene Höfe, die 1505 erstmals in Urkunden genannt werden: »Es ligent zwei Höf zu Pämkirchen. Der eine ist der Himmelreicherhof [Abb. 45] genannt und gehört dem Probst zu St. Veit in Freising und der andere, der Kilianihof genannt, gehört dem Kapitel zu St. Veit in Freising.«[9]

Kirchenbau und Kirchenumbau

Diese finanzielle Ausstattung erlaubte es den Chorherren von St. Veit Anfang des 16. Jahrhunderts, die alte Kirche von St. Stephan nach den Vorstellungen der Zeit gründlich umbauen zu lassen. Wie diese Kirche vor dem Umbau aussah, ist nicht gesichert; der ursprüngliche Holzbau war jedoch vermutlich um 1200 durch einen romanischen Ziegelsteinbau ersetzt worden: ein viereckiger gedrungener Kirchturm mit Satteldach, ein einschiffiges Langhaus mit halbkreisförmiger Apsis und eine eingezogene flache Holzdecke, vergleichbar der heute noch erhaltenen romanischen Landkirche in Keferloh. Die Hinweise auf diesen romanischen Backsteinbau sind noch heute an der Stephanskirche erkennbar: So wurden im unteren Teil des Turms andere Ziegelmaße verwendet als im oberen, und an der östlichen Turmmauer kann man innen wie außen noch die Ansatzstellen des alten Daches entdecken, dessen Neigungswinkel auch auf einen kleineren Kirchenraum schließen läßt.[10]

Diese kleine Landkirche genügte aber offensichtlich den Stiftsherren von St. Veit nicht mehr. So baute man sie 1511 – als eine der letzten im Raume München – zu einer repräsentativen spätgotischen Kirche um. Das Satteldach ersetzte man durch einen spitzen schindelgedeckten Turmhelm, über dem Langhaus zog man ein Ziegelsteingewölbe auf und anstelle der Apsis baute man einen Chorraum.

Mehr als zweihundert Jahre blieb die Kirche von St. Stephan unverändert das Wahrzeichen von Baumkirchen. Im Jahre 1619 kam es jedoch wegen des »abpronnenen Kirchturms«[11] noch zu einer umfangreichen Renovierung, bei der auch die Glocken erneuert werden mußten; Bartholomäus Wengle aus München goß zwei neue; eine der Glockeninschriften verweist auf den Schutzheiligen der

Kirche: »SANCTE · PROTHOMARTYR · STEPH*NE · SEMPER · PRO · NOBIS INTERCEDE ·«[12] Beide Glocken sind bis heute unversehrt erhalten geblieben (Abb. 8).
Im 18. Jahrhundert kam es dann erneut zu einem Umbau der Kirche. Dieses Mal allerdings aus anderen Gründen. Hatte es schon im 17. Jahrhundert wegen der Zehentabgabe nach Baumkirchen zwischen den Bauern und dem Pfarrer nicht enden wollende Streitereien gegeben[13], so fanden diese zu Beginn des 18. Jahrhunderts unter Pfarrer Georg Müller (1707 bis 1734) einen vorläufigen Höhepunkt: Die Bauern wollten solange nicht mehr nach St. Stephan in die Kirche gehen, bis sie diesen Pfarrer, der »wie ein Soldat oder ander Gewaltmann mit uns umgeht, vom Pfarramt gebracht haben«.[14] Sie besuchten die Messe daher meist in der 1692 erbauten Michaelskapelle, die zur Hofmark gehörte. Um wenigstens ein gewisses Gegengewicht gegen die wittelsbachische Hofmark zu setzen und die Landkirche St. Stephan wieder attraktiver zu gestalten, ließ Pfarrer Müller im Jahr 1713 die gotische Kirche St. Stephan innen im Stil des Barock umgestalten. Die gotischen Kreuzrippenbögen wurden abgeschlagen, die Fenster ausgebrochen und in »Baßgeigenform« neu gesetzt; eine Kreuzigungsgruppe mit einem baldachinförmigen Stuckvorhang, barocke Seitenaltäre und eine Kanzel, ein neuer Choraltar und Freskenschmuck veränderten überdies den gotischen Raumeindruck.[15] Zur künstlerischen Ausgestaltung standen natürlich nur einheimische Künstler aus der näheren Umgebung zur Verfügung: Die Fassung des Altars stammte von Antoni Vicelli aus der Au, die Bildervergoldung von einem unbekannten Maler aus Unterföhring.[16] Insgesamt zog sich die Gestaltung des Umbaus bis zum Jahre 1727 hin, und die Kosten betrugen knapp 2000 Gulden, noch einmal 2000 Gulden kamen für den Bau des neuen Pfarrhofs hinzu. Für die Pfarrei Baumkirchen bedeutete dies durchaus eine stolze Summe, die sich allerdings gegenüber den späteren Baukosten für die Kirche St. Michael sehr bescheiden ausnimmt: Der Bau dieser Kirche verschlang nämlich mit über 40000 Gulden das Zehnfache.[17]
Die Planung der Hofkirche St. Michael und der Baubeginn im Jahre 1737 brachten die Pfarrer von Baumkirchen in eine immer stärkere oppositionelle Haltung. Besonders Nikolaus Praschler (1734 bis 1749) widersetzte sich den unermüdlichen Aktivitäten des kurkölnischen Kanzleiverwalters, Sekretärs und Kassiers der Erzbruderschaft, Franz Paula Würnzl, der drei Viertel der Baukosten für St. Michael über Spenden eintrieb.[18] Der Pfarrer von Baumkirchen sah im Kirchenbau und in der klösterlichen Betreuung durch die Franziskaner[19] eine Beeinträchtigung seiner Pfarrei sowie seiner pfarrlichen Rechte und sandte zahlreiche Beschwerden an das Ordinariat des Bistums in Freising. Die Beschwerden mußten aber erfolglos bleiben, richteten sie sich doch gegen die kirchenbaulichen und bruderschaftlichen Pläne des einflußreichen und mächtigen Kurfürsten und Erzbischofs von Köln, Clemens August; außerdem war in diesen Jahren der Bruder des Kurfürsten, Johann Theodor, Bischof von Freising. Gegen solche Interessensgemeinschaften konnte sich ein Ortspfarrer von Baumkirchen natürlich nicht durchsetzen.
Obwohl Berg am Laim und Baumkirchen eigentlich eine örtliche und pfarrliche Einheit bildeten, barg ihre unterschiedliche Struktur doch erheblichen Zündstoff: Berg am Laim war als Hofmark organisiert und verfügte über eigene Formen der Gerichtsbarkeit, Baumkirchen war dem Landgericht Wolfratshausen zugeordnet und gehörte zum St. Veitstift in Freising. Immer stärker prallten in der kleinen Gemeinde im 18. Jahrhundert eine höfisch strukturierte, von außen herangetragene Welt und eine bäuerliche, dörflich-kirchlich geprägte Lebensform aufeinander. Ein Streit zwischen dem Baumkirchner Pfarrer Anton Hällmayr (1758 bis 1793) und dem Hofmarksgericht wegen eines Zehentackers zog sich von 1773 bis 1805 hin, und die Spannungen zwischen St. Stephan und St. Michael, der pfarrkirchlichen Vertretung auf der einen und der seelsorglichen Betreuung durch die Franziskaner auf der anderen Seite, fanden dann erst mit den Veränderungen der ersten Hälfte des 19. Jahrhunderts ein Ende.

Baumkirchen verliert seine Selbständigkeit

Mit dem Amtsantritt der berühmtesten Pfarrerpersönlichkeit von Baumkirchen, Sebastian Mutschelle, im Jahre 1793 werden auch hier wichtige politische Veränderungen sichtbar: Die Aufzeichnungen über die Pfarrei sind nun nicht mehr auf kirchliche Veranlassung hin zu führen, sondern »von Amtes wegen«, also im staatlichen Auftrag; dies zeigt die verstärkte staatliche Präsenz, die in den folgenden Jahrzehnten Bayern entscheidend verändern sollte. Aber auch Sebastian Mutschelle selbst war alles

andere als ein typischer Dorfpfarrer: Geprägt von aufklärerischen Ideen hatte er neben seiner Pfarrei eine Professur für Moral- und Pastoraltheologie und geistliche Beredsamkeit am Lyceum in München inne. Die wirtschaftliche Seite seines Pfarrhofes schien ihn eher zu belasten, so beklagte er sich zumindest, daß seine »Pfarrey mit ziemlich großer Oekonomie überladen« sei.[20] Im Jahre 1800 starb Mutschelle in Baumkirchen und wurde im Friedhof von St. Stephan begraben.
Erst bei seinem Nachfolger Johann Baptist Duschl, der von 1800 bis 1818 in Baumkirchen wirkte, kamen die Folgen der napoleonischen Kriege und der Säkularisation zum Tragen: Im Jahre 1805 plante das Rentamt München im Zuge der Auflösung kirchlicher Besitzungen sogar den Verkauf des Pfarrwidums von Baumkirchen. Die Bauern der Umgebung unterstützten den geplanten Verkauf der Pfarrgründe und lehnten sich gegen die Zehentabgaben auf.[21] Obwohl dem Pfarrer von Baumkirchen der kirchliche Rückhalt fehlte, da das Freisinger St. Veitstift in Folge der Säkularisation 1803 aufgelöst worden war, gelang es ihm, den Berg am Laimer »Bauernaufstand« noch einmal abzuwenden und die alten Abgabenverhältnisse wiederherzustellen.

Im Jahre 1806 allerdings erfuhr die Pfarrei von Baumkirchen dann ihre einschneidendste Veränderung: Mit königlichem Erlaß verlor St. Stephan seinen Status als Pfarrkirche an St. Michael und wurde selbst zur Filialkirche; der jeweilige Pfarrer von Baumkirchen bekam die Präsesstelle der Michaelsbruderschaft übertragen. Damit hatte nach dem Rückzug der Franziskaner aus der Josephsburg im Jahre 1802 auch die Michaelsbruderschaft ihre Bedeutung verloren; aus der Hofkirche St. Michael war eine Pfarrkirche geworden. Die Gottesdienste feierte man nun von Allerseelen bis Palmsonntag in Baumkirchen und das übrige Jahr, einschließlich aller Festgottesdienste, in St. Michael. Auch die Betreuung der Loretokapelle wurde von St. Stephan abgezogen und ging auf die neue Pfarrkirche über. Die Kapelle von St. Veit, ehemals Filialstelle von St. Stephan, wurde 1806 geschleift.
Zwei Jahre später verlor Baumkirchen nach seinen pfarrlichen Rechten auch seine politische Eigenständigkeit: Der Hofmarksherr Karl Freiherr von Hompesch bot 1808 in einem Tauschverfahren gegen andere Gründe die Integrierung der beiden Baumkirchner Bauernhöfe »Häringbauer« und »Kiechlmeier« sowie des Mesnerhäusls an. Nach der staatlichen Genehmigung des Tauschs wurde Baumkirchen in die Hofmark Berg am Laim integriert.
Mit der Auflösung der Hofmark im Jahre 1848 arrondierte man den Ortsteil Baumkirchen, führte also eine Art Flurbereinigung durch.[22] Mitte des 19. Jahrhunderts setzte dann die Bebauung der westlichen Seite der Baumkirchner Straße ein: Berg am Laim und Baumkirchen wuchsen endgültig zusammen (Abb. 63, 64).

Der Pfarrer und sein Pfarrhof

Zu Beginn des 19. Jahrhunderts konnte der Pfarrherr seinen Pfarrhof offensichtlich nur noch mit Mühe erhalten. So beklagte sich im Jahre 1825 Pfarrer Wolfmeier, der zwischen 1822 und 1845 hier wirkte, beim Bischof über seine Situation: »Die Pfarrey Baumkirchen ist nach eingeführtem Steuer Definitorium, wo jeder Grund nach der Bonität besteuert ist, ... mit wahrhaft unerschwinglichen Lasten überhäuft.«[23] Auch das Dienstpersonal zur Bewirtschaftung des Pfarrhofs und der dazugehörigen Landwirtschaft sei sehr teuer geworden. Der Lohn für die Pfarrersköchin, die »Kuchlmagd«, betrug 30 Gulden, die Kosten für die Kleidung machten 16 Gulden im Jahr aus. Für insgesamt acht Dienstboten und Knechte, Tagwerker und Handwerker waren im Jahr 530 Gulden zu entrichten. An den Staat mußten über 300 Gulden im Jahr abgeführt werden, so daß sich für den Pfarrherrn nach Abzug der Einnahmen ein jährliches Defizit von über 130 Gulden ergab. Der Pfarrer rechnete vor, daß in früheren Zeiten die Abgaben an das St. Veitstift nur die Hälfte der derzeitigen Staatsabgaben betragen hätten.
Wie hatten sich die Zeiten geändert! Im Jahre 1717 konnte Pfarrer Müller noch einen neuen Pfarrhof errichten lassen und einige Jahre später einen Viehstall dazu, zu dessen Bau er aus eigener Tasche noch 100 Gulden dazulegte.[24] Es sei allerdings nicht verschwiegen, daß trotz eines bischöflichen Rundschreibens, die Pfarrer sollten doch die Sanierung des Pfarrhofes nicht »auf die lange Banck verschieben/ oder aber auf unnützliche Flickarbeit mit doppelter Kreiten verrechnen/ andere wohl auch bei Erbauung der Pfarrhof allzu eigennützig/ die völlige Bau-Kosten auf ihre Successores hinausschieben«[25], nicht gerade christliche Unregelmäßigkeiten auftraten: So wollte der Pfarrer Jakob Freiherr von Chlingensperg, 1749 bis 1759 in Baumkirchen tätig,

nach dem Brand des Pfarrhofes im Jahre 1756 die Rechnung über eine Million Ziegelsteine partout nicht wie vereinbart bar bezahlen, sondern zögerte ihre Begleichung hinaus, solange es ging.[26]
Im Diözesanarchiv München sind seit dem 16. Jahrhundert für die Pfarrei Baumkirchen zahlreiche Pfarrbeschreibungen und Inventarverzeichnisse erhalten, die einen genauen Einblick in die Ausstattung des Pfarrhofes ermöglichen. Der nach dem Brand von 1756 wieder aufgebaute Pfarrhof selbst blieb unverändert bis zum Jahre 1926 erhalten (Abb. 58), dann erst wurde er abgebrochen und in unmittelbarer Nachbarschaft ein neuer errichtet (Abb. 113); dieser fiel dann 1944 einem Bombenangriff zum Opfer. Auf seinen Grundmauern entstand der heutige Pfarrsaal und der katholische Kindergarten, der Pfarrhof wurde in die Clemens-August-Straße verlegt.

St. Stephan heute – eine Idylle

Im Triumphbogen der Kirche St. Stephan befanden sich die Jahreszahlen 1511, 1713, 1823: Die erste Zahl markierte die Errichtung des spätgotischen Kirchenbaus, die zweite die barocke Erneuerung des Inneren und die dritte den Beginn zum Teil sehr eigenwilliger Renovierungs- und Restaurierungsarbeiten. Im Jahre 1903[27] ersetzte man im Zuge einer allgemeinen Baueuphorie in Berg am Laim die Holzschindeldachung des Turms durch eine wetterbeständige, den dörflichen Charakter der Kirche aber entstellende Kupferabdeckung. Während des Dritten Reiches wäre die Kirche St. Stephan beinahe der Neuregelung der Eisenbahnanlagen zum Opfer gefallen, da die Reichseisenbahn den Abriß der Kirche, des Pfarrhofs und der anliegenden Häuser erwog. Nach Interventionen des damaligen Stadtpfarrers Graf und des Landesamtes für Denkmalpflege wurden solche Pläne offensichtlich nicht weiter verfolgt.[28]
Eine eigentliche Zerstörung erfuhr die Kirche jedoch erst nach dem Zweiten Weltkrieg: Zum einen wurde bei Renovierungsarbeiten in den Jahren 1953 und 1955 eine Regotisierung des Kircheninneren vorangetrieben, die schließlich unter Pfarrer Bühler zu einem Ausverkauf der barocken Innenausstattung der Kirche führte. In einer ironischen Anspielung auf einen Beitrag der Kirchenzeitung schrieb 1967 der ehemalige Mesner der Kirche an das Bau- und Kunstreferat der Erzdiözese München-Freising: »Die Restaurierung von 1955 brachte der alten Landkirche wahrlich die große Läuterung ... Außer der alten Kirche in Obermenzing kenne ich keine Münchner Kirche in einer so trostlosen Verfassung.«[29] Zum anderen plante die Stadt München Mitte der sechziger Jahre, den letzten zur ehemaligen Pfarrei St. Stephan gehörigen Bauernhof zugunsten einer Grünfläche abreißen zu lassen (Abb. 46). In einem Schreiben vom 2. Juni 1965 wehrte sich das Landesamt für Denkmalpflege entschieden dagegen:
»Gegen diese Absicht müssen wir erhebliche Bedenken anmelden. Dieser Bauernhof stellt in seiner schlichten und einfachen Art noch den Typus der großen Münchner Stadtrand-Höfe des vergangenen Jahrhunderts dar, der allmählich immer mehr aus dem Stadtbild verschwindet. Seine in sich geschlossene Baugruppe mit dem markanten Baumbewuchs ergibt ein besonders reizvolles und malerisches Bild, das auch für die kunsthistorisch bedeutende Baumkirchner-Kirche stark maßstabbildend wirkt und ihr hilft, sich gegen die immer näher rückende nichtssagende moderne Besiedlung mit Hochhäusern und Wohnblöcken wenigstens noch einigermaßen zu behaupten.«[30]
Heute verfällt der Voglhof mehr und mehr, weder die Stadt München noch das Landesamt für Denkmalpflege sehen wohl eine Möglichkeit, dieses Gebäude im Sinne der Denkmalspflege zu erhalten oder es einer bürgerfreundlichen Nutzung zuzuführen.
Die Kirche von St. Stephan dagegen sowie die Gräber und Grabplatten des Friedhofs sind in den vergangenen Jahren geschmackvoll restauriert worden: Die zum Teil bedeutenden Grabsteine (Abb. 11) erhielten neue Inschriften oder wurden aus konservatorischen Gründen versetzt. Im Inneren der Kirche versuchte man die Reste der gotischen und der barocken Raumgestaltung miteinander zu verbinden, beispielsweise durch die gelbliche Farbgebung des Raumes. Das ehemals gotische Rippennetz im Kirchenschiff wurde durch Bemalung wieder angedeutet. Auch das Kruzifix mit der Mutter Gottes an der Südwand des Langhauses konnte man teilweise restaurieren. Der barocke Hochaltar rückte ebenfalls wieder an seine alte Stelle und wurde auf den originalen gotischen Altarsockel gesetzt.
Im Jahre 1987 konnte die Kirche St. Stephan nach ihrer Wiederherstellung der Öffentlichkeit übergeben werden. So ist also eines der wenigen Zeugnisse der langen Geschichte Baumkirchens und eine der letzten Idyllen Berg am Laims vor dem Verfall bewahrt worden (Abb. 162).

ZIEGELEIEN IM 19. JAHRHUNDERT

»Die Straße nach Aibling und Rosenheim zieht sich rechts nicht weit von der letzten Isarbrücke den Hügel hinauf und führt zwischen Bierkellern und Biergärten zu den Lüften hinan. Zu ihrer Linken erblickt man einen Ziegelofen, der heißt immer noch der ›kölnische‹, weil er von Kurfürst Clemens Joseph 1691 erbaut wurde, obgleich er nun in den Händen eines Ziegelbrenners ist. An der Straße befinden sich noch drei andere Ziegelbrennereien, wovon eine dem Stadtkämmerer gehört, die zweite einem Privaten, während der dritte Ziegelofen den Paulanern in Eigentum überlassen wurde, an denen die Straße vorbei nach Berg am Laim durch lehmichten Boden führt. Es liegt eine Stunde von München gegen Osten, mitten unter Feldern und einer mit zwei Kuppeln versehenen Kirche.«[1]

Diese »Beschreibung der kurbaierischen Haupt- und Residenzstadt München und ihrer Umgebungen« aus dem Jahre 1803 vermittelt uns recht anschaulich das Landschaftsbild, wie es sich im Osten Münchens zeigte. Zwar bot sich dem Auge des damaligen Betrachters das Panorama einer ländlichen Gegend, es dominierte jedoch der Anblick von vier Ziegelstädeln. Einer davon, der »kölnische«, gehörte bis 1848 den Hofmarksherren von Berg am Laim, die das Material für ihre Bauten aus dieser Ziegelei bezogen. So ließ Kurfürst Clemens August auch die mit zwei Kuppeln versehene Hofkirche St. Michael mit Ziegeln errichten, die aus der östlich der Isar gelegenen Lehmzunge stammten.

Eine andere Ziegelei gehörte einem Privatmann; die private gewerbliche Nutzung eines Ziegelofens unterlag allerdings bis zum 19. Jahrhundert erheblichen Einschränkungen. Erst die Gewerbefreiheit ebenso wie der freie Erwerb und die Veräußerung von Grundstücken, Teil des Montgelasschen Reformwerks in Bayern, erbrachte einen Aufschwung der Ziegelindustrie.[2] Außerdem stieg der Bedarf an Ziegeln und Dachplatten, da eine Feuerordnung von 1791 vorschrieb, Häuser zumindest teilweise aus Stein zu erbauen und sie statt mit Stroh nunmehr mit Ziegelplatten einzudecken. Bestimmungen der Brandversicherung sahen zudem Beitragserhöhungen für holzerbaute Häuser vor; die dichte Bebauung Münchens und die damit verbundene Brandgefahr legten es ohnehin nahe, auf Ziegelbauweise umzustellen.[3] So ist es nicht verwunderlich, daß Unternehmen aus München, wie die Paulanerbrauerei, in das Ziegelgeschäft einstiegen. Zunehmend gingen Besitzer von Ziegelstädeln auch dazu über, ihre Ziegeleien zu verpachten. Die Form der Pacht, die Anlage einer Ziegelei und die Herstellungsweise von Ziegeln waren jedoch noch ganz der vorindustriellen Fertigung verhaftet. Deshalb konnte die Landschaft um Berg am Laim ihren ländlichen Charakter bis zur Mitte des 19. Jahrhunderts bewahren.

Vorindustrielle Ziegelgewinnung – noch kein Geschäft

Wenn man die Lehmgründe nicht systematisch ausbeuten wollte, sondern nur den eigenen Bedarf an Baumaterial zu decken versuchte, war eine Ziegelei für ihren Besitzer wenig rentabel. Deshalb verpachtete auch Freiherr von Hompesch, Hofmarksherr in Berg am Laim, seine beiden Ziegeleien 1813 an Georg Graf, den Berg am Laimer Gemeindevorsteher. Damit entfielen die Betriebskosten sowie die Bezahlung eines Ziegelmeisters, und es floß statt dessen die recht stattliche Pachtgeldsumme von 3200 Gulden in die Kasse des Hofmarksherren. Zudem hatte der Pächter die Zahl der Brände je Ziegelofen zu beschränken; somit war die Produktionszahl auf etwa 60000 Ziegel im Jahr limitiert. Der Pächter war ferner verpflichtet, bei der Abziegelung der Äcker, also der Abtragung der Lehmschicht, einen »Schaufelstich« Lehm liegen zu lassen; die abgeziegelten Äcker durfte er dann fünf Jahre lang frei nutzen.[4] So kam häufig zum Ziegeleibetrieb noch ein landwirtschaftliches Unternehmen hinzu.

Organisationsform und Arbeitsbedingungen waren in allen Ziegeleien ähnlich. Sie wurden von Ziegelmeistern geführt, die ihre Wohnung häufig unmittelbar neben dem Brennofen hatten, um den Brennvorgang ständig betreuen

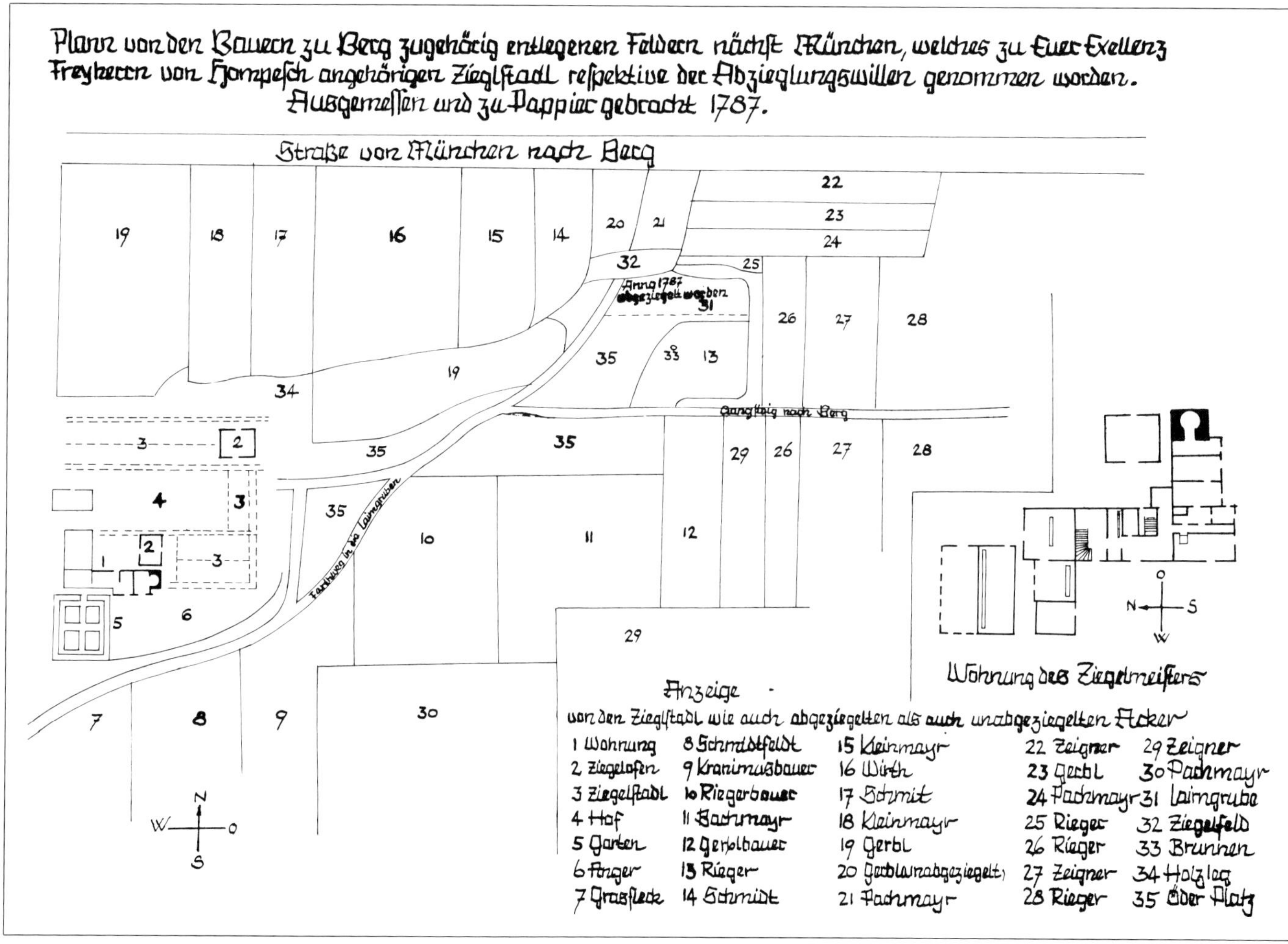

Fig. 24 Plan der Ziegelei des Freiherrn von Hompesch, 1787 (vorher kurkölnische Ziegelei), mit dem Grundriß der Wohnung des Ziegelmeisters

zu können. Die Ziegelarbeiter selbst nächtigten unter armseligen Umständen in den Trockenstädeln oder in Behelfsunterkünften.

Die Qualität der Ziegel aus Berg am Laim war nicht besonders gut. Das lag vor allem daran, weil am östlichen Rand der Lehmzunge andere Ablagerungen den Ton stark durchsetzten. Die von einer dünnen Humusschicht (Abb. 68) überlagerte Lehmschicht betrug an ihrer stärksten Stelle nur etwa zweieinhalb Meter. In Meyers Konversationslexikon heißt es dazu: »Der Thon findet sich gewöhnlich nicht tief unter der Oberfläche der Erde, er wird in dünnen Schichten mit dem Spatel abgestochen, damit Steine und Mergel sogleich wahrgenommen und entfernt werden können. Die obern und untern Partien des Lagers sind oft von sehr ungleicher Beschaffenheit, so daß man durch Mischung ein gleichartiges Rohmaterial herstellen muß.«[5]

Für die Weiterverwendung wurde der Ton nun weiter aufbereitet, aufgeschlossen, wie es in der Fachsprache heißt. War er zu fett, so galt es ihn abzumagern; als Magerungsmittel dienten Stoffe wie Sand, die bei hohen Brenntemperaturen nicht schmelzen und deshalb das Schwinden des Rohmaterials verringern.[6] Der Lehm wurde dann in einer Grube, dem sogenannten Sumpf, mit Wasser versetzt, eine Zeit gelagert und später von den Ziegelarbeitern mit den nackten Füßen getreten, bis er zu einer formbaren Masse geworden war. Auf Karren schaffte man dann den so aufgeschlossenen Ton in die Werkstatt. Dort brachte man den Lehm in die entsprechende Ziegelform. In einer Darstellung der Ziegelhüttenkunde wird dieser Vorgang so beschrieben: »Der hinlänglich gesumpfte und getretene Ton kommt auf die Hauebank ... Der Tondrescher tritt vor eine lange Seite des Tisches und haut oder drischt mit dem Haueisen den Ton ... Durch dieses Hauen geschieht eine eigentliche Ineinanderpressung der Teilchen, von deren gleichwirkendem Zusammenhang die Güte des Ziegels abhängt ... Der Ziegelschläger bedient sich gewisser Formen oder Rahmen zur Bildung der Ziegelsteine ... hierauf ergreift er ein vor sich liegendes, verhältnismäßig langes, ganz gerades Lineal ... und fährt ... streng längs dem oberen Rand der Form hin, ... bestreut die Oberfläche mit Sand ... und übergibt so den fertigen Ziegel ... dem Träger. Dieser läßt ihn sanft und schnurgerade mit der schmalen langen Kante auf den waagrechten, fein geschlagenen und gleichsam mit Sand bestreuten Boden des Ziegelstadels niedergleiten ... Ein fertiger Ziegelstreicher macht in zwölf Stunden zwölfhundert Mauersteine.«[7]
Der Rhythmus des Ziegelschlagens war in Berg am Laim im ganzen Dorf hörbar; unterbrochen wurde er nur vom lauten Schrei der Arbeiter, den sie nach der Fertigung jedes tausendsten Ziegelsteines ausstießen.[8] Das Handstrichverfahren, das durchaus recht hohe Produktionszahlen zuließ, hatte sich bei der Ziegelherstellung auch noch nach der Einführung der maschinellen Produktion erhalten; somit war das Handwerkszeug eines Zieglers seit dem 18. Jahrhundert weitgehend unverändert geblieben.[9] Zugleich aber führte dieses Verfahren wegen der Verwendung von Modeln zu einer Normung der Ziegelformate.
Solange Ziegelsteine manuell gefertigt wurden, war die Zahl der zu produzierenden Steine begrenzt. Hinzu kam, daß bei einem Brennvorgang nur 5000–10000 Ziegel gehärtet werden konnten. Auch mußten vorher die noch weichen Handstrichsteine in einem an den Seiten offenen Ziegelstadel getrocknet werden; die Produktion war somit witterungsabhängig.
Kleinere Ziegelmengen wurden im Feldbrandverfahren gebrannt; so sparte man sich zwar die langen Wege von den immer weiter entfernt gelegenen Ziegelfeldern zum großen Brennofen, diese Art des Brennens war jedoch langwierig und mühselig. Davon kann der wohl älteste Ziegelmeister aus Berg am Laim noch berichten: »Ich habe den Feldbrand noch gekannt. Da sind drei, vier Meter Boden ausgegraben worden; dann hat man mit verbrannten Steinen die Seiten etwas ausgerichtet. In dieser Grube sind dann die handgeschlagenen Steine aufgerichtet worden. Sie wurde dann abgedeckt und mit Graswasen abgedichtet. An der Vorderseite richtete man einen Heizschacht ein, über den man mit Scheitholz heizte.
An der Rückseite hat man ein Loch für den Rauch gelassen. Die Schürgasse, wie man den Heizschacht genannt hat, war etwa drei Meter breit. Mein Vater, der selbst Brandmeister gewesen ist, wußte genau, wieviel Holz man nachschüren durfte. Überhaupt hat man erst ein Vorfeuer gemacht und das Feuer langsam entwickelt, daß die Steine ins Glühen gekommen sind. Im Ofen entwickelte sich dann eine Hitze von etwa 2000 Grad.
Bei einem großen Feldbrand konnte man etwa 10000 Steine brennen. Den Feldbrandofen hat man am Montag angezündet und bis zum Samstag durchbrennen lassen. Dann dauerte es wieder acht Tage bis zur Abkühlung des Ofens, dann erst konnte man ihn wieder abdecken. Schließlich wurde ein Galgen aufgestellt, von dem aus man eine Trage hinunterließ, auf der man die Steine heraufziehen konnte. Das war eine mühselige Arbeit.«[10]
Der Feldbrand erforderte große Mengen an Holz, das isarabwärts bis zur Floßlände geflößt und dann mit Fuhrwerken bis zu den Ziegelstadeln befördert wurde. Zudem dauerte das Brennverfahren sehr lange, und die Ofenwärme konnte nach dem Brand nicht weiter genutzt werden. Auch diese Art der Ziegelherstellung prägte jedoch das äußere Bild des Ziegeldorfes Berg am Laim: Der ständige Feuerschein auf den Feldern, der Geruch von Rauch, die verbrannten und ausgeglühten Stellen ringsum: alles das erzeugte eine unverkennbare Atmosphäre. Erst Mitte

des 19. Jahrhunderts gab es einige einschneidende Veränderungen, die für die Ziegelherstellung von Bedeutung waren, die die Produktionszahlen in die Höhe schnellen ließen und Ziegeleien zu einem Spekulationsobjekt machten.

Ziegeleien verändern ein Dorf

Im Zuge der Industrialisierung dehnte sich die Residenzstadt München aufgrund der steigenden Bevölkerungszahlen immer weiter aus. Zudem wurden 1854 die Au, Haidhausen und Giesing eingemeindet. Weil dadurch die Bautätigkeit sehr stark zugenommen hatte, waren die Lehmvorräte des südöstlichen Teils der Lehmzunge in Ramersdorf und Haidhausen bald erschöpft. Deshalb verlagerte sich der Lehmabbau in nordöstlicher Richtung: so standen auch die 14 Ziegeleien, die es in Berg am Laim, Baumkirchen und Zamdorf gab, um 1850 am Beginn eines stattlichen Aufschwungs (Abb. 64). Man konnte jedoch in ganz Bayern eine Zunahme der Ziegeleien beobachten: Gab es 1827 etwas mehr als 350 Ziegelhütten, so stieg ihre Zahl über das Jahr 1836 auf 1125, bis 1861 sogar auf 3840 an.[11]

Mit maßgebend für das Aufblühen dieses neuen Industriezweiges war die Erfindung eines neuen Brennverfahrens, des sogenannten Ringofens. 1856 hatte der Berliner Baumeister Friedrich Hoffmann die Entwicklung des Ringofens so weit vorangetrieben, daß er zwei Jahre später das preußische und 1860 schließlich das bayerische Patent erhielt. Zehn Jahre später allerdings wurde das Patent wegen eines Streits um das Erfinderrecht wieder aufgehoben. Das ermöglichte es dem Maurermeister Joseph Berlinger, der in Berg am Laim seit 1874 ein Baugeschäft betrieb, das Ringofensystem im Münchner Osten einzuführen und es den hiesigen Produktionsbedingungen anzupassen. Fast alle Ziegeleien der Region stellten sich nun auf das neue System um.[12]

Der Ringofen (Abb. 71), wichtigste industrielle Innovation der Ziegelherstellung, veränderte den Produktionsablauf, den Einsatz der menschlichen Arbeitskraft, ja sogar die gesamte Anlage einer Ziegelei. Er bestand im wesentlichen aus drei Teilen: dem Brennkanal, dem Rauchsammler und dem Schornstein. Theodor Fontane beschreibt ihn 1870 in seinen »Wanderungen durch die Mark Brandenburg«: »Der Ringofen hat den alten Ziegelofen, wenige Ausnahmen abgerechnet, total verdrängt ... (Er) hat seinen Namen von seiner Form; er ist ein Rundbau. Seiner Einrichtung nach könnte man ihn einen Kammer- oder Kapellenofen nennen; seiner Haupteigenschaft nach aber ist er ein Sparofen. Er spart Feuerung ... Zunächst seine Form und Einrichtung ... Denken wir uns also eine gewöhnliche runde Torte, aus der wir das Mittel- oder Nußstück herausgeschnitten und durch eine schlanke Weinflasche ersetzt haben, so haben wir das getreue Abbild eines Ringofens. Denken wir uns dazu die Torte in zwölf gleiche Stücke geschnitten; so haben wir auch die Einrichtung des Ofens; sein Zwölfkammersystem. Die in der Mitte aufragende Weinflasche ist natürlich der Schornstein.«[13]

Der neue Ofen sparte zwei Drittel des Brennmaterials und wurde in Berg am Laim zunehmend mit Kohle befeuert, die sich seit dem Bau des Ostbahnhofes im Jahre 1871 leicht antransportieren ließ. Zudem gab es nur noch einen geringen Wärmeverlust, da der Brennvorgang bei der Herausnahme fertiger Ziegel nicht mehr unterbrochen werden mußte. Auch die Brenndauer hatte sich verkürzt, konnte der Ofen doch Tag und Nacht in Betrieb gehalten werden. So ließ sich die Produktion bei gleichzeitiger Absenkung der Kosten erheblich steigern. Eine Ziegelei stellte nun in der Woche bis zu 60000 Ziegel her; diese Menge entsprach dem Jahresaufkommen eines Ziegelofens der Hofmarkszeit.

Für Berg am Laim lassen sich genauere Zahlenangaben erst um das Jahr 1900 machen, als die Lehmgründe bereits fast erschöpft waren. So wurden in den einzelnen Ziegeleien zwischen ein und zwei Millionen Ziegel im Jahr gebrannt, zu Zeiten der Hochkonjunktur dürften die Produktionsmengen noch höher gelegen haben.[14] Die Steigerung der Nachfrage und die – trotz der Modernisierungen – arbeitsaufwendigen Produktionsvorgänge erforderten zahlreiche Arbeitskräfte. Der Bedarf wurde durch die fortschreitende Technisierung nur bedingt aufgefangen, obwohl in vielen Betrieben die Arbeit des Ziegelschlägers durch eine Schneckenpresse ersetzt werden konnte, die die Lehmmasse durchknetete und zu einem Strang formte; später kamen auch Lehmbagger und Loren zum Einsatz. Diese Technisierung beschleunigte jedoch die Differenzierung der Arbeitswelt der Ziegler in Fachkräfte und Handlanger (Abb. 65; 68; 72).

Außerdem führten die neuen technischen Gegebenheiten auch zu einer Änderung der Ziegeleianlage; der Ringofen spielte dabei die entscheidende Rolle. Denn nun wurden die Trockenstadel kreuzförmig um den Ringofen gebaut. Die überschüssige Wärme konnte so in den Trockenstadel geleitet werden. Zugleich aber nutzte man den Westwind – die überwiegend vorherrschende Windrichtung in München –, um einen für die Trocknung günstigen Luftwechsel zu bekommen. Das Kreuz der Trockenstadel stand deshalb leicht aus der Nord-Südachse gedreht. Die Kreuzform schaffte überdies einen ausreichenden Abstand der Stadel zueinander, der für eine natürliche Belüftung notwendig war. Erst später ging man zur »künstlichen Trocknung« in geschlossenen Stadeln über. Somit war man witterungsunabhängig und konnte nach Bedarf ganzjährig brennen. Die technischen Neuerungen veränderten auch das Landschaftsbild: Hohe Ziegeleikamine zeugten vom Beginn eines neuen Zeitalters (Abb. 66).

Gastarbeiter und Akkordanten

Für die mühsame Arbeit in den Ziegeleien warb man vor allem italienische Gastarbeiter an; im Jahre 1895 umfaßte die Gemeinde Berg am Laim daher 1358 Einwohner[15] sowie 905 italienische Ziegelarbeiter. Diese warb man, oft mit Frau und Kindern, als billige Arbeitskräfte in den Gebieten Friaul, Venetien und Bergamo – die Berg am Laimer nannten sie »Bergamesen« – an (Abb. 70). Zuständig waren dafür italienische »Akkordanten«, die auch weiterhin das Bindeglied zwischen den Arbeitern und den Ziegeleibesitzern bildeten.[16] Die Abhängigkeit von den Akkordanten war daher sehr groß, obwohl die Arbeitsbedingungen zwischen den Ziegeleibesitzern und den Arbeitern durch eine Arbeitsordnung geregelt waren.[17] Eine wesentliche Verbesserung der Lage stellten diese Ordnungen ohnehin noch nicht dar, sahen sie doch eine Arbeitszeit von morgens früh um 4 Uhr bis nachts um 21 Uhr vor; insgesamt gab es nur zwei Stunden Pause. Eine fünfzehnstündige Arbeit war also die Regel.

Bedenkt man dies, so überrascht es auch nicht, daß den Italienern häufig die Ringofenanlagen als Massenquartiere dienten; längere Wege waren bei diesen Arbeitszeiten auch kaum noch möglich. Erst seit 1901 kümmerte sich dann das Bezirksamt darum, daß für die Arbeiter Wohnungen[18] und Kantinen[19] gebaut wurden.

Die Löhne für diese Kuliarbeit lagen jedoch relativ hoch, vor allem, da hier meistens Akkord gearbeitet wurde; von einem Lohnstreik in Straubing her kennt man Zahlen von 7,50 Mark bzw. 10,50 Mark für 1000 Steine.[20] Deshalb entzogen sich die Italiener auch weitgehend den Kontrollen, die man zur Überwachung der gesetzlichen Bestimmungen vornahm.[21] Den Profit dieser Situation genossen natürlich die Ziegeleibesitzer, die dennoch versuchten, die Verantwortung für die oft menschenunwürdigen Zustände auf die Akkordanten abzuwälzen.[22]

Ziegelbarone und Spekulanten

»Eine kleine Anzahl schwerreicher Bauern steht einer großen Menge halber Existenzen gegenüber«[23], schreibt Pfarrer Anton Joseph Geyer im Jahre 1855 an die »königliche Regierung«. Diese im Volksmund »Ziegelbarone« genannten reichen Bauern hatten seit den dreißiger Jahren des neunzehnten Jahrhunderts begonnen, neben dem Landwirtschaftsbetrieb ihre Lehmäcker abzuziegeln. Bäuerlicher Grund war in diesen Jahren billig zu erwerben, denn 1816 und 1817 hatten Mißernten viele Bauern dazu gezwungen, einen Teil ihres Besitzes zu verkaufen; erst ab 1826 ging die Krise wieder zurück.[24] Bauern mit kleinem und mittlerem Besitz litten meist noch unter der Grundentlastung, die mit der Aufhebung der Leibeigenschaft 1808 einhergegangen war[25]; diese hatte es ihnen ermöglicht, gegen Barzahlung oder Bodenzins grundherrlichen Boden abzulösen. Auch manche Bauern aus Berg am Laim verkauften deshalb ihren Besitz ganz oder teilweise. Um nur zwei Beispiele zu nennen: Das Schmiedgütl wechselte 1828 seinen Besitzer, es ging an Franz Hofer, einen Ziegelmeister aus Holzkirchen, und der abgewirtschaftete Zeugnerhof wurde 1832 für 5600 Gulden an Kaspar Fuchs, einen Bauernsohn aus Heimstetten, verkauft.[26]

Dies war jedoch nur die erste von mehreren, zeitlich begrenzbaren Wellen der Bodenspekulation, die bis zur Eingemeindung im Jahre 1913 das Ziegeleidorf Berg am Laim erfaßten. So häufte sich beispielsweise der Besitzwechsel in den Jahren 1852 bis 1854, wobei der Verkauf des Bachmeierhofes mit einem Wert von 33000 Gulden und einer Fläche von 180 Tagwerk besonders auffällt. Der letzte Bauer des Bachmeieranwesens gab seinen Besitz an den königlichen Poststallmeister Georg Sedlmaier, einen Ortsfremden, weiter. Sicherlich spielte für den Käufer die Tatsache eine Rolle, daß im selben Jahr Haidhausen, Giesing und die Au nach München eingemeindet worden waren und somit die Gemeinde Berg am Laim in die unmittelbare Nähe der prosperierenden Großstadt rückte. Im Laufe der folgenden Jahre wurde der großbäuerliche Flächenbesitz mehrfach parzelliert und jeweils mit Gewinn an wechselnde Besitzer weitergegeben.

Mit der Gründerzeit, also der Zeit nach der Reichsgründung, setzte dann eine geradezu inflationäre Welle des Ankaufs von Grundstücken in Berg am Laim durch Ortsfremde ein. Es ist bezeichnend, daß Grundstückskäufe jeweils am Ende der wirtschaftlichen Depressionen stattfanden, die das Deutsche Reich erschütterten.[27] So kauften sich beispielsweise in den siebziger Jahren kenntnisreiche Münchner Großspekulanten und Unternehmer Ziegelgründe in Berg am Laim: 1877 Johann Sedlmayer, Münchner Ziegelfabrikant; 1878 Lorenz Obermeier, Münchner Privatier und 1879 Hugo von Maffei, Erbe des Unternehmensimperiums Joseph Anton von Maffeis. Sie nutzten die Zeiten wirtschaftlicher Depression, als die Zinsen günstig und die Grundstückspreise niedrig waren, um dann in den Phasen des Aufschwungs die Immobilien mit Gewinn weiterveräußern zu können. Längst hatte man ehemals landwirtschaftlich genutzte Flächen der Ziegelindustrie geopfert; mit der Erschöpfung der Lehmgründe wurde nun nicht die Landwirtschaft reaktiviert, man richtete vielmehr Gärtnereien ein – 1894 in Zamdorf allein deren sechs[28] –, um abgeziegelte Flächen einer kurzfristigen Nutzung zuführen und sie rasch in Bauerwartungsland umwandeln zu können.

In dieses Geschäft stieg neben den Immobiliengesellschaften auch der Münchner Bankier Wilhelm Finck ein, einer der wichtigsten Münchner Wirtschaftskapitäne, der sich vor allem als Gründer der internationalen Münchner Rückversicherung einen Namen gemacht hatte. Kurz vor der Eingemeindung tätigte auch die Stadt München noch Grundstückskäufe, die ihr hauptsächlich wohl die Möglichkeit zum Bau von städtischen Versorgungsbetrieben sichern sollten.

Keineswegs alle Geschäfte mit Ziegelgründen waren jedoch auch erfolgreich; so wurde beispielsweise der Ziegelstadel des Simon Haas in den Jahren um 1880 mehrmals mit Verlust verkauft und zusammen dreimal zwangsversteigert.

Insgesamt gesehen haben die Grundstücksspekulationen mit Ziegelböden die landwirtschaftlich-bäuerliche Struktur der Gemeinde Berg am Laim maßgeblich verändert, auch das soziale Gefüge der besitzenden Schicht wurde durch den häufigen Besitzerwechsel überfremdet. So läßt sich seit dem Ende der wirtschaftlichen Depression der siebziger Jahre deutlich ein Ausgriff großstädtischer Spekulation auf das östliche Umland Münchens beobachten.

Ziegeleibesitzer – nicht nur Herren ihres Unternehmens

Neben ihrer Funktion als Arbeitgeber spielten die Ziegelbarone eine wichtige Rolle im Gemeindeleben. Besitz bedeutete zugleich die Möglichkeit politischen und gesellschaftlichen Einflusses: »Nur Besitzbürger konnten handelnd an der Gestaltung der Gemeindepolitik mitwirken . . . Tonangebend in der Dorf- und Gemeindepolitik war jedoch meist das voll- und großbäuerliche Element, das eine Art örtliches Honoratiorentum bildete.« (Abb. 100)[29]

Das Vermögen der Ziegeleibesitzer geht aus einer Aufstellung der Gemeinde Berg am Laim für Höchstbesteuerte hervor. Hier folgen nach zwei großen Gewerbebetrieben und der Eisenbahnerbaugenossenschaft drei Ziegeleibesitzer.[30] Da in Bayern bis zur Weimarer Verfassung des Jahres 1919 wie im übrigen Reich ein Klassenwahlrecht herrschte, waren die Wahlstimmen weitgehend an den Besitz gebunden. Für die Distriktswahlen bedeutete dies zum Beispiel, daß von etwa 2200 Gemeindeeinwohnern, die allerdings teilweise kein Heimatrecht als Voraussetzung der Wahlberechtigung besaßen, nur 50 Gemeindebürger wählen durften; nimmt man die heimatberechtigten Einwohner des Jahres 1911 als Vergleich, so entsprach das einer Repräsentation von 1,9 Prozent.[31] Natürlich waren dies nur Männer, denn ein Frauenwahlrecht gab es nicht; daß es sich um Honoratioren handelte, zeigt auch das Wahldurchschnittsalter von 47 Jahren.[32]

Als Kandidaten der Wahl zum Distriktsrat im Jahre 1902 waren die Grundbesitzer bevorzugt.[33] Nach Mitteilung des königlichen Rentamtes betraf dies wiederum vier Ziegeleibesitzer, die gemessen an der Grundsteuer zu den größeren Grundbesitzern des Distrikts gehörten. Ein Beispiel dafür bildet Joseph Roth, Ziegeleibesitzer in Zamdorf, der in der Wahlperiode 1885/1887 zum Distriktrat gewählt wurde.[34] Für die Gemeindearbeit bedeutete das Klassenwahlrecht, daß sich bei Abstimmungen auf 34 anwesende Gemeindebürger 106 Stimmen verteilten.[35] Wer am meisten besaß, hatte die meisten Stimmen.

Nahezu alle Bürgermeister in Berg am Laim waren Ziegeleibesitzer und auch der Gemeindevorstand rekrutierte sich zu etwa einem Drittel der Vertreter aus diesem Berufsstand.[36] Somit entstanden alle Beratungen und Beschlüsse der Gemeinde unter dem direkten Einfluß von Ziegeleibesitzern. Daß daneben das enge verwandtschaftliche oder bekanntschaftliche Geflecht innerhalb der besitzenden Schichten, das man heutzutage als »Filz« beschreiben würde, große Bedeutung erlangte, soll hier nur erwähnt werden.[37]

Natürlich nahmen die Honoratioren auch rege am gesellschaftlichen Leben teil. So waren drei Ziegeleibesitzer im Vorstand der »Gemeinnützigen Vereinigung von Berg am Laim«, eines ehrenamtlichen Förderkreises der Berg am Laimer Gemeindeinteressen.[38] Außerdem fungierten alle Ziegeleibesitzer als Ehrenmitglieder der freiwilligen Feuerwehr[39], nahmen an kirchlichen Festen teil und wirkten im Kirchenchor sowie in Schützenvereinen mit.

Die Besitzer von Ziegeleien bestimmten also über fünfzig Jahre lang das politische und gesellschaftliche Leben in Berg am Laim, so wie ihre Fabrikanlagen das äußere Bild des Dorfes prägten. Mit der Eingemeindung im Jahre 1913 endete die Selbständigkeit der Gemeinde Berg am Laim und mit der Erschöpfung der Lehmgründe verschwanden nach und nach auch die Ziegeleien. Heute erinnert fast nichts mehr an dieses vergangene Ziegeljahrhundert. Den aufmerksamen Spaziergänger wird jedoch die eine oder andere Bodenabsenkung auf ein abgeziegeltes Lehmfeld aufmerksam machen, und wer den alten Friedhof von Baumkirchen besucht, kann auf den Grabplatten noch die Namen der ehemals mächtigen Ziegeleibesitzer entdecken (Abb. 10).

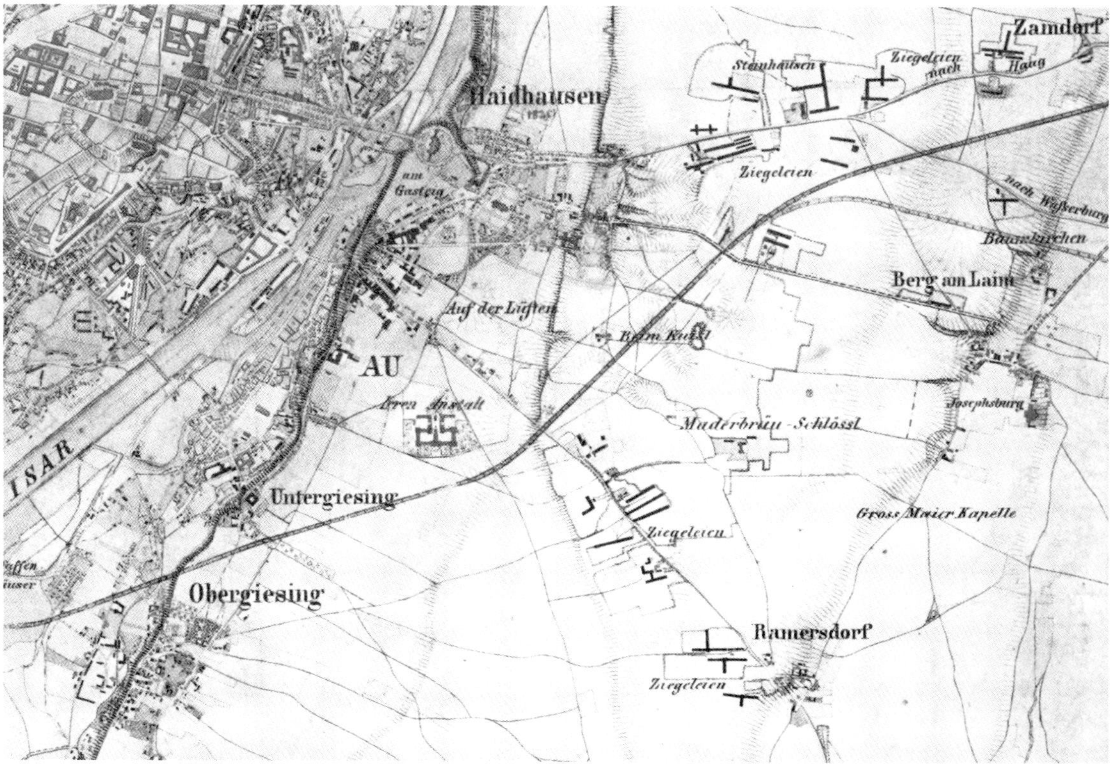

Fig. 25 Terrainzeichnung München und Umgebung, 1856, mit verschiedenen Nachträgen, Bayerisches Landesvermessungsamt

VOM GEMEINDEDORF ZUM MODERNEN STADTTEIL

Seit dem Gemeindeedikt von 1818 besaß Berg am Laim als eine von sieben patrimonialgerichtlichen Gemeinden des Isarkreises begrenzte gemeindliche Selbstverwaltung.[1] Nach dem Ende dieser Patrimonialgerichtsbarkeit und dem Verkauf der Hofmark Berg am Laim im Jahre 1848 wurde die Gemeinde landgerichtsunmittelbar; somit entfielen die restlichen grundherrlichen Privilegien. Die nun selbständige Gemeinde Berg am Laim besaß seit der Verfassung des Jahres 1808 ein eigenes Gemeindegebiet, das neben den Ortsteilen Berg am Laim, Echarding, Josephsburg, nunmehr auch Baumkirchen und Steinhausen umfaßte[2]; 1875 kam dann noch Zamdorf hinzu.

Wichtige Rechte bildeten seit dem Erlaß des Gemeindediktes die Wahl eines Gemeindeausschusses und eines Gemeindevorstehers, später Bürgermeisters; überdies wuchs der Gemeinde nun im Rahmen einer modernen Selbstverwaltung eine Vielzahl gemeindlicher Aufgaben zu: Zu ihrem Wirkungskreis gehörten alle Belange der örtlichen Gemeinschaft und der einzelnen Gemeindemitglieder, so zum Beispiel die Unterhaltung der Feldwege und Gemeindestraßen, die Verwaltung des Gemeindevermögens, die Erhebung und Verwendung der Gemeindeumlagen, die Aufnahme von Bürgern, die Armenpflege, der Schulhausbau, die freiwillige Feuerwehr und die Durchführung ortspolizeilicher Vorschriften. Zu dem vom Staat übertragenen Wirkungskreis zählten die freie Wahl der Gemeindeorgane, die Pflichtfeuerwehr oder etwa die Fleischbeschau.[3] In den Genuß gemeindlicher Leistungen kamen allerdings nur diejenigen Einwohner, denen die Gemeinde das Heimatrecht zuerkannt hatte. Voraussetzung für die Verleihung des Heimatrechtes war entweder ein besteuerbarer Besitz oder die Ausübung eines besteuerten Gewerbes. Somit verband die Gemeinde mit der Aufnahme eines Bürgers in erster Linie wirtschaftliche Interessen, da das Gemeindevermögen natürlich von einem regelmäßigen Steueraufkommen abhängig war. Obwohl die Gemeinden einer strengen Staatsaufsicht, dem Staatskuratel, unterstellt blieben[4], verfügten sie also über einige Selbstverwaltungsrechte. Diese relative Selbständigkeit endete für die Gemeinde Berg am Laim erst mit der von ihr schon seit langer Zeit gewünschten »Einverleibung« zur Stadt München im Jahre 1913[5], wo sie im 14. Stadtbezirk[6] aufging. Heute gehört Berg am Laim zum 31. Stadtbezirk.

Gemeindepersonal und Gemeindeausschuß

»Bittgesuch des Gemeindedieners Michael Reiter in Berg am Laim um Gehaltsaufbesserung, 22. 11. 1897. Indem in der Gemeinde Berg a/L immer mehr Häuser gebaut wurden und in der Ortschaft Zamdorf, wo seit 2 Jahren zwölf Gärtnerhäuser, ein Wirtshaus und eine Dampfsäge erbaut wurden, und dadurch auch mehrere Familien entstehen, so daß man früh und spät, Feiertag wie Werktag zu laufen hat, weil dieselben meist entfernt und zerstreut sind. Ich stelle daher an verehrliche Gemeindeverwaltung die gehorsame Bitte, mir eine Gehaltsaufbesserung zu gewähren.«[7]

Trotz unverkennbarer Schwächen im Ausdruck bekam der Gemeindeschreiber die gewünschte Gehaltserhöhung: statt 60 Mark nunmehr 70 Mark im Monat. Seine Klagen kamen nicht von ungefähr: die Belastung des Gemeindepersonals hatte sich erhöht, denn die Einwohnerzahlen waren erheblich gestiegen und im Zuge der Verstädterung stellte man immer höhere Ansprüche an eine leistungsfähige Gemeinde.

Fünfzig Jahre zuvor ging es in der Gemeindekanzlei noch erheblich ruhiger zu. Wie in Dörfern üblich, war der Gemeindeschreiber zugleich der Dorfschullehrer, da dieser flüssig lesen und schreiben konnte. Auf diese Weise vergrößerte zum Beispiel der Lehrer Kink sein karges Gehalt als Schulmeister um monatlich 5 Gulden und 24 Kreuzer. Wenn dann noch Zusatzaufgaben entstanden wie die Erstellung von Wahlkreislisten, von Gewerbestatistiken oder die Durchführung von Impfungen, so erbrachte ihm dies weitere 4 Gulden und 2 Kreuzer im Monat.[8]

Als Gemeindediener und Flurwächter zugleich beschäf-

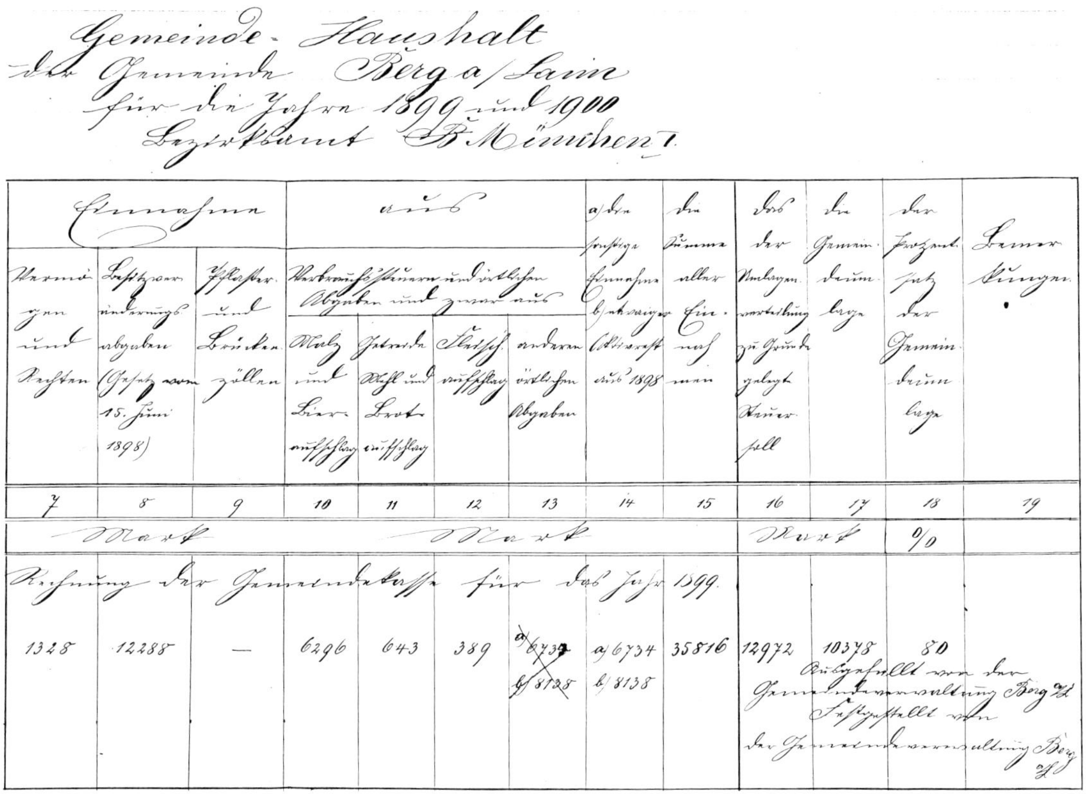

Gemeinde-Haushalt
der Gemeinde Berg a/Laim
für die Jahre 1899 und 1900
Bezirksamt München I.

7	8	9	10	11	12	13	14	15	16	17	18	19
Mark			Mark						Mark		%	
1328	12288	—	6296	643	389	a/6734 b/8138	a/6734 b/8138	35816	12972	10378	80	

Fig. 26 Haushaltsplan der Gemeinde Berg am Laim, 1899/1900 (Ausschnitt), Stadtarchiv

tigte man den Bürger Sedlmair für jährlich 16 Gulden, sein Nachfolger erhielt dazu noch Rock und Mütze gestellt.[9] Schließlich forderte das Bezirksamt 1874 die Aufstellung eines Nachtwächters; die Gemeinde gewann für diese Aufgabe des Wachens und Ausrufens der Stunde den Taglöhner Jakob Wasner und entlohnte ihn monatlich mit 18 Gulden. Diese Gemeindehelfer unterstützten den eigentlichen Gemeindevorstand in der Durchführung seiner administrativen Aufgaben.

Der Gemeindevorstand »... setzte sich aus dem Gemeindevorsteher, dem Gemeindepfleger, dem Stiftungspfleger und den Gemeindebevollmächtigten zusammen. In allen Gemeindestiftungs-, Schul- und Armenpflegesachen gehörte ihm auch der Ortspfarrer an«.[10] Neben dem Gemeindevorsteher umfaßte der Gemeindevorstand im Jahre 1850 noch sechs weitere Mitglieder. Sie wurden von den Gemeindebürgern gewählt, und zwar bis 1869 in einem Turnus von drei, später von sechs Jahren. Die Zahl der Mitglieder war von der Anzahl der Gemeindebürger abhängig. Die Gemeindebürger selbst kamen natürlich auch zu Wort: bei wichtigen Angelegenheiten mußte eine Gemeindeversammlung einberufen werden.

Dies geschah zum Beispiel 1884 in der Frage der Errichtung eines Distriktkrankenhauses[11]; 61 stimmberechtigte Gemeindebürger waren erschienen. Bei der Abstimmung verfügte allerdings nicht jeder Bürger über eine Stimme, sondern je nach seinem Steuersoll über eine oder mehr Stimmen. Das Abstimmungsergebnis ergab, daß 29 Bürger mit insgesamt 80 Stimmen für, und 5 Bürger mit insgesamt 26 Stimmen gegen den Beschluß votierten. Daraus läßt sich ersehen, daß ein Teil der vermögenderen Gemeindebürger gegen das Vorhaben stimmte, auch wenn in diesem Fall das Ergebnis zugunsten der Mehrheit ausfiel. Dies macht den direkten Zusammenhang zwischen Besitz und politischem

Einfluß im Gemeindeausschuß deutlich; nur das Besitzbürgertum gestaltete die Gemeindepolitik mit[12], in Berg am Laim also vor allem die Ziegeleibesitzer. Eine Ausnahme bildete dabei der letzte Bürgermeister von Berg am Laim, Michael Brandner, der als Beruf königlicher Hofopernsänger angab.[13]

Mit der Eingemeindung von Berg am Laim im Jahre 1913 wurde auch die Gemeindeverwaltung aufgelöst. Für den Stadtbezirk waren nun die städtischen Gremien – also der Rat der Gemeindebevollmächtigten und der Magistrate – zuständig, ab 1919 dann der Stadtrat.

Auf der Ebene der Verwaltung stellte der Bezirksinspektor den Kontakt zwischen der Stadt und dem jeweiligen Stadtbezirk her. Er galt als der »örtliche Repräsentant der Stadt, der als erste Instanz für Bitten und Beschwerden aller Art zuständig ist. Für die Stadtverwaltung selbst sind die Bezirksinspektionen Außenstellen, die in vielen Fällen aufgrund ihrer genauen Kenntnisse der örtlichen Verhältnisse wertvolle Ermittlungstätigkeiten ausüben.«[14] Diese Inspektoren waren vor allem für die Bautätigkeit, das Löschwesen und für die Lebensmittel- und Preisüberwachung zuständig. Bezirksinspektoren gibt es in den Stadtteilen bis heute; sie arbeiten mit den jeweiligen Bezirksausschüssen, an deren Sitzungen sie auch teilnehmen müssen, eng zusammen. Die Bezirksausschüsse selbst, heute selbstverständlicher Bestandteil der Stadtpolitik, entstanden erst 1948. Bis zur endgültigen Konstituierung dieser »Stadtteilparlamente« agierten zwischenzeitlich sogenannte Aktionsausschüsse, die vorläufig die Aufgaben der geplanten Bezirksausschüsse übernahmen. Sie bildeten sich zunächst selbständig, später proportional aus den wieder zugelassenen Parteien. Häufig arbeiteten in diesen Gremien auch politisch Verfolgte am Wiederaufbau mit, so auch in Berg am Laim: Es ist ein Formblatt erhalten, in dem der »Antifaschistische Aktionsausschuß München-Berg am Laim« Mitglieder auffordert, »... zu erscheinen und an den vorerst freiwilligen Räumungs- und Aufbauarbeiten teilzunehmen. Arbeitsgerät, wie Schaufel, Spaten, Pickel etc. sind mitzubringen.«[15] Im Jahre 1947 wurden die Aktionsausschüsse wieder aufgelöst und im Folgejahr endgültige Bezirksausschüsse etabliert. Der damalige Oberbürgermeister Thomas Wimmer charakterisierte die Bezirksausschüsse folgendermaßen: »Diese neuen Ausschüsse, welche sich ausschließlich aus ehrenamtlich tätigen Gemeindebürgern zusammensetzen und keinerlei Behördencharakter besitzen, werden die ... Bemühungen fortsetzen, die Verbindung zwischen der Stadtverwaltung und der Bevölkerung enger zu gestalten und die allgemeine Anteilnahme und Bereitschaft zur Mitarbeit bei Erfüllung öffentlicher Aufgaben zu stärken. Zahlreichen Wünschen entsprechend wurde eine Änderung der Satzung über die Bildung der Bezirksausschüsse veranlaßt ... Jeder Distriktsvorsteher ist somit gleichzeitig stimmberechtigtes Mitglied des Bezirksausschusses und in der Lage, die Interessen seines Distrikts im Ausschuß zu vertreten. Die Distrikte entsprechen hinsichtlich ihrer räumlichen Ausdehnung den Stimmbezirken bei den Wahlen ... Die Parteizugehörigkeit soll bei den Distriktsvorstehern und Mitgliedern des Bezirksausschusses nur eine untergeordnete Rolle spielen.«[16]

Diese Regelungen gelten im wesentlichen bis heute. Es fällt jedoch auf, wie knapp die Mitwirkungsrechte der Ausschüsse bemessen sind. So empfand man im Jahre 1970 die Änderung der Gemeindeordnung schon als Fortschritt, »daß die Stadträte verpflichtet werden, Anträge und Empfehlungen der Bezirksausschüsse im Stadtrat innerhalb 3 Monaten zu behandeln«.[17] Seit 1961 teilte man nach der Stadtratswahl die Mandate der Bezirksausschüsse entsprechend den Wahlergebnissen der Parteien auf; die Amtszeit der Ausschußmitglieder belief sich entsprechend der der Stadträte auf sechs Jahre. 1987 umfaßt der Bezirksausschuß von Berg am Laim 24 Mitglieder: 13 SPD, 10 CSU, 1 Grüne-ALM. Als politische Rarität gilt, daß der Bezirksausschußvorsitzende seit nahezu dreißig Jahren sein Amt ausübt: Hermann Weinhauser ist dafür 1987 von der Stadt besonders geehrt worden.

Aufgabenfelder und Problemkreise eines Bezirksausschusses bilden ein Spiegelbild der jeweiligen politischen und gesellschaftlichen Situation.

1949, als die erste Bürgerversammlung in Berg am Laim in die Gaststätte »Geflügeltes Rad« einberufen wurde, standen folgende Themen auf der Tagesordnung: »Wohnungsnot der Schwergeschädigten, eine eigene Badeanstalt, der Wiederaufbau von Wohnungen, der schlechte Zustand der Mühldorfstraße, das Zigeunerunwesen und die Chlorung des Trinkwassers.«[18] In der zweiten Versammlung erwirkte man die Freigabe des Berger Weihers als Schuttabladeplatz.

Vergleicht man diese Themen mit den Protokollen des Bezirksausschusses der vergangenen Jahre, so liegen heute die Schwerpunkte bei Verkehrsproblemen und Baumaßnahmen, bei Umweltschutz oder »sonstigen Stadtteilangelegenheiten«. Die Arbeit der Bezirksausschüsse ist für die Stadtverwaltung heute unentbehrlich geworden und trägt ganz erheblich zur Stärkung eines neuen Stadtteilbewußtseins bei.

Der Gemeindehaushalt

»Damit der neue Bürgermeister den Stand der Kasse und der dazu gehörigen Werthpapiere kennenlernt, hat er ... einen gründlichen Kassensturz vorzunehmen und den Befund zu Protokoll festzustellen.«[19]
In diesem Schreiben aus dem Jahre 1869 bestätigt das Bezirksamt die Geschäftsverteilung für den Haushalt in der Gemeinde: für eine sachlich richtige und ausgeglichene Haushaltsführung war der Bürgermeister verantwortlich. So zeigt sich im Etatjahr 1846/1847 auch ein völliges Gleichgewicht zwischen Einnahmen und Ausgaben[20]; bis zum Jahr 1884 hingegen war die Verschuldung auf fast 45000 Mark, bis 1910 sogar auf über 140000 Mark angestiegen. Die Ursachen dafür lagen in der Errichtung von Gemeindebauten: 1875 hatte man ein kleineres und 1901 ein großes Schulgebäude, ferner ein neues Feuerwehrhaus gebaut. Trotz dieser Sachwerte stellte das Kollegium der Gemeindebevollmächtigten bei der Eingemeindung 1913 fest, daß »die vorliegenden Etats dieser früheren Gemeinden unsere Befürchtungen weit übertroffen« haben.[21] Berg am Laim lag dabei in der Realverschuldung vor Moosach und Oberföhring, die ebenfalls zu dieser Zeit eingemeindet wurden. Für Berg am Laim gab man als Ursachen neben dem Straßenbau vor allem den Anstieg der Kosten für das Lehrpersonal von fast 8000 auf über 18000 Mark an.

Zur Finanzierung der Schulden bzw. der Schuldzinsen hatte die Gemeinde verschiedene Wege beschritten. Zum einen beschloß man, die Gemeindeumlage, eine Form der gemeindlichen Besteuerung, von 80 Prozent im Jahre 1887 auf 120 Prozent im Jahre 1903 zu erhöhen, zum anderen führte man 1874 »wegen Erbauung eines Schulhauses den Bieraufschlag« ein.[22] Ferner kaufte die Gemeinde bei Banken Pfandbriefe und nahm Darlehen auf. Diese nicht immer durchsichtigen Umschuldungsverfahren, die vorübergehende Geldentnahme aus der gemeindlichen Reservekasse, der Bieraufschlagskasse und dem Lokalarmenfonds, vor allem aber die nachträglich beauftragte kuratelamtliche Genehmigung[23] führten wohl dazu, daß die Gemeinde von 1894 bis 1911 einer verschärften staatlichen Aufsicht unterstellt wurde.[24] Die Gemeindeschulden waren auch über vermehrte Einnahmen nicht mehr aufzufangen.

So erhöhten sich zwar gegen Ende des 19. Jahrhunderts wegen der wachsenden Zahl von Industriebetrieben die Einnahmen aus Einkommens- sowie Gewerbesteuer, und die Bodenspekulationen erbrachten Besitzveränderungsabgaben, die im Jahre 1899 allein ein Drittel der Gesamteinnahmen des Haushalts ausmachten[25]; darüber hinaus ließen die steigenden Bevölkerungszahlen die Erträge aus den Verbrauchssteuern wie Fleisch-, Mehl- und Brotaufschlag sowie aus weiteren örtlichen Abgaben anwachsen.
Dieser Habenseite standen allerdings zunehmend größere Ausgabenverpflichtungen gegenüber, da der Bevölkerungszuwachs und die zunehmende Verstädterung der Gemeinde immer neue Leistungen abforderten: Wegen des wachsenden Verkehrsaufkommens mußte beispielsweise ein Teil der Berg-am-Laim-Straße gepflastert werden; 1899 schloß die Gemeinde dann sogar mit der Firma Siemens »einen Vertrag über die Lieferung elektrischer Energie«[26] ab; zwei Jahre später vollzog man den Anschluß an die städtische Quellwasserversorgung, für den 5000 Mark Wasserzins zu entrichten waren. Um den steigenden Anforderungen gerecht zu werden, hätte bei einer weiteren Eigenfinanzierung die Gemeinde 341 Prozent Gemeindeumlagen erheben müssen[27]; das macht es verständlich, daß die Gemeinde ihre Anträge auf Eingemeindung nach München forcierte.
Durch diese erfüllten sich allerdings keineswegs sofort alle Wünsche des neuen Stadtbezirks; Straßenreinigung und Müllbeseitigung wurden nur allmählich auf das ganze Stadtviertel ausgedehnt, und erst 1926 schuf die Stadt mit der Straßenbahn eine angemessene Verkehrsanbindung. Natürlich waren der 1. Weltkrieg und die anschließende Inflation für diese Tatsache mitverantwortlich. Aber bereits 1913 hatte die Stadt verlauten lassen, »... daß wir als Bedingung der Einverleibung bestimmt haben, daß sich die einzugemeindenden Ortschaften bei ihren bisherigen ländlichen Verhältnissen begnügen müssen«.[28]

Eingemeindung

Die Gemeinde Berg am Laim war durchaus schon früh an einer Eingemeindung interessiert. Bereits 1824 hatte eine Kommission die Einverleibung mehrerer Gemeinden, so unter anderen auch die von Haidhausen und Berg am Laim, nach München gefordert.[29] Da Berg am Laim noch der Patrimonialgerichtsbarkeit unterstand und die Gemeinden erst wenige Jahre zuvor selbständig geworden waren, wurde der Plan nicht weiter verfolgt. Eine veränderte Sachlage ergab sich nach der Eingemeindung Haidhausens 1854, als Berg am Laim in die unmittelbare Nachbarschaft Münchens gerückt war. Wenige Jahre später verwahrte sich zwar »... der Gemeindeausschuß gegen (eine) Vereinigung der Bürgermeisterei für Berg am Laim mit einer benachbarten Landbürgermeisterei, erklärte sich aber bereit zum gemeindlichen Anschluß an München«.[30] Seit 1889 stellte die Gemeinde im Zuge der zunehmenden Verstädterung und der damit verbundenen Belastungen fünf Einverleibungsgesuche, bis sie dann schließlich nach einer dreijährigen Vorbereitungszeit, gleichzeitig mit Moosach und Oberföhring, am 1. Juli 1913 eingemeindet wurde. In ihrem letzten Gesuch aus dem Jahre 1910 hatten sich Bürgervereinigungen des Münchner Ostens der Stadt München in nahezu devoter Form angepriesen.[31] Hervorgehoben wurden die vorhandenen steuerkräftigen Industrien und die Möglichkeiten, weitere günstig anzusiedeln. Ferner wies man darauf hin, daß »die Stadtgemeinde selbst bereits über 100 Tagwerk Grund und Boden innerhalb der Gemarkung Berg am Laims« besäße. Als weiteres gewichtiges Argument führte man ins Feld, Berg am Laim sei gegenüber den anderen Münchner Stadtvierteln in seiner Entwicklung zurückgeblieben und forderte beispielsweise eine angemessene Verkehrsanbindung, die es in anderen Stadtvierteln schon gab.

Diesen Begründungen gegenüber erhob der Magistrat der Stadt München einige wesentliche Bedenken. Die früheren Eingemeindungen hatten nämlich gezeigt, welche Folgelasten hier oft auf die Stadt zukamen. So stand zum Beispiel die bisherige Straßenführung der Berg-am-Laim-Straße einer weiteren Verkehrserschließung im Wege: »... sie verengt sich namentlich bei der Kern'schen Wirtschaft so, daß an eine Trambahnführung zur Zeit nicht gedacht werden kann und hier eine Regulierung vorausgehen müßte« [32], schreibt der Magistrat vorbeugend.

Ferner wollte man nach der Gründung des Stadtbauamtes im Jahre 1911 und den damit verbundenen Initiativen einer einheitlicheren Stadtplanung erst versuchen, »... die Bauweise in Berg am Laim derjenigen der Stadt München anzugliedern«; deshalb sollte die Gemeinde wichtige Beschlüsse mit der Stadt vorab besprechen.[33] Außerdem führte die Stadt München in diesen Jahren selbst eine Reihe wichtiger Bauvorhaben durch und war somit finanziell stark gebunden, eine Situation, die durch die allgemeine Geldverteuerung nach der Marokkokrise noch verschärft wurde.[34] Andererseits war die Stadt daran interessiert, vor allem für den Ausbau städtischer Versorgungsbetriebe ihren Grundbesitz zu arrondieren, bevor private Spekulanten dies erschwerten. Deshalb erwarb die Stadt auch im Münchner Osten zahlreiche Grundstücke. Des weiteren mag bei den ablehnenden Überlegungen eine Rolle gespielt haben, daß es in Berg am Laim wegen des hohen Einwohneranteils an Eisenbahnarbeitern ein sehr starkes sozialdemokratisches Wählerpotential gab – Überlegungen, die beispielsweise durch die Reichstagswahlen von 1911 eine Bestätigung fanden.[35]

In finanzieller Hinsicht allerdings ging die Stadt mit der Eingemeindung erst einmal kein Risiko ein, zumal die Gemeinde ihren Antrag »bedingungslos« hatte stellen müssen. Der Gemeindegrundbesitz lag bei etwa 65 Tagwerk, und an Gemeindegebäuden gab es neben den Schulen das Gemeinde- und Armenhaus, ferner das Leichenhaus und das Feuerwehrhaus – so daß man als Vermögensstand nahezu eine Million Mark aussetzte. Die Stadt merkte dazu allerdings kritisch an, »daß der Wert des Immobilienbesitzes bei Weitem zu hoch angeschlagen ist«.[36] Im praktischen Vollzug der Eingemeindung ging dann dieser Besitz auf die Stadt über, und die Vermögenswerte wurden in die verschiedenen städtischen Kassen überführt, so zum Beispiel in den Armenfonds und in den Elementarschulfonds. Die Einhebung der Einnahmenrückstände aus dem Lokalbieraufschlag in Höhe von weit über 6000 Reichsmark verblieb der Stadthauptkasse.[37] Ein Teil des Gemeindepersonals konnte in den städtischen Dienst übernommen werden; ferner hob man die ortsansässige Gendarmerie auf.[38]

Darüber hinaus mußten wegen der Eingemeindung von Berg am Laim, Moosach und Milbertshofen neue Stadtbezirke gebildet werden. Berg am Laim bekam Teile Haid-

hausens und Bogenhausens dazu, so daß eine Gesamtfläche von nahezu 2500 Tagwerk entstand.
Eingemeindungen gingen also zu dieser Zeit bereits routiniert und selbstverständlich vor sich, hatte man in den vorangegangenen fünfzig Jahren doch schon seine guten und schlechten Erfahrungen machen können. Für die Stadtrandgemeinde Berg am Laim war dies sicherlich auch der gangbarste Weg, da sie sich im Zuge der Verstädterung doch bereits sehr auf die Großstadt zuentwickelt hatte (Abb. 107; 108; 110).

Die Feuerwehr von Berg am Laim

»1836. Ein altes Inventar der Feuerlösch Gerätschaften zählt auf: 2 große Feuerleitern . . . und 2 Feuerhaken . . .«[39]; mehr stand der freiwilligen Feuerwehr von Berg am Laim an Löschwerkzeugen nicht zur Verfügung. Im Falle eines Feuers war das sicher nicht ausreichend, vor allem wegen der Verwendung von Holz beim Hausbau und der lange gebräuchlichen Abdeckung der Häuser mit Stroh; in Berg am Laim bildeten die Brandöfen der Ziegeleien und ihr Funkenflug einen zusätzlichen Gefahrenherd. Die Feuerordnung von 1791 wies bereits den Weg zur Steinbauweise und zur Ziegelabdeckung; auch das neu entstehende Brandversicherungswesen bot einerseits Versicherungsschutz und trug andererseits durch seine Bestimmungen zur Brandvorsorge bei.
Im Falle eines Brandes war effektive Hilfe schwierig. Erst 1875 ordnete das Bezirksamt an, daß in jedem Haus eine Tonne mit Wasser bereitgehalten werden müsse, außerdem solle die Gemeinde einen Feuerweiher anlegen. Das Problem, rasch eine größere Wassermenge zur Brandstelle zu befördern, vereinfachte sich erst einige Jahre später: »1891 lieferte die Firma Justus Christian Braun in Nürnberg eine 4rädrige Saug- und Druck= Löschmaschine mit Wagen zu 1860 Mark bei 5 Jahren Garantie.«[40]
Erst nach der Jahrhundertwende schloß man die Gemeinde an die städtische Wasserversorgung an, was das Löschen nochmals erleichterte.
Der Lösch- und der Mannschaftswagen wurden bis zur Einführung eines Kraftwagens natürlich von Pferden gezogen. Dafür verpflichtete man gemäß der distriktspolizeilichen Feuerlöschordnung Fuhrwerksbesitzer zum Bespannungs- und Feuerreiterdienst. Sie mußten entweder zwei Pferde und einen Fahrer oder ein Pferd zum Feuerreiterdienst und einen Feuerreiter stellen.[41] Der Bespannungsdienst und die Teilnahme an der freiwilligen Feuerwehr (Abb. 122) waren Teil der ehrenamtlichen sozialen Verpflichtungen der männlichen Gemeindebürger; ein Drittel aller Männer zwischen 18 und 55 Jahren gehörte der Feuerwehr an; 1871 betraf dies 68 Personen, denen noch 20 Ordnungsmänner zur Seite standen. Von dieser Verpflichtung freigestellt waren nur Bahnwärter, das aktive Militär, der Benefiziat, der Pfarrer und selbstverständlich die Ehrenmitglieder, zu denen neben allen Ziegeleibesitzern auch die Klosterfrauen der Barmherzigen Schwestern zählten.

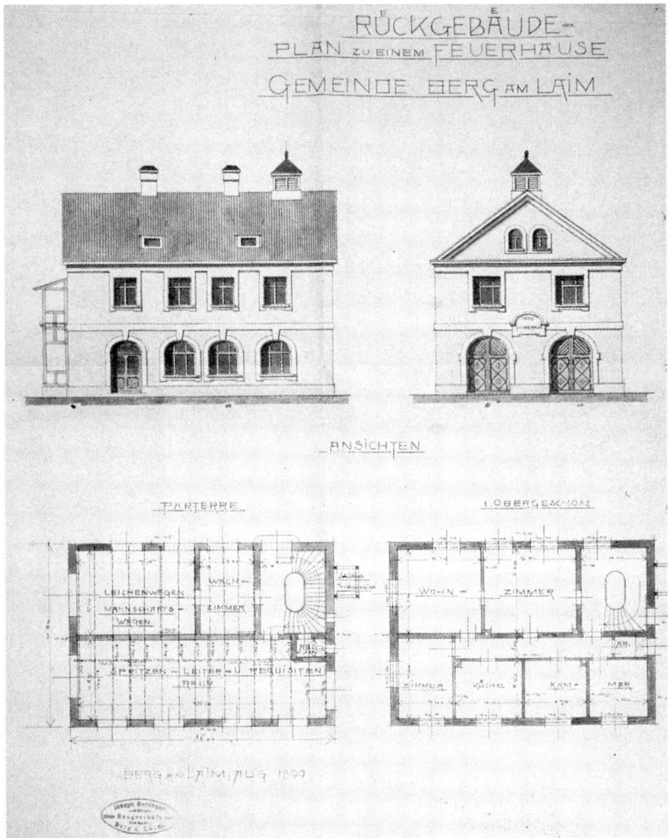

Fig. 27 Plan zu einem Feuerwehrhaus für Berg am Laim, 1899, nicht durchgeführt, Stadtarchiv

Auch eine Pflichtfeuerwehr sollte in Berg am Laim eingeführt werden. Das Bezirksamt hatte die Ungeübtheit der ortsansässigen Feuerwehr getadelt und vier Pflichtübungen pro Jahr angeordnet, deshalb konnte sich die Gemeinde kaum noch der Einrichtung einer kostenintensiven Berufsfeuerwehr entziehen; dies gelang ihr nur, da sie eine besondere bezirksamtliche Feuerlöschordnung für Berg am Laim erwirkte und die Zahl der freiwilligen Feuerwehrmänner vergrößerte.[42] Das Bezirksamt rügte aber nicht nur die mangelnde Verantwortung gegenüber den Feuerwehrverpflichtungen, sondern auch die lockere Handhabung der Brandvorsorge. Nach der Gemeindeordnung hätte nämlich der Bürgermeister, nicht aber der Gemeindediener die Verpflichtung gehabt, alle Wohnungen regelmäßig zu begutachten und Mängel zu notieren, also die Feuerbeschau durchzuführen. So wurde moniert, daß »ganz unberufenen Personen« Einblick in Wohnungen gewährt werde. Dies bewirke ». . . den Mißmut der besseren Stände der Bevölkerung, denen ohnehin die Einsichtnahme von ihren Wohnungen nicht angenehm ist«.[43]

Jedenfalls bildete man nun auch in Berg am Laim eine Feuerbeschaukommission, der Bürger aus der Gemeinde angehörten; diese wurde später von der Branddirektion abgelöst. Die freiwillige Feuerwehr löste sich mit dem Ende des Zweiten Weltkrieges auf.

Brandfälle sind aus der Gemeinde recht wenige bekannt. Wenn allerdings ein Feuer ausgebrochen war, wurden die Glocken von St. Stephan in Baumkirchen Sturm geläutet. Die Chronik der Gemeinde verzeichnet zwischen 1884 und 1905 fünf schwere Brände. Größere Brandschäden gab es dann erst wieder im Zweiten Weltkrieg. Als Dokument ist hier ein Brief des Paters Piel, Kaplan von St. Michael, aus dem Jahre 1944 an ein Mädchen der katholischen Jugend erhalten: »Meine liebe Gabriele, wenn Du wieder nach München kommst, dann siehst Du München ganz armselig verbrannt. Kirchen sind viele zerstört, Heilig Kreuz in Giesing, Maria Hilf in der Au . . . Deinen Lieben in Berg ist nichts passiert. Bei den Englischen ist der Stall und die Ökonomie ausgebrannt . . . Wir haben in Berg am Laim wieder einen guten Schutzengel gehabt.«[44] (Abb. 124; 150)

Betrachtet man die Entwicklung vom Gemeindedorf zum modernen Stadtteil im Überblick, so wird deutlich, daß vor allem die Verstädterung und die Bevölkerungszunahme Ende des vorigen Jahrhunderts zunehmend höhere Anforderungen an das Leistungsvermögen der selbständigen Gemeinde Berg am Laim stellten. Die damit verbundene Kostensteigerung verstärkte den Wunsch nach einer Eingemeindung in die Stadt München. Aus städtischer Sicht stellte sich allerdings das Problem, daß mit der gleichzeitigen Eingemeindung mehrerer Vororte trotz steuerlicher Zugewinne doch erhebliche Nachfolgelasten verbunden waren. Deshalb verzögerten sich in Berg am Laim – außer im Bereich des Wohnungsbaus – zahlreiche Entwicklungen oft fast um ein halbes Jahrhundert. Erst mit der Einrichtung der Bezirksausschüsse nach dem Zweiten Weltkrieg und den Regionalisierungstendenzen der letzten Jahre erhielten die längst in die Großstadt integrierten Stadtviertel wieder Teile ihrer Selbstbestimmung und Identität zurück.

SCHULEN IN BERG AM LAIM

Bildung war im Bayern des 18. Jahrhunderts immer noch weitgehend den Privilegierten vorbehalten: für die jungen Leute aus einfacheren Schichten gab es nur wenige Schulen und kaum qualifizierte Lehrer; meist erteilte der Ortspfarrer oder ein Eremit einige Stunden Unterricht. Erst in den Jahren 1770 und 1771 entstanden im Geiste der Aufklärung moderne Schulverordnungen, die den Schulbesuch zwingend vorschrieben. Trotz der Androhung von Strafen setzte sich ein geregelter Schulbetrieb jedoch nicht durch. Sicherlich hielt einerseits das geforderte Schulgeld die Eltern lange Zeit davon ab, ihre Sprößlinge zur Schule zu schicken; andererseits benötigten sie ihre Kinder ja auch zur Mithilfe in der Landwirtschaft.[1]

Im Laufe des 19. Jahrhunderts gewann der Gedanke der allgemeinen Volksbildung dann immer größere Bedeutung; für München erhielt er weitere Förderung durch die Initiativen des wohl bedeutendsten Münchner Stadtschulrats, Georg Kerschensteiner, der hier seit 1895 die Entwicklung des Schulwesens entscheidend mitbestimmte.[2] Im Zuge seiner schulreformerischen Bemühungen trat auch der Kampf um Bekenntnisschule oder Einheitsschule, der erst in den fünfziger Jahren unseres Jahrhunderts ein Ende fand[3], in eine neue Phase ein, wünschte Kerschensteiner doch Chancengleichheit für alle Kinder im Rahmen eines Gesamtschulkonzepts, das die Bekenntnisschule nur noch als einen Schultypus unter anderen vorsah.[4]

Neben diesen Auseinandersetzungen um die konfessionelle Schule brachte das 20. Jahrhundert jedoch auch andere Erschütterungen und Umstrukturierungen der Schulen mit sich. Nach einer Blütezeit während der zwanziger Jahre, in denen München zum Mekka der Schulreform wurde[5], führte die nationalsozialistische Schulpolitik zu Indoktrination und ideologischer Überfremdung der Lehrinhalte sowie zu einer Bevormundung von Lehrern und Schülern[6]; die Kriegszerstörungen ließen das Schulwesen dann erst einmal völlig zum Erliegen kommen. Der Neuanfang in den Trümmern des zu über 45 Prozent zerstörten München begann unter der Ägide der amerikanischen Besatzungsmacht mit einer nicht immer glücklichen Kombination neuer und alter Schulkonzeptionen.[7] Die Gedanken von allgemeiner Volksbildung und sozialer Chancengleichheit konnten sich jedoch im Verlauf der letzten Jahrzehnte im Schulwesen immer mehr durchsetzen, sei es bei der Konzeption der Volks- oder Grundschulen, der Mittel- bzw. Realschulen, der Gymnasien oder auch in dem umfangreichen Ausbau der beruflichen Bildung.

DIE VOLKSSCHULE

Von der Klausnerschule bis zur ersten Zentralschule

In Berg am Laim gab es etwa seit 1600 die Möglichkeit, die Eremitenschule bei »St. Veit auf dem Wasen« zu besuchen. Alten Karten ist zu entnehmen, daß die Kapelle von St. Veit und die dazugehörige Klausnerschule etwa 250 Meter nördlich der heutigen Straßenkreuzung von Kreillerstraße und St. Veitstraße stand.[8] Im Raume München gab es solche Eremitenschulen neben Berg am Laim in Oberföhring, Ramersdorf, Thalkirchen, Großhesselohe, Obermenzing und Maria Eich.[9] Die Schule von St. Veit war während des Spanischen Erbfolgekrieges, also zwischen 1701 und 1714 geschlossen, und die Kinder mußten nach Perlach zur Schule gehen; erst im Jahre 1723 betrieb der Pfarrer Georg Müller aus Baumkirchen die Wiederbelebung der Schule in der Klause von St. Veit. Dabei berief er sich besonders auf deren Tradition: »... hier leben Leute von 60, 70 und mehr Jahren, die nicht nur selber, sondern auch deren Eltern und Großeltern die Schule von St. Veit besucht haben und von den Klausnern im Lesen und Schreiben und anderen christlichen Tugenden unterwiesen worden sind.«[10]

Es lag in der Absicht dieses als besonders energisch bekannten Pfarrers, Pfarr- und Schulsprengel wieder zu einer Einheit zu verschmelzen; demzufolge kamen die Schulkinder – Buben und Mädchen wurden gemeinsam unterrichtet – auch aus Zamdorf, Daglfing, Riem, Trudering, Gronsdorf und Dornach. St. Veit bildete damals also bereits eine Art Zentralschule, bis im Jahre 1805 die französischen Truppen während der Wirren der napoleonischen Kriege die Schule als Mannschaftsquartier und das Kirchlein von St. Veit als Pulvermagazin mißbrauchten. Ein Jahr später brach man die ruinierten Gebäude ab; zwischenzeitlich konnte nur in einem Taglöhnerhaus des Pfarrers von Baumkirchen unterrichtet werden, bis die Schule schließlich in der Josephsburg von Berg am Laim ein neues Domizil fand, das nun auch offiziell als »Zentralschule« für die Umgebung bestimmt war.

Die soziale Lage des Lehrers

Neben dem Pfarrer gehörte auch der Lehrer zu den bestimmenden Persönlichkeiten der dörflichen Gemeinschaft; allerdings unterschieden sich beide deutlich sowohl in ihren Einflußmöglichkeiten als auch in ihrem sozialen Ansehen. Schon in einem Bittschreiben des Eremiten und Lehrers Klinger an den Kurfürsten aus dem Jahre 1799 wird das soziale Gefälle sichtbar. Klinger wünschte sich nämlich von dem Baumkirchner Pfarrer, dessen Pfarrhaus »eines der wohlhabendsten im Landgericht Wolfratshausen« sei, eine Gehaltserhöhung, damit sein »fernerer Lebensunterhalt doch in etwas mehr erträglich und weniger kümmerlich gemacht werde«.[11] Hier zeigt sich klar die Abhängigkeit des Lehrers vom Pfarrhof, die auch die Unterrichtsinhalte entscheidend mitprägte.

Die Einkommenssituation verbesserte sich für die Lehrer in Berg am Laim in den folgenden Jahrzehnten nur wenig. So

wurde für den Schulmeister Jakob Kink, der über 40 Jahre lang in Berg am Laim unterrichtete, im Jahre 1807 »ein jährliches Gehalt von 200 fl. (Gulden) aus der Kreisschulfondskasse, 100 fl. aus Mitteln des Gotteshauses Baumkirchen nebst 25 fl. von dieser Kirche als Holzbetrag ausgewiesen nebst dem um die Josephsburg befindlichen Grasflecke ... Die hiesige Schulstelle ernährt nur einen kinderlosen Lehrer.«[12] Dieses Einkommen war so kärglich, daß die vorgesetzte Behörde dem Lehrer Kink ein Heiratsgesuch abschlug, da die Verheiratung ein gewisses Mindestvermögen zur Voraussetzung hatte: »So muß der Gedanke an eine Heirat bis zur Erweiterung des Schulhauses und Vermehrung der Einkünfte unausgeführt bleiben.«[13]
Dem Lehrer Kink wurde allerdings bald erlaubt, sich zu verheiraten, da sich seine Einkommenssituation verbesserte. Sein Geld bezog er zum einen vom Pfarrhof, wo er als Kostgänger auch zu Tisch geladen war; ferner von den Schülern, die Schulgeld entrichten mußten – zu dieser Zeit besuchten nur 10 bis 15 Kinder die Schule, die jeweils einen Gulden und 30 Kreuzer zu bezahlen hatten – und aus den Einkünften des kargen Klausenackers, auf dem die St. Veitkapelle gestanden hatte. Auch als Gemeindeschreiber konnte er einige Gulden hinzuverdienen. Ein Lehrer hatte also im Unterricht, als Gemeindegehilfe, aber auch als Organist seine Vielseitigkeit zu beweisen. Von Kink ist eine »Qualifikationsliste«, also eine Beurteilung erhalten, in der diese Fähigkeiten bestätigt werden:
»Kenntnisse: In allen einzelnen Lehrfächern sehr gut bewandert und der deutschen Sprache und des deutschen Ausdrucks mächtig. Er versteht Latein und ist in der Garten-, Bienen- und Seidenzucht erfahren ...
Fertigkeiten: Ein guter Tenorist, im Orgelspiel sehr gut, in allen Saiten- und Blechinstrumenten gut; seine Schrift ist nach alter Manier noch mittelmäßig.
Amtliche Wirksamkeit: In der Schule ist er sehr ernst, mild und tätig, sieht auf gute Zucht und bewerkt die herrlichsten Früchte. Als Chorregent und Gemeindeschreiber funktioniert er zur vollsten Zufriedenheit ...
Sonstiges Verhalten: Seine Religiosität und Sittlichkeit, sowie sein Patriotismus ist eines frommen Christen und echten Bayern höchst würdig.«[14]
Eine solche Beurteilung des Lehrers Kink ist um so erstaunlicher, als eine staatliche Lehrerausbildung nur in Ansätzen existierte und sich Kink seine Fertigkeiten ausschließlich über eine einjährige Beobachtung seines Vorgängers hatte erwerben müssen.

Schulhausbau und Strukturveränderungen

Der unmittelbare Dienstvorgesetzte und zugleich »beständige Inspektor« der Gemeindeschule war der Pfarrer.[15] Der Staat hatte mit dem Edikt von 1808 nur die allgemeine, nicht aber die örtliche Schulaufsicht übernommen.[16]
Die Gemeinde selbst war für das Schulhaus und für die Unterstützung der Schulkinder armer Eltern sowie für Waisenkinder zuständig. Einen Teil dieser gemeindlichen Aufgaben übten in Berg am Laim die Englischen Fräulein aus, die ab 1840 hier eine klösterliche Niederlassung einrichteten und sich der Erziehung der volksschulpflichtigen Mädchen annahmen; damit war die Koedukation aufgehoben. Trotzdem sah sich die Gemeinde gezwungen, ein neues Schulhaus zu errichten, da das bisherige Gebäude in der Josephsburg nun den Barmherzigen Schwestern, die ebenfalls in Berg am Laim ansässig geworden waren, als Rekonvaleszentenheim dienen sollte. Nach Jahren des Übergangs erbaute die Gemeinde schließlich 1853/1854 ein neues Schulhaus in der Baumkirchner Straße[17], das später als Gemeindehaus und Armenhaus benutzt wurde (Abb. 144).
In den folgenden zwanzig Jahren veränderte sich die Sozialstruktur der Bevölkerung in Berg am Laim in einem solchen Maße, daß auch das Schulwesen der Gemeinde davon stark betroffen war. Zum einen wuchs die Einwohnerzahl erheblich; zählte Berg am Laim im Jahre 1859 nur etwa 350 Einwohner, so verdreifachte sich diese Zahl nahezu bis zum Jahre 1875.[18] Die Kinder der Eisenbahnbediensteten und der italienischen Ziegelarbeiter ließen die Schülerzahlen ansteigen, auch wenn mit knapp 60 Werktags- und Feiertagsschülern nur ein kleiner Teil der Schulpflichtigen regelmäßig den Unterricht besuchte. Besonders die Feiertagsschüler, schulentlassene Jugendliche zwischen dem zwölften und achtzehnten Lebensjahr, gaben bei einer Schulinspektion Anlaß zu Kritik:
»Die Schulzucht in der Schule ist annehmbar, außerhalb der Schule aber sehr tadelhaft, zumal schon die Werktagsschüler wegen ihrer Ausgelassenheit auf den Gassen viel zu Klagen Anlaß geben. Die Feiertagsschüler aber sind unbotmäßig und rauflustig und halten sich trotz aller Anmahnung oft im Wirtshaus auf ... Die häusliche Zucht ist

nämlich mit wenigen Ausnahmen eine nachlässige, schlechte und selbstverderbliche, weil manche Kinder mit ihren Eltern in einem Zimmer zusammenwohnen.«[19]
Die italienischen Ziegelarbeiter rügt die Schulinspektion noch gesondert, weil ihnen jeder Sinn für die Schule abgehe, und die vielen fremden Arbeiter und deren Kinder ein schlimmes Element in die Schule gebracht hätten. Es zeichnete sich also bereits in den siebziger Jahren des vorigen Jahrhunderts eine Ausländerfeindlichkeit ab. Heute wird die Volksschule in Berg am Laim dem hohen Ausländeranteil der Bevölkerung durch die Einrichtung eigener Schulklassen für Gastarbeiterkinder gerecht. Während heute allerdings wegen des Geburtenrückgangs Schulräume im Stadtteil leerstehen, war man im Jahre 1875 wegen der beengenden Raumverhältnisse gezwungen, ein neues Schulhaus an der Baumkirchner Straße 9 zu beziehen (Abb. 143). Dieses im neoklassizistischen Stile errichtete Gebäude steht inzwischen unter Denkmalschutz.
Nur am Rande sei vermerkt, daß die Gemeinde wegen der Erbauung dieses Schulhauses beim Bezirksamt um die Einführung eines Bieraufschlags nachsuchte[20], somit steht der Bierkonsum in einem unmittelbaren Zusammenhang mit den sozialen Verpflichtungen der Gemeinde. Bereits 25 Jahre später reichten allerdings solche Maßnahmen nicht mehr aus, wollte man den Erfordernissen einer zur Vorstadt herangewachsenen Gemeinde nachkommen. Denn inzwischen gab es über 300 Schüler und zudem war 1891 die getrenntgeschlechtliche Erziehung von Jungen und Mädchen aufgehoben worden. Die Gemeinde mußte 150000 Mark Darlehen aufnehmen[21], um an der Ecke Berg-am-Laim/Baumkirchner Straße ein größeres Schulhaus errichten zu können. Im Jahre 1901 war das Haus schließlich bezugsfertig.
Das Aussehen und die Kapazität dieses Schulhauses gaben Berg am Laim ein deutlich städtisches Gepräge; auch das Lehrpersonal war inzwischen vergrößert worden. Mit der pädagogischen Reformbewegung von Stadtschulrat Georg Kerschensteiner nahmen die kirchlichen Einflüsse im Volksschulbereich ab. Somit verschwand auch der für dörfliche Strukturen bis dato typische Einfluß des Pfarrers auf das gemeindliche Schulwesen. Im Jahre 1910 waren nicht mehr der Schulsprengel und der Pfarrsprengel identisch, vielmehr heißt es in der Gemeindebeschreibung des Eingemeindungsantrags:
»Der Schulsprengel Berg am Laim umfaßt den Bezirk der politischen Gemeinde Berg am Laim.«[22]

Die Berg-am-Laimer Volksschule als städtische Einrichtung

Mit der Eingemeindung im Jahre 1913 ging die Schule in städtische Verwaltung und Betreuung über. Nahezu 550 Werktags- und Feiertagsschulpflichtige besuchten zu dieser Zeit die Volksschule. Nur knapp 20 Schüler aus Berg am Laim nutzten das Angebot der Münchner Fortbildungsschulen, obwohl es diese Form der Weiterbildung im neuen Stadtteil nach wie vor nicht gab. Auch ein achtes Schuljahr hatte man hier noch nicht eingerichtet.[23]
Bis zur Mitte der zwanziger Jahre genügte ein Angebot von acht Lehrsälen, dann wurde jedoch ein Erweiterungsbau notwendig, da Berg am Laim durch den Straßenbahnanschluß an München allmählich als Wohngegend attraktiv wurde. Der bekannte Stadtbaudirektor Hans Grässel plante den Bau, der schließlich im Juli 1926 feierlich eingeweiht werden konnte.[24] Die Schule war in den Kellerräumen nicht nur mit einem modernen Baderaum ausgestattet, sondern es standen auch eine Schulküche und Werkstätten zur Verfügung. Im Laufe der Jahre stellte die Stadt eigens Gewerbelehrer ein, die den Schülern Fertigkeiten in der Holz- und Metallbearbeitung vermittelten.[25]
Bis zum Beginn des Zweiten Weltkriegs war die Raumkapazität der Schule mit nahezu tausend Schülern voll ausgelastet; in den unteren Jahrgangsstufen mußten bis zu drei Parallelklassen geführt werden. Das Lehrerkollegium umfaßte inzwischen mehr als 40 hauptamtliche und nebenamtliche Lehrkräfte. Einige von ihnen gaben der Schule besonderes Profil: Der Lehrer und spätere Rektor Joseph Hörwick baute eine wissenschaftlich bemerkenswerte geologische Sammlung auf, und Joseph Hartmann machte sich als Stadtteilforscher einen Namen. Vielen älteren Berg am Laimern werden auch noch der sehr beliebte Pater Matthias Piel, der bei einem Bombenangriff auf den Pfarrhof ums Leben kam, und der Stadtpfarrer Dr. Karl Graf in Erinnerung sein.
Die Kriegsjahre überstand die Schule ohne Bombenschäden, nicht ganz spurlos ging allerdings die Einquartierung von über 600 Kriegsgefangenen an ihr vorüber. Nur mit einer gewissen Mühe konnte man deshalb bei der Schuleinschreibung im Jahr 1945 dem Schüleransturm von 1300 Jungen und Mädchen begegnen. Die durchschnittliche

Klassenstärke war auf etwa 50 Schüler angewachsen, so daß ein geregelter Unterricht nur unter erschwerten Bedingungen möglich war. Die allgemeine Hungersnot zwang dann die Besatzungsbehörde, für alle Kinder eine »Schulspeisung« einzuführen: »Ein großer Segen für die unterernährten Kinder, die zum Teil ohne Frühstück zur Schule gekommen waren, ohne Pausebrot, im besten Fall mit kalten, gekochten Kartoffeln versehen (wöchentliche Brotzuteilung damals 1 kg!). Die Lehrer mußten mit hungrigen Augen zuschauen, denn es war ihnen streng verboten mitzuspeisen.«[26] Erst zu Beginn der fünfziger Jahre kam wieder ein geregelter Schulbetrieb zustande.

Zehn Jahre später ließen die kinderreichen Jahrgänge die Klassen immer stärker anwachsen. Schließlich mußte sogar Schichtunterricht eingeführt werden, da zudem eklatanter Lehrermangel herrschte. So erweiterte man auch die Schule am Innsbrucker Ring und errichtete am Inzeller Weg eine neue Grundschule. Da für den Ausbau der Berg-am-Laim-Straße ein Teil des alten Schulhauses abgerissen werden mußte, war nun auch für diese Schule ein Erweiterungsbau unumgänglich geworden. Im Jahre 1965 konnte das neue Schulgebäude eröffnet werden, das mit seinem turmartigen Verbindungsbau und einer großen Uhrenanlage den ehemaligen Ortskern dominiert (Abb. 156).[27]

DAS INSTITUT DER ENGLISCHEN FRÄULEIN

(von Christl Knauer-Nothaft)

Die Institutsgründung zur Zeit König Ludwigs I.

»Durch den gemütlichen runden Gartensaal im untersten Teil des ehemaligen Schlosses unmittelbar ins Freie tretend, hält der Blick des erstmals hier Weilenden froherstaunt inne und trinkt das saftige, gleichmäßige Grün der vor ihm liegenden, weitausgedehnten Wiese, umrahmt auf drei Seiten von einem Laubengang, aus mächtigen, alten Bäumen und lichten Sträuchern gebildet, die einen sonnendurchfluteten Waldweg vortäuschen.« (1927)[28]

Seit Katharina di Graccho, Generaloberin der Englischen Fräulein von Nymphenburg, »das Gräflich Hompesche Schloß zu Berg am Laim« erwarb[29], hat sich die südlich davor liegende große Gartenanlage, die heute noch einen Fernblick bis auf die Alpen freigibt, fast so erhalten, wie sie der Chronist oben beschrieb.

»In freier, gesunder Lage und günstiger Nähe beim Mutterhaus« gründete die Nymphenburger Oberin mit am 30. Mai 1840 erteilter königlicher Zustimmung Berg am Laim als erste Filiale.[30] Erst fünf Jahre vorher war den Englischen Fräulein nach der Säkularisierung ihres Klosters in der Münchner Innenstadt und ihrer Ablösung als Lehrerinnen im Jahr 1809 wieder die Ausbildung von Mädchen übertragen worden. König Ludwig I., der bei der Wiedererrichtung der Klöster die Orden zu aktiven Tätigkeiten wie Jugendarbeit, Krankenpflege und Seelsorge verpflichtete, unterstellte 1835 »die Königliche Unterrichts- und Erziehungsanstalt in Nymphenburg« den sich traditionell der Mädchenerziehung widmenden Englischen Fräulein.

Schon 1609 hatte die englische Ordensgründerin Maria Ward ein Mädchenpensionat auf dem Festland, in St. Omer, eröffnet. Weiteren Niederlassungen in Lüttich und Neapel folgten zahlreiche Institute in Bayern, davon als erstes das Münchner im Jahr 1626. Neben Internaten für die Töchter der höheren Stände richteten die Englischen Fräulein Volksschulen ein – in München schon lange vor der 1770 eingeführten allgemeinen Schulpflicht mit 300 bis 400 Schülerinnen – sowie Waisen- und Armenhäuser. Förderin der Waisen in München war während des 30jährigen Kriegs das erste deutsche Mitglied der Englischen Fräulein, Anna Rörlin, Ende des 18. Jahrhunderts dann der Domherr Graf von Spaur, der dem Armenmädchenhaus sein gesamtes Vermögen hinterließ.[31]

Die 1835 von den Englischen Fräulein übernommene Königliche Erziehungsanstalt in Nymphenburg sollte laut Statut den Mädchen »eine zeitgemäße höhere Ausbildung« geben und ihren Geist »mit jenem Wissen und Können, das man von einer gebildeten Frau fordern kann«, ausstatten.[32]

Als in einer Zeit wachsenden Selbstbewußtseins des Bürgertums immer mehr Eltern ihre Töchter im Nymphenburger Institut anmeldeten, faßte man den Entschluß, die Filiale in Berg am Laim zu errichten. Der »Hohe Ministerialerlaß vom 21. Mai 1841« ordnete als Erziehungsziel der neuen Schule an: ». . . daß die dasselbe verlassenden Mädchen wohlgesittet und ausgerüstet mit einem reichen Fond inniger und wahrer Frömmigkeit, tüchtig für alle Arbeiten der niederen Lebenskreise, für die sie bestimmt sind, einfach in ihren Bedürfnissen und stark, Entbehrungen zu ertragen, in die Welt eintreten«.[33] Zugleich übertrug Ludwig I. dem Berg am Laimer Institut den »Röhrl-Spaur-

'schen Fond«, dessen Zinsen ehemals dem Waisenhaus zuflossen. Mit Hilfe dieser Stiftung konnten die Klosterfrauen in den ersten Jahrzehnten für die Hälfte, um die Jahrhundertwende noch für ein Viertel aller Internatszöglinge, Freiplätze schaffen.[34]
Nach dem Ausbau des ehemaligen Schlößchens zum Kloster – in den Seitenflügeln wurden 20 Zimmer und eine kleine Kapelle eingerichtet – zogen die ersten Ordensschwestern ein (Fig. 16, Abb. 38; 39): die Institutspräfektin »Fräulein« (diese offizielle Anrede ersetzte man erst 1928 durch »Mater«) Antonie Merkt, die Lehrerin Xaveria Berger, vier Novizinnen, sieben Kandidatinnen und zwei Laienschwestern.[35] Wie die Klosterchronik berichtet, »erduldeten die ersten Mitglieder großen Mangel an Existenzmitteln«, vor allem fehlten Holz, Geschirr und Lebensmittel.[36] Die anfängliche Not konnte nur durch die Unterstützung des Riegerbauern Johann Thomann gelindert werden, dessen Adoptivsohn Michael Gruber später die Rolle des Wohltäters übernahm und 1851 das nötige Geld für die Verlegung der Loretokapelle an das Kloster aufbrachte.
Mit 13 Zöglingen zwischen sechs und 16 Jahren, die im Institut wohnten, begann am 12. Juni 1841 der Unterricht der »deutschen Werktagsschule der Englischen Fräulein in Berg am Laim«. Der in drei Kursen erteilte Unterricht bestand aus den Fächern »Religion, Lesen, Schön-Recht- und Aufsatzschreiben, mündlich wie schriftlich Rechnen, Nützliche Kenntnisse« – worunter man Geschichte, Naturlehre und Geographie verstand –, Stricken und Nähen[37]: im Vergleich zum damaligen Elementarunterricht ein sehr reichhaltiges Bildungsangebot für Mädchen.
Die Pensionatskosten betrugen in der Anfangszeit 150 Gulden jährlich, eine solide Ausstattung war mitzubringen, unter anderem: »Ein schwarzer Oberrock mit einem Kragen, ein schwarzes Schürzchen, ein schwarzes und ein weißes Häubchen mit blauen Bändern, zwei weißgestreifte kornblaue Hauskleider, je sechs Hemden, Sacktücher, Chemisetten, Unterröcke für den Sommer und Winter, Nachthauben, Nachthalstücher, Nachtjäckchen, sechs Paar weiße, vier Paar blaue Strümpfe, drei Paar Schuhe, ein Gartenhut, ein Tischbesteck und Nähzeug.[38]
Die Englischen Fräulein, in ihren Pensionaten schon seit dem 17. Jahrhundert Wert auf Sprachkenntnisse und musische Erziehung legend, erweiterten den Stundenplan auch in Berg am Laim um die Fächer Französisch, Musik und Zeichnen[39], allerdings ohne staatliche Genehmigung. Nach einer Visitation im Jahr 1856 – sie war seit Unterstellung des gesamten Schulwesens unter die Aufsicht des Staates im Jahr 1799 jährlich an allen Schulen üblich –, mußte »die Institutsvorsteherin Sophie Hofschuster« strengsten Tadel einstecken: Bei der »Erziehung von Mädchen aus dem niederen Bürgerstande« und gemäß der Graf Spaur'schen Stiftung könne der Französischunterricht nicht gestattet werden, auch die Ausbildung in Zeichnen und Naturlehre sei zu beschränken, Rechnen müsse weniger theoretisch betrieben werden. »Unter Berücksichtigung ihrer künftigen sozialen Stellung« sollten die Mädchen vielmehr mit den Preisen der Lebensmittel, mit Maß und Gewicht, wie den verschiedenen Münzsorten, vertraut gemacht werden. »Waschen, Bügeln, Mangen, Kochen, Backen . . . sei bis jetzt nicht die gebührende Rücksicht zu Theil geworden«, mahnte das Staatsministerium des Inneren die Schulleiterin an. Die Unterrichtszeit der Schülerinnen über 13 Jahren sollte »vorwiegend hauswirtschaftlichen Übungen« und »nützlichen weiblichen Handarbeiten«, wie Spinnen und Anfertigen von Kleidungsstücken, dienen.[40]
Immer noch galt zu dieser Zeit die während der Epoche der Aufklärung formulierte Auffassung von Frauenbildung: »Es (das Weib) soll das von Männern gefundene bloß lernen, um es zu benützen, und nur lernen, was sich in seinem Wirkungskreis als künftige Magd oder Frau, Gattin, Mutter, Gesellschafterin anwenden läßt.«[41]
Trotz der anfangs vom Staat gesetzten Grenzen stand die Erziehungsarbeit der Englischen Fräulein in Berg am Laim bei der Bevölkerung in hohem Ansehen. Schon zehn Jahre nach der Schulgründung betrug die Zahl der aus ganz Bayern kommenden Pensionatszöglinge 92.
Eine weitere Anerkennung bedeutete die Übertragung der Mädchenabteilung der Gemeindevolksschule im Jahr 1849/1850. Bisher gemeinsam unterrichtet, trennte man die Buben von den Mädchen, was der Pfarrer in seiner damaligen Rede an die Eltern der Gemeinde »als Wohltat, die der Schule zu theil wird«, bezeichnete.[42] Durch ein Stiftungskapital von 2000 Gulden für den zukünftigen Unterricht und 300 Gulden für den Schulbau auf klösterlichem Grund ermöglichte der Riegerbauer Michael Gruber den Englischen Fräulein die Errichtung einer neuen »Elementarschule mit Einschluß der Industrie- und Feiertagsschule«,

die die Ordensfrauen nun neben ihrer Internatsschule als Grundschule für die Berg am Laimer Mädchen führten.

Da die Gemeinde nur einen jährlichen Zuschuß von 30 Gulden zu leisten hatte, bat Katharina di Graccho darum, daß sich »die vermöglichen Bewohner des Schulsprengels durch unentgeltliche Abgabe von Baumaterial, ebenso durch Hand- und Spanndienste ...« am Bau der Schule beteiligen.[43]

Nach fünfzigjähriger Leitung der Volksschule mit ungefähr 60 Mädchen pro Jahrgang gaben die Englischen Fräulein 1899 ihren Lehrauftrag zurück, weil »der Zweck der Schule, Trennung nach Geschlechtern, nicht mehr gestattet werde«.[44] Weltliche Lehrer sollten die Berg am Laimer Buben und Mädchen nun wieder unter einem Dach – im dazu neuerrichteten Schulhaus an der Berg-am-Laim-Straße – unterrichten.

Das Berg am Laimer Institut wird zur höheren Töchterschule

Bis 1911 galt für die höhere Mädchenbildung in Bayern keine einheitliche Regelung. Schulordnung und Lehrplan entsprachen den Satzungen der jeweiligen Schule, deren Träger noch Anfang des 20. Jahrhunderts zur Hälfte aus Frauenorden bestanden.[45]

Mit seinem seit 1857 durchgeführten sechsklassigen Unterricht – aufbauend auf vier Vorbereitungsklassen mit Elementarunterricht – gehörte das Berg am Laimer Internat zu den höheren Mädchenschulen.

Nach der Regierungszeit König Ludwigs I. und seines Sohnes Max II. konnte sich das Berg am Laimer Institut auch aus der anfänglichen Beschränkung seines Fächerkanons befreien. Französisch, Geschichte, Geographie, Naturkunde, Zeichnen und Gesang wurden seit dem Schuljahr 1875/1876 wieder eingeführt.

Klavierunterricht – die Beherrschung dieses Instruments, unentbehrliche Voraussetzung für die Aufnahme in den höheren Töchterstand – durfte nun im Stundenplan nicht mehr fehlen.[46]

Für die Zensierung gab es vier Notenstufen – auf genügend, der Note III, folgte nur noch ungenügend, die Note IV. Dreimal jährlich, auch vor Weihnachten, erhielten die Schülerinnen ein Zeugnis.

Weiterhin spiegelt der Ausbildungsplan das damalige bürgerliche Erziehungsideal für Mädchen wider, das darin

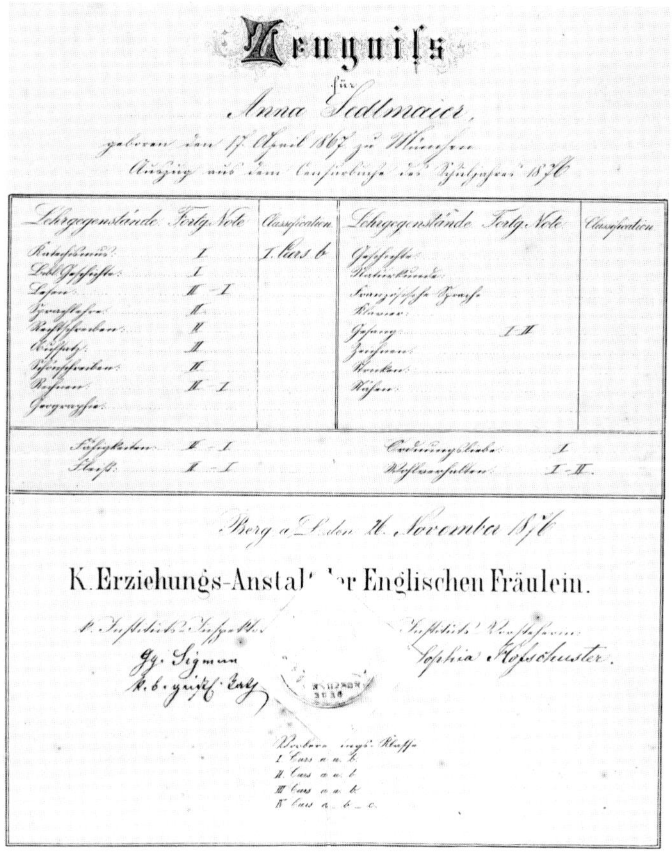

Fig. 28 Zeugnis der königlichen Erziehungs-Anstalt der Englischen Fräulein, 26. 11. 1876, Archiv der Englischen Fräulein, Berg am Laim

bestand, sie als geistreiche Unterhalterinnen ihres Gatten, als tüchtige Hausfrauen und Erzieherinnen ihrer Kinder auszubilden (Abb. 140–141).[47]

Die Schülerinnen stammten nun vorwiegend aus selbständigen Handwerker-, Geschäfts- und Beamtenfamilien. So finden sich als Berufsbezeichnung der Väter unter den 84 Schülerinnen des Jahrgangs 1870/1871: 4 Maurerpolier, 4 Metzger, 3 Schneider, 1 Schlosser-, 1 Schuhmachermeister, 2 Maler und Vergolder, 1 königlicher Sattelkammermeister, 1 Militärschmied, 1 Buchbinder, 1 Gärtner, 1 Bildhauer, 1 Architekturmaler, 1 Krämer, 1 Handelsmann, 4 Kaufmänner, 3 Privatiers, 4 Gutsbesitzer, 1 Ökonom,

2 Landärzte, 1 Apotheker, 1 Oberförster, 1 Gendarm, 3 Gerichtsdiener, 2 Salzsteueraufseher, 1 Hoflakai, 1 Akademiediener.[48]
Bis Ende des 19. Jahrhunderts lebten die Zöglinge nach fest vorgeschriebener Tagesordnung das ganze Jahr über – mit Ausnahme der Sommerferien – im Institut. Auszüge einer Schilderung, die die ehemalige Berg am Laimer Schülerin und spätere Ordensangehörige Mater Sophronia verfaßte, geben uns Einblick in das Pensionatsleben der achtziger Jahre des vorigen Jahrhunderts: »Nur viermal während des Jahres öffnete sich für uns Berger Zöglinge die Klosterpforte: Am Allerseelentag, wenn wir zum Friedhof gingen ... am Fronleichnamsfest, wenn wir in unserem Festtagsstaat, schwarze Uniform mit kornblumenblauem seidenen Halstüchlein, gar sittsam mit der Prozession um die Michaelskirche und das Dorf gehen durften ... und bei den zwei Sommerspaziergängen, wochenlang ersehnt wie der heilige Abend.« Wie die Ordensfrau weiter berichtet, führte der Ausflug alljährlich im Mai nach Trudering, im Juni nach Oberföhring. Tage vor der Wanderung überprüfte die Oberin bei den klassenweise im Nähzimmer aufgestellten Zöglingen, ob das Ausgehkleid noch die vorschriftsmäßige Länge – einen Bodenabstand von 30 cm – habe, falls nicht, wurde einer der drei bis vier Säume heruntergelassen. Offenbar waren die Ausflüge jedes Mal ein großer Erfolg. »Am nächsten Morgen begann der Unterricht ...mit der ernstlichen Mahnung, daß nun wieder tüchtig gearbeitet werden müsse, weil man doch nicht zum Vergnügen auf der Welt sei. Das leuchtete uns vollkommen ein«, schließt Mater Sophronia ihren Bericht, »nach einem so genußreichen Tag.« (Abb. 138)[49]
Ausflüge waren zu dieser Zeit eine große Besonderheit, Naturerlebnis und Freude am Wandern rückten erst nach 1900 ins allgemeine Bewußtsein.
In den ersten Jahrzehnten des 20. Jahrhunderts besuchten die Klosterfrauen mit ihren Schülerinnen – entsprechend den Absichten der damaligen Volksbildungsbewegung – regelmäßig Münchner Sehenswürdigkeiten, um das Verständnis der Mädchen für Kunst und Architektur, Natur und Arbeitswelt zu wecken.
Die Jahresberichte zwischen 1917 und 1921 nennen als Ausflugsziele: National- und Deutsches Museum, Naturwissenschaftliche Sammlung in der Neuhauser Straße, verschiedene Kirchen und Paläste zum Studium der Baustile, Isartal, Englischer-, Botanischer-, Hofgarten, Friedhöfe, Schlacht- und Viehhof, Arbeitermuseum und (die in Berg am Laim ansässige) Kathreiners Malzkaffeefabrik.
Wenn die Mädchen nun auch schon alle Ferien zu Hause verbringen durften, so blieben sie am Wochenende selbstverständlich im Institut. Als besondere Vergünstigung galt die auf den 1. und 3. Sonntag jeden Monats festgelegte Besuchszeit zwischen zwei und vier Uhr, in der die Zöglinge im »Parloir«, jenem ovalen Salon des ehemaligen Schlößchens, ihre Eltern erwarteten.[50]
Höhepunkte im Pensionatsleben waren die Empfänge für Mitglieder des bayerischen Herrscherhauses. Die Wittelsbacher, von Anfang an dem Nymphenburger Institut eng verbunden, förderten seit den siebziger Jahren auch das Berg am Laimer Institut mit Zuwendungen für Mädchen ärmerer Familien. Mehrmals jährlich fanden nun Theateraufführungen und Singspiele für Angehörige des königlichen Hauses statt, 1877 und 1881 sogar für Königin Marie, die Gemahlin Max II. 1903 kam die damals 12jährige Prinzessin Pilar mit ihrer Mutter, Maria de la Paz, Infantin von Spanien, »im Automobil« zu Besuch nach Berg am Laim und »photographierte die Englischen«, wie die Klosterchronistin eigens vermerkte.[51]
In verstärkter Bautätigkeit zeigte sich das große Ansehen der Schule auch nach außen (Abb. 136; 137). 1878 entstand ein noch vom Mutterhaus finanzierter Erweiterungsbau – heute der mittlere Teil zwischen Kloster und Schule – mit Speise-, Schlaf- und »Rekreationssaal« für Theatervorstellungen und Konzerte. Das zwei Jahre später aufgeführte einstöckige Gebäude mit Dienstbotenwohnungen, Klavier- und Nähzimmern mußte schon 1898 einem dreistöckigen »Instituts- und Erziehungshaus« (Abb. 135) weichen, da sowohl die Zahl der Klosterfrauen wie der Zöglinge (nun 135) erheblich gestiegen war. Dieses von dem Architekten Matthias Steinbrecher im barockisierenden Stil der Jahrhundertwende errichtete Gebäude mit drei Schlafsälen im oberen Geschoß dient bis heute als Schulhaus. Im Garten wurde ein – noch erhaltenes – »Sommersalettl« für die Klosterfrauen und die – im Zweiten Weltkrieg zerstörte – damals äußerst moderne Wandelhalle »zum Aufenthalt für die Kinder bei schlechter Witterung sowie zu Turnübungen« gebaut. Für die klösterliche Landwirtschaft hatte Baumeister Joseph Berlinger schon 1886 größere Ökonomiegebäude – Stall, Stadel und ein »Herrenhaus« für das

männliche Dienstpersonal – errichtet.[52] Die Kosten für diese Bauten bestritt das Berg am Laimer Kloster in dieser Blütezeit vor allem aus den Einnahmen für die ausschließlich von Ordensfrauen geleistete Unterrichts- und Erziehungstätigkeit.[53]

Mit neuen Schularten in eine modernere Zeit

Obwohl der Stundenplan des sechsklassigen Instituts dem anderer höherer Mädchenschulen entsprach und die Schule in ausgezeichnetem Ruf stand, erhielt sie 1911 nur den Status einer Mittelschule, während Nymphenburg offiziell zur höheren Schule avancierte. Wie aus einem Briefwechsel zwischen dem Berg am Laimer Institut und seinem damaligen Visitator hervorgeht, vertrat die Nymphenburger Generaloberin die Ansicht, daß die Englische Kongregation auch Institute mit einfacherem Lehrplan anbieten müsse. So erhielt Berg am Laim – zum großen Bedauern der Schulschwestern – die Anweisung, den seit einiger Zeit erteilten Unterricht in zwei Fremdsprachen wieder auf eine Sprache zu beschränken.[54]

Dieser Beschluß wurde erst im Schuljahr 1925/1926 korrigiert, als die sechsklassige Mädchenmittelschule zur »höheren Schule neuerer Ordnung« aufstieg. Im März 1924 konnten sich die Berg am Laimer Schülerinnen zum ersten Mal einer Abschlußprüfung, der »Absolvia«, in sechs Fächern unterziehen. Entsprechend den männlichen Schulabgängern durften sie sich nach Bestehen des »Einjährigen« mit weißer Schulmütze und Couleurband schmücken (Abb. 142).[55] Zu den Hauptfächern gehörten nun Englisch als erste, Französisch als 2. Fremdsprache.[56]

In Nymphenburg erweiterte man zur gleichen Zeit das Schulangebot um einen wissenschaftlichen Zweig, den des Lyzeums. Nach dessen Ausbau zum Realgymnasium stand hier den Mädchen der Weg zum Abitur offen. Es wurde 1933/1934 zum ersten Mal durchgeführt.[57]

Der Zweite Weltkrieg hatte dazu beigetragen, daß sich das Ausbildungsziel für Mädchen änderte. Auch in bürgerlichen Familien mußten nun häufig Frauen für den Lebensunterhalt ihrer Kinder sorgen. Der nun einsetzende Umdenkungsprozeß führte dazu, daß immer mehr Mädchen eine Berufsausbildung anstrebten, um sich in der geforderten »selbständigen Lebensstellung«, wie es die Berg am Laimer Direktorin 1925 formulierte, zu behaupten. Der Abschluß der höheren Mädchenschule berechtigte dazu, sich in einem Seminar zur Handarbeits-, Hauswirtschafts-, Zeichen-, Turnlehrerin oder Erzieherin ausbilden zu lassen, ein Berufsweg, der allerdings schon in den zwanziger Jahren durch die Konkurrenz der Lyzeumsschülerinnen erschwert wurde. Da die höhere Mädchenschule auch die Fächer Maschinenschreiben, Buchführung und Stenographie in den Lehrplan aufgenommen hatte – Berg am Laim im Jahr 1908 –, konnten nun immer mehr junge Frauen die heute typisch weiblichen Berufe der Sekretärin und Buchhalterin ergreifen. Von 79 Absolventinnen der Berg am Laimer Jahrgänge zwischen 1926 und 1928 besuchten 17 weiterführende Seminarien, 1 das Gymnasium, 13 die Handelsschule, 4 Hauswirtschaftsschulen, 6 eine kaufmännische Lehre, 20 gingen sofort ins Büro und 18 ins elterliche Geschäft.[58]

Im Schuljahr 1925/1926 eröffneten die Englischen Fräulein zusätzlich eine dreiklassige Mittelschule ohne Abschlußprüfung. Erst als die sechsklassige höhere Schule wegen der besseren Aufnahmebedingungen in Seminarien und Gymnasien 1931 auch in Berg am Laim zum Lyzeum ausgebaut wurde, erhöhte sich die Schülerzahl der vorher schlecht besuchten Mittelschule auf 62, während die Zahl der Lyzeumsschülerinnen auf 105 sank.[59] »Die starke Konkurrenz seitens der großen Schulen in München und die ungünstige Lage im Arbeiterviertel« führte – wie die Berger Oberin 1931 in einem Schreiben an das Kultusministerium klagte – zu einem schweren Existenzkampf. Wohl aus diesem Grund hatte sie schon im April 1929 als weiteren Schulzweig eine einklassige Frauenschule mit hauswirtschaftlichen Fächern – als Anschluß an die sechsklassige Schule – eingeführt. Ihr Antrag auf Errichtung einer Handelsschule wurde abgewiesen.[60]

Seit Gründung des Berg am Laimer Instituts gewannen die Englischen Fräulein Ordensnachwuchs aus der Zahl ihrer Schülerinnen. 1930 sollte hier sogar eine Missionsschule für Indien entstehen. Die Kandidatinnen bereiteten sich für ihre zukünftigen Aufgaben in der Berg am Laimer Frauenschule vor, vollendeten ihre Ausbildung dann aber in England.[61]

Die Kongregation der Englischen Fräulein leistete nicht nur Erziehungsarbeit, sondern stellte sich auch den sozialen Verpflichtungen, die sich durch zunehmende Armut in den östlichen Vororten ergaben. Aus einer zufällig erhaltenen Liste geht hervor, daß im März 1904 47 Kinder täglich

an der Armenpforte des Instituts Suppe bekamen, 17 von ihnen zusätzlich Brot bei den Barmherzigen Schwestern in Josephsburg.[62] Zu Kriegsbeginn richtete man im Institut einen eigenen Raum zur Verköstigung der Armen ein, deren Zahl bald weit über 100 täglich stieg. Auch die Schülerinnen wurden in die karitativen Aufgaben miteinbezogen: Die Mädchen machten Krankenbesuche bei den Kriegsverwundeten, die im Notlazarett der Barmherzigen Schwestern lagen, nähten und strickten Kleidungsstücke, sammelten Spielzeug für die armen Kinder der Volksschule und des Kinderheims, das die »Blauen Schwestern von der Hl. Elisabeth« seit 1919 in der Ampfingstraße führten.[63]
Für die Englischen Fräulein wurde »die Bestreitung der notwendigsten Lebensbedürfnisse« in der Zeit der rapiden Geldentwertung schwieriger, wie die Chronistin 1922 niederschrieb, trotzdem gelang durch kluge Haushaltsführung die Versorgung von Ordensschwestern und Zöglingen »weiterhin tadellos«.[64] Der während der Wirtschaftskrise häufig gewährte Nachlaß von Verpflegungs- und Schulgeld konnte durch die Anerkennung des Internats als »gemeinnützige Einrichtung« aufgefangen werden, die 1921 mit der Begründung erfolgte, daß diese Schule als einzige »in weitem Umkreis« Töchtern von Witwen höherer Beamter und durch Schaffung von Freiplätzen, auch Mädchen aus mittleren oder sogar ärmlichen Verhältnissen, Bildungsgelegenheit bietet.[65] Mit Hilfe von Steuererleichterung und staatlicher Unterstützung war es möglich, die schon 1915 mit der Einrichtung des elektrischen Lichts begonnene Modernisierung der Klostergebäude auch nach der Währungsreform von 1923 fortzusetzen.[66]
Fließendes Wasser in allen Räumen, Warmwasserheizung statt Kohleöfen, Einbau von Wasserklosetts im Jahr 1932 – keine Selbstverständlichkeit im damaligen Berg am Laim –, Ausbau des Turn- und Spielplatzes im Freien, zählten zu den Neuerungen jener Zeit.[67]
Der Anschluß des Stadtteils Berg am Laim an das Straßenbahnnetz (Abb. 111–114) aber brachte die größte Veränderung für das Institut. Seit die Linie 31 nach den Sommerferien des Jahres 1926 zum ersten Mal bis zur Baumkirchnerstraße fuhr, sank die Zahl der Internatszöglinge unaufhaltsam. 1929 besuchten schon mehr Externe als Interne die Schule. Dieser Entwicklung begegneten die Englischen Fräulein mit dem Umbau der Schlafsäle im 2. Stock der Schule zu Klassenzimmern.
Den Internatsschülerinnen trug die neue Verkehrsverbindung mit der Stadt Vorteile ein: »... für die notwendige körperliche Pflege« durften sie nun zwei Stunden wöchentlich im Müllerschen Volksbad verbringen und häufig Vorstellungen im Residenztheater besuchen.[68]

Auswirkungen der Gewaltherrschaft des Dritten Reiches auf das Institut der Englischen Fräulein, Zweiter Weltkrieg und Neubeginn nach 1945

Die Machtergreifung Hitlers wirkte sich auch unmittelbar auf das Schulwesen aus.
Die vorher unabhängigen Kultusministerien der Länder erhielten seit 1. 5. 1934 einheitliche Weisungen vom neugeschaffenen Reichsministerium für Wissenschaft, Erziehung und Volksbildung in Berlin. Schon ab 1933 mußten sich alle Schulen Eingriffe in den Lehrstoff, besonders in den Fächern Deutsch, Geschichte und Biologie gefallen lassen. Beispielsweise wurden Aufsatzthemen überwacht, sollten die Begriffe »Rasse und Führerpersönlichkeit« als »richtungsgebende Wegweiser für den Geschichtsunterricht« gelten.[69] Der damals übliche Samstagunterricht – zum Staatsjugendtag umfunktioniert – umfaßte nun laut Anordnung zwei Stunden nationalsozialistisches Gedankengut, eine Stunde Werkunterricht und zwei Stunden Sport. In einer Stellungnahme der Berg am Laimer Direktorin zu dieser Neueinführung kann man indirekt Kritik heraushören: »Den Schülerinnen gefalle der an diesem Tag gebotene Stoff, da sie für diesen Unterricht keine Lernarbeit zu leisten hätten und ihnen die Beschäftigung mit Turnen und Nadelarbeit entspreche.«[70]
Obwohl sich das Berg am Laimer Institut, wie alle Schulen, äußerlich den Anordnungen fügte, auch Fahnenweihen, Sonnwendfeiern, nationalsozialistische Heldenehrungen durchführte, verstärkten sich bürokratische Auflagen und psychologische Druckmittel des Staates.
Deutlich zeigt sich auch der steigende Einfluß der vorherrschenden gesellschaftlichen Tendenzen auf die katholischen Schülerinnen: Gehörten 1934 nur 4 von 175 Mädchen den Jungmädeln oder dem BDM an, so im September 1935 18 von 166, Ende Dezember des gleichen Jahres 54 von 169.[71]
Eine verstärkte Zentralisierung der Schulorganisation ab 1937/1938 zielte auf Ausschaltung aller Privatschulen. Am 1. Juni 1937 übertrug das Kultusministerium die Leitung

des Berg am Laimer Lyzeums der Englischen Fräulein einem erst seit fünf Jahren im Staatsdienst tätigen Studienassessor, 1938 mußte diese traditionsreiche Schule ganz schließen. Die nun zur Verfügung stehenden Klassenzimmer wurden auf behördliche Anordnung an die Berg am Laimer Volksschule vermietet. Eine Flak-Batterie belegte 1940 einige Monate den Turnsaal, dann eine Wach- und Kommandostelle für Scheinwerfer Schulsaal und Wirtschaftsgebäude.[72]
Am 1. April 1941 entzog man den Klosterfrauen auch die dreiklassige Mittelschule und wies ihre circa 80 Schülerinnen der »Städtischen Mittelschule für Mädchen« am Salvatorplatz zu, die daraufhin im Schulgebäude der Englischen Fräulein eine Filiale einrichtete.[73] Die letzte Verbindung zur Schuljugend verloren die Berg am Laimer Ordensfrauen, als das Internat mit 84 Internen städtischer Aufsicht unterstellt wurde. »Die erziehliche und unterrichtliche Betreuung des städtischen Schülerinnenheims«, wie es jetzt hieß, lag laut Vertrag vom 24. Dezember 1941 ausschließlich beim neu eingesetzten weltlichen Erziehungspersonal, während die Verköstigung und Krankenpflege der Schülerinnen sowie die Reinigung der Zimmer, den Ordensfrauen – allerdings gegen Bezahlung – überlassen blieb. »Jede vermeidbare Fühlungnahme mit den Zöglingen« sollten die Englischen Fräulein dabei unterlassen.[74]

Um die auf ein Minimum reduzierten Einnahmen des Klosters zu verbessern, arbeiteten die Ordenslehrerinnen als Pfarrhelferinnen oder im Kirchensteueramt.[75]
Kloster und landwirtschaftliche Gebäude, nun Lebensgrundlage der Kongregation, wurden in den letzten Kriegsjahren Ziel von Brandbomben. Die eingesetzte Heimleiterin, Frau Dr. Recknagel, auch in der Zeit der Ausschaltung des Klosters den Ordensfrauen freundschaftlich verbunden, schrieb ihre Erinnerungen an jene Zeit nieder: »Die schlimmste Bombenkatastrophe war in der Nacht von Samstag, 2. 10. auf Sonntag, 3. 10. 1943 ... Um 23 Uhr ertönte die Alarmsirene, und bald darauf wurden unser Schlafsaal, das Dach ... und das obere Stockwerk des Altbaus mit den Wohnungen der Klosterfrauen ein Raub der Flammen. Kein elektrischer Strom, keine Wasserleitung, kein Verkehrsmittel in der brennenden Stadt! Die Heimschülerinnen mußten nach Hause entlassen werden; bei diesem und bei späteren Angriffen mußten wir manchmal bei nächtlicher Dunkelheit mit Schülerinnen und Gepäck über die Sprengtrichter und rauchenden Trümmer auf den Straßen den Weg zum Hauptbahnhof zu Fuß bewältigen.«[76]
Gerade war das Dach des Klosters wieder notdürftig gedeckt, als nach dem Luftangriff vom 25. April 1944 die Ökonomiegebäude samt Wagen und Maschinen niederbrannten, im Januar und Februar die mit ausgelagerten Büchern und Möbeln vollgestellte Wandelhalle sowie Gartenkapelle und Schuppen. Nur Loretokirche und Schulhaus blieben verschont.
Die Unglücksserie hörte auch nach dem Einzug der Amerikaner am 30. April 1945 nicht auf. »Nachdem am Abend für die Nacht Ruhe angesagt war«, berichtet die Klosterchronistin, »begann um ½11 Uhr ein starkes Schießen der Flak hinter der Michaelskirche auf die Amerikaner am Ostbahnhof, das mit starkem Artilleriefeuer von diesen beantwortet wurde. Wir waren in Lebensgefahr, weil unser Haus in der Feuerlinie lag und erlitten wieder Gebäudeschaden.«[77] Bei diesem Schußwechsel schlug eine Granate der abziehenden Waffen-SS in den Chorraum der Michaelskirche ein und beschädigte den Altar mit dem wertvollen Gemälde schwer.[78]
Als am 9. Mai 1945 die wahrscheinlich von spielenden Kindern ausgelöste Explosion eines Munitionswagens am Berg am Laimer Rangierbahnhof in der ganzen Gemeinde schwerste Verwüstungen anrichtete, war der Gesamtschaden an den Gebäuden der Englischen Fräulein noch größer als während des Krieges.
Nach Berichten der Klosterchronistin verbreiteten Plünderungen »der freigelassenen Gefangenen aller Nationen« in Geschäften, Kellern und Wohnungen nach Kriegsende Angst unter der Berg am Laimer Bevölkerung.[79]
Die Militärregierung, die bis Herbst ein Unterrichtsverbot erlassen hatte, gab den Englischen Fräulein das Schulhaus zurück, so daß im September 1945 wieder mit dem Aufbau der dreiklassigen Mittelschule und des Schülerinnenheims begonnen werden konnte.
Trotz der Konkurrenz der Salvatormittelschule, die noch längere Zeit vier Räume belegte, unterrichteten die Klosterfrauen am 1. November 1945 schon wieder 80 Schülerinnen. Mangel an Schulzimmern und Heizmaterial machte die Umstellung auf Schichtunterricht notwendig – vormittags für die 45 Bahnschülerinnen, von denen die

meisten aus den östlichen Vororten kamen, nachmittags für 25 Interne und 10 Berg am Laimer Mädchen. Allmählich trat wieder der Schulalltag ein, wenn auch unter erschwerten Bedingungen. Noch Anfang der fünfziger Jahre fehlten die im Krieg verbrannten Lehrbücher, so daß der Unterrichtsstoff »zum großen Teil mit der Hand, später mit Maschine selbst geschrieben werden mußte«, wie sich eine Schülerin dieser Zeit erinnert.[80]

Die Schule der Englischen Fräulein heute

Die Wohnraumnot in der Nachkriegszeit, auch ausgelöst durch den Zuzug vieler Vertriebener, führte zu einer immer dichteren Bebauung des Münchner Ostens und dadurch zu ständig steigenden Schülerzahlen. Die Englischen Fräulein verzeichneten 1954 398 Schülerinnen und waren damit an der Grenze ihrer Kapazität angelangt.[81]

Wie das Berg am Laimer Institut litten alle Volksschulen und Gymnasien Münchens unter Platzmangel und zu hohen Klassenstärken. Dieser Mißstand wurde durch zügigen Neubau von Schulen seit den sechziger Jahren beseitigt.

Der Ausbau eines städtischen Mittelschulwesens begann überhaupt erst Ende der fünfziger Jahre. Die bisher dreiklassigen Mittelschulen erhielten nun eine Aufwertung durch ihre vierstufige Form, die in den Mittelpunkt gerückten allgemeinbildenden Fächer, die Wahlmöglichkeit zwischen drei Ausbildungsrichtungen und den 1965 neueingeführten Namen Realschule.

In Berg am Laim blieb die nunmehrige Realschule der Englischen Fräulein bis zur Eröffnung der Ludwig-Thoma-Realschule im Januar 1969, in deren Gebäude vorläufig auch das Michaeligymnasium untergebracht wurde, die einzige weiterführende Ausbildungsmöglichkeit.[82]

Um im Schulhaus Raum zu gewinnen für die vielen neuangemeldeten Mädchen, ließen die Englischen Fräulein noch 1964 im Garten ein Internat im damals typischen Flachdachstil mit großem Studier- und Speisesaal sowie modernen Dreibettzimmern bauen. Im Zug der Modernisierung stellte der Orden dafür die Landwirtschaft ein.

Vieles änderte sich zu dieser Zeit. Bedingt durch die Differenzierung der Fächer – die Wahlpflichtfächergruppen II und III wurden nun angeboten – und die neuen Ausbildungsvorschriften für Realschullehrer, die jetzt Hochschulabschluß verlangten, mußten die Englischen Fräulein immer mehr weltliches Lehrpersonal einstellen.

In der Zeit der Miniröcke gab man auch die strengen Kleidervorschriften auf, an die sich die Schülerinnen der fünfziger Jahre noch gut erinnern – Kleider ohne Ärmel oder mit Halsausschnitt waren damals ebenso verboten wie lange Hosen und Schminke.[83]

Obwohl die ganze Anlage an der Josephsburgstraße unter Denkmalschutz steht (Abb. 135)[84], paßt sich die Schule immer wieder den Zeiterfordernissen an, so erst kürzlich durch Einrichtung von Informatik- und Phonotypieräumen, einem Tagesheim mit Hausaufgabenbetreuung und dem Bau einer Turnhalle nördlich der Freisportanlagen im Garten.

Über Generationen als streng konfessionell gebundene Mädchenschule von der Kongregation der Englischen Fräulein geführt, stellt die staatlich anerkannte katholische Einrichtung – im Sinn der Ökumene nun schon seit Jahrzehnten für evangelische Mädchen offen –, heute ein Alternativangebot zu den staatlichen und kommunalen koedukativen Schulen dar.

In einer Zeit des fehlenden klösterlichen Nachwuchses sah sich das Nymphenburger Mutterhaus gezwungen, die Niederlassung der Englischen Fräulein in Berg am Laim 1987 aufzulösen, Schule wie Ordensgebäude der Erzdiözese München und Freising zu übertragen. Eine Filiale von drei Klosterfrauen, zwei als Leiterinnen der Schule, eine verantwortlich für das Studentinnenwohnheim im ehemaligen Internatsgebäude, sorgen für die Kontinuität des Bildungs- und Erziehungsauftrags der Englischen Fräulein am Berg am Laimer »Institut«. Diese Bezeichnung wird wohl unter den »Ehemaligen« noch eine Weile gebräuchlich sein, obwohl die Schule bereits seit 1983 offiziell den Namen »Maria-Ward-Mädchenrealschule« trägt und damit der Gründerin des »Institutum Beatae Mariae Virginis«, wie die Kongregation der Englischen Fräulein heißt, ein Andenken setzt.

SCHULEN IN BERG AM LAIM – EIN AUSBLICK

Insgesamt ging die Bedeutung der konfessionellen Schulen nach dem Zweiten Weltkrieg zurück, das Institut der Englischen Fräulein blieb auch in Berg am Laim eine Einzelerscheinung. Ein Blick auf die Statistik des Jahres 1987 zeigt, daß das Bildungsangebot im Stadtteil erheblich zugenommen hat: Neben den beiden Realschulen mit zusammen über 700 Schülern, den fünf Haupt- und Grundschulen mit über 1200 Schülern sowie den zehn berufsbildenden Schulen mit fast 500 Schülern[85] gibt das 1971 eröffnete Michaeligymnasium zur Zeit über 1000 Schülern auch die Möglichkeit zu höherer Schulbildung.[86] Als einziges Gymnasium des inzwischen über 30000 Einwohner umfassenden Stadtteils konnte es auch den Schülerrückgang seit der Mitte der achtziger Jahre durch intensiven Ausbau seiner kulturellen Aktivitäten auffangen und wirkt mittlerweile durch seine Veranstaltungen unmittelbar in den Stadtteil hinein; ein Beispiel dafür bildet die Beteiligung an den Stadtteilwochen, die die Schule mit Ausstellungen, Lesungen und Theateraufführungen begleitet.

So führte also der Wandel im Verständnis schulischer Bildung auch zu einer Öffnung gegenüber dem umgebenden Stadtteil und seinen kulturellen Bedürfnissen, die den Schulen neue Bedeutung und Verantwortung zuwachsen lassen.

VERSTÄDTERUNG

Die Eisenbahn kommt

»Es ist nämlich nicht zu bezweifeln, daß das Zustandekommen dieses Schienenwegs von der höchsten Bedeutung für unsere Stadt, daß derselben daraus in industrieller und gewerblicher Beziehung außerordentliche Vorteile erwachsen, daß dadurch München in eine der bedeutendsten Verkehrslinien Deutschlands, ja Europas eintreten würde . . .«[1]

Mit diesem Schreiben empfiehlt 1850 der Rat der Gemeindebevollmächtigten dem Magistrat der Stadt München, die Bahnstrecke von München nach Salzburg zu bauen, und sich selbst mit dem Ankauf von Aktien an dem Unternehmen zu beteiligen. Die Vergrößerung des Eisenbahnnetzes gehörte nämlich seit 1834 zu den wichtigsten bayerischen Wirtschaftsprojekten.[2] Da sich der Staat erst einmal zurückhaltend verhielt, bat 1835 Baron Simon von Eichthal (kgl. Kämmerer und Bankier) den König, eine Gesellschaft für den Eisenbahnbau gründen zu dürfen; die sehr aufschlußreiche Begründung dafür lautete, daß »man keine Zeit verlieren dürfe, um den jetzt in diesem Industriezweige erwachten Spekulationsgeist zu benützen«.[3] Eichthal bot zugleich an, mit 100000 Gulden den Eisenbahnbau von München nach Salzburg voranzutreiben. Obwohl die Trassen dieser Strecke im Süden Münchens über eine geplante Brücke in Großhesselohe führen sollten, hatte man vermutlich bereits damals an eine spätere Streckenführung über den Münchner Osten gedacht – Überlegungen, die wohl für Simon von Eichthal 1840 auch bei dem Kauf

Fig. 29 Simon v. Eichthal (1787–1854), kgl. bayerischer Hofbankier, erster Direktor der Bayerischen Hypotheken- u. Wechselbank, Besitzer der Hofmark Berg am Laim (1840–1848), Bayerische Hypotheken- u. Wechselbank

Fig. 30 Zehnguldenschein, 1841, Unterschrift: Freiherr v. Eichthal, Staatliche Münzsammlung

der Hofmark Berg am Laim eine Rolle spielten. Dieses Eichthalsche Interesse am Eisenbahnbau setzte sich fort: 1856 gründete Simons Sohn, Carl von Eichthal, zusammen mit den Großunternehmern Hirsch, Würzburg, und Rothschild, Frankfurt, die Ostbahnaktiengesellschaft.[4] Bereits 1860 verkehrten dann die ersten Züge zwischen München und Salzburg.

An der Finanzierung solcher Projekte beteiligte sich auch die 1835 gegründete Bayerische Hypotheken- und Wechselbank, zu deren Gründungsmitgliedern und Hauptaktionären wiederum Simon von Eichthal, Rothschild, Hirsch, Johann Anton von Maffei und andere gehörten.[5] Maffei, der eine der größten Lokomotivfabriken Deutschlands in der Hirschau bei München besaß, war ebenso wie Eichthal zugleich Mitglied des Münchner Gemeinderates und der bayerischen Kammer der Abgeordneten. Diese Vertreter des unternehmerischen Geldadels nützten die Verflechtung von politischem Einfluß und wirtschaftlichen Möglichkeiten, um ihre Interessen durchzusetzen. Immer stärker wurde so die Umgebung Münchens in die Symbiose von Eisenbahngeschäft und Bodenspekulation einbezogen. Während Hugo von Maffei nach dem Tode seines Onkels Johann Anton von Maffei im Jahre 1870 große Grundstücke in Haidhausen, Ramersdorf und vor allem Berg am Laim erwarb, tätigte Carl von Eichthal umfangreiche Grundstücksaufkäufe in Haidhausen. Hier trieb nämlich die Ostbahngesellschaft den Bau des »Bahnhofes Haidhausen«, also des Ostbahnhofs, voran, der wegen der Überlastung des Münchner Zentralbahnhofes notwendig geworden war; ab 1868 begann man dann mit dem Bau der Bahnlinien nach Simbach und Rosenheim. Von Rosenheim aus sollte eine weitere, insgesamt kürzere Strecke nach Salzburg abzweigen. 1871 schließlich kam es zur feierlichen Eröffnung der beiden Strecken, die ab dem Ostbahnhof eingleisig verliefen: »Personenbeförderung findet statt: von München nach Rosenheim um 5 Uhr 30 Minuten früh und um 6 Uhr Abends.«[6]

». . . der Zugang von Gesindel aus der Hauptstadt . . .«

Die Bahnbauarbeiten erforderten natürlich zahlreiche Arbeiter, so daß Tagelöhner aus Haidhausen und Berg am Laim über Jahre Beschäftigung fanden.[7] Da es in Berg am Laim ja schon viele, vor allem italienische Ziegler gab, befürchteten die Behörden nun eine weitere Proletarisierung der Bevölkerung und damit eine Bedrohung der öffentlichen Ordnung. So findet sich 1873 in den ortspolizeilichen Vorschriften der Gemeinde Berg am Laim ein Artikel »über Behandlung und Beaufsichtigung der Arbeiter bei Eisenbahnbauten«.[8] Zur Verschärfung der polizeilichen Kontrolle errichtete man im Laufe der folgenden Jahre entlang der Eisenbahn Gendarmeriestationen, die gleich-

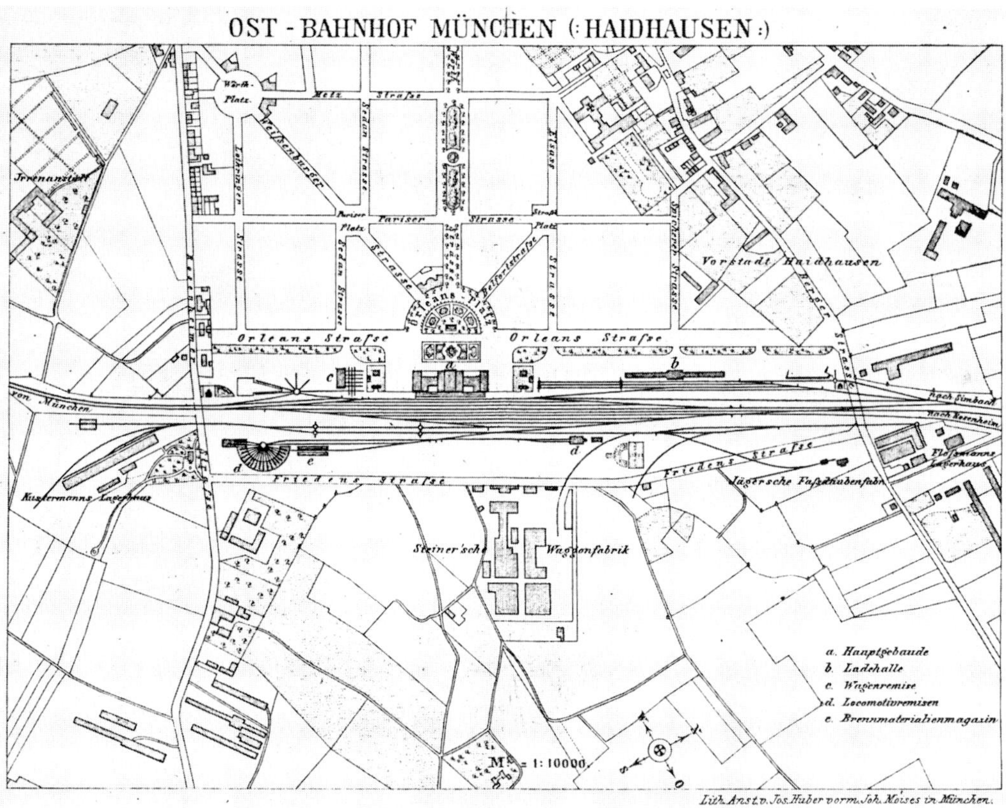

Fig. 31 Mit dem Bau von Gleisanlagen waren die Voraussetzungen für die Ansiedlung von Industriebetrieben geschaffen.

sam als Sicherheitsgürtel die Fluktuation des »Gesindels« – also wohl der Besitzlosen und Entwurzelten, die sich für Taglohn verdingten – zwischen Stadt und Umland verhindern sollten. So heißt es in einem Schreiben des Bezirksamtes an die Regierung von Oberbayern: »... die vielen Ziegeleien und Fabriken daselbst beschäftigen eine große Anzahl steter Überwachung bedürftiger Menschen, der Zugang von Gesindel aus der Hauptstadt mehrt sich mit der Vermehrung der Bevölkerung der Vorstadt Haidhausen in höchst bedenklicher Weise, ich kann daher die Errichtung einer Gendarmeriestation in Berg am Laim nur als ein unabweisbares Bedürfnis bezeichnen.«[9]

Diesem Sicherheitsbedürfnis diente ferner eine präventive Kontrolle aller Fremden; die zunehmende Mobilität auch unbemittelter Schichten mag dazu nicht unwesentlich beigetragen haben. Die bürgerliche Angst vor dem Proletariat tat dann ein übriges – vor einem Proletariat, das schwer kontrollierbar, ohne soziale Einbindung, mit der Eisenbahn große Entfernungen überwinden und in jedem Industriegebiet Arbeit finden konnte.[10]

Berg am Laim als Industriestandort

Mit dem Bau von Gleisanlagen waren die Voraussetzungen für die Ansiedlung von Industrie- und Gewerbebetrieben geschaffen. Damit aber rückte die Gemeinde Berg am Laim in das Interessenfeld der Stadt München, die eine rigorose Eingemeindungspolitik betrieb, wenn es um den eigenen Vorteil ging. Die Errichtung einer Filialgasfabrik in der Gemeinde Berg am Laim und die anschließende Einverleibung dieses Areals zeigen anschaulich diese Form städtischen Freibeutertums: Ende der siebziger Jahre war der Gasbedarf der Stadt München so sehr angestiegen, daß der

Magistrat die Errichtung einer zweiten Gasanstalt durch die private Gasbeleuchtungsgesellschaft unterstützte.[11] Die Kapazitäten der bisherigen Gasanstalt[12] in Thalkirchen reichten nämlich nicht mehr aus, zumal auch »die Rücksichten der öffentlichen Gesundheitspflege sowie die vorherrschende Windrichtung von Westen her es vorteilhafter erscheinen ließen, die neuen Fabrikanlagen nicht inmitten des bebauten Stadtgebietes« zu errichten. Bisher waren jährlich mehr als eine halbe Million Zentner Koks verarbeitet worden, und das schuf neben dem Rauchproblem auch Transportschwierigkeiten – ein weiterer Grund, der das Gemeindeareal, das an der München-Simbacher-Bahn lag, geeignet erscheinen ließ. Solche Argumentationen bestimmten auch in den folgenden Jahrzehnten die Beziehung zwischen der Stadt München und der Gemeinde Berg am Laim. So empfahlen die Bürgervereinigungen des Münchner Ostens in einem Schreiben an die Stadt München im Jahre 1910 die Gemeinde geradezu als Industriestandort, indem sie anführten, daß ihre Lage im Osten Münchens unangenehme Begleiterscheinungen der Industrie wie Ruß, Rauch, Dampf oder Gase von der Stadt fernhalte, da an 300 Tagen des Jahres Westwind herrsche. Überdies könne man die bestehenden Industriegleise für weitere Betriebe mit Leichtigkeit erweitern.[13] Diese Angebote kamen den stadtplanerischen Absichten Münchens entgegen, förderten aber zugleich den Prozeß der Verstädterung der Gemeinde Berg am Laim. So macht ein Vortrag des Stadtbaurates Grässel im Architekten- und Ingenieur-Verein im Jahre 1917 die Rolle deutlich, die man dem Münchner Osten von seiten der Münchner Stadtplanung zugedacht hatte: »Kann nicht München auch größere Fabrikanlagen erhalten, ohne daß es in seinem Charakter als Kunststadt, als welche wir sie kennengelernt haben, beeinträchtigt wird? ... Man muß beim Ausbau einer Stadt gleichwie im Hausbau für jede Wohnung überlegen und wissen, wohin man den Empfangsraum, die Wohnräume, den Verkaufsladen, die Küche, die Werktätigen usw. zu legen hat und dementsprechend insbesondere auch hinsichtlich der Lage von Fabriken verfügen.«[14] Berg am Laim hatte man hierbei sicherlich im Heizungskeller Münchens angesiedelt.

Die Stadt war zwar sehr wohl bereit, belastende Industrieanlagen in die Außenbezirke abzuschieben; mußte sie jedoch wirtschaftliche Nachteile erwarten, reklamierte sie bald »dringende öffentliche Bedürfnisse«, um ihre Interessen zu sichern. Im Falle der Filialgasfabrik in Berg am Laim befürchtete der Magistrat nämlich, daß der Pflasterzoll – also das Wegegeld für die transportierte Steinkohle – nicht der Stadt München, sondern der Gemeinde zufallen könnte; so mäkelte der Magistrat bereits 1882, es sei etwas »höchst Unbilliges ... einem auswärtigen Gemeindewesen jene finanziellen Vorteile zuzuwenden ... auf welche die hiesige Stadt mit vollem Grund ein moralisches Anrecht erheben kann«.[15]

Ziel dieser Kritik war es, einen Freibrief für die Zwangseingemeindung des in Frage stehenden Gebietes zu bekommen. Als weitere Argumente gab die Stadt an, der Gaskonsum der Bevölkerung sei gestiegen und innerhalb Münchens könne man keinen geeigneten Platz finden, zudem läge die Hälfte des Areals ja ohnehin auf städtischem Gebiet. Das Bezirksamt wollte im Sinne der Gemeinde allerdings diese Gründe nicht akzeptieren: »Es kann nicht angenommen werden, daß in jedem einzelnen Fall, wo einer Gemeinde, sei es durch Verlagerung eines gewerblichen Etablissements oder sonstwie eine Steuerquelle versiegt oder spärlicher zu fließen anfängt, eine Gebietsvergrößerung zum Ersatz des Ausfalls für ein öffentliches Bedürfnis zu erachten ist.«[16]

Alle diese Bemühungen halfen jedoch nichts: In den Jahren 1881 bis 1883 errichtete die Gasbeleuchtungsgesellschaft aus den Ziegeln der auf dem Gelände befindlichen Ziegeleien[17] die Gasanstalt, die im Oktober 1883 ihren Betrieb aufnahm; ein Jahr später wurde »durch Machtspruch des Ministeriums des Inneren das Areal der Gasfabrik der Stadt München einverleibt«[18], und 1899 – nach Ablauf der Verträge mit der Gasgesellschaft – ging die gesamte Gasanlage schließlich in städtischen Besitz über.[19] Für Berg am Laim hatte dies erst 1915, also nach der Eingemeindung, wenigstens mittelbar positive Folgen: In diesem Jahr richtete man in der Josephsburgstraße drei Gaslampen ein – zu einem Zeitpunkt, als im Zentrum längst das elektrische Licht im Vormarsch war.[20]

Es war jedoch nicht nur die Stadt München, die sich über die Wünsche der Gemeinde und ihrer Einwohner hinwegsetzte. Auch der bayerische Staat ging mit Zwangsmaßnahmen vor, um den geplanten Bau eines Rangierbahnhofes durchzusetzen, für den seit 1905 Grund erworben wurde.[21] Einige kleinere Grundbesitzer und die Gemeinde Berg am Laim selbst wehrten sich gegen die Zwangsenteignungsverfahren. Die Prozesse zogen sich über Jahre hin. Bemerkenswert ist dabei der Teilerfolg des ehemaligen Ziegeleibesitzers Obermayer, der 1909 einen Prozeß gegen die Eisenbahn und die Stadtgemeinde München gewann. Ihm wurden insgesamt 50000 Mark Entschädigung bezahlt: 25000 Mark für die Zerlegung seines Grundstücks, 15000 Mark für die Baubeschränkung und 10000 Mark für die Rauchbelästigung durch die Bahn. Die Lage des Grundstücksbesitzers Obermayer ist symptomatisch für die Situation, in die die Gemeinde Berg am Laim durch den Bahnbau gekommen war: Die alten Bahnlinien hatten die gewohnten Wegeverbindungen zu den Ortsteilen Steinhausen und Zamdorf nicht zerstört, da Schienenübergänge bestehen blieben. Nun aber wurden, abgesehen von einer Unterführung, alle Zugänge abgeschnitten, und die Gemeinde sollte in ihrer ganzen Länge von Westen nach Osten in zwei Teile zerrissen werden. Neben dieser Angst vor der Zersplitterung des Gemeindegebiets befürchtete man vor allem, die Umgebung des Rangierbahnhofes werde bei Tag und Nacht durch Lärm und Ruß in Mitleidenschaft gezogen, und auch die Gemeindejagd sei durch den Bahnbau entwertet.[22]

Doch trotz der Klagen und des Widerstandes gegen die Zwangsenteignungsverfahren begann man 1912 mit der Streckenverlegung der Bahnverbindungen nach Rosenheim und nach Simbach nördlich des geplanten Rangierbahnhofes, dessen Bau man vorläufig zurückgestellt hatte. Die neuen Bahnstrecken bekamen eine zweigleisige Schienenführung und wurden 1915 in Betrieb genommen; gleichzeitig legte man den alten Rosenheimer Bahndamm still. Trotz des Weltkrieges baute man nun auch den Rangierbahnhof, der dann 1921 in Betrieb genommen wurde.

Die Bahnanbindung, die Berg am Laim einerseits als Industriestandort so interessant werden ließ, kostete auch ihren Preis. Gemeindeinteressen hatten gegenüber öffentlichen Interessen zurückzustehen.

Wohnen in Berg am Laim

Ein unbekannter Verfasser entwarf im Jahre 1910 von Berg am Laim folgendes Bild: »Vor 25 Jahren sah es in Berg am Laim ganz anders aus. Es gab fast keine Bäume, und der Straßenboden war nach Regentagen aufgeweicht und kaum gangbar. Im Ort selbst gab es große Pfützen. Nachts war derselbe unbeleuchtet. Pumpbrunnen lieferten das Trinkwasser, Gärten (die Klöster ausgenommen) waren nicht vorhanden. Dagegen sah man noch viele niedrige mit Stroh oder Schindeln gedeckte ärmliche Häuser. Auch wurde der Unrat aus den städtischen Aborten auf die Wiesen verbracht, weshalb es im Ort oft sehr übel roch.«[23]

Von der Bautätigkeit, die ab etwa 1880 entlang der Bahnlinie einsetzte (Abb. 80), blieb der Ort Berg am Laim selbst weitgehend unberührt; die Eisenbahnergenossenschaft München-Ost und die Baugenossenschaft des Verkehrspersonals München-Ostbahnhof hatten dort nämlich 1902 für die Bahnbediensteten vierstöckige Mietshäuser errichtet. So entstanden an der Mühldorfstraße (Abb. 81) große Wohnblocks mit insgesamt etwa 90 Wohnungen.[24]

Nach der Inbetriebnahme des Rangierbahnhofes in Berg am Laim im Jahre 1921 war es nur naheliegend, daß hier 1923 bis 1927 entlang der Truderinger Straße eine große Eisenbahnersiedlung errichtet wurde, die man 1932 weiter ausbaute.[25] Damit entwickelte sich das ehemalige Dorf Berg am Laim immer mehr zu städtischem Siedlungsgebiet.

Bereits wenige Jahre nach der Machtergreifung durch die Nationalsozialisten entwickelte die Reichsregierung ein umfangreiches Volkswohnungsbauprogramm, für das im Jahre 1935 35 Millionen Reichsmark bereitgestellt wurden. Zu den Zielen dieser Siedlungsaktion gehörten die »Errichtung billigster Mietwohnungen (Volkswohnungen)«, vor allem von Kleinsiedlungen, aber auch die Bemühung, Arbeitern den Erwerb von Grund und Boden zu erleichtern und sie so an die »Scholle« zu binden, kinderreiche Familien sollten dabei bevorzugt werden.[26] Dieses Wohnungsbauprogramm, das deutlich die nationalsozialistische Ideologie widerspiegelt, führte in München zu einer regen Bautätigkeit: so entstand beispielsweise in Berg am Laim in den Jahren 1936 bis 1939 an der Echardinger Straße eine »Volkswohnungsanlage«, die im Volksmund bald »Maikäfersiedlung« genannt wurde (Abb. 86). Mit der Errichtung dieser über 600 Wohneinheiten beauftragte die Stadt München die GWG, die Gemeinnützige Wohnstätten- und Siedlungsgesellschaft, der sie dafür auch ehemals Maffeischen Grundbesitz zum Quadratmeterpreis von 4,– Reichsmark überließ.[27]

Diese Siedlung beschleunigte den Prozeß der Verstädterung erheblich. So erwartete man eine Vergrößerung der Einwohnerzahl um etwa 2500 Personen, darunter etwa

1200 Kinder.[28] Diese Besiedlungspolitik war auch für den erheblichen Bevölkerungsanstieg im Stadtteil maßgebend: Zwischen 1933 und 1939 kletterte die Einwohnerzahl von 11000 auf über 17000, also um über die Hälfte, während sich in München die Zahl nur um insgesamt etwa 100000 auf 830000 erhöhte.[29]

Die Wohnungen und kleinen Einfamilienhäuser der Siedlung waren in erster Linie für einkommensschwache Gruppen gedacht; sie wurden in der NS-Presseinformation als »ideales Heim für den Arbeiter« bezeichnet.[30] Die Miete sollte daher nicht mehr als ein Fünftel des Monatsnettoeinkommens ausmachen. Eine winzige, nur 32 Quadratmeter große Wohnung für vier Personen kostete daher 29 Reichsmark Miete, der Erwerb eines kleinen Reihenhauses mit Gartenanteil etwa 6000 Reichsmark.

Auch die Wohnungseinrichtung sollte den Charakter einer Volkswohnung tragen: »Vor allem ist die Möblierung so vorzunehmen, daß sie im rechten Verhältnis zu Lebenshaltung, Familienstand und Einkommen des Bewohners steht. Wichtig ist die richtige Ausnützung der Räume, die erleichtert wird, wenn die Maße der Möbel zur Raumgröße passen... Wenige schlichte, dafür aber gut geformte und gearbeitete Möbelstücke machen den Raum groß und licht, große und dunkle Möbel dagegen wirken beengend und unfreundlich.« (Abb. 84/85)[31]

Für die Wohnungen meldeten sich insgesamt 2000 Interessenten, bei deren Auswahl die Kreisleitung der Münchner NSDAP ein Wörtchen mitreden wollte: sie wies darauf hin, daß Mieter erwünscht seien, »die als Nationalsozialisten angesprochen werden können, da gerade im Umkreis der Echardinger Straße unbedingt erforderlich sei, daß die Bewohner mit Nationalsozialisten durchsetzt werden«.[32] Die Nationalsozialisten stellten also keineswegs zufällig diese Siedlung in ein altes Arbeiterviertel, sie versuchten vielmehr mit lockenden Angeboten die noch übriggebliebenen sozialdemokratischen Sympathien der Arbeiter auszuräumen. Auch andere nationalsozialistische Interessen forderten hier ihren Tribut: so veranlaßten die Erweiterungspläne um den Rangierbahnhof München-Ost den Münchner Oberbürgermeister, die GWG um Bevorzugung von Mietern zu bitten: »Anläßlich... der umfangreichen Bauvorhaben der Deutschen Reichsbahn in München wird eine Reihe von Mietern durch den Abbruch der Mietanwesen obdachlos werden.«[33] Die GWG hatte allerdings schon in früheren Schreiben eine städtische Einflußnahme bei der Auswahl der Mieter abgelehnt.[34] Trotzdem zeigt gerade das zuletzt genannte Ansinnen der Stadt, daß städtische und staatliche Interessen bis in die Mieterpolitik hineingriffen. Dies blieb zwar ohne konkrete Folgen; die Zeitumstände wirkten jedoch um so deutlicher auf die Größe der Wohnungen und die Bausubstanz ein. So ergibt eine wissenschaftliche Analyse aus dem Jahre 1986: »Angesichts von Wohnungsmangel, Arbeitslosigkeit und Kriegsvorbereitungen entstand eine Wohnanlage von etwa 900 Wohneinheiten mit einem bautechnisch sehr geringen Standard.«[35]

Diese Misere macht die Maikäfersiedlung heute zu einem Zankapfel städteplanerischer Konzeptionen. Die eine Seite will die Altbauwohnungen einer Großsanierung unterziehen, sie möglicherweise ganz abreißen und den Wohnungsbestand modernisieren[36]; die andere möchte den kleinteiligen Siedlungscharakter mit den gewachsenen Gärten, die den Wohnwert der Siedlung wesentlich bestimmen[37], erhalten und die Siedlung sanieren (Abb. 83).

Wohnen in Berg am Laim bleibt also sehr stark von äußeren Einflußnahmen bestimmt, in denen sich Bedürfnisse und Ideologien der jeweiligen Zeit niederschlagen. Waren es anfangs vor allem Eisenbahn und Industrialisierung, die Art und Tempo des Wohnungsbaus bestimmten, so zeigen heute die Diskussionen ein neues Bewußtsein für alte Bausubstanz und für gewachsene Grünbereiche.

Vom Acker zum Park: Grünanlagen als Verstädterungsphänomen

Der Zugriff der Großstadt war hier jedoch bereits vor der Eingemeindung zu spüren. Wie schnell diese Entwicklung ging, zeigt das Beispiel der Grünflächenplanung. Noch 1885, als in Berg am Laim Ziegen und Schafe weideten (Abb. 43), hätte niemand den dörflichen Charakter dieses Gebiets bezweifelt. Doch bereits seit der Jahrhundertwende gab es von städtischer Seite Bestrebungen, als Ausgleich für die geschlossene Bauweise und die Industrieansiedlung, hier angemessene Grünflächen zu schaffen: Schon 1898 formulierte das Stadtbauamt die Notwendigkeit, im Osten der Stadt als Gegengewicht gegen die großgewerblichen Anlagen einen »Ostpark« anzulegen. Vorgesehen war dafür eine 150000 Quadratmeter große Fläche in Berg am Laim auf dem Gebiet der Josephsburg, südöstlich

der Kirche St. Michael.[38] 1915 heißt es im Baulinienplan für Berg am Laim: »Vom Park aus nach Süden, dem Laufe des Hachinger-Baches folgend, ist ein Grünstreifen geplant, der zugleich auch die Möglichkeit schaffen soll, einen Fernblick auf die Bergkette offen zu halten, die von hier aus ganz besonders bei Abend- und Föhnstimmung oder im Winterbilde zu einer selten großartigen Wirkung kommt.«[39]
Diese Stellungnahme zeigt, daß man inzwischen auch die Außenbezirke in die Ideen der »malerischen Stadtplanung« einbezog, die in München bereits viel früher durch den Stadtplaner Camillo Sitte populär geworden waren. Mit dem Stadtpark und einigen anderen auch im Fabrikbereich »im hygienischen und schönheitlichen Interesse« eingestreuten Anlagen sollten 8,6 Prozent des Berg am Laimer Gebietes aus Grünflächen bestehen. Das entsprach ziemlich genau dem Prozentsatz der öffentlichen Anlagen und bepflanzten Flächen in München[40]; dafür sollte allerdings jeder private Grundbesitzer neben einer fünfprozentigen Grundabtretung für Straßen nochmals fünf Prozent seines Besitzes hergeben. Ob deshalb oder aus anderen Gründen: dieser Ostpark wurde für Berg am Laim nie verwirklicht, sondern erst nach dem Zweiten Weltkrieg Anfang der 70er Jahre der Trabantenstadt Neuperlach angegliedert. Hier zeigt sich die Modernität solcher frühen städteplanerischen Konzeptionen, deren Realisierung durch zwei Weltkriege um über ein halbes Jahrhundert verzögert wurde.
Die Fläche des geplanten alten Ostparks in Berg am Laim war zu Zeiten eines hohen Wohnungsbedarfs natürlich auch Planungsziel für Siedlungsprojekte: So empfahl die Stadt 1953 den Verkauf dieses Geländes an die Gemeinnützige Wohnungsbaugesellschaft[41]; geplant war der Ausbau der Maikäfersiedlung über den gesamten Grünbereich. Auf einem schmalen Grünstreifen sollte in Ost-West-Richtung die Straßenbahn verkehren und in der Nord-Süd-Achse eine Stadtautobahn gelegt werden. Solche radikalen Lösungen einer verkehrstechnischen Anbindung sind aber nicht weiter verfolgt worden. Allerdings weisen auch die Stadtplanungen der letzten Jahre diese Flächen als potentielles Wohngebiet aus.[42]
Die kommenden Jahre werden endgültig eine teilweise Bebauung mit Wohnungen bringen, außerdem soll eine große Bezirkssportanlage entstehen, die sich westlich an das Michaeli-Gymnasium anschließt. Deshalb wird diskutiert, von dieser letzten großen zusammenhängenden Grünfläche des Stadtbezirks, die bis vor wenigen Jahren landwirtschaftlich genutzt wurde, einen Teil als breiten Grünbereich zu erhalten, in den auch der Hachinger Bach über seine Versickerungsstelle hinaus miteinbezogen werden soll.
Bereits im Jahre 1907 hatte die Stadt München die Bewerbung der Gemeinde Berg am Laim, den alten botanischen Garten nicht nach Nymphenburg, sondern an die Stelle des geplanten Ostparkes zu verlegen, mit dem Hinweis auf die verkehrstechnisch ungünstige Lage abgelehnt.[43] Daß man dennoch vorhandene Grünflächen schützen wollte, geht aus einem Schreiben des Stadtbauamtes von 1904 hervor: »In dem Plan der Gemeinde ist auch eine Süd-Ost-Diagonale vorgesehen ... dann durchschneidet sie den großen Klostergarten. Dies müßte aber, wenn möglich, vermieden werden, denn man sollte doch Grundstücke auf jede Weise schützen, die voraussichtlich noch auf lange Zeit hinaus anderen Zwecken bestimmt sind, als der Spekulationswut zum Opfer zu fallen.«[44]
Auch hier plädierte das Stadtbauamt mit heute wieder sehr aktuellen, scheinbar »konservativen« Argumenten für den Erhalt des Bestehenden. Gedanken von Lebensqualität spielten hier offenbar eine Rolle: In der Umgebung des geplanten Ostparkes sollte ein ruhiges Wohnviertel mit niedriger Bebauung entstehen. Man wollte diese Häuser damit wohl bewußt von den »für den Baublock der Eisenbahnerbaugenossenschaft und dessen Umgebung vor einigen Jahren festgesetzten Baulinien«[45] absetzen. In ihrem Eingemeindungsantrag aus dem Jahre 1910 bedauert nämlich die Gemeinde trotz ihrer Fortschrittsgläubigkeit diese Bautätigkeit, die »durchaus städtischen Charakter – leider sogar mit Parterre und 4 Obergeschossen im geschlossenen System – trägt ... Auch im Innern der Ortschaft zeigt sich bei den Neubauführungen überwiegend städtischer Bau-Charakter.«[46]

Sehr früh war hier also ein Bewußtsein dafür entstanden, daß Verstädterung dort ihre Grenzen finden müsse, wo sie die Wohnqualität über Gebühr beeinträchtige. Obwohl man heute dafür einen noch geschärfteren Blick besitzt, gefährdet die Großstadt nach wie vor die letzten grünen Inseln des Stadtviertels, da die Eigendynamik von Wohnungsbau und Verstädterung andere Planungen überrollt.

Verstädterung und dörfliche Autarkie

Nur an zwei Stellen war die Bahnlinie unterführt und eine Verbindung zum Stadtgebiet hergestellt: an der Berg-am-Laim-Straße und südlich davon an der Rosenheimer Straße. Die Stadtnähe führte 1888 zur Pflasterung der Berg-am-Laim-Straße, vormals Münchner Straße, deren Baumbepflanzung allerdings als Teil der Straßenbefestigung erhalten blieb, da die Straße wegen der abgeziegelten Felder dammartig verlief. Bereits 1910, also noch vor der Eingemeindung, setzte das Stadtbauamt vorausschauend die Mindestbreite dieser Straße vor allem aus verkehrstechnischen Gründen auf 25 Meter fest, »... denn diese auf lange Zeit einzige, unter allen Umständen aber wichtigste Verbindungsstraße zwischen der Stadt München und der Ortschaft Berg am Laim wird einmal einen größeren Verkehr und in nicht zu ferner Zeit schon eine Straßenbahn aufzunehmen haben«.[47] Diese Prognose hatte einen durchaus konkreten Hintergrund, denn allein zwischen 1901 und 1903 waren nach dem Rückgang landwirtschaftlicher Betriebe neun professionelle Lohnfuhrwerksbetriebe in Berg am Laim eingerichtet worden, um Produkte wie Ziegel, Gärtnereierzeugnisse, aber auch Holz aus dem Dorf in die Stadt zu transportieren: ein deutlicher Indikator für die Intensität der Anbindung von Stadt und Land. Für den Personenverkehr meldete man 1911 dann die erste Automobildroschke an.[48]

Anzeichen für eine fortschreitende Verstädterung waren aber um die Jahrhundertwende auch die Kanalisation der Ortsstraßen – die Gebäude schloß man allerdings erst sehr viel später an –, die Anbindung an die städtische Quellwasserversorgung und die Elektrifizierung durch die Firma Siemens & Halske, später durch die Isar-Amperwerke. Während des Ersten Weltkrieges bekam die Volksschule eine elektrische Beleuchtung, für die Josephsburg- und für die Berg-am-Laim-Straße sah man Gaslampen vor.[49]

Damit waren die öffentlichen Gebäude der Gemeinde, aber auch die privaten und gewerblichen mit der städtischen Versorgung verbunden. Alle wesentlichen Gebäude gruppierten sich um einen Ortskern, den räumlich die Kreuzung Baumkirchner-/Berg-am-Laim-Straße bildete (Abb. 92). Dieser Dorfkern hatte seinen ursprünglichen Charakter weitgehend bewahrt (Abb. 149), da sich der Verstädterungsprozeß vornehmlich entlang der Bahnlinie vollzog, die zum einen wie ein Gürtel vor einem zu raschen Ausgreifen der Stadt schützte, zum anderen in hohem Maße Industrieansiedlung und Wohnungsbau beschleunigte. An diesem Dorfmittelpunkt endete die Berg-am-Laim-Straße, deren östliche Fortsetzung erst nach dem Zweiten Weltkrieg zur Durchgangsstraße ausgebaut wurde. Hier hatten die Schulgebäude ihren Platz, im gegenüberliegenden Aumüllerhaus, das neben dem Weißen Bräuhaus (Abb. 103) und dem ehemaligen Loretohof (Ayinger) über Parterre und drei Obergeschosse verfügte, war die Polizei einquartiert, ferner gab es eine Post. Das Gemeindehaus lag nur wenige Schritte weiter. Zu diesen öffentlichen Einrichtungen kam auf dem freien Platz gegenüber dem Gemeindehaus auch die Gemeindewaage, die unter anderem der Errechnung des Pflasterzolls diente. Zu wichtigen Sammelpunkten des dörflichen Gemeinschaftslebens gehörten daneben die Wirtshäuser »Strell«, und, wenige Schritte entfernt, der »Altwirt«, die die erforderlichen Räumlichkeiten für Festivitäten, aber auch für das Vereinswesen der Gemeinde boten. Sie betrieben eigene Schlachtereien und waren wie die Bäckereien Kern und Daschner, die Kramerläden und Spezereien Einkaufsstätten für die Bevölkerung, denn: »Die Selbstversorgung der Bauern aus dem Hof hatte aufgehört«[50]; damit trat ein Spezifikum dörflichen Lebens zurück zugunsten der verstädterten arbeitsteiligen Gesellschaft.

Diese Kreuzung Berg-am-Laim-Straße/Baumkirchner Straße hatte so für die Gemeinde Berg am Laim eine Mittelpunktfunktion bekommen; die Art dieses Mittelpunktes zeigte zum einen die Autarkie dörflichen Gemeinschaftslebens, zum anderen aber auch die Übernahme städtischer Lebensformen. Der Dorfkern hatte sich seit dem ausgehenden 19. Jahrhundert nicht vor einem Kirchplatz gebildet – die besondere Entwicklung der einzelnen Dorfteile und Kirchen ließ dies hier nicht zu; seine Lage entsprach vielmehr über seine Anbindung an die Hauptstraßen, an öffentlichkeitsbezogene Gebäude und Handwerksbetriebe den Erfordernissen einer industrialisierten Gemeinde mit dörflichem Charakter. Dieser Mittelpunkt blieb Berg am Laim weitgehend unverändert bis nach 1945 erhalten: Anfang 1960 wurde die Berg-am-Laim-Straße mit ihrer Fortführung in der Kreillerstraße Durchgangsstraße, und die wesentlichen Gebäude des alten Mittelpunktes fielen der Spitzhacke zum Opfer. Erst in jüngster Zeit bemüht man sich wieder um Erhalt und Ausbau ehemaliger Dorfkerne.

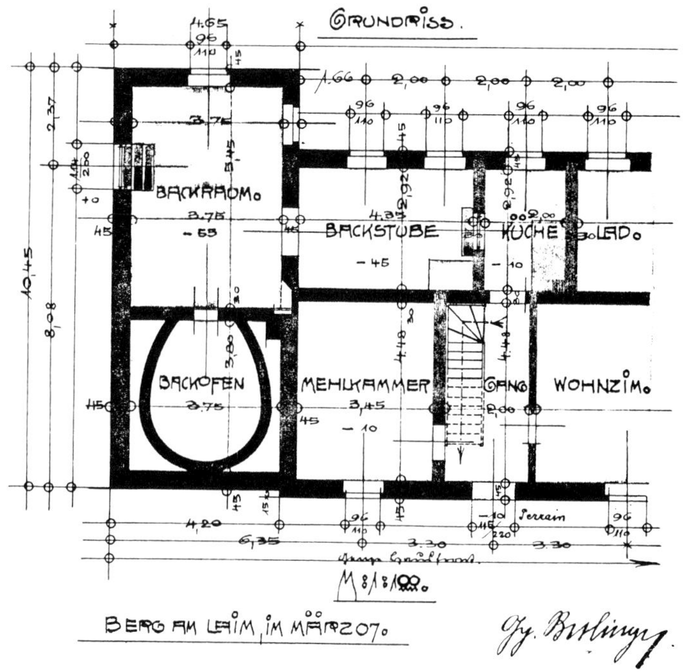

Fig. 32 Grundriß der Bäckerei Kern 1907, Josephsburgstraße 26, Stadtarchiv

Die Veränderung der Gewerbestruktur

Besonders im Bereich des Dorfmittelpunkts gab es noch zahlreiche traditionelle Handwerksbetriebe: Die Schuhmacher Herbst und Geiger – im Geigeranwesen, gegenüber dem Gasthaus »Strell« gelegen, wurde seit 1684 das Schuhmacherhandwerk betrieben –, die Schmiede Poiger (Abb. 87/88) und Merl, die Bäcker Daschner, später Aumüller (Abb. 93; 95), und Kern, den Glaser August Fries und andere mehr. Um 1900 etablierten sich mit zunehmender Verstädterung neue Handwerksbetriebe: Michael Ankofer eröffnete einen kleinen Betrieb zur »Errichtung elektrischer Leitungen«, ab 1913 tauchten dann als Berufsbezeichnungen der Elektrotechniker, Monteur und Installateur auf. Auch eine Modistin übte seit 1911 in Berg am Laim ihren Beruf aus. Andere Gewerbe wiederum wurden kaum noch betrieben oder verschwanden ganz: So die Lumpen- und Hadernsammler, von denen um 1870 allein fünf einen Gewerbeschein erhalten hatten, oder die Talgschmalzerei, die mit der Elektrifizierung überflüssig geworden war. Auch der Seiler Peter Striegel und der Hafner Karl Trägler verlegten wegen des besseren Absatzes ihrer Produkte ihr Gewerbe nach München. Andere Kleingewerbe wiederum nahmen in Berg am Laim deshalb zu, weil sich die Bevölkerung von etwas über 1200 Einwohnern im Jahre 1890 bis zum Jahre 1905 fast verdoppelt hatte: So gab es acht Milchgeschäfte, acht Krämereien und fünf Viktualienhandlungen, die ihren Bedarf aus den siebzehn Gärtnereien und einundzwanzig landwirtschaftlichen Betrieben des Dorfes decken konnten. Auch zwei Wäschereien hatten sich hier niedergelassen; der Arbeiteranteil in Berg am Laim machte diese Arbeitsteiligkeit notwendig. Daß sich neue Bedürfnislagen entwickelten, zeigt sich auch am Verkauf von Flaschenbier und Mineralwasser, Neuerungen, die städtischen Charakter tragen. Letzteres gilt natürlich vor allem auch für die Einrichtung eines Tanzinstituts zum Amüsement in der arbeitsfreien Zeit.

Die großen Gewerbebetriebe siedelten wegen der Gleisanschlüsse alle entlang oder zumindest in der Nähe des Ostbahnhofes und der Bahnlinie. Eine Ausnahme bildete die Baufirma Berlinger, die, nahe am Dorfkern gelegen, mit fast 150 Arbeitern das größte Unternehmen betrieb (Abb. 97). Einen eigenen Gleisanschluß besaß das Münchner Lagerhaus am Ostbahnhof, das über 80 Personen beschäftigte; dazu gehörten unter anderem eine Spedition und eine Möbelfirma. Die Nähe zur Stadt zeigte sich sowohl in der Art der Vertriebs- wie in den Betriebsformen: Das Lagerhaus am Ostbahnhof und die Kolonialwarengroßhandlung Franz Kathreiner Nachf. wurden als GmbH betrieben, etliche Firmen gehörten Münchner Unternehmern, so die Parkettfabrik Linke (Abb. 99) oder die Baufirma Moll. Auch die Produkte der einzelnen Firmen wurden wohl vornehmlich in der Stadt abgesetzt: Die Landesbank München unterhielt eine Trottoirsteinfabrik und der Kleinunternehmer Karl Wuchner eine Glasmanufaktur.[51] Einen besonderen Ruf, der weit über die Grenzen Münchens hinausging, genoß die »Deutsch-französische Cognac-Brennerei und Spirituos-Centrale vorm. Gebrüder Macholl A.-G.« (Abb. 98). Sie gehörte zu den am höchsten besteuerten Betrieben in der Gemeinde Berg am Laim, stellte wohl auch bekannte und teuere Produkte her, sonst hätte Karl Valentin die Firma Macholl nicht in seinem berühmten Stück »Der Firmling« in folgender Weise zitiert:

»Kellner: Was für einen darf ich bringen? (Er liest die Likörkarte ab) Allasch, Kirschwasser, Zwetschgenwasser, Rum, Kognak, Magenbitter, Kräuter...
Vater: Net so viel, einen nur!
Kellner: Goldwasser, Macholl, St. Emmeram...
Vater: An Macholl habts aa, ja, den mag i.
Kellner: Also eine Limonade und ein Gläschen Macholl.
Vater: Was, a Gläschen? A Flaschn möcht i, a Glasl is bei mir scho leer, wenn i's anschaug. Bring a Flaschn.
Kellner: Eine ganze Flasche wird Ihnen wahrscheinlich zu teuer sein.
Vater: Dös geht Ihna an Dreck o.«[52]

Auch im Bereich des Klein- und des Großgewerbes läßt sich also deutlich der zunehmende Einfluß der Großstadt feststellen; dieser hatte jedoch auch zur Folge, daß sich im noch dörflichen Umfeld Gewerbe etablierten, die die gestiegenen Ansprüche der Bevölkerung vor Ort zu befriedigen suchten.

Erst nach dem Zweiten Weltkrieg wurde Berg am Laim zu einem besonders bevorzugten Münchner Industrie- und Gewerbegebiet. So erwarb die Firma Rohde & Schwarz (Abb. 167) noch während des Krieges zwischen der Trausnitz- und der Mühldorfstraße ein großes Grundstück und rundete in den fünfziger und später in den siebziger Jahren mit dem Aufkauf der ehemaligen Kolonialwarengroßhandlung Kathreiner Nachf. sein Firmengelände ab. Rohde & Schwarz hatte sich auf elektronische und nachrichtentechnische Geräte, Anlagen und Systeme spezialisiert. Den Startkunden, in- und ausländischer Industrie sowie verschiedenen Instituten folgte »neben Bundespost, Rundfunk und Flugsicherung mit Schaffung der Bundeswehr ein vierter öffentlicher Auftraggeber«.[53] Vom Stammhaus im Münchner Stadtviertel Berg am Laim aus wurde ein umfangreiches Vertriebssystem mit internationaler Vernetzung aufgebaut. Heute gehören allein im Inlandsbereich fast 4500 Mitarbeiter zu Rohde & Schwarz; der jährliche Umsatz beträgt nahezu eine Milliarde Mark.

Auch andere Firmen wählten Berg am Laim als Industriestandort, so die Arzneimittelfirma Klinge, das Bekleidungshaus Bogner und die Pfanniwerke.

Die Stadt München wollte aber bereits am Ende der siebziger Jahre einer weiteren Verflechtung von Wohn- und Industrieansiedlungen entgegenwirken; deshalb gehörte zu ihren Zielen »die Bereitstellung geeigneter Gewerbeflächen im Außenraum« der Stadt.[54] Dies entsprach auch den Vorstellungen zahlreicher Münchner Betriebe. So entstand – um ein Beispiel zu nennen – in den achtziger Jahren das ausschließlich als Gewerbegebiet ausgewiesene Areal Am Moosfeld, das sich nordöstlich an den Stadtteil Berg am Laim anschließt und für die Wohngebiete eine deutliche Entlastung bringt.

Mobilität

Seit dem Jahre 1897 gab es in Berg am Laim eine neue Attraktion: Der berühmte Orientexpreß[55] passierte auf der Strecke München–Rosenheim–Salzburg den Ortsteil Baumkirchen. Natürlich stoppte dieser Zug nicht in Berg am Laim, obwohl man in Baumkirchen einen Eisenbahnhaltepunkt (Abb. 79) eingerichtet hatte: Seit Mai 1897 hielten jedoch »die Vorortzüge dahier«, wie die Chronik verzeichnet.[56] Nun war die Stadt für die Berg am Laimer näher gerückt und auch die Münchner konnten bequem einen Ausflug in Richtung Osten unternehmen.

Schüchterne Versuche der Fremdenverkehrswerbung finden sich daher in dem Begleittext zu einem Ansichtskartenheftchen aus der Zeit vor der Eingemeindung; hier heißt es: »Fünf Wege führen nach dem Ort... Per Bahn ab Ostbahnhof – Nahverkehr (10 Pfg.) – zur Haltestelle Berg am Laim. Bei all diesen Wanderungen (ca. 20 Minuten) fesselt der Hauptreiz des Ostens – der ungehinderte Blick auf die majestätische Alpenkette – das Auge, der an klaren Tagen und Abenden die Wanderung so genußreich gestaltet!«[57]

Mit der Begründung, es gäbe inzwischen einen regen Ausflugsverkehr, bemühte sich der gemeinnützige Verein von Berg am Laim im Jahre 1914, nach der Verlegung der Rosenheimer Bahntrasse nach Norden um Ersatz für den bisherigen Haltepunkt. Im darauffolgenden Jahr wurde dieser neue Haltepunkt eingerichtet, an dem nun auch öfter die Züge halten sollten; dabei wies das Staatsministerium für Verkehrsangelegenheiten darauf hin, die Bewohner Berg am Laims stünden mit München in regem Geschäftsverkehr.[58] Für die Beförderung des Eisenbahnpersonals zur Arbeit im Rangierbahnhof München-Ost sollten sogar eigene Fahrgelegenheiten eingerichtet werden.

Damit waren auch erste Pendler möglich geworden, die wegen der niedrigen Mieten in Berg am Laim wohnten, aber in München arbeiteten. Für sie gab es nun eine günstige, wenn auch selten verkehrende Fahrgelegenheit.[59]

Grundlegend änderte sich die Anbindung an die Stadt München erst 1926 mit dem Bau der Straßenbahn nach Berg am Laim. Nach der Eingemeindung 1913 hatte die Stadt München wegen der Krieg-in-Sicht-Stimmung von einer Erweiterung des Trambahnnetzes Abstand genommen; die Kriegsjahre und die Zeit der Inflation verlangsamten dann nochmals den Ausbau der Infrastruktur. Erst 1925/1926 ermöglichte die erste Auslandsanleihe des Freistaates Bayern in den USA in Höhe von 92,5 Millionen Reichsmark neue Investitionen innerhalb Bayerns[60]; der Münchner Oberbürgermeister Karl Scharnagl hatte sich damals in den Vereinigten Staaten besonders um Geld für den Ausbau der Münchner Straßenbahn bemüht.[61] Neue Strecken waren nämlich nach der Umstellung von der Pferdebahn auf elektrischen Betrieb, also etwa ab 1895, teuer geworden; seit 1907 mußte die Stadt diese Investitionen außerdem selber tragen: sie hatte den Vertrag mit der Trambahn-Aktiengesellschaft gekündigt und war somit alleinige Eigentümerin des Straßenbahnunternehmens.

Dennoch legte man im Jahre 1926, aus Anlaß des fünfzigjährigen Bestehens der Münchner Straßenbahn, die hufeisenförmige Strecke Ramersdorf–Ostbahnhof–Berg am Laim sowie vier weitere Schleifen im Stadtgebiet an. Am 15. September 1926[62] fuhr dann zum ersten Mal die Linie 31 nach Berg am Laim bis zum Endhaltepunkt Baumkirchen. Dieses Ereignis wurde im Stadtviertel ganz groß gefeiert (Abb. 111; 112; 113): Endlich war die lange erwünschte Anbindung an die Stadt hergestellt. Nun setzte ein reger Pendlerverkehr zwischen Berg am Laim und der Stadt München ein, denn diese Verbindung eröffnete den Berg am Laimern den Münchner Arbeitsmarkt und den Münchnern die billigen Wohnmöglichkeiten der Vorstadt, die schon »zwischen den beiden Weltkriegen ein Hauptgebiet des sozialen Wohnungsbaus« geworden war.[63] Der Endhaltepunkt der Tram im Zentrum des Stadtteils Berg am Laim war günstig gelegen, und eine Fahrt zum Ostbahnhof kostete 10 Pfennige. Wie gerne die Straßenbahn hier genutzt wurde und wie sehr sie die Eisenbahn in den Schatten stellte, läßt sich auch am geringeren Fahrkartenverkauf des Eisenbahnhaltepunktes Berg am Laim ablesen. Hier gab man im Jahre 1934 insgesamt nur 6000 Fahrkarten aus, während im etwa ebenso großen Laim 445 000 Fahrgäste die Eisenbahn benützten.[64]

Wie empfindlich diese Verkehrsanbindung nach München war, wurde allerdings am Ende des Zweiten Weltkrieges sichtbar: 1944 fuhr die Trambahn wegen der häufigen Luftangriffe nur in den Hauptverkehrszeiten, und in den letzten Kriegsmonaten kam der Verkehr nach Berg am Laim schließlich vollkommen zum Erliegen. Neun Monate war der Stadtteil von München abgeschnitten; dies läßt ahnen, wie schwierig sich die Versorgung der Außenviertel in den Nachkriegsmonaten gestaltete. Erst Ende 1945 stand den Berg am Laimern wieder die Linie 1 zur Verfügung, die zehn Jahre vorher eingerichtet worden war. Bis 1967 verband sie die Stadtteile Berg am Laim und Moosach. Dann ließen die Münchner Verkehrsbetriebe die Wendeschleife an der Baumkirchner Straße auf, verlängerten die Strecke bis zur St.-Veit-Straße und schufen somit die Verkehrsanbindung an das im Jahre 1971 errichtete Michaeli-Gymnasium. Die siebziger Jahre schließlich brachten durch die U-Bahn- und S-Bahn-Verbindungen eine noch größere Nähe zum Stadtgebiet.
Die zunehmende Verschränkung Berg am Laims mit der Stadt München wird daher am Beispiel der Infrastruktur besonders deutlich: Innerhalb von etwa 70 Jahren war es zu einem Teil der Großstadt geworden.

Alle Wege führen nach München

Das Hauptaugenmerk des Bezirksausschusses von Berg am Laim galt in den fünfziger Jahren dem Ausbau der Straßen. »Der Vorsitzende des 31. Bezirksausschusses, Michael Engesser, sprach in seinem Tätigkeitsbericht ebenfalls von ›beachtlichen Fortschritten‹. So sei, nach zehnjährigem Bitten, die Berg-am-Laim-Straße vorbildlich hergerichtet worden ... Dringend notwendig sei jetzt der Ausbau der Kreillerstraße, in der zwei große Wagen kaum aneinander vorbeikämen.«[65]
Dies ist verständlich, wohnten doch hier 1957 schon mehr als 26 000 Menschen, und die starke Besiedlung machte natürlich einen raschen Ausbau der Infrastruktur notwendig. Der westliche Teil des Stadtviertels war schon recht gut erschlossen, da sich auch hier – entlang der Bahnlinie – bei ziemlich hoher Bevölkerungsdichte die meisten Arbeitsplätze konzentrierten. Der erheblich lockerer besiedelte östliche Teil[66] mußte mit einer wesentlich schlechteren Straßenanbindung vorliebnehmen. Die entscheidende Voraussetzung für einen raschen Ausbau der Kreiller-

straße, die die Berg-am-Laim-Straße in östlicher Richtung fortführt, bildete allerdings die Kanalisierung. Doch die Stadt hatte auch noch in den fünfziger Jahren Probleme mit einer raschen Anbindung an das städtische Kanalsystem, da sie der Bevölkerungszunahme und der schnellen Ausdehnung der Stadt kaum gewachsen war.[67] Dies zeigt sich daran, daß die Stadt München wegen Arbeitskräftemangels sogar nur die Hälfte der Berg-am-Laim-Straße in den Arbeitsbereich der städtischen Straßenreinigung einschließen konnte, obwohl der Bezirksausschuß das immer größere Verkehrsaufkommen auf dieser Hauptverbindungsstraße nach München betonte.[68]
Hier rächte sich deutlich die städtische Eingemeindungspolitik des Jahres 1913, die festschrieb, daß sich die einzugemeindenden Ortschaften mit ihren bisherigen ländlichen Verhältnissen zufrieden geben müßten[69]; die finanziellen Rückschläge durch Kriegs- und Nachkriegszeiten, die einen weiteren Ausbau verzögert hatten, führten nun zu einem großen Nachholbedarf und ließen den immer dringlicheren Wunsch entstehen, an das Netz städtischer Leistungen angeschlossen zu werden. Die Stadt selbst hatte jedoch ihre Finanzkräfte darauf konzentriert, die City durch den Altstadtring und den Ausbau des Mittleren Rings vom Individualverkehr zu entlasten.[70]

Als dann für Berg am Laim die gewünschten Anbindungen geschaffen wurden, veränderten sowohl die Trasse des Mittleren Rings im Westen des Stadtteils wie der Ausbau der Berg-am-Laim- und der Kreillerstraße zur Durchgangsstraße den Stadtteil ganz erheblich (Abb. 80; 92; 154). Die Ringstraße trennte etwa ein Fünftel der Fläche von Berg am Laim ab und zerstörte organisch gewachsene Strukturen in einer dem Bahnbau des 19. Jahrhunderts vergleichbaren Weise; die große Durchgangsstraße zerschnitt den Stadtbezirk zusätzlich in eine nördliche und eine südliche Hälfte (s. beil. Faltblatt). Im Zuge des Straßenbaus und der Modernisierung kam es dann zu zwei großen Wellen von Häuserabbrüchen: In den sechziger Jahren fielen über ein Dutzend vor 1900 erbaute Anwesen der Spitzhacke zum Opfer, so etwa das alte Haus der Bäckerei Daschner (Abb. 109)[71]; in den siebziger Jahren löste sich mit dem Abbruch der Wirtshäuser »Großwirt« und »Alter Wirt« sowie des »Aumüllerhauses« der alte Ortskern allmählich auf (Abb. 116; 117; 155).
Dabei handelte es sich keineswegs um gezielte Zerstörungsaktionen, manchmal standen sich moderne Verkehrsplanung und die Lage dörflicher Anwesen einfach im Wege. So ragten zum Beispiel beide Wirtshäuser weit in die Straße hinein. In der städtischen Begründung des Abbruchs heißt es daher: »... die Straßenbahn müßte ausgerechnet über die Kreuzung Baumkirchner-Kreiller- und Berg-am-Laim-Str. eingleisig geführt werden.«[72] Die Erhaltung historischer Bausubstanz scheiterte bisweilen zwar auch an den Kosten der Sanierung, häufig hatte aber der Gedanke des Denkmalschutzes einfach noch nicht ausreichenden Platz in den Diskussionen gefunden.[73] Der Stadtentwicklungsplan von 1974 verdeutlicht diesen Prozeß des Umdenkens: »Eine weitere Zielkorrektur ergibt sich für den Bereich des Verkehrs: War der Stadtentwicklungsplan von 1963 noch von einem etwa gleichgewichtigen Ausbau der Verkehrsnetze für den Individualverkehr bzw. den öffentlichen Nahverkehr ausgegangen, so entstand durch den abnehmenden Investitionsspielraum der Landeshauptstadt der Zwang, eindeutige Prioritäten zu setzen. Wachsende Zweifel an der Zweckmäßigkeit des Ausbaus der Straßennetze, ständig zunehmende Umweltbelastungen durch Lärm und Abgase des Individualverkehrs und wachsende öffentliche Kritik an dem persönlichen und städtebaulichen Preis für Straßenbau, wie Abbruch von Wohngebäuden, Qualitätsverlust oder Zerstörung von Stadtstruktur führten dazu, die Priorität dem öffentlichen Nahverkehr einzuräumen.«[74]
Innerhalb weniger Jahre hatte sich also eine völlige Umorientierung der planerischen Konzepte ergeben. Für viele Gebiete der Stadt[75], so auch für Berg am Laim, kam dies jedoch zu spät.

Weltstadt mit Lärm: die Flugzeuge

Geradezu ein Stigma für den Münchner Osten bildet die Lärmbelastung von oben, da die östlichen Stadtgebiete genau in einem der beiden Anflugsektoren des Flughafens München-Riem liegen; so ist es beispielsweise in den Schulen nahezu zum Ritual geworden, die Unterrichtsstunde immer wieder durch Schweigeminuten zu unterbrechen, weil man sich im Gespräch nicht mehr verständlich machen kann. Deshalb zogen sich auch die Diskussionen um die Lärmbelästigung wie ein roter Faden durch die Protokolle des Bezirksausschusses. Die Betroffenen bildeten Aktionsgemeinschaften gegen den Flughafen München-Riem[76] und aktivierten auch die Repräsentanten in den städtischen Gremien. Dies führte in Einzelfällen zu kuriosen Verbindungen; so hieß es in einer Sitzung des Bezirksausschusses von Berg am Laim: »Unerwartete Hilfestellung in unserer Fliegerlärmbekämpfung leistete die Gesamtdeutsche Partei im Rathaus, indem sie wegen der Störung anläßlich des Empfangs von De Gaulle sich kräftig beschwerte.«[77]

Auch mit der Flughafengesellschaft selbst nahm man immer wieder Kontakt auf, die auch Verbesserungen durch technische Veränderungen in Aussicht stellte. Zum einen hoffte man, durch den Ausbau einer zweiten Startbahn mit anderer Start- und Landerichtung den Fluglärm zu vermindern[78], zum anderen sollten neue Flugzeugtypen lärmdämpfend wirken: »Wegen der Lärmbelästigung durch die ›Boeing‹ kündigte die Flughafenleitung an, daß sie jetzt mit Flugzeugen Typ ›Caravelle‹ auf eine leisere Tour machen werde, was ... ›W.‹ nur ein skeptisches Lächeln entlockte.«[79]
Da die Sicherheitsbestimmungen in den Ein- und Ausflugsektoren die bauliche Entwicklung der sich stetig vergrößernden Stadt im Osten behinderten[80] und die Gesundheitsgefährdung durch den Lärm immer mehr ins Bewußtsein rückte, begann die Stadt zusammen mit dem Land Bayern und dem Bund die Standortfrage des Flughafens zu überdenken. Zugleich aber nahm die Zahl der Starts und Landungen, nicht zuletzt durch den prosperierenden Tourismus, in den folgenden Jahren enorm zu: im Jahre 1968 flogen mehr als eine Million Passagiere vom Flughafen München-Riem ab, im folgenden Jahr waren es bereits um 15 Prozent mehr; eine noch höhere Steigerungsrate hatte der Bereich der Luftfracht zu verzeichnen.[81] Hinzu kam dann noch die verkehrsgünstige Lage des Flughafens. So war es eigentlich nicht verwunderlich, daß sich der Stadtrat einerseits für eine Verlegung des Flughafens aussprach, aber andererseits dem Bau einer neuen Flughafenhalle zustimmte.[82] Ende der sechziger Jahre wurde der Flughafen Riem – immerhin standen die Olympischen Spiele kurz bevor – weiter ausgebaut, zugleich aber kristallisierte sich in der Standortfrage das Erdinger Moos als Alternative für einen Großflughafen immer deutlicher heraus.[83] Die Verhandlungen zogen sich jedoch durch alle gerichtlichen Instanzen über nahezu zwanzig Jahre hin mit dem Ergebnis, daß der neue Flughafen in Erding nun endgültig gebaut wird.

Ein neues Stadtteilbewußtsein

Mitte der siebziger Jahre scheint der Verstädterungsprozeß des Stadtviertels Berg am Laim erst einmal zu einem gewissen Abschluß gekommen zu sein. Dafür gibt es kleinere Indizien, die eine Abwehrhaltung gegen großstädtische Einflüsse verdeutlichen. So rief ein Vortrag über die Entwicklung von Selbstbedienungswarenhäusern und Verbrauchermärkten im Bezirksausschuß die Reaktion hervor, »... daß eine Ausuferung unterbunden werden soll und gewachsene Einkaufsstrukturen erhalten bleiben sollen«.[84] Ein Bedarf bestehe für Berg am Laim nicht. Ferner nahm man mit Erleichterung zur Kenntnis, daß die Tangente 5 Ost, die eine Verbindung zwischen den Autobahnanschlüssen nach Salzburg und Nürnberg herstellen und durch Berg am Laim führen sollte, im Verkehrsentwicklungsplan nicht mehr enthalten war.[85]
Zugleich begann in einzelnen Vierteln der Stadt, so auch in Berg am Laim, ein neues Stadtteilbewußtsein zu entstehen; im Stadtentwicklungsplan von 1975 wird dieser neue Akzent mit dem Stichwort »Originalität« angedeutet: »Diese Originalität als bauliches, räumliches und funktionales Ergebnis der Stadtgeschichte muß als Wert erhalten bleiben, der die Attraktivität der Stadt fördert und dazu beiträgt, daß sich die Bürger mit ihrer Stadt identifizieren.«[86]
Der dazugehörige Plan weist dementsprechend in Berg am Laim die Fläche zwischen den Kirchen St. Stephan und St. Michael aus als »dörfliche Bereiche, die in ihrer originalen Bau- und Siedlungsstruktur als Orientierungs- und Identifikationsbereiche zu erhalten sind«. Diese Konzeption gab dem Denkmalschutz eine besondere Bedeutung. Der Bezirksausschuß griff die städtische Anregung auf und erstellte Vorschläge für eine Denkmalliste, in der man beispielsweise die Maikäfersiedlung für den Ensembleschutz vorschlug. Die Aufmerksamkeit wurde so auf Bauobjekte gelenkt, deren Abriß man Jahre zuvor durchaus noch zugestimmt hätte – so legen es zumindest die Einzelabstimmungen nahe, die zu jedem Objekt durchgeführt wurden.[87]
Neben der Erhaltung solcher dörflicher Strukturen versuchte man jedoch, auch durch verbesserte Freizeitmöglichkeiten die Identifikationsbereitschaft der Bürger mit dem Stadtteil zu erhöhen: Für die Jugendlichen entstand in

der Echardinger Straße ein neues Freizeitheim, und es entsprach sicherlich der geschärften Sensibilität der Zeit, dafür ein ehemaliges Bauernhaus, den »Rosenhof«, zu erneuern und somit ein historisches Gebäude mit veränderter Funktion zu erhalten. Zudem hatte der Stadtrat 1968 die Errichtung eines Hallenbades beim Michaelibad beschlossen, das 1973 eröffnet wurde.[88] Auch den Ausbau des Ostparks und der Eislaufbahn im unmittelbar angrenzenden Stadtviertel Neuperlach nahmen die Bürger Berg am Laims gerne als zusätzliches Freizeitangebot an. In den Folgejahren begann dann der Bürgerkreis von Berg am Laim, der sich als Interessenvertretung gebildet hatte, Verhandlungen wegen eines eigenen kleinen Parks anzuregen, die schließlich nach langen Jahren zum Erfolg führten: am 8. September 1987 wurde von der Stadt München der Behrpark den Bürgern zugänglich gemacht.
Eine ganze Reihe weiterer Aktivitäten drückt ebenfalls das neue Selbstbewußtsein des Stadtteils Berg am Laim aus: Straßenfeste, Stadtteilwochen und das Ringen um ein Bürgerhaus. Diese Tendenzen sind mit unterschiedlicher Intensität in allen Stadtteilen Münchens zu beobachten; für Berg am Laim gilt, daß in den vergangenen zehn Jahren ein Teil des Selbstbewußtseins und der Identifikationsmöglichkeiten revitalisiert wurde, wie er vor der Eingemeindung in die Stadt München die selbständige Gemeinde charakterisiert hatte.

Das Ausgreifen der Großstadt einerseits und die Verstädterung der Umlandgemeinden andererseits, gehören sicherlich zu den Entwicklungen, die das heutige Bild mit am nachdrücklichsten geprägt haben. Obwohl man inzwischen wieder versucht, die eigenen Kräfte der ehemals selbständigen Gemeinwesen zu wecken und zu stärken, ging dem ein jahrzehntelanger Nivellierungsprozeß voraus, in dessen Verlauf die Eigenständigkeit zugunsten einer münchenzentrierten Ausrichtung zurücktreten mußte.

SOZIALE FÜRSORGE

Die Armenpflege

Ohne Heimatrecht keine Armenunterstützung

»Übrigens ist in dieser Gemeinde durchaus kein Mangel an Taglöhnern, da der frühere Hofmarksbesitzer von Berg am Laim, Freiherr von Hompesch ... Taglöhnerhäuschen gebaut und an Taglöhner verkauft hat, wovon aber viele schon abgehaust haben und der Gemeinde zur Last gefallen sind – eine wahre Calamität für die Gemeinde Berg am Laim!«[1]
Mit diesem Hinweis auf die Verarmung der Bevölkerung versuchte die Gemeinde im Jahre 1861 gegenüber dem Bezirksamt zu vertreten, weshalb sie dem Ziegelarbeiter Thomas Daiserberger die Verheiratung mit einer Gürtlerstochter und die Aufnahme als Gemeindebürger nicht bewilligen wollte. Die Gemeinde befürchtete die Verarmung dieses Paares, da das Ziegelgewerbe in den Jahren zuvor keineswegs floriert hatte und bereits genug Taglöhner unterstützt werden mußten. Sie ging nämlich mit der Verleihung des Heimatrechts soziale Verpflichtungen ein, so etwa die zur Versorgung eines minderbemittelten Bürgers. Als arm und damit unterstützungswürdig im Sinne der Armenverordnung von 1816 galt, wer arbeitsunfähig war und nur noch ein Minimum an persönlichem Besitz vorweisen konnte. In Zweifelsfällen überprüfte der Armenpflegschaftsrat der Gemeinde die Besitzverhältnisse eines Betroffenen und stellte ihm ein »Armutszeugnis« aus. Das Heimatrecht wurde in solchen Fällen nicht verliehen; so verzeichnen die Protokolle des Gemeindeausschusses sogar die Abschiebung eines Einwohners in seine Heimat, weil sich dessen »Vermögens- und Einkommensverhältnisse nicht wesentlich gebessert haben«.[2] Fiel allerdings eine solche Untersuchung des Armenpflegschaftsrates zugunsten des Antragstellers aus, so durfte das Gemeindebürgerrecht nicht verweigert werden. Einen solchen Fall galt es im Jahre 1860 zu verhandeln; der Armenpflegschaftsrat merkt

an, »... daß dem besagten Berlinger ein Armutszeugniß nicht und nie ausgestellt werden kann, weil er in ganz entsprechenden Besitz- und Vermögensverhältnissen sich befindet und keine Spur von Armut an sich trägt«.[3]
War der Einwohner dann zum Gemeindebürger arriviert, so hatte er auch: »... den Pflichten eines Gemeinde-Gliedes nach allen Beziehungen pünktlich nachzukommen ...«[4] Damit meinte man natürlich in erster Linie die Steuerpflicht. Ein verarmter Gemeindebürger, der nicht mehr in der Lage war, Steuern zu bezahlen, ging daher auch des Wahlrechts verlustig. Außerdem hatte die Gemeinde nun die soziale Mindestabsicherung des Armen aus den Mitteln des Lokalarmenfonds zu bestreiten, der aus den Pflichtbeiträgen der Steuerpflichtigen der Gemeinde nach einer bestimmten Steuerquote gespeist wurde.
Daß die Zahlungsmoral hier sehr unterschiedlich war, zeigt eine Auflistung der Pflichtbeiträge zur Unterstützung der Armen aus den Jahren 1834/1835[5]: die größeren Beträge, also die Zahlungen der Vermögenden, waren alle ausständig, die kleineren alle bezahlt. Auch der Hofmarksherr Simon von Eichthal gehörte zu den säumigen Zahlern und mußte vom Armenpflegschaftsrat in einem ausführlichen Schreiben an seine Beitragspflicht erinnert werden.[6] Es sollten aber noch weitere Ausgaben auf die Zahlungspflichtigen zukommen: Wenige Jahre später hob man die Pflichtbeiträge mehrmals im Jahr an, da die Zahl der Armen und damit auch die Ansprüche an die Gemeindekasse durch wirtschaftliche Krisen angestiegen waren.
Die Pflichtleistungen der Armenpflege umfaßten neben der Gewährung eines unentbehrlichen Lebensunterhaltes auch die Erziehung armer Kinder, die Pflege in Krankheitsfällen und ein angemessenes Begräbnis.[7] Außer diesen Zahlungen hatte die Gemeinde für den Bau eines Armenhauses aufzukommen, das in den Jahren 1879/1880 mit einem Kostenaufwand von über 17000 Mark errichtet wurde (Abb. 147)[8]; wenige Jahre später nahm sie arme Personen in die Gemeindekrankenversicherung auf, wie es im Armengesetz von 1869 und in der Sozialgesetzgebung des Reiches von 1883 vorgesehen war, und kam wohl auch für deren Beiträge auf.[9]

Fig. 33 Plan des Gemeinde- und Armenhauses, 1879, Stadtarchiv

Betreuung armer Kinder

Wie diese gemeindliche Armenpflege in Berg am Laim in der Praxis aussah, zeigt das Beispiel der Zwangserziehung des verarmten Taglöhnersohnes Mathias Wild. Der neunjährige Junge hatte sich mehrere Diebstähle zuschulden kommen lassen. »Er entwendete seiner Mutter wiederholt Geld, stahl anderen Hausinwohnern Milch und Brot, seinem Lehrer 4 Lehrbücher vom Pulte weg und seinen Mitschülern Lehrbücher, Griffel usw. Während des Schuljahres 1906/1907 blieb er dreizehnmal unentschuldigt von der

Schule weg.«[10] Das Amtsgericht sprach die Maßnahme der Zwangserziehung aus. Es veranlaßte, daß das Bezirksamt München mit einem Bauern einen Vertrag schloß, »den Mathias Wild von Berg am Laim in seiner Familie aufzunehmen und ihn zu ländlichen Arbeiten anzuhalten«.[11] Die Kosten für die Zwangserziehung gingen zu Lasten der Gemeinde, der Staatskasse und der Distriktgemeinde München. Daran wird deutlich, wie die Gesetzgebung zur »öffentlichen Armen- und Krankenpflege von 1869« mit der Verteilung der Aufgaben und Lasten auf Gemeinde-, Distrikts- und Kreisebene[12] eine Verflechtung von Stadt- und Landgemeinde vorbereitete.

Um der Verwahrlosung von Kindern vorzubeugen, hatte das Bezirksamt bereits 1879 die Errichtung einer Kinderbewahranstalt angeregt, die im Institut der Englischen Fräulein eingerichtet werden sollte.[13] Nachdem die Gemeinde hier nichts unternommen hatte, wies das Bezirksamt bei einer Visitation in den Jahren vor der Eingemeindung nochmals auf die Notwendigkeit einer solchen sozialen Einrichtung hin: »Als besonders wohltätig, ja als vordringlich erschiene die Einrichtung einer Tages-Kinderbewahranstalt, schon mit Rücksicht auf die vielen, noch nicht schulpflichtigen Kinder aus Arbeiterkreisen.«[14]

Im Jahre 1911 eröffnete die Gemeinde schließlich eine Kinderbewahranstalt für volksschulpflichtige Kinder unter Leitung von Barmherzigen Schwestern.[15] Eine andere Form der Kinderbetreuung erhielten die sogenannten Kostkinder: So gaben vor allem ledige Mütter aus München ihre Kinder oft Pflegeeltern auf dem Land zur Kost; hier erhielten sie einerseits meist eine bessere Verpflegung als in der Stadt, andererseits waren die Mütter auf diese Weise vom gesellschaftlichen Makel eines unehelichen Kindes befreit und konnten weiter ihrer Arbeit nachgehen. Auf diese Weise fanden in Berg am Laim zwischen 1859 und 1903 über 200 Kinder, von denen nur 47 ehelich waren, Aufnahme in Arbeiterfamilien, die wiederum durch das Kostgeld ihren Lebensunterhalt verbesserten.[16]

»Die Zahl der dauernd unterstützten Armen beträgt 16...«

Sechzehn verarmte Gemeindebürger vermerkt die Gemeinde im Jahre 1913 in ihrem Antrag auf Eingemeindung. Gemessen an der gesamten Einwohnerschaft, die nach einer Volkszählung im Jahre 1910 genau 2771 Personen umfaßte, ist diese Zahl nicht hoch, vor allem wenn man bedenkt, daß hier noch die sogenannte fluktuierende Bevölkerung hinzugerechnet werden muß; dabei handelte es sich um 447 italienische Ziegelarbeiter, 36 polnische landwirtschaftliche Arbeiter und »103 Deutsche (hauptsächliche Kartoffelklauber)«.[17] Allerdings besaß nur ein Zehntel der Einwohner das Bürgerrecht und somit das Recht auf Armenunterstützung; dabei muß man davon ausgehen, daß die Armut sicherlich beim nichtprivilegierten Bevölkerungsteil am größten war. Somit kann man durchaus behaupten, daß das Bürger- und Heimatrecht auch dazu diente, gesellschaftliche Unterschiede aufrecht zu erhalten. Dies war wohl auch ein Grund dafür, warum ein Wandel von der Bürger- zur Einwohnergemeinde so lange wie möglich hinausgezögert wurde.[18]

Obwohl es also gerade für die weniger Bemittelten erstrebenswert war, das Heimatrecht zu erlangen und sich so für den Fall der Armut sozial abzusichern, standen dem – neben den Bedenken des Armenpflegschaftsrats – vor allem die hohen Bürgerrechtsgebühren entgegen. Deshalb beantragte die gemeinnützige Vereinigung von Berg am Laim im Jahre 1911, wegen der wirtschaftlichen Verhältnisse einer großen Zahl der Bewohner die Gebühren von 85 Mark auf mindestens die Hälfte herabzusetzen.[19]

Mit der Einbindung gerade auch einkommensschwacher Schichten in das Sozialgefüge der Gemeinde wollte die gemeinnützige Vereinigung[20], die sich zur Vertreterin nicht repräsentierter Einwohnerinteressen machte, vor allem den sozialen Abstieg verarmter Personen zu Bettlern und Landstreichern vermeiden. Die angrenzende Vorstadt Haidhausen stand nämlich gerade wegen ihrer zahlreichen Bettler in einem schlechten Ruf: von diesen kamen viele bis nach Berg am Laim, da in den beiden Klöstern Armenspeisung angeboten wurde. Deshalb traf die Gemeinde 1882 mit den Klöstern die Vereinbarung, »daß die Bettler nur in den Mittagsstunden etwas erhalten« und sie nicht beabsichtigen dürften, auch noch die Nacht in der Gemeinde zu verbringen.[21]

Die soziale Diskriminierung und sogar Kriminalisierung der Armen verschärfte sich in diesen Jahren des technischen und sozialen Umbruchs, der Verstädterung und Industrialisierung. Hauptgrund dafür war die Angst der Besitzenden vor dem wachsenden Proletariat und seinen Ansprüchen auf ein Lebensminimum sowie auf soziale

Teilhabe. Die Bismarcksche Sozialgesetzgebung und ihre soziale Fürsorge wurde gerade für diese Bevölkerungsschicht zum Beginn eines menschenwürdigen Lebens.

Alles für die Gesundheit

Die soziale Fürsorge galt nicht nur den Armen, sie erfaßte – zum Beispiel über das Krankenkassengesetz – zunehmend alle Bevölkerungsschichten. So bestand seit 1884 für sämtliche Arbeitnehmer Versicherungspflicht; dafür konnten ärztliche Behandlung, Arzneien und Krankenhausaufenthalt kostenlos in Anspruch genommen werden. Allerdings war die Gemeinde befugt, »bei Erkrankungen infolge schuldhafter Beteiligung an Raufhändeln und Schlägereien, Rückfälligkeit oder geschlechtlicher Ausschweifungen die Betreffenden vom Genusse des Krankengeldes ganz oder teilweise auszuschließen«.[22] Das bot wiederum die Möglichkeit zu sozialer und sittlicher Reglementierung und Bevormundung, zumal es die Formen großstädtischer Anonymität in der Gemeinde nicht gab.

Das neue Krankengesetz erforderte auch einen Gemeindekrankenversicherungsarzt. Bis zum Zeitpunkt einer ärztlichen Untersuchung versorgte erst einmal der Gemeindeschreiber die Kranken; sechs Betten standen dafür in zwei Zimmern des alten Schulhauses bereit. Für seine Dienste bekam der Gemeindeangestellte auch eine kleine finanzielle Entschädigung. Diese soziale Fürsorge in einer »Lokalkrankenstube«, die die neue Versicherung bot, nahmen dann auch gleich fast 30 Kranke mit insgesamt ungefähr 400 »Verpflegstagen« bei etwa 440 Mark Gesamtkosten in Anspruch.[23] Etwas mehr als eine Mark kostete also ein Tag Krankenlager – die Kostenexplosion im Gesundheitswesen stand noch ganz am Anfang. Schwerkranke brachte man ins Krankenhaus nach München.

Die Gemeinde Berg am Laim hatte sich bereits 1866 vorausschauend um das geplante Distriktkrankenhaus beworben und hätte sogar von dem spendefreudigen Riegerbauern preisgünstig Grundstücke angekauft, um einen unentgeltlichen Baugrund anbieten zu können; der Antrag hatte jedoch keinen Erfolg, das Krankenhaus entstand in Perlach. Damit blieb Berg am Laim, das erheblich rascher als Perlach in den Verstädterungsprozeß einbezogen wurde, medizinisch unterversorgt.

Wie notwendig eine gute medizinische Fürsorge war, zeigt die Chronik von Berg am Laim nur zu deutlich: Blattern, also Pockenerkrankungen, und Cholera traten immer wieder auf. 1884 mußte wegen Choleragefahr sogar eine Gesundheitskommission eingesetzt werden. Die Gemeinde bildete hier keine Ausnahme, denn die Gefahr der Ausbreitung von Seuchen galt auch für München und alle anderen Ballungsräume. Deshalb legte man zunehmend Wert auf Hygiene. So erließ man zum Beispiel für Betriebe, die Nahrungsmittel herstellten wie Bäckereien und Konditoreien, eigene ortspolizeiliche Vorschriften »zum Zwecke der Gesundheit der in diesen gewerblichen Betrieben beschäftigten Arbeiter«: »In jedem Arbeitsraume ist ein Spucknapf aufzustellen, welcher täglich gereinigt werden muß. Derselbe ist täglich mit Wasser, dem etwas Kochsalz beigefügt wird, oder mit anderer schadloser Flüssigkeit der Art zu füllen, daß zum wenigsten der Boden des Spucknapfs mit Flüssigkeit bedeckt ist.«[24]

Solche Maßnahmen sollten zumindest einen gewissen Schutz vor der Ausbreitung von Krankheiten bieten.

Das Zeitalter der Hygiene brachte im Bereich der medizinischen Versorgung mehr soziale Gleichheit. Dies war neben humanitären Erwägungen jedoch auch eine Folge des Schocks von 1854, als an der großen Münchner Choleraepidemie keineswegs nur Arme, sondern auch viele Begüterte gestorben waren. Engeres Zusammenleben in Städten führte daher auch zu einem geschärften Bewußtsein für eine gewisse Art von gesundheitlicher Schicksalsgemeinschaft.

Die Pflege der alten Menschen

Die Barmherzigen Schwestern

Die Versorgung kranker Menschen in den Krankenhäusern übernahmen im 19. Jahrhundert überwiegend Klosterschwestern, vor allem der Orden der Barmherzigen Schwestern vom Hl. Vinzenz von Paul. Deshalb anerkannte König Ludwig I., der in den ersten zwölf Jahren seiner Regierung die Gründung von 75 klösterlichen Niederlassungen in Bayern zum Zwecke der Erziehung, Pflege und Seelsorge unterstützt hatte, 1835 den Orden der Barmherzigen Schwestern »als eine zunächst für die Krankenpflege in öffentlichen Krankenanstalten bestimmte religiöse Genossenschaft ...«.[25] Da der anstrengende und wegen der Ansteckungsgefahren auch gefährliche Dienst unter den Schwestern zu einer hohen Zahl von Sterbefällen führte, richtete der König im Jahre 1840 in Berg am Laim für die Ordensschwestern im Südflügel der Josephsburg ein Rekonvaleszentenheim, also ein Erholungs- und Altenheim, ein.[26] Die Finanzierung in Höhe von 8600 Gulden wollte die Mutter des Königs, Karoline von Baden, übernehmen, nachdem sie sich selbst von der guten Lage des Hauses in Berg am Laim überzeugt hatte. Im Jahre 1840 bezogen die Ordensschwestern das Heim und versorgten dort erholungsbedürftige oder alte Mitschwestern.

Knapp hundert Jahre später, 1931, dehnten die Barmherzigen Schwestern ihre Hilfsdienste auf die ganze Gemeinde aus, indem sie auch die ambulante Pflege übernahmen. Damit leisteten sie einen erheblichen Beitrag zur medizinischen Versorgung, denn zwischen den beiden Weltkriegen war Berg am Laim innerhalb Münchens zu einem Hauptgebiet des sozialen Wohnungsbaus geworden und hatte einen enormen Einwohnerzuwachs erfahren.[27] Von 1975 bis 1985 schließlich arbeiteten zwei Schwestern aus dem Orden in der neugegründeten Sozialstation im Bereich der Altenpflege.[28] Klösterliche und weltliche Altenbetreuung griffen also immer stärker ineinander.

Konzeption der Alten- und Servicezentren

In den sechziger Jahren unseres Jahrhunderts entwickelte die Stadt München staatlich geförderte Pläne für eine gezielte Altenhilfe, die durch den Rückgang klösterlicher Wirkungsmöglichkeiten dringend notwendig geworden waren. Es sollten weitere Formen der Altenhilfe entstehen, die das bisherige Modell der Altenheime ergänzten. Im Stadtentwicklungsplan von 1975 heißt es dazu:

»Eine Sozialpolitik, die den alten Menschen nicht ausschließlich zum passiven Empfänger von Hilfsmaßnahmen degradiert, sondern ihm gleiche Formen der Selbstverwirklichung wie dem jungen Menschen einräumt, hat im wesentlichen das Ziel, durch Hilfe zur Selbsthilfe

a) die Selbständigkeit zu erhalten oder nach Möglichkeit wieder herzustellen,

b) die gesellschaftliche Integration zu erhalten und zu fördern,

c) die aktive Teilnahme am Leben zu fördern.«[29]

Schon zu Beginn der siebziger Jahre entstanden auf Initiative der Stadt München »Modell-Beratungsstellen«. In den folgenden Jahren errichtete man dann ein ganzes Netz von Alten- und Service-Stationen, förderte Sozialstationen und richtete Seniorenprogramme ein. Auch Berg am Laim wurde in dieses Netz integriert und erhielt ein vom evangelischen Pflegedienst betreutes Alten- und Service-Zentrum. Außerdem entstand eine Sozialstation, von der aus alte Menschen in Berg am Laim und Trudering zu Hause versorgt wurden. Die Betreuung erfolgt bis heute über einen eigenen Fahrdienst; die Helfer entlasten die alten Menschen von den alltäglichen Besorgungen, helfen beim Waschen oder Kochen und sind zugleich aufmerksame Gesprächspartner.

Die Notwendigkeit eines solchen Zentrums für Berg am Laim wird auch an den Statistiken des Sozialreferates der Stadt München deutlich, die für den Münchner Osten einen überproportional hohen Anteil alter Menschen ausweisen. Das hängt mit dem Baualter und dem Besiedlungszeitpunkt der jeweiligen Stadtteile zusammen[30] und betrifft auch die in Berg am Laim kurz vor und kurz nach dem Zweiten Weltkrieg errichteten Siedlungen. So nahm die Anzahl der über Fünfundsechzigjährigen im Stadtteil zu, während in der Innenstadt eine deutliche Abnahme zu verzeichnen ist.[31] Darüber hinaus darf man auch für Berg am Laim eine bundesweit zu beobachtende Entwicklungstendenz annehmen: Ein Drittel der über Sechzigjährigen und die Hälfte der über Fünfundsiebzigjährigen leben in Einpersonenhaushalten.[32] Gerade aus diesem Grunde kommt der Altenhilfe in einem Stadtteil wie Berg am Laim besondere Bedeutung zu. Die zahlreichen Altenclubs und die darin angebotenen Programme verdeutlichen andererseits auch die Vitalität vieler alter Menschen.

Der Weg der sozialen Fürsorge von kirchlicher Wohltätigkeit und staatlicher Minimalversorgung bis zu dem heute sehr differenzierten Betreuungsspektrum war lang und mühsam. Stadtrandgebiete eroberten sich auch Innovationen der Medizin und Technik meist erst viel später als die Innenstädte; dort begann jedoch im Zuge des immer dichteren Beisammenwohnens der Menschen das Bewußtsein für demokratischere Formen der Gesundheitsfürsorge und der Armenpflege, das nach der Bismarckschen Sozialgesetzgebung immer stärker auch das Umland erfaßte.

EIN DÜSTERES KAPITEL

Aus der langen Geschichte Berg am Laims sind manche wertvollen Zeugnisse erhalten: So erinnert die Kirche St. Michael an die glänzenden Zeiten des Kurfürsten Clemens August und die Stephanskirche an eine lange Pfarreitradition; auf den Grabplatten des Friedhofs von St. Stephan finden sich die Namen der Ziegelbarone, und ein kundiger Betrachter kann in einem abgesenkten Grundstück noch einen ehemaligen Ziegelacker erkennen. Nichts erinnert jedoch an die unmenschliche soziale Lage der Ziegelarbeiter, hier müssen Archive bemüht werden.

Auch während der Zeit des Nationalsozialismus hat Geschichte stattgefunden, doch lassen sich selbst hier kaum mehr Spuren finden, die diesen nicht sehr fernen Abschnitt der Geschichte nachvollziehbar machen. Zwar gibt es noch den Hochbunker in der Waldstraße, und am Gebäude des Ausbesserungswerkes der Bundesbahn kann man noch die Reste des Tarnanstriches zum Schutz gegen Luftangriffe erkennen. Aber nichts weist darauf hin, daß es auch im Stadtteil Berg am Laim über ein halbes Dutzend verschiedene Lager für Kriegsgefangene, politische Gefangene und jüdische Mitbürger gab.

Nur auf alten Luftbildern kann man noch die ehemaligen Barackenlager identifizieren; die Baulinien moderner Wohnanlagen an der Grafinger und an der Truderinger Straße folgen jedoch genau den Grundrissen dieser Lager.

Das Fehlen deutlich sichtbarer Zeichen aus der Vergangenheit des Dritten Reiches begünstigt allerdings auch die Prozesse der Verdrängung, die nach wie vor Teil des Geschichtsbewußtseins dieser unheilvollen Zeit sind. Um so notwendiger erscheint es, auch die Zeit des Nationalsozialismus in die kontinuierliche Auseinandersetzung mit der Geschichte einzubeziehen, gab es doch bereits in den Jahren seit 1940, als die Gestapo sich zunehmend bemühte, Judenlager oder SS-Lager dem Blick der Bevölkerung zu entziehen, für diese Formen diktatorischer Zwangsherrschaft einen nicht zu unterschätzenden Grad an Öffentlichkeit. So arbeiteten Kriegsgefangene aus dem Lager an der Neumarkter Straße in Privatbetrieben, Frauen aus dem SS-Außenlager an der Truderinger Straße reinigten Lokomotiven der Reichsbahn und Juden aus der »Heimanlage« waren auf ihrem Weg zur täglichen Arbeit deutlich an ihrem gelben Stern zu erkennen. Alle diese Lager, in denen Hunderte von Menschen interniert waren, mußten mit Lebensmitteln versorgt werden, es gab Wachmannschaften oder Fahrer, die für den Abtransport der Juden ins Sammellager Milbertshofen zuständig waren, von wo aus diese nach Piaski und Theresienstadt weiterbefördert wurden. Diese Einbindung in einen alltäglichen Lebensrhythmus ist heute kaum nachvollziehbar, viele Zeitzeugen leben nicht mehr, und die Lebenden erinnern sich meist ungern. Für sie und für das Stadtviertel wurde diese kurze Epoche jedoch zu einem Teil der eigenen Geschichte.

Heimanlage für Juden Berg am Laim

In Berg am Laim hatte man während der NS-Zeit für bestimmte Teile der jüdischen Bevölkerung Münchens, zum Beispiel für Juden, die einen »arischen« Ehepartner hatten, ein Sammellager eingerichtet, von dem aus mehrere hundert Menschen in Vernichtungslager deportiert wurden. Da man diese systematische Menschenvernichtung vor der Bevölkerung so weit wie möglich geheimzuhalten versuchte, sah man das Kloster der Barmherzigen Schwestern in Berg am Laim als geeignete Stelle zur Einquartierung einer »Heimanlage für Juden«, wie die offizielle Terminologie lautete, an. Weder das erzbischöfliche Ordinariat noch das Mutterhaus der Barmherzigen Schwestern in München scheinen über dieses Vorhaben informiert gewesen zu sein; dies ist einem Schreiben des Ordinariats an das Mutterhaus aus dem Jahre 1941 zu entnehmen: »In Berg am Laim geht vielfach das Gerede, daß der Neubau der Barmherzigen Schwestern dort selbst zur Unterbringung von Nichtariern beansprucht werden solle. Da weder der oberhirtlichen Stelle noch dem Beauftragten der Bischöfe für die Klöster in Bayern hiervon das Mindeste bekannt ist, wolle anher mitgeteilt werden, ob es sich hierbei bloß um ein haltloses Gerücht handelt, oder ob wirklich etwas Tatsächliches diesem Gerede zugrundeliegt. In diesem Fall möge über den Verlauf der Verhandlungen einläßlicher Bericht anher erstattet werden.«[1]

Die Tatsache, daß bereits Gerüchte über die Einrichtung eines Lagers im Umlauf waren, weist darauf hin, daß es mit der Geheimhaltung nicht so weit her war, wie es nach dem Krieg oft hieß. Die Anweisungen, dieses Kleinghetto zu schaffen, gingen von der Münchner Stadtverwaltung aus, die in der Frage der Behandlung von Juden eine Art Vorreiterrolle spielte. Dazu schreibt Peter Hanke in seiner Arbeit über Münchner Juden: »Das eifrigste Bemühen in der Judenfrage zeigte immer wieder der Münchner Stadtrat, der oft federführend im gesamten Reich für die Regelung von noch nicht geregelten ›jüdischen Sachverhalten‹, welche in seinen Kompetenzbereich fielen, tätig wurde.«[2]

Die Münchner Behörden strebten eine verstärkte Auswanderung der jüdischen Bürger und zugleich eine Kontrolle der jüdischen Restbevölkerung an. Man unterstellte die Israelitische Kultusgemeinde der »Reichsvereinigung der Juden in Deutschland«, die selbst der Kontrolle des Reichsinnenministeriums und der Gestapo unterlag; Hanke schreibt dazu: »Das ehemals geistige Zentrum Münchener jüdischen Lebens war de facto zur nationalsozialistischen Vollzugsstelle degradiert.«[3]

Das erklärt, weshalb sich die auch zunehmend personell geschwächte Kultusgemeinde intensiv auf die humanitäre Hilfeleistung für ihre Mitglieder verlegte. Diese war auch bitter nötig: Seit 1941 betrieb die Stadt München systematisch die sogenannte Entmietung der jüdischen Bürger und erzwang mit Hilfe der »Arisierungsstelle« die Ghettoisierung der Juden in Lagern. So wurde 1941 neben der »Heimanlage für Juden Berg am Laim« auch ein großes Sammellager in Milbertshofen eingerichtet. Nachdem auf der Wannsee-Konferenz vom Januar 1942 die »Endlösung der Judenfrage« beschlossen worden war, häuften sich die Deportationen, die wenige Monate später zur Leerung und Schließung des Lagers in Milbertshofen führten. Die verbliebenen Juden brachte man, ebenso wie dreizehn Kinder[4] aus dem jüdischen Kinderheim an der Antonienstraße, nach Berg am Laim. Einige Münchner Juden waren sogar freiwillig in dieses Sammellager gegangen, da ihnen der Aufenthalt dort sicherer schien als in München. Bei der Eröffnung im September 1941 wandte sich die Kultusgemeinde ». . . an alle Mitglieder der Reichsvereinigung der Juden in Deutschland und unserer Kultusgemeinde mit der Bitte, die neu geschaffenen Wohnanlagen ›Judensiedlung Milbertshofen‹ und ›Heimanlage für Juden Berg am Laim‹ tatkräftigst zu fördern und zu unterstützen. In beiden Anlagen . . . ist Hausrat jeder Art dringend benötigt . . . Aus Anlaß der Entmietungen werden in den jüdischen Wohnungen manche Einrichtungsgegenstände frei, die in den neu entstehenden Siedlungen gut gebraucht werden können . . . Helfen Sie mit, allen denen, welche die Siedlungen beziehen müssen, ihre Unterkunft zu erleichtern und zu verbessern.«[5]

Dieser Appell verdeutlicht noch einmal, wie hilflos die Kultusgemeinde die nationalsozialistischen Anweisungen vollziehen mußte, während sie gleichzeitig versuchte, unbedingt notwendige Hilfen zu geben. In das Lager wurden nämlich überwiegend Alte, Kranke und Kinder eingewiesen[6], vornehmlich »privilegierte Juden«. Zum leitenden Personal gehörte Else Behrend-Rosenfeld, die bis dahin als Fürsorgerin bei der Kultusgemeinde tätig gewesen war. Sie hat in ihren Aufzeichnungen die Heimanlage genau beschrieben und den Leidensweg vieler Heiminsassen festgehalten.[7] Frau Behrend-Rosenfeld selbst ist den Deportationen entgangen. Sie flüchtete 1942 nach Berlin und lebte anschließend in Freiburg bei Edmund Goldschagg, dem späteren Mitherausgeber der Süddeutschen Zeitung[8], im Untergrund und konnte schließlich in die Schweiz fliehen.[9]

Man hatte die Heimanlage, die der Leitung der Israelitischen Kultusgemeinde unterstellt und von der Gestapo kontrolliert war, im Nordflügel des Klosters der Barmherzigen Schwestern untergebracht und mit einem Bretterzaun umgeben. In zwei Stockwerken wurden 38 Zimmer eingerichtet und mit knapp 300 Personen drückend eng belegt. Zur Finanzierung des »Heimes« berichtet Else Behrend-Rosenfeld: »Auch die Kostenfrage ist nun geregelt. Zuerst verlangte der Stellvertreter des Gauleiters von jedem Insassen für das Wohnen allein eine Reichsmark pro Tag. Davon sollte das Kloster . . . zwanzig Pfennig erhalten, den Rest sollte die Partei für die Benützung der Pritschen und Schränke haben! Wir rechneten aus, daß ein Zimmer von zweieinhalb Metern mit einer Belegschaft von sechs Menschen monatlich hundertachtzig Reichsmark Miete bringe, wenn diese Forderung durchgehen würde.

Der größte Teil unserer Insassen wäre nicht in der Lage gewesen, diese Miete ... zu bezahlen ... (Wir) baten um Entscheidung der Kontrollbehörde, des Reichssicherheitshauptamts [Dachorganisation der Gestapo; d. Verf.;]. Wir bekamen den Bescheid, daß von jedem Insassen pro Tag fünfzig Pfennig für das Wohnen zu zahlen seien.«[10]
Die Gestapo bereicherte sich also auch noch an den Einnahmen aus der Heimanlage; erstaunlich ist jedenfalls, daß der Einspruch zum Reichssicherheitshauptamt zum Erfolg führte, daß also, wenn auch nicht Widerstand, so doch Widerspruch noch möglich war.
Da die Heiminsassen kein eigenes Vermögen mehr besaßen, jedoch sogar das Eßbesteck selbst hatten mitbringen müssen, waren sie zur Arbeit in den umliegenden Fabriken gezwungen. Zunehmend isolierten die offiziellen Maßnahmen gegen Juden auch die Heiminsassen: sie durften nicht mehr telefonieren, keine Lebensmittelgeschäfte mehr betreten, die Benutzung von Verkehrsmitteln wurde ihnen untersagt, auch den arischen Verwandten war der Besuch der nunmehr bewachten Heimanlage nicht mehr erlaubt, und natürlich hatten die Juden beim Verlassen der Heimanlage einen Judenstern anzulegen. Dankbar nahm man deshalb die kleinen Hilfen der Nonnen des Klosters an, denen eigentlich ein Umgang mit den Juden streng untersagt war, die jedoch sogar die Kirche für Gottesdienste zur Verfügung stellten.
Die Selbstmordrate unter den Insassen war sehr hoch. Dazu trugen natürlich in hohem Maße die zunehmenden Deportationen bei: In sogenannten Evakuierungsbriefen wurden die Betroffenen zu Transporten zusammengestellt und nachts mit Lastwagen abgeholt. In München betrug die Zahl der deportierten Juden etwa 3000[11], wieviele davon aus dem Lager Berg am Laim kamen, ist nicht mehr genau feststellbar. Bis zum März 1943 war die Anzahl der Insassen schließlich so dezimiert, daß die »Heimanlage« aufgelöst wurde. Die noch verbliebenen 40 Juden kamen in das israelitische Gemeindehaus in der Lindwurmstraße.
Die Existenz der »Heimanlage für Juden Berg am Laim« zur Zeit des Nationalsozialismus wurde dem Stadtteil Berg am Laim aufgezwungen; trotzdem ist sie ein Teil seiner Geschichte geworden. Zur Erinnerung an diese Zeit errichtete die Stadt München im Jahre 1987 am noch erhaltenen Eingangsportal des ehemaligen Klostergebäudes ein Mahnmal.

SS-Frauenlager und Kriegsgefangenenlager zur Zeit des Nationalsozialismus

Während die Errichtung des Judensammellagers in Berg am Laim im Kontext der nationalsozialistischen Rassenideologie zu sehen ist, diente das SS-Lager für Frauen in erster Linie der Ausschaltung von Systemgegnern; in den übrigen Lagern waren Kriegsgefangene kaserniert (Abb. 151; 152; 153). Die Insassen aller dieser Lager waren allerdings zur Zwangsarbeit verpflichtet. So berichtet über vierzig Jahre später die Französin Amédée Noirez, eine französische Widerstandskämpferin, über ihre Zeit als Kriegsgefangene in einem Arbeitserziehungslager der SS in Berg am Laim: »Wir gingen in Reih und Glied zum Eisenbahndepot. Anschließend wurden wir in Gruppen zu fünf Frauen aufgeteilt und machten uns daran, die Lokomotiven zu reinigen, einschließlich des Rauchfangs. Unter der Bewachung der SS arbeiteten wir von sechs Uhr bis zwölf Uhr und von dreizehn Uhr bis neunzehn Uhr... Für die Reinigung der Lokomotiven besaßen wir einen Eimer, der eine Mischung aus Petroleum und Öl enthielt. Mit einem Lumpen tauchten wir unsere Hände in diese Mischung. Am Sonntag war das Depot geschlossen; an diesem Tag waren wir mit Erdaufschüttungen beschäftigt.«[12]
Im Jahre 1943 hatte man die Französin in Frankreich verhaftet und in der Truderinger Straße 44, einem Außenlager von Dachau, inhaftiert. Dieses Konzentrationslager und weitere, nahe der Bahn gelegene Lager für Kriegsgefangene und Zwangsverschleppte befanden sich auf Reichsbahngelände[13], da diese Arbeiter in den Rangierbahnhöfen, den Reichsbahnausbesserungswerken oder in dort angesiedelten Industriebetrieben eingesetzt waren. Mit zunehmender Kriegsdauer wuchs der Rüstungsbedarf, und die Zahl der einheimischen Arbeitskräfte ging zurück, so daß man immer mehr auf ausländische Zwangsarbeiter zurückgreifen mußte. Neue Kriegsgefangenenlager wurden errichtet oder bereits existierende weiter ausgebaut, wie zum Beispiel das Arbeitslager an der Neumarkter Straße. In der Zeit vom Februar 1943 bis Mai 1945 durchliefen insgesamt 800 Personen dieses Lager, wobei die kurze Aufenthaltsdauer der Insassen darauf hindeutet, daß es sich um ein Durchgangslager handelte, von dem aus die Arbeiter verschiedenen Arbeitsplätzen zugeteilt wurden.[14]
Die Stadt München war mit einem Netz von Lagern über-

zogen, so daß es nicht verwunderlich ist, daß 1944 »etwa ein Drittel der Münchner Bevölkerung aus Zwangsarbeitern, Kriegsgefangenen und aus Häftlingen der vielen KZ-Nebenlager«[15] bestand. Diese Verschleppten und Gefangenen wurden natürlich auch bewacht und – wenn auch äußerst schlecht – versorgt; in Berg am Laim waren die Lager mit Stacheldrahtzäunen umgeben, die Bewachung führten Angehörige der Wehrmacht durch. Weitere Kriegsgefangenenlager für Männer gab es an der Halfinger Straße und an der Gögginger Straße. Außerdem waren nördlich der Piuskirche in einem Frauenlager vornehmlich Französinnen interniert.

»Wir besaßen für diese Mahlzeiten einen eisernen Eßnapf und einen Suppenlöffel . . .«

Über das Leben in diesen Lagern schweigen die offiziellen Quellen. Der Alltag einer Gefangenen im Berg am Laimer SS-Frauenlager an der Truderinger Straße wird jedoch durch die Schilderungen der Französin Noirez in eindringlicher Weise gegenwärtig. Die Frauen hausten in Baracken, deren Türen und Fenster vergittert waren; Stacheldrahtzäune und SS-Bewachung sollten Fluchtversuche unmöglich machen. »Jede Gefangene bekam eine Häftlingsnummer... Die Nummern wurden in roter Farbe auf die Anstaltskleidung geschrieben. Das war unsere ›Identität‹. Die Gefangenen untereinander sprachen sich mit ›Du‹ oder ›Sie‹ an, niemals aber mit dem Vor- oder Familiennamen. Wir hatten keine Identität mehr, sondern nur noch Angst . . .

Morgens bekamen wir einen Viertelliter warmes Wasser, leicht gefärbt mit etwas, was Kaffee ähneln könnte. Zum Mittagessen hatten wir Kohlrüben und Kohl. Abends eine Einbrennsuppe (ungenießbar), die Hälfte eines kleinen Laibs Schwarzbrot für drei Tage, sonntags ein ganz kleines Stück Margarine, zwei Scheiben Hartwurst und einen Eßlöffel Marmelade. Wir besaßen für diese Mahlzeiten einen eisernen Eßnapf und einen Suppenlöffel.«[16]

Bei einer solchen Versorgung war ein zwölfstündiger Arbeitstag im Eisenbahndepot eine Tortur. Eine Bezahlung bekamen die Gefangenen natürlich nicht. Nach Auskunft von Bahnangehörigen entlohnte die Reichsbahn die SS pauschal für zur Verfügung gestellte Arbeitskräfte. Deshalb waren diese Gefangenen aus dem SS-Lager, im Gegensatz zu Zwangsarbeitern der Reichsbahn aus den übrigen Kriegsgefangenenlagern, auch nicht bei der Reichsbahnversicherungsanstalt versichert.[17]

Die Tatsache, daß die Reichsbahn einen Teil der Zwangsarbeiter versicherte, zeigt, wie unvermittelt ein ungebrochener Glaube an die deutsche Verwaltung und der Ungeist nationalsozialistischer Gewaltherrschaft nebeneinander existieren konnten. Gesten der Humanität kamen von einigen deutschen Angestellten der Reichsbahn, die trotz der dafür angedrohten Strafen den Gefangenen Kleinigkeiten zukommen ließen oder sie auf Papierfetzen über den Stand des Krieges informierten. Erst mit dem 1. Mai 1945 fand ihre Leidenszeit ein Ende.

Ehemalige Reichsbahnlager – nach 1945 ein Neubeginn für Flüchtlinge

Nach Kriegsende dienten viele Lager vorübergehend als Durchgangsstationen für ausländische Zwangsarbeiter auf dem Wege der Rückführung in ihre Heimatländer. Die Amerikaner und später die UNNRA, die United Nations Relief and Rehabilitation Administration, verteilten die »Displaced Persons« nach ihrer jeweiligen Staatszugehörigkeit auf ehemalige Kasernen und Arbeitslager.[18] So wurde beispielsweise das Reichsbahnlager an der Neumarkter Straße 85 in Berg am Laim in den letzten Monaten des Jahres 1945 zum Sammellager für über 300 russische Zwangsarbeiter, die hier auf ihren Heimtransport warteten.[19] Die Lagerbaracken an der Truderinger Straße dienten als Auffanglager für Flüchtlinge aus dem Osten, die bei der Reichsbahn tätig gewesen waren. Dieses Lager wurde allerdings weder von der Flüchtlingsfürsorge noch vom Roten Kreuz betreut[20], es blieb, was es gewesen war: ein internes Reichsbahnlager.

Wie ehemalige Flüchtlinge berichten, bauten sie notdürftig Gefangenenbaracken in Wohnlager um, schütteten die Bunker zu, die dem Wachpersonal als Schutz vor den bei Bahnanlagen besonders häufigen Fliegerangriffen gedient hatten, und legten sich kleine Gärten an. Der neue Arbeitgeber Bundesbahn übernahm die ehemaligen Reichsbahnangehörigen unmittelbar in seinen Dienst, soweit dies nicht durch Entnazifizierungsverfahren verzögert wurde. Das provisorische Flüchtlingslager an der Truderinger Straße blieb allerdings für viele Familien zehn Jahre lang Wohnnotbehelf, der gezeichnet war von Bescheidenheit und

Armut. So zog sich auch in Berg am Laim die Eingliederung der Flüchtlinge bis Mitte der fünfziger Jahre hin.
Die Zahl und die Größe der Lager in Berg am Laim sowie ihre Weiterverwendung nach dem Krieg stellt allerdings für die Stadt München keineswegs einen Sonderfall, sondern vielmehr die Normalsituation dar – eine Normalsituation, mit der man sich im Ausnahmezustand von Gewaltherrschaft und Krieg abgefunden hatte.

GESELLIGES LEBEN

Dörfliche Geselligkeit – städtische Geselligkeit

»Spaziergänger aus der Stadt wünschen nach langem Marsch Ruhe und Erquickung. Diese finden sie in den vielen Gast- und Schankwirtschaften. Eine solche mit schattigem Garten von Simon Graf befindet sich ganz nahe am Burgfrieden (in der Berg-am-Laim-Straße). Wenige Schritte weiter, in den vierstöckigen Eisenbahnhäusern, sind zwei Wirtschaften, die zum ›Geflügelten Rad‹ und die zum ›Lustigen Postillon‹. Am Anfang des Dorfes ist der ›Altwirt‹, ferner der ›Berger Weinbauer‹ mit hübschen Gartenanlagen an der Zamdorferstraße und der Loretohof an der Zamdorfer-/Ecke Salzburgerstraße. In Neu Berg am Laim (an der Truderingerstraße gegenüber dem Boschwerk) und in Zamdorf sind ebenfalls Wirtschaften mit Garten und Kegelbahn.«[1]
Geselliges Leben ist auch heute noch ohne Wirtshäuser nicht vorstellbar, die Treffpunkt und Kommunikationszentrum eines Dorfes bildeten. Bis zum Ende des 19. Jahrhunderts waren Zusammenhalt und Geselligkeit einer dörflichen Gemeinde noch weitgehend von der Kirche geprägt: Wallfahrten, Sonntagsmessen, Prozessionen, Kirchweihfeste bestimmten den Jahresablauf. Pankraz Fried schreibt dazu: »Die regelmäßigen Sonntagsgottesdienste und die Verkettung der kirchlichen Festtage mit dem Rhythmus des bäuerlichen Arbeitsjahres versammelten die Pfarr- und Kirchengemeinde regelmäßig und geschlossen zum gemeinsamen Gottesdienst.«[2]
Häufig folgte auf die kirchlichen Veranstaltungen ein geselliges Zusammensein; deshalb stand neben der Kirche und mit ihr durch ritualisierte Sonntagsbräuche vor allem des männlichen Teils der Gesellschaft eng verbunden – das Wirtshaus. In Berg am Laim lag der Tafernwirt, später auch »Altwirt« genannt, gegenüber der alten Loretokapelle; er allein besaß ursprünglich das Recht, Stuhlfeste, also Richtfeste, öffentliche Tänze und Hochzeiten abzuhalten. In dieser alteingesessenen Wirtschaft konzentrierten sich die für eine dörfliche Gemeinschaft typischen Formen der Geselligkeit. Wenn zum Tanze aufgespielt wurde, mußte die Gemeindeverwaltung ihr Einverständnis geben, das nur bei außergewöhnlichen Gelegenheiten versagt wurde: »1874 wird wegen Choleragefahr Tanzmusikerlaubnis nicht erteilt.«[3]
Ein anderes, sehr beliebtes Wirtshaus war der »Großwirt«, in dem sich zum Beispiel die Freiwillige Feuerwehr von Berg am Laim traf. Die Freiwillige Feuerwehr, eine typische Vereinigung des 19. Jahrhunderts, war eng mit der dörflichen Gemeinde verbunden. Das gilt für ihren Zweck und ihren Einsatzbereich ebenso wie für ihre Zusammensetzung. So zeigen Feuerwehrverzeichnisse in Berg am Laim aus den Jahren 1873 und 1875, daß die Mitglieder den verschiedensten Teilen der Gemeindebürgerschaft entstammten:[4] die Landwirte Mahler und Meßner gehörten ebenso dazu wie die Handwerker Fries, Poiger, Wasner oder die Ziegeleibesitzer Roth, Graf, Sellmayr; der Bürgermeister Grundler hatte zugleich die Vorstandschaft inne. Alle Ziegeleibesitzer waren Ehrenmitglieder; es spiegeln sich also auch hier die Ebenen des sozialen Ansehens in einer Gemeinde wider. Da man sich regelmäßig traf, die Zahl der Brandeinsätze aber gering war, hatten die Zusammenkünfte natürlich in erster Linie geselligen Charakter, zumal die Feuerwehr auch bei anderen offiziellen Anlässen wie Prozessionen präsent war.
Von diesen Formen der Geselligkeit waren die Frauen des Dorfes in der Regel ausgeschlossen; sie durften höchstens

einmal zusehen, wenn beispielsweise der Wirt Obermayr in Zamdorf ein Schlittenrennen veranstaltete.[5] Diese Trennlinie wurde nicht nur bei gemeindlichen, also quasi »öffentlichen« Anlässen gezogen; auch Vereine wie der Berg am Laimer Rauchclub »Die Gemütlichen«, dessen Gründung auf das Jahr 1895 zurückgeht, schlossen Frauen in ihren Statuten ausdrücklich aus: »§ 1 Zweck der Gesellschaft ist gesellige Unterhaltung durch Gesang, Deklamationen etc.

§ 2 In der Gesellschaft bleibt die Behandlung der Politik sowie jede gehässige Polemik untersagt.

§ 3 In der Gesellschaft können nur Herren, welche das 18. Lebensjahr erreicht haben, aufgenommen werden.«[6]

Der Rauchclub besaß also eigene gedruckte Statuten, war polizeilich gemeldet und hatte somit den Status eines Vereins. Gesellige Vereine mußten in ihren Satzungen ausdrücklich betonen, daß sie keinen politischen Zielen anhingen; seit der Bismarckschen Sozialistengesetzgebung im Jahre 1878 hatte sich nämlich der polizeiliche Umgang mit möglicherweise sozialistisch beeinflußten Gruppierungen verschärft. Aber auch die Vielzahl der gegen Ende des 19. Jahrhunderts entstandenen geselligen oder politischen Vereine ließ der Polizei diese Selbstfestlegung der Vereinsziele notwendig erscheinen; so gab es allein in München um 1910 fast 5000 Vereine, was einer Verzehnfachung innerhalb von 60 Jahren entspricht.[7] In Berg am Laim zählte man im Jahre 1906 sechsundzwanzig Vereine, unter anderem »4 Schützengesellschaften (Abb. 91), 1 Rauchclub, 2 Radfahrer-Vereine (Abb. 125), 6 Sparvereine, 1 Gärtnerverein, 1 Katholischen Männerverein, 1 gemeinnützige Vereinigung zur Hebung der Interessen von Berg am Laim.« (Abb. 130; 134)[8]

Eine der Ursachen für den Aufschwung des Vereinswesens lag wohl, vor allem in Stadt- oder Stadtrandgebieten, im Bedeutungsschwund der Kirche. In Berg am Laim beispielsweise erlebte die Loreto-Wallfahrt schon im 17. und 18. Jahrhundert ihren Höhepunkt und auch die Bedeutung der Michaels-Bruderschaft war im 19. Jahrhundert zurückgegangen.[9] Auch der wöchentliche »Kirchenbesuch rückte immer mehr aus seiner Mitte heraus, obwohl durch Reichsgesetz von 1895 die sonntägliche Arbeitsruhe gesichert wurde«.[10] Als weitere Ursache ist anzusehen, daß der Zuzug einer immer größeren Zahl von Arbeitern zur allmählichen Auflösung der alten, ländlich orientierten Dorfgemeinschaft beitrug, die immer mehr an Überschaubarkeit verlor.

Daher bildeten die Vereine und Clubs nun Teilgemeinschaften, die einer beginnenden Anonymität entgegenwirken konnten; zugleich boten sie demokratische Organisationsformen und standen grundsätzlich allen Einwohnern offen; die eher geschlossene, dörflich geprägte Form der Gemeinschaft wurde so aufgebrochen. Trotzdem lebten in einigen Vereinen und in manchen Formen geselligen Zusammenseins dörfliche Elemente oder – stark auf die Gemeinde, später den Stadtteil bezogene – Aktivitäten weiter, hinter denen der städtische Charakter zurücktrat. Dieser kam dann eher bei großen Feiern wie der Eingemeindungsfeier von 1913 oder der Trambahneinweihung von 1926 zum Tragen[11], äußerte sich jedoch auch in Vereinsgründungen, die eher großstädtisch geprägt waren.

Gesellige Vereine stark dörflicher Prägung

Um die Jahrhundertwende hatte sich in Berg am Laim eine Reihe von Stammtischgesellschaften, eingetragen als Vereine, gebildet, die bereits über ihre Namensgebung den geselligen Charakter betonten: In der Wirtschaft zum »Lustigen Postillon« in der Ampfingstraße trafen sich »Die Stopsler« und im »Loretohof« an der Josephsburgstraße kam die Tischgesellschaft »Letzter Pfennig in Berg am Laim« zusammen. Zu den Lieblingsbeschäftigungen dieser Gruppen gehörte das Kegelspiel. Bisweilen setzte man dabei auch Preise aus, die dem ländlichen Charakter entsprechend aus Naturalien bestanden: Bei einem »Preis-Eierscheiben« zur Osterzeit winkten dem Sieger als Gewinn 100 Eier, den Nächstplazierten jeweils 10, als »Meistpreis« waren wiederum 100 Eier ausgesetzt. Auch bei einem Preiskegelscheiben des Sparvereins »Burgfrieden« gab es Handfestes zu gewinnen:

»1. Preis Schweinsschlegel
2. Preis Nierenbraten
3. Preis Ochsenfleisch
4. Preis Schweinefleisch
5. Preis Kalbskopf
Meistpreis Ein Kalbsschlegel«[12]

Über die Bestehenszeit solcher Tischgesellschaften ist wenig bekannt, manche überdauerten wie »Die Gemütlichen« nicht einmal eineinhalb Jahre. Andere Vereine, die vor dem Ersten Weltkrieg gegründet wurden, existieren heute noch: so zum Beispiel der »Männergesangverein Berg am Laim«, der aus einem 1896 gegründeten Radfahrerverein hervorging; er wurde 1912 ins Leben gerufen.[13] Wie das Mitgliederverzeichnis aus dem Jahre 1919 zeigt, stammte von den über 70 aktiven, passiven und Ehrenmitgliedern nahezu die Hälfte aus Familien, die länger als eine Generation im Ort ansässig waren.[14] Die Auftritte des Männergesangvereins begleiteten die verschiedensten Ereignisse des öffentlichen Lebens in Berg am Laim: Sei es 1919 den Empfang rußlandrückkehrender Kriegsgefangener[15], sei es im Jahre 1928 die Einweihung des Brunnens am Schüleinplatz – »Als äußeres Zeichen der Dankbarkeit wurde von Geheimkommerzienrat Schülein ein Hektoliter Bier gestiftet«[16] – oder im Jahre 1983 die Eröffnung einer Fotoausstellung in Berg am Laim anläßlich des 70. Jahrestages der Eingemeindung nach München. 1987 feierte der Männergesangverein sein 75jähriges Bestehen und gehört somit zu den traditionsreichsten Vereinen des Stadtteils.

Von der »Gemeinnützigen Vereinigung« zum Bürgerkreis

Ein Verein, der seine Interessen ganz eng mit denen der ehemaligen Gemeinde Berg am Laim verknüpfte, war die im Jahre 1899 gegründete »Gemeinnützige Vereinigung von Berg am Laim«. Zu ihren Aufgaben zählte sie die Begrünung der immer stärker industrialisierten Gemeinde, die Reduzierung der Bürgerrechtsgebühren und die Förderung der Eingemeindung nach München. Dies legt die Schlußfolgerung nahe, daß der Verein deshalb entstand, weil der Gemeindeausschuß den Anforderungen einer prosperierenden Gemeinde nicht immer gewachsen war oder aber weil die Einwohner ihre Interessen nicht ausreichend vertreten sahen. Eine solche Annahme stützen auch Namen und Berufe der Ausschußmitglieder im Jahre 1908[17]: Zum einen sitzen von zwölf Mitgliedern nur zwei auch im Gemeindeausschuß, zum anderen handelt es sich bei Dreiviertel der Mitglieder um gewichtige Persönlichkeiten des öffentlichen Lebens der Gemeinde: Ziegeleibesitzer, Fabrikanten und Baumeister.

Ob die Gemeinnützige Vereinigung über die Eingemeindung hinaus Bestand hatte, ist nicht bekannt. Allerdings fand sie im Jahre 1982 eine Nachfolgeorganisation im »Bürgerkreis Berg am Laim«. Diese Vereinigung sieht den Schwerpunkt ihrer Aktivitäten in der Belebung eines neuen Stadtteilbewußtseins. Sie sammelt historisches Bildmaterial zum Stadtteil, setzte sich für freien Zugang des Behrparks im Zentrum von Berg am Laim für die Öffentlichkeit ein und fördert kulturelle und gesellige Veranstaltungen. Damit unterstützt der Bürgerkreis die Planungen der Stadt München im Hinblick auf eine durch Kultur gestaltete Freizeit. Im Stadtentwicklungsplan von 1975 heißt es dazu: »Grundsätzlich ist dabei allerdings davon auszugehen, daß Kultur sich ... hoheitlicher Planung und Reglementierung entzieht ... Deshalb ist generell den privaten Initiativen der Vorzug zu geben, wenn es gilt, den Inhalt von Kunst und Kultur zu bestimmen.«[18]

Kulturelle Förderung und von Bürgern ausgehende Eigeninitiative ist jedoch dringend nötig, da Berg am Laim zu den kulturell am stärksten unterversorgten Stadtteilen Münchens gehört. In den fünfziger Jahren gab es hier zwar noch ein Kino, dieses fiel aber wie so viele Stadtrandfilmtheater in den siebziger Jahren dem allgemeinen Kinosterben zum Opfer. Kleinere Wirtshausbühnen konnten sich hier immer nur sporadisch und mit dünnem Spielangebot halten. Einen gewissen Teil des kulturellen Angebots tragen allerdings die Pfarreien und – mit eigenem künstlerischem Nachwuchs – die Schulen, deren konstante Musik- und Theaterarbeit auch auf den Stadtteil ausstrahlt.

Im Jahre 1985 verstärkte das Kulturreferat der Stadt München das Kulturangebot in Berg am Laim durch eine Stadtteilwoche. Dabei zeigte es sich allerdings, daß die »Kultur von oben« dem Bedürfnis nach Geselligkeit und stadtteilgewachsener Kreativität nur teilweise entsprechen konnte. Um so mehr gilt es, das Augenmerk auf kulturelle und gesellige Aktivitäten zu richten, die aus dem Stadtteil selbst kommen – das alljährliche Straßenfest des Bürgerkreises sowie die Kulturarbeit des Bezirksausschusses bilden Beispiele dafür –, und diese mit der »Kultur von außen« zu verknüpfen. Für eine so anspruchsvolle und qualitätvolle Entwicklung, wie sie derzeit Haidhausen oder Pasing durchmachen, fehlen in Berg am Laim allerdings noch die Voraussetzungen. Es zeigt sich hier jedoch, wie unverzichtbar kulturelle Organisation für die Lebendigkeit und Attraktivität eines Stadtviertels ist.

Die kirchlichen Vereine

Vereine fördern das Gemeinschaftsgefühl ihrer Mitglieder und bieten ihnen Schutz. Auch die Gründung des »Evangelischen Vereins in Berg am Laim« (Abb. 127) im Jahr

1904 ist wohl auf diese Ursachen zurückzuführen, denn vergleicht man beispielsweise im Jahr 1910 die Zahl der evangelischen und der katholischen Mitbürger, so stehen die 89 evangelischen Einwohner etwas verloren den fast 2700 katholischen gegenüber.[19] Achtzig Jahre früher kam dies noch drastischer zum Ausdruck; so wird die ablehnende Toleranz der Katholischen Kirche gegenüber den Protestanten in einem Bericht des Pfarrers Duschl aus dem Jahre 1831 überaus deutlich:

»1. Im ganzen Pfarrbezirke befinden sich nur 11 Personen, welche der evangelischen Religion zugehören.

2. Im allgemeinen genommen kann nichts wider dieselben eingewendet werden.

5. Ein öffentliches Ärgernis ist nicht bekannt.«[20]

Die formal seit 1809 gültige Gleichbehandlung der Konfessionen[21] hatte also an alten Abneigungen wenig geändert. Damit wird auch die Erklärung verständlich, mit der der Evangelische Verein seinen ersten Gemeindeabend eröffnete: Die Vereinsgründung sei »die vorläufig einzig mögliche Art eines festeren Zusammenschlusses der Glaubensgenossen«.[22] Die äußere Entwicklung in Berg am Laim ließ eine Organisation der evangelischen Gemeinde jedoch als sinnvoll erscheinen, denn kurz nach der Jahrhundertwende entstand in der Ampfingstraße ein Eisenbahnerblock mit über 200 Wohnungen, so daß man mit neuen Gläubigen rechnen konnte; immerhin waren ein Viertel der 18 Gründungsmitglieder des Vereins Eisenbahnbedienstete. Bis zum Jahre 1913 traten nahezu alle Protestanten der Gemeinde dem Verein bei, der seinen Vereinszweck mit »Förderung der kirchlichen Versorgung und der religiösen Verhältnisse der Protestanten in Berg am Laim und in der Umgebung« angab.

Als erstes bemühte man sich um einen geeigneten Versammlungsraum, denn die anfängliche Unterbringung im 1. Stock des alten Schulhauses und später im Aumüllerhaus war mehr als ungenügend. 1928 errichtete man das jetzige Pfarrhaus als Gemeindezentrum, in dem sich auch ein Saal für die Gottesdienste befand. Erst 1962 erbaute man daneben die Offenbarungskirche. Seit 1926 bot der Evangelische Verein dann vor allem seinen berufstätigen Mitgliedern auch Feierabendgottesdienste an.

Nicht zufällig gab der Verein seinen Wirkungskreis mit »Berg am Laim und Umgebung« an; dies bestätigt das Phänomen, daß Vereine weit über ihre unmittelbare gemeindliche Anbindung hinaus integrierend wirken können. Für die Katholische Kirche galt dies natürlich schon lange.[23]

Nach einem kurzen Intermezzo von fünf Jahren, in denen Berg am Laim und Perlach zwischen 1924 und 1929 zur Evangelischen Gesamtkirchengemeinde München gehörten, beschloß die Evangelische Landessynode in Ansbach die Bildung einer selbständigen Pfarrkirchengemeinde in Berg am Laim. Der Weg über eine Vereinsgründung bildete anfänglich für die Evangelische Kirche also die einzige Möglichkeit, die Gemeinde auf lokaler Ebene zu sammeln und ihr Zusammenhalt zu geben, verfügte sie doch in Bayern weder über die Tradition noch über die Mittel wie die Katholische Kirche. Diese sah sich durch ganz andere Probleme dazu genötigt, Vereinsgründungen zu fördern: Sie erkannte darin eine der wenigen Möglichkeiten, die Großstadtbevölkerung wieder an sich zu binden oder, wie es Wolfgang Zorn ausdrückt: »Die Kirchen suchten im Kampfe mit der weltanschauungsliberalen und sozialistischen Bewegung die Laienbetätigung durch eigene Vereine zu stärken.«[24]

Dies führte beispielsweise 1902 zur Gründung des Katholischen Männervereins in Berg am Laim, der als Vereinszweck die »Pflege und Förderung religiöser konservativer Grundsätze sowie gesellige Unterhaltung«[25] angab. Rein religiös scheint dieser Verein jedoch nicht gewesen zu sein, denn 1903 mußte er auf Veranlassung des Bezirksamtes München seine Vereinsstatuten revidieren: er wurde als politischer Verein angesehen.[26] Auch die 1887 gegründete Katholische Arbeitnehmervereinigung im Münchner Osten und der in Berg am Laim selbst 1912 ins Leben gerufene Katholische Arbeiterverein können keineswegs als religiös-kontemplative Gesellschaften angesehen werden. So wird in den Gründungsstatuten des Arbeitervereins als Vereinszweck genannt:

»§ 1,1. das religiös-sittliche Leben seiner Mitglieder zu fördern,

3. das Standesbewußtsein zu wecken, die soziale Stellung des Arbeiterstandes zu heben und dessen materielle Interessen zu fördern.

§ 2,2. ... Vereinsversammlungen mit Vorträgen religiösen, wirtschaftlichen, sozial-politischen und allgemein bildenden Inhalts zu halten.«

Dies zeigt deutlich, daß die Katholische Kirche sich darum bemühte, auch für den Arbeiter wieder attraktiv zu werden und eine Alternative zur Sozialdemokratie anzubieten. So ist es wohl auch kaum ein Zufall, daß der Katholische Arbeiterverein vier Jahre nach der 1908 erfolgten Gründung eines Berg am Laimer Ortsvereins der SPD (Abb. 129) entstand.[27] Eine Ursache dafür liegt sicherlich im traditionell hohen Anteil der Arbeiter in Berg am Laim, die sich wegen der Industrieansiedlungen und des billigen Wohnungsangebotes hier niedergelassen hatten.
Beiden Kirchen war es also wichtig, die Gläubigen durch Vereinsgründungen verstärkt an sich zu binden. Ging es den Evangelischen jedoch dabei erst einmal um Anfänge der Gemeindebildung, so verfolgte die Katholische Kirche durchaus konkrete politische Ziele.

Gesellige Vereine mit städtischer Ausrichtung

Die Eisenbahnerwohnanlage in der Ampfingstraße führte auch zu einer anderen, von der Stadt München ausgehenden Vereinsgründung: des »Verschönerungs-Vereins der Eisenbahner Kolonien München-Ost«. Dieser Verein war 1905 – also sehr bald nach der Erbauung der Wohnanlage – entstanden und hatte seinen Zweck genau auf die Wohnsituation ausgerichtet: Man wollte das Äußere und die nächste Umgebung der Häuser verschönern, um »den Mietern der Häuser das Bewohnen derselben behaglicher zu machen«. Für die Kinder wünschte man sich Spielplätze mit Turngeräten. Zugleich nahm sich der Verein vor, in Fällen großer, unverschuldeter Not seine Mitglieder zu unterstützen.[28] Diese Vereinsziele zeigen die Wohndefizite solcher Zweckbauten der Genossenschaft, die keine ausreichende Behaglichkeit vermittelten und wegen ihrer Größe die Vereinzelung der Familien zur Folge hatten. Zugleich macht die Ausrichtung des Vereins auf den Münchner Osten deutlich, daß es hierbei keineswegs um ein spezielles Berg am Laimer Problem ging, sondern daß es sich um ein allgemeines Verstädterungsphänomen handelte. Im öffentlichen Wohnungsbau blieben solche Defizite noch lange Jahre bestehen: Erst nach dem Ersten Weltkrieg entstanden in München so vorbildliche Wohnanlagen wie die Borstei oder zumindest Arbeitersiedlungen mit Reihenhauszeilen wie in den dreißiger Jahren in der Maikäfersiedlung.[29]
Viele Probleme des Miteinander-Wohnens waren erst im 19. Jahrhundert mit der Industrialisierung beziehungsweise der Trennung von Arbeitsplatz und Wohnung aufgekommen, die auch andere Formen des Umgangs mit der arbeitsfreien Zeit zur Folge hatten. Eine Möglichkeit der Freizeitgestaltung in der Eisenbahnerwohnsiedlung bot der »Musikverband der Eisenbahner-Kolonie München-Ost«, in dem sich Musikinteressierte zu »Musikproben« und zum »Zusammenspiel« treffen konnten.[30]
Als geselliger Treffpunkt stand den Bewohnern der Eisenbahnerkolonie das Gasthaus zum »Lustigen Postillon« zur Verfügung, eine Wirtschaft, in der zugleich der Spar- und Vergnügungsverein »Vorwärts« seine Versammlungen abhielt. Ein solcher Sparverein ermöglichte seinen Mitgliedern das Vorsorgesparen, ein Verhalten, das wegen der immer noch unzureichenden Altersversorgungen und bei Ehescheidungen Versorgungsprobleme zu lindern versprach. Der Verein legte dann die Ersparnisse verzinslich entweder bei einer städtischen Sparkasse in Form eines Sparkassenbuches an oder erstand einen der damals sehr beliebten Pfandbriefe. Die Sparkassen waren zu Beginn des 19. Jahrhunderts zunächst für Dienstboten eingeführt und Ende des Jahrhunderts dann auch zunehmend von Beamten benützt worden. In Berg am Laim scheinen die Sparvereine, von denen zwischen 1894 und 1917 zehn gegründet wurden, durchaus von allen Bevölkerungsschichten genutzt worden zu sein. Die Namen von Vorständen und die Unterschriften auf Satzungen verweisen auf Gärtner, Lehrer und Ziegeleibesitzer; im »Frauen-Sparverein Berg am Laim« führte eine Lokomotivheizersgattin den Vorsitz. Das Sparverhalten der Mitglieder dieser Vereine war natürlich von dem Umstand bestimmt, daß es auf dem Land noch keine Sparkassen- oder Bankfilialen gab. Deshalb verpflichtete zum Beispiel der »Sparverein Neu Berg am Laim« seine Sparer – es handelte sich dabei vornehmlich um Gärtner – ». . . jeden Samstag seine Beiträge im Vereinslokal zu entrichten«. Der »Sparverein Neu-Zamdorf« führte dazu in seinen Statuten genauer aus, daß monatlich mindestens 50 Pfennige zusammengelegt werden sollten, wobei nur Summen über 50 Mark zur Verzinsung kämen. Die eingezahlten Beträge und die anfallenden Zinsen würden dann acht Tage vor Weihnachten verteilt.[31] Die Tatsache der wöchentlichen Einzahlung im Vereinsheim war in der Tat noch eine sehr gesellige Form des »Bankeinzugs«, und auch die Namensbildung der einzelnen Vereine zeigt, daß das Vergnügen nicht zu kurz kam: so gab es einen

Sparverein »Die lustigen Steinhauser« oder »Die durstigen Grübler«.
Die Gründung so vieler Sparvereine in Berg am Laim kann auch als Indiz für die Bereitschaft zur Aufnahme städtischer Innovationen gelten. Als im Laufe der Zeit rollende Sparkassenautos aufkamen, die die geldinstitutsmäßig nicht erschlossenen Gebiete bereisten, und man später eigene städtische Bank- und Sparkassenfilialen einrichtete, wurden die Sparvereine mehr und mehr überflüssig und lösten sich auf. Während die Zahl der Sparvereine im Zuge der Verstädterung abnahm, erfuhren Sportvereine einen starken Zuwachs. Besonders das aus England kommende Fußballspiel fand zuerst in den Städten zahlreiche Anhänger, bis es auch ländliche Vereine übernahmen: in Berg am Laim wurde der erste Fußballclub im Jahre 1920 ins Leben gerufen, der »SC Berg-am-Laim«, aus dem später der »FC Phoenix München e. V.« hervorging. Die Aufnahmegebühr des Vereins betrug während der Jahre der Inflation drei Millionen Reichsmark, der Monatsbeitrag 10 Millionen.[32] Einige Jahre später folgte dann mit dem »Sportverein Schwarz-Weiß 1931 München e. V.« eine weitere Vereinsgründung.[33] Die Sportvereine bekamen im Lauf der Jahre einen immer höheren Freizeitwert. Es entstanden eigene Vereinsgaststätten, eigene Traditionen geselligen Zusammenseins und eigene Sportanlagen. Dies gilt auch für die Schützenvereine, die bereits um 1900 über eine Schießstätte in Zamdorf-Steinhausen verfügten. Auch die Schützenvereine haben also in Berg am Laim eine lange Tradition, die durch Vereinsneugründungen nach dem Zweiten Weltkrieg wie die des Vereins »Ettaler Mandl« oder der »Schützenabteilung des Eisenbahnersportvereins ESV München – Ost e. V.« eine Wiederbelebung erfuhr.
Heute gibt es im Stadtteil Berg am Laim über 30 Vereine und Clubs mit annähernd 5000 Mitgliedern; das bedeutet, daß nahezu jeder sechste Einwohner in einem Verein eingetragen ist. Diese Vereine stellen in einem Stadtteil mit über 30000 Einwohnern ein starkes verbindendes Moment dar, mit einem großen Angebot für sportliche Freizeitgestaltung und Geselligkeit. Dabei zeigen die zum Teil sehr wechselvollen Vereinsgeschichten, daß zwar städtische Innovationen vereinsbildend wirkten, daß aber die Vereinsaktivitäten rasch zu stadtteilbezogenen Gemeinschaften führten.

BERG AM LAIM – EIN STADTVIERTEL OHNE ZENTRUM

Betrachtet man Berg am Laim von seiner Hauptverkehrsstraße, der Berg-am-Laim- und Kreillerstraße aus, so ist es kein attraktives Stadtviertel: Zu sehr hat der Kahlschlag des Straßenbaus gewachsene Dorfstrukturen verändert; erst die geplante Begrünung dieser Durchgangsstraße wird die Monotonie einer zu rasch gewachsenen Bebauung wieder etwas beleben. Auch das Zentrum des alten Dorfkerns ist dem Verkehr zum Opfer gefallen. Ein neuer Mittelpunkt muß erst geschaffen werden: Das geplante Bürgerhaus, der Behrpark, die Sozialstation, die Volksschule, das Café Mahlerhaus und das Weiße Bräuhaus liegen kreisförmig um das Geschäftszentrum von Berg am Laim. Könnte man diese Kommunikationszentren, deren nördlichsten und südlichsten Pol die Kirchen von St. Stephan und St. Michael bilden, durch ein ausgebautes Wegenetz miteinander in Beziehung setzen, wäre eine Alternative zum früheren Dorfmittelpunkt gefunden, in die sich gewachsene und neue Strukturen organisch einbinden ließen. Dies hätte sicherlich Auswirkungen auf das Wohnen in Berg am Laim, zumal die Attraktivität des Stadtviertels ohnehin bereits steigt: In wenigen Jahren wird der Flughafen verlegt und damit entfällt ein wesentlicher Teil der Lärmbelastung.
So wenig es auch der eilige Autofahrer auf der Berg-am-Laim-Straße ahnt: Berg am Laim ist durchaus ein interessantes Stadtviertel, auch wenn es sich dem Betrachter erst auf den zweiten Blick erschließt. Dann findet er allerdings kunsthistorisch wertvolle Kirchen und denkmalgeschützte Gebäude, reizvolle Cafés, gastliche Wirtshäuser, Grünanlagen, Schrebergärten und versteckte idyllische Plätze, die auf die Traditionen und die Geschichte dieses alten Ziegeldorfes hinweisen.

ABBILDUNGEN

1 Jungsteinzeitliche Funde:
Schneidenteil eines durchbohrten Steinbeils, ausgegraben in einer Kiesgrube an der ehemaligen Rosenheimer Bahnlinie zwischen Berg am Laim und Trudering im Jahre 1900.
Schale mit breitem Rand und kleinem Henkel, 1936 zwischen Echardinger- und St.-Michael-Straße, Prähistorische Staatssammlung, München

2 Spätrömische Grabbeigaben (Glasbecher, Glasfläschchen, zwei Armringe aus gewundenen Bronzedrähten, Halskette aus Glasperlen und Gürtelschnalle) eines Fundes aus dem Jahre 1936 an der St.-Veit-Straße (Ostseite), zwischen Staudach- und Josephsburgstraße, Prähistorische Staatssammlung, München

3 *Verkaufsurkunde des Riegerhofes vom 8. März 1525, Aussteller: 1. Tegernsee: Abt Maurus, 2. Tegernsee: Prior Philippus und Konvent*
Empfänger: Ulrich Rieger von Berg
Or. Perg. dt., 2 Siegel: 1. Abt Maurus, 2. Konvent, Stiftsarchiv St. Bonifaz, München

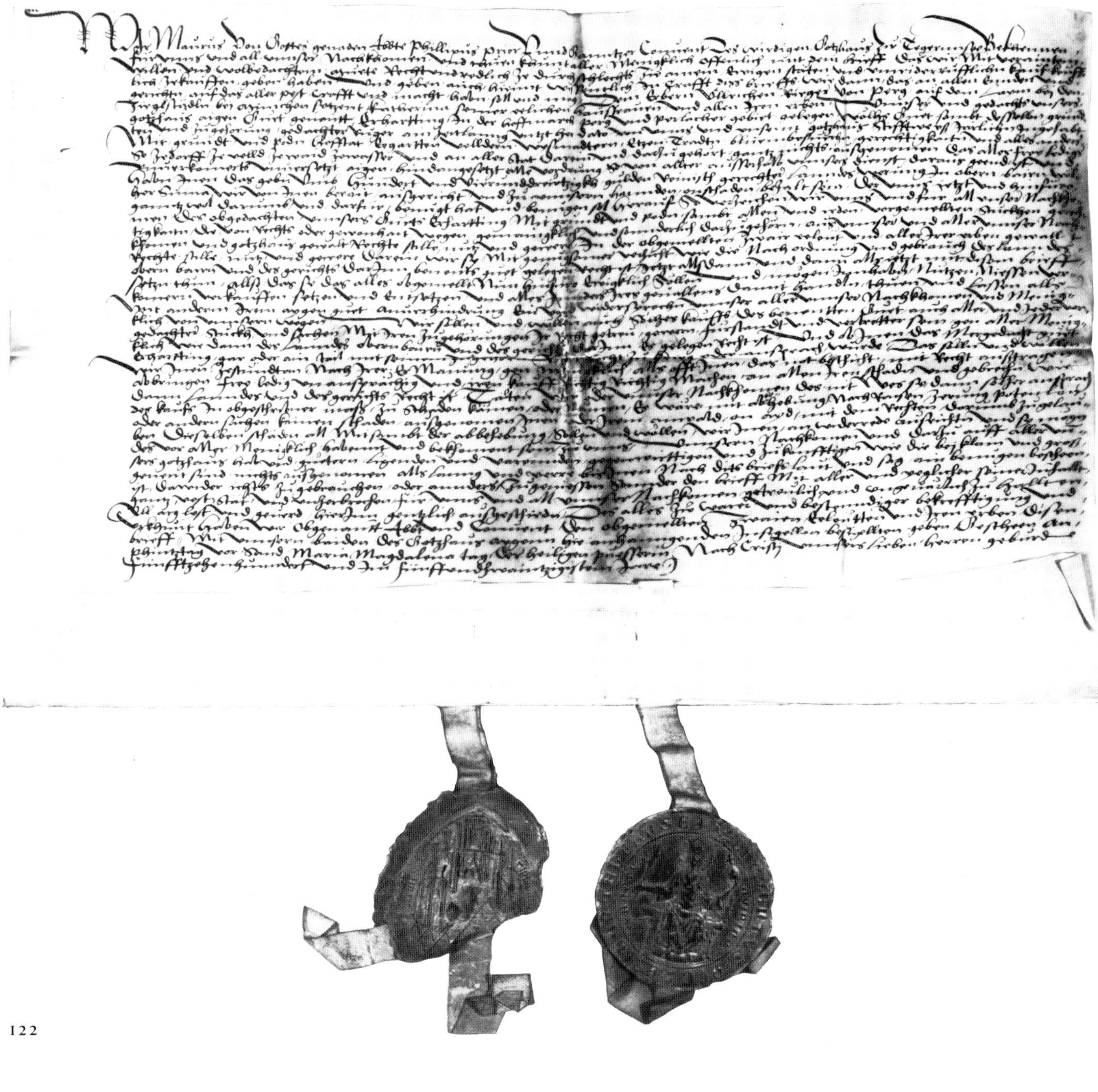

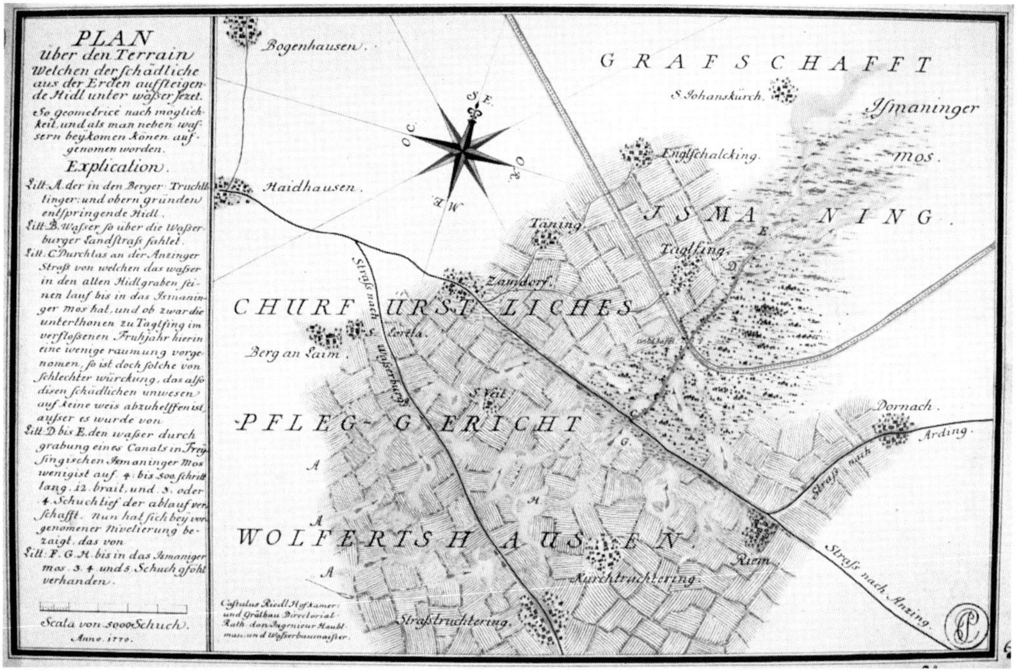

4 *Plan des Wasserbaumeisters Castulus Riedl, 1770, mit Darstellung der Überschwemmungsgebiete des Hachinger Bachs (»Hiedlwasser«) zwischen Berg am Laim, St. Veit und Trudering, Bayerisches Hauptstaatsarchiv*

5 *Überschwemmungsgebiet des Hachinger Bachs. Blick etwa vom heutigen Michaelibad zur Kirche St. Michael (im Hintergrund), Aufnahme Winter 1916*

6a Spätgotische Kirche St. Stephan, Baumkirchen, Blick nach Nordwesten

6b St. Stephan, Aufnahme nach der Innenrenovierung, August 1987

7 Blick auf die westliche Baumkirchner Straße, im Hintergrund St. Stephan, Aufnahme 1913

8 Eine der beiden Glocken von St. Stephan, gegossen von Bartholomäus Wengle (1619). Aufnahme während der Glockenabnahme zur Einschmelzung im Zweiten Weltkrieg

9 Wandgemälde des hl. Hieronymus in St. Stephan, Chorraum, 1. Hälfte des 18. Jhs.

10 Grabplatte der Familie Grundler, südl. Turmmauer St. Stephan, Mathias Grundler, Ziegeleibesitzer und 24 Jahre Bürgermeister von Berg am Laim

11 Reliefplatte des Baumkirchner Pfarrers Otto Gerle (1593–1614), Südwand St. Stephan

12 Kreuzigungsgruppe im ehemaligen Friedhof der Englischen Fräulein an der Josephsburgstraße. Rokokofiguren heute in der Loretokapelle, Aufnahme um 1930

13 Südostansicht der Loretokapelle. Romanisierender Rohziegelbau, 1851, Aufnahme 1914

14 Votivtafel von 1868. Ein Votantenpaar kniet vor der Loretokapelle, über welcher das Gnadenbild erscheint. Im Hintergrund St. Michael. Öl auf Blech (33 × 41 cm), Englische Fräulein, Berg am Laim

15 Votivtafel von 1866. Zwei Votanten beten zur Lauretanischen Muttergottes. Im Hintergrund die 1626 erbaute, 1851 abgebrochene Loretokapelle mit Mesnerhaus. Öl auf Leinwand (29 × 25 cm), Englische Fräulein, Berg am Laim

16 Heute in der Loretokapelle stehende Muttergottes mit Kind. Herkunft unbekannt, Englische Fräulein, Berg am Laim

17 Grabstein für Freiherr Georg Konrad von Lerchenfeld, mit Wappen der Familie, 18. Jh., roter Marmor (190 × 95 cm), Loretokapelle, Westwand

18 Albrecht Sigmund, Fürstbischof von Freising und Regensburg, Berg am Laimer Hofmarksherr von 1678 bis 1685, silbervergoldete Medaille, Staatl. Münzsammlung, München

19 Hofmarksschloß, erbaut von Fürstbischof Albrecht Sigmund. Im Hintergrund rechts die Josephsburg mit Michaelskapelle (Vorläufer der heutigen Michaelskirche). Im Vordergrund links die erste Loretokapelle, Ansicht von Westen, Kupferstich von Michael Wening, 1701

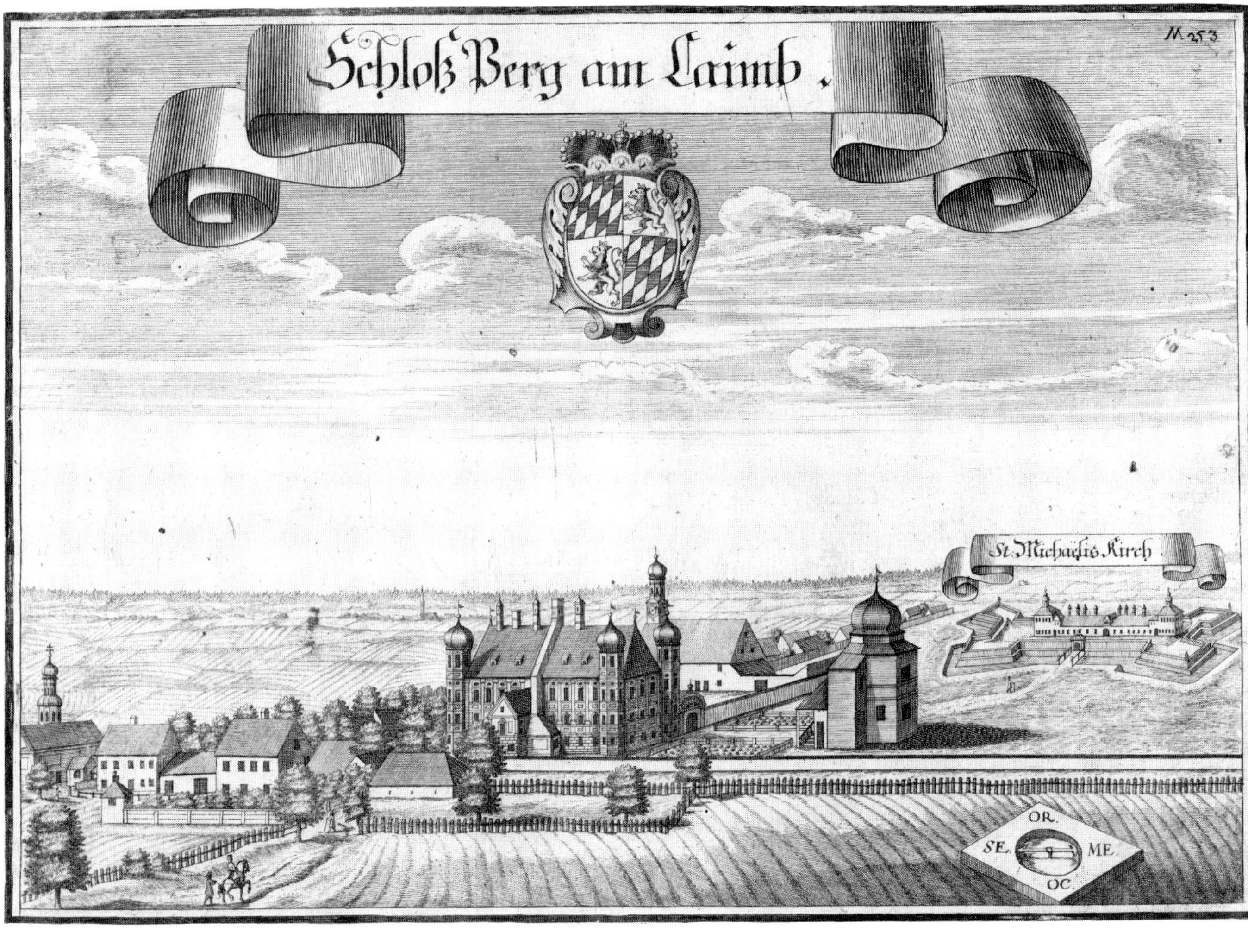

20 Andachtsbild mit Darstellung der Lauretanischen Madonna mit Kind, die ursprünglich in der Loretokapelle stand. Jeweils seitlich Wappen des Fürstbischofs, darunter Ansicht der herrschaftlichen Gebäude der Hofmark Berg am Laim, Kupferstich, Stadtmuseum, München

21 Max Heinrich, Erzbischof von Köln, Berg am Laimer Hofmarksherr von 1685 bis 1688, Münze, datiert 1669, Staatliche Münzsammlung

22 Joseph Clemens, Erzbischof von Köln, Berg am Laimer Hofmarksherr von 1688 bis 1723. Das Statutenbuch in seiner Linken weist ihn als Gründer des Michaelsritterordens aus. Kupferstich aus »Nouveau Calendrier du très illustre chapitrale ordre Equestre ... De Saint Michel Archange«, 1793, Stadtarchiv und wissenschaftliche Stadtbibliothek, Bonn

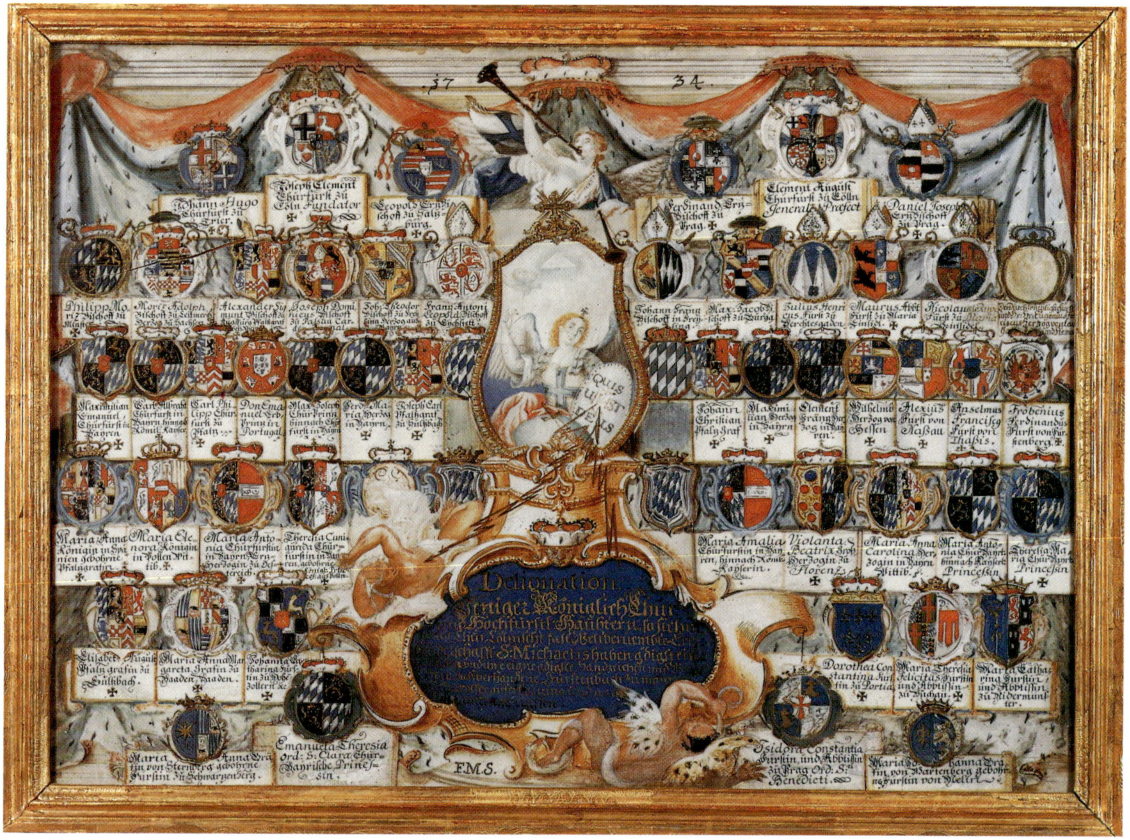

23 Tafel mit eingesteckten Wappen der adeligen Mitglieder der Kurkölnischen Erzbruderschaft St. Michael, datiert 1734, Pfarrei St. Michael, Berg am Laim

24 Goldene Commandeurskette des Ritterordens vom hl. Michael mit Medaillon, die Perseveranter darstellend, sowie Glieder mit Rautenschildchen und Trophäenstücken. In der Mitte: Gestickter Stern des Großmeisters mit dem Motto des Ritterordens: Quis ut Deus, Bayerisches Armeemuseum, Ingolstadt

25 Vergoldete Bruderschaftstange mit Michaelsdarstellung, 1. Hälfte 18. Jh., Pfarrei St. Michael, Berg am Laim

26 Monstranz. Auf den Armen des hl. Michael ruht der strahlenumkränzte Monstranzkörper. Joseph Großauer, München 1722, Silber, der überwiegende Teil vergoldet, reicher Steinbesatz, Pfarrei St. Michael, Berg am Laim

27 Erzengel Raphael mit Wanderstab von Andreas Faistenberger, um 1693, ursprünglich Michaelskapelle/Josephsburg, heute Englische Fräulein

28 Anhänger der Michaelsbruderschaft mit den Initialen PFPF »perseveranter, fideliter, pie, fortiter« (ausdauernd, getreu, fromm, tapfer), Diözesanmuseum, Freising

29 Bruderschaftsanhänger mit Michaelsdarstellung und der Losung Quis ut Deus (wer ist wie Gott?), Diözesanmuseum, Freising

30 Westfassade St. Michael, Grundsteinlegung der Kirche 7. Oktober 1738, Weihe 19. September 1751, Aufnahme 1986

31 St. Michael, Innenraum mit Blick nach Osten, Bayerisches Landesamt für Denkmalpflege

32 Clemens August, Kölner Erzbischof, Berg am Laimer Hofmarksherr von 1723 bis 1761. Kupferstich aus »Nouveau Calendrier du très illustre chapitrale Ordre Equestre ... De Saint Michel Archange«, 1793, Stadtarchiv und wissenschaftliche Stadtbibliothek, Bonn

33 Hl. Michael mit weiß-blauer Fahne, begleitet von zwei Engeln auf dem Schalldeckel der Kanzel, Kirche St. Michael

34 Erzengel Raphael mit Wanderstab und Putto mit Fisch (auf Tobiaslegende anspielend) von Johann Baptist Straub um 1767, Hochaltar St. Michael

35 Ausschnitt aus dem Kuppelfresko im Gemeinderaum der Michaelskirche, die erste Erscheinung des Erzengels auf dem Monte Gargano darstellend. Der unter dem Baldachin schreitende Fürst trägt Gesichtszüge des Bauherrn Clemens August. Johann Baptist Zimmermann, nach 1743

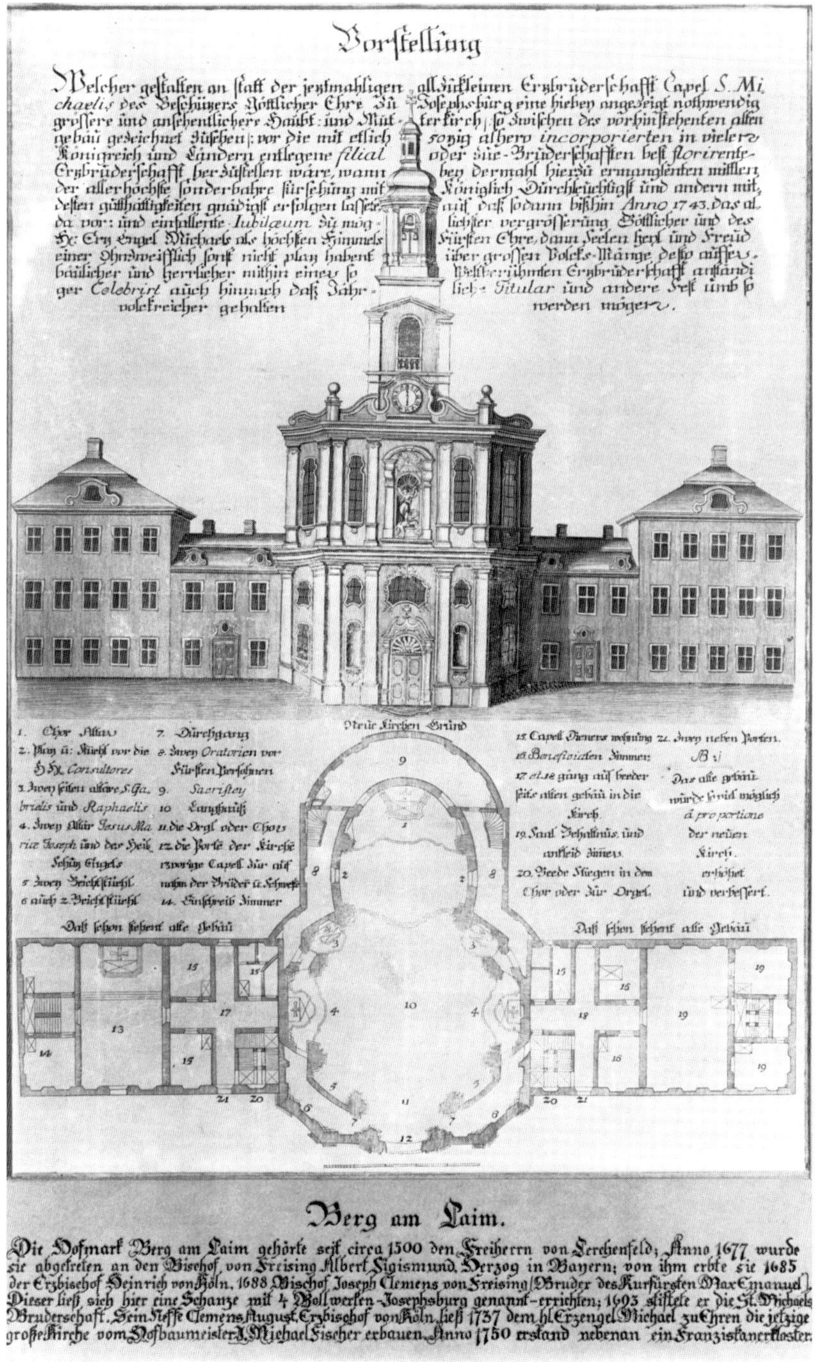

36 Idealentwurf mit Einturmfassade für den Neubau der Michaelskirche, rechts und links die Pavillons der Josephsburg, Stich von S. T. Sondermayr, 1735

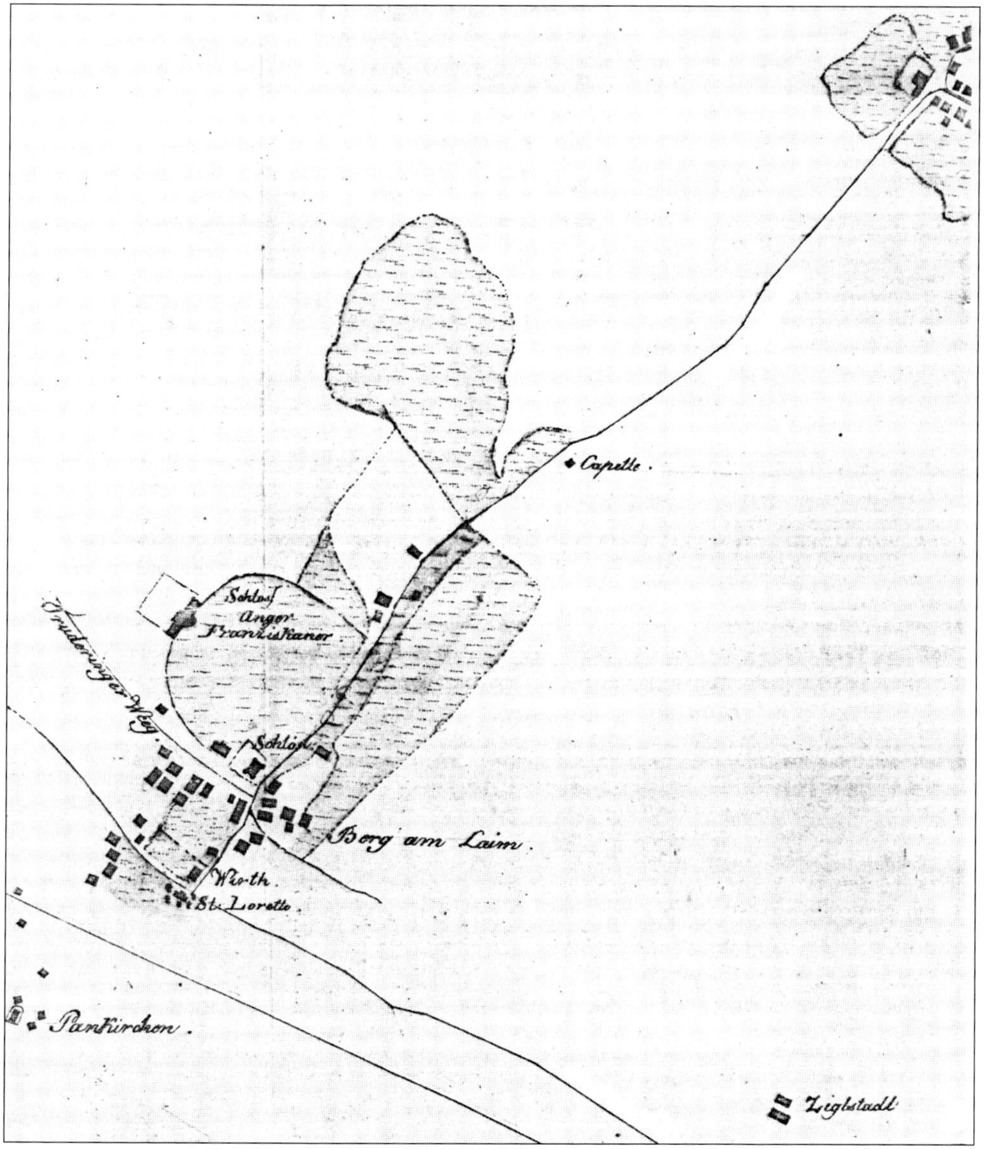

37 Hofmark Berg am Laim mit Baumkirchen und der Echardinger, Großmaier- oder Altöttinger Kapelle, Plan von 1786, Bayerisches Hauptstaatsarchiv, Plansammlung

38 Gartenansicht des Instituts der Englischen Fräulein, um 1845, Aquarell, Englische Fräulein, Berg am Laim

39 Südfront des Instituts der Englischen Fräulein mit Loretokirche, im Hintergrund St. Stephan. Klosterstickerei, nach 1851, Englische Fräulein, Berg am Laim

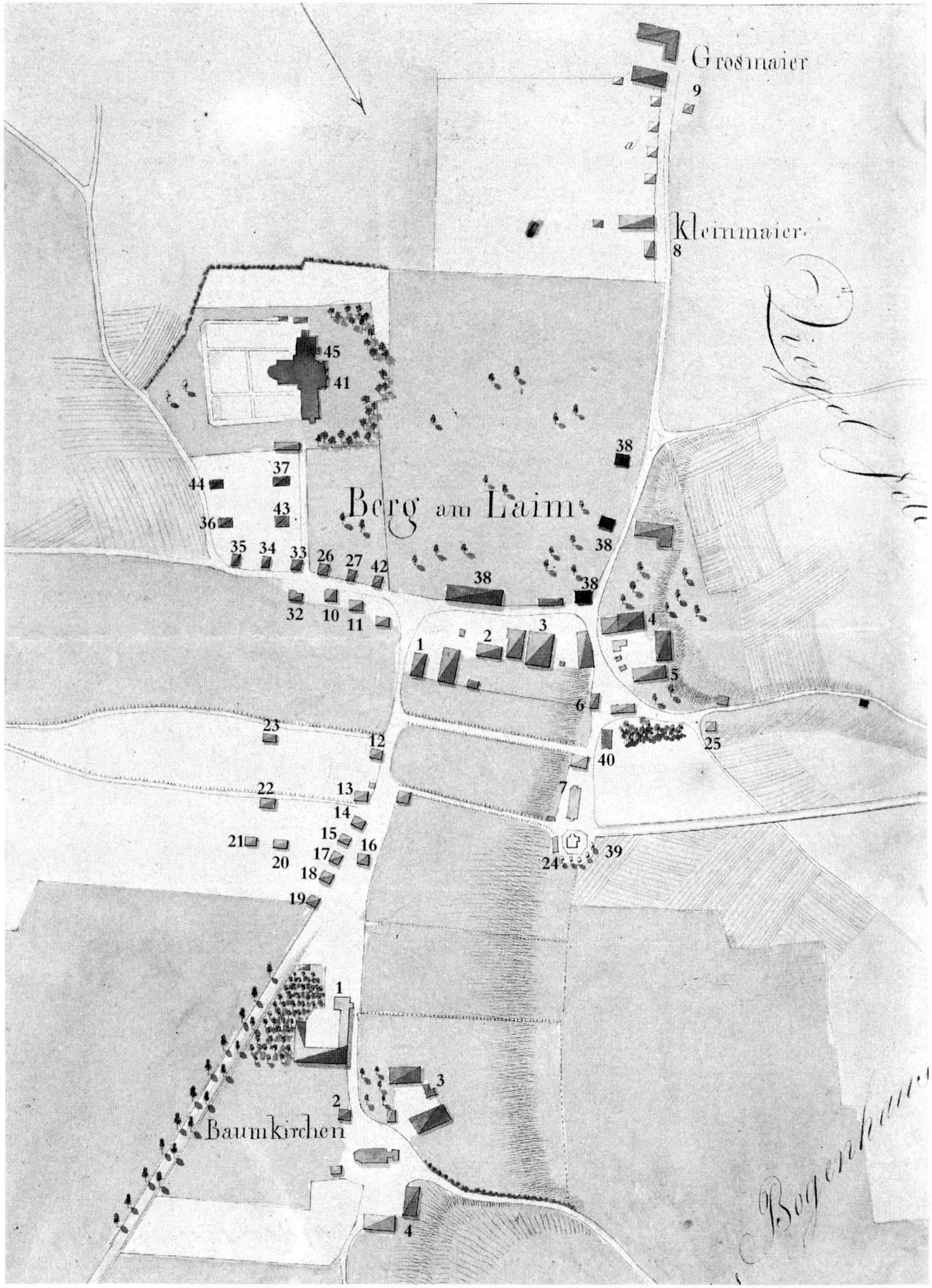

40 Plan des Ortsgerichts Berg am Laim von 1814, siehe auch Bucheinband.

Berg am Laim
1 Gerbl
2 Bachmaier
3 Springer
4 Rieger
5 Zeugner
6 Schmied
7 Wirt
8 Kleinmaier
9 Großmaier
10 beim Marx
11 Steinführer
12 Schuster
13 Metzger
14 Schäffler
15 Weber
16–21 Handwerker- u. Taglöhnerhäuser
22 Armenhaus
23 Amtmann
24 Loreto-Mesner
25 Altmaurer
26, 27 Handwerkerhäuser
28–31 Zubauhäuser zu Bauernhöfen (nicht eingezeichnet)
32 Hirtenhaus
33–37 Handwerkerhäuser, um 1808 erbaut
38 Schloß mit Taglöhnerhäusern
39 Loretokirche
40 Benefiziatenhaus
41 Pfarrkirche
42 Bäcker
43 Taglöhner
44 Kistler
45 Schule

Baumkirchen
1 Pfarrhof
2 Mesner
3 Kiechlmeierhof
4 Häring (heute Voglhof)
5 Kirche St. Stephan
(Plan: Staatsarchiv München RA 19300/3, Hausnummern nach Kataster 1812/StAM 11572)

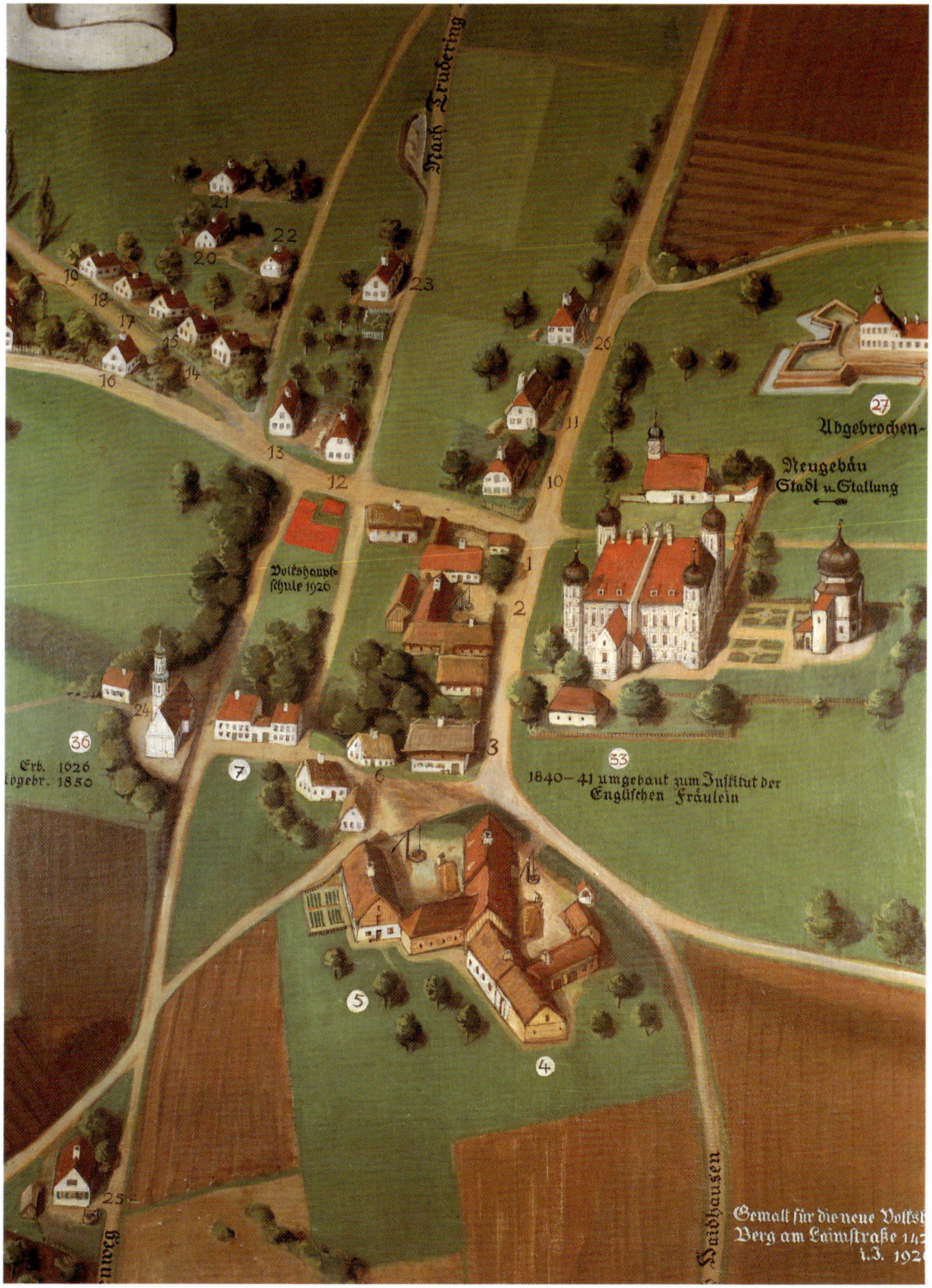

41 Die Hofmark Berg am Laim um 1760. Ausschnitt aus einem Gemälde von Carl Throll, 1926, Grundschule an der Berg-am-Laim-Straße

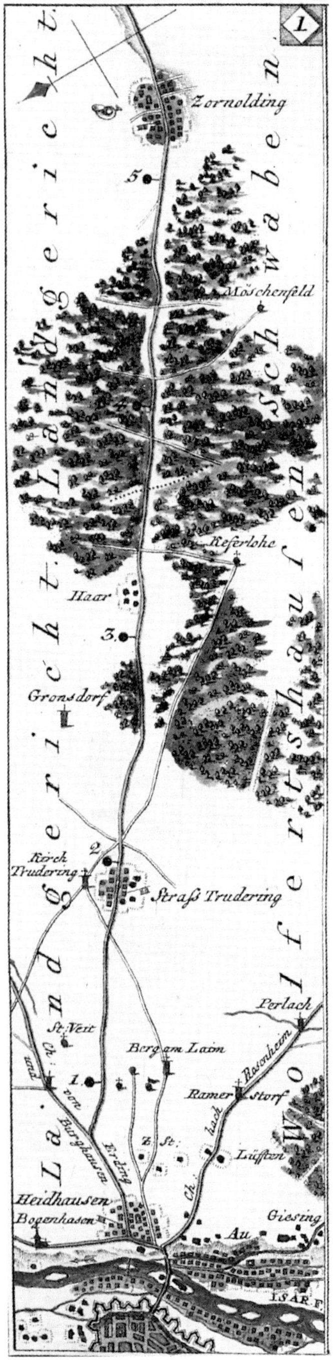
1
Zornolding
Möschenfeld
Keferlohe
Haar
Gronsdorf
Kirch Trudering
Straß Trudering
Perlach
St. Veit
Berg am Laim
Ramerstorf
Rosenheim
Lüfften
Heidhausen
Bogenhausen
Giesing
Au
ISAR F.

◁ 42 43 △ 44 ▽

Zu Seite 146
42 Abbildung aus dem Reiseatlas »Bayern« von Adrian von Riedl, 1796. Die heutige Berg-am-Laim-Straße endete damals an der vormaligen Loretokapelle, Bibliothek St. Bonifaz

43 Schafweide bei Berg am Laim, Grundschule an der Berg-am-Laim-Straße

44 Strohstadel beim ehemaligen Bachmaierhof in der Josephsburgstraße 19, 1935, Abbruch 1936

45 Anwesen mit Sattlerwerkstatt, Josephsburgstraße 19, ehemals Bachmaierhof, Aufnahme 1986

46 Voglhof, ehemals Häring, Baumkirchen

48 *Hühnerhof im Garten der Englischen Fräulein, 1962*

47 *Kinder im Engerthof, Echarding, 1940*

49 *Schweizer mit Melkmaschine, Echarding, 1928*

50 *Pferdefuhrwerk mit Gesinde, Echarding, 1928*

51 *Rast beim Kartoffelklauben. Links im Hintergrund Großmaier- oder Altöttingerkapelle, Echarding, Aufnahme 1929*

52 *Baumkirchen um 1895, Familie Vogl*

53 Jugendfreizeitheim an der Josephsburgstraße 16, ehemals Zeugnerhof, Aufnahme 1986

54 Engerthof an der Echardinger Straße 28, ehemals Großmaier, Aufnahme 1986

55 Café Mahlerhaus, Ecke Baumkirchner-/Josephsburgstraße, ehemals Gerblhof, heutiges Gebäude 2. Hälfte 19. Jh., Aufnahme 1986

56 Echardinger Straße, ehemaliger Dorfkern Berg am Laims, Häuser Nr. 5 und 7 Poigeranwesen, Nr. 6 (links) ehemaliges Benefiziatenhaus, später Ruess. Aufnahme um 1940

57 Ehemals Riegerhof, Ecke Josephsburg-/Echardinger Straße (Abbruch um 1965), Aufnahme 1940

58 Alter Pfarrhof (erbaut 1756, abgerissen 1926), links Pfarrer Gleitsmann, um 1922

60 Baumkirchner Straße 12, ehemaliges Schusterhäusl, letzter Besitzer Schuster Geiger (Abbruch 1964), Aufnahme um 1950

59 Baumkirchner Straße 18, letztes noch stehendes Haus der 1680 erbauten Siedlung (ehemals Weberhaus), Aufnahme um 1950

61 Ehemaliges Haus an der Baumkirchner Straße, Aufnahme um 1950

62 Ehemalige, um 1680 entstandene Siedlung an der östlichen Baumkirchner Straße. Im Hintergrund, an der Straßenbahnwendeschleife, Haltestellenpavillon, Bayerisches Landesamt für Denkmalpflege

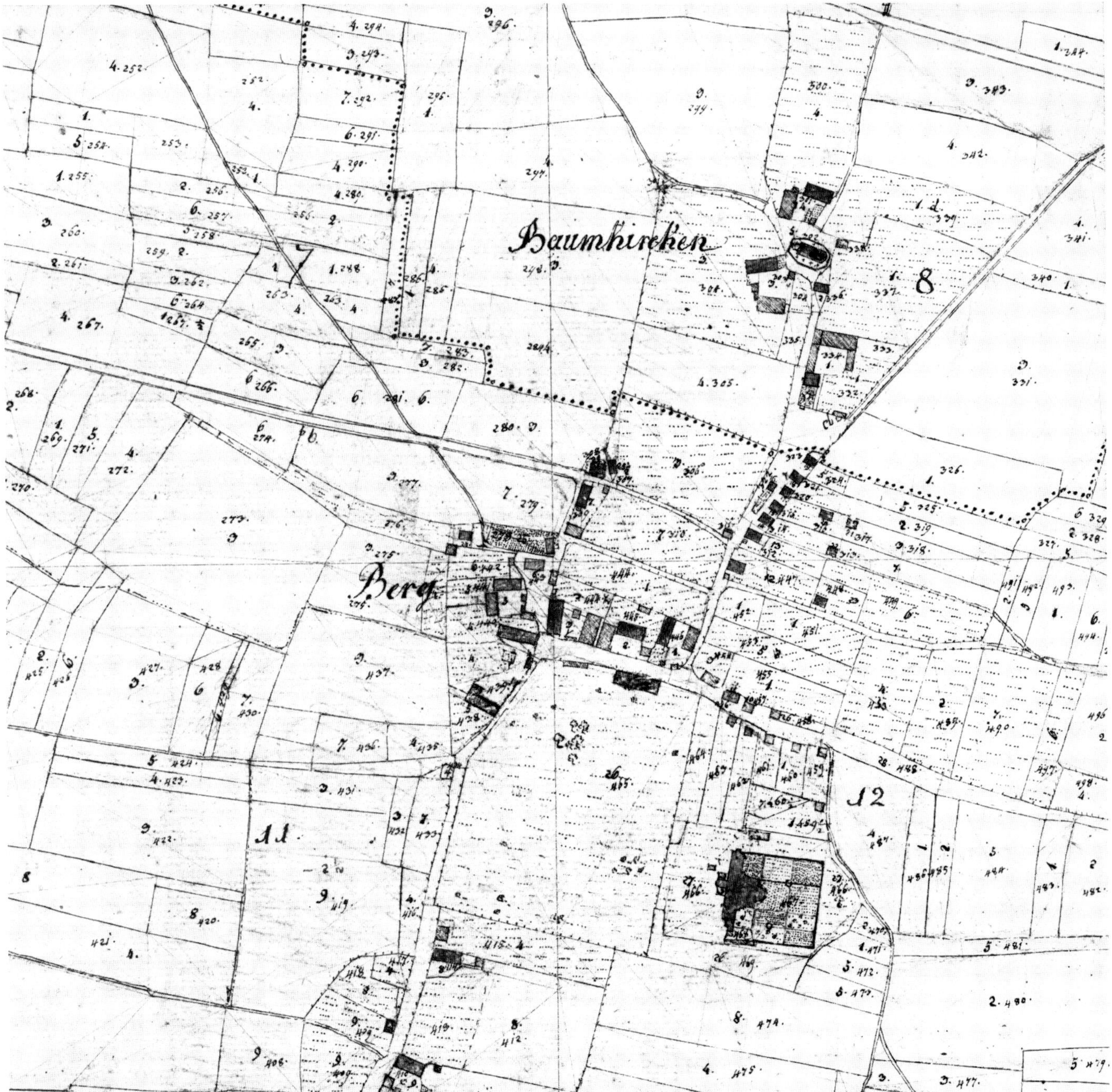
Baumkirchen
Berg
7
8
11
12

Zu Seite 156

63 Katasterplan von 1809, Blatt München Süd-Ost I. Die Hausnumerierung begann damals bei den ältesten Höfen Berg am Laims, die Nr. 1 war der Gerblhof (heute Café Mahlerhaus), Bayerisches Landesvermessungsamt

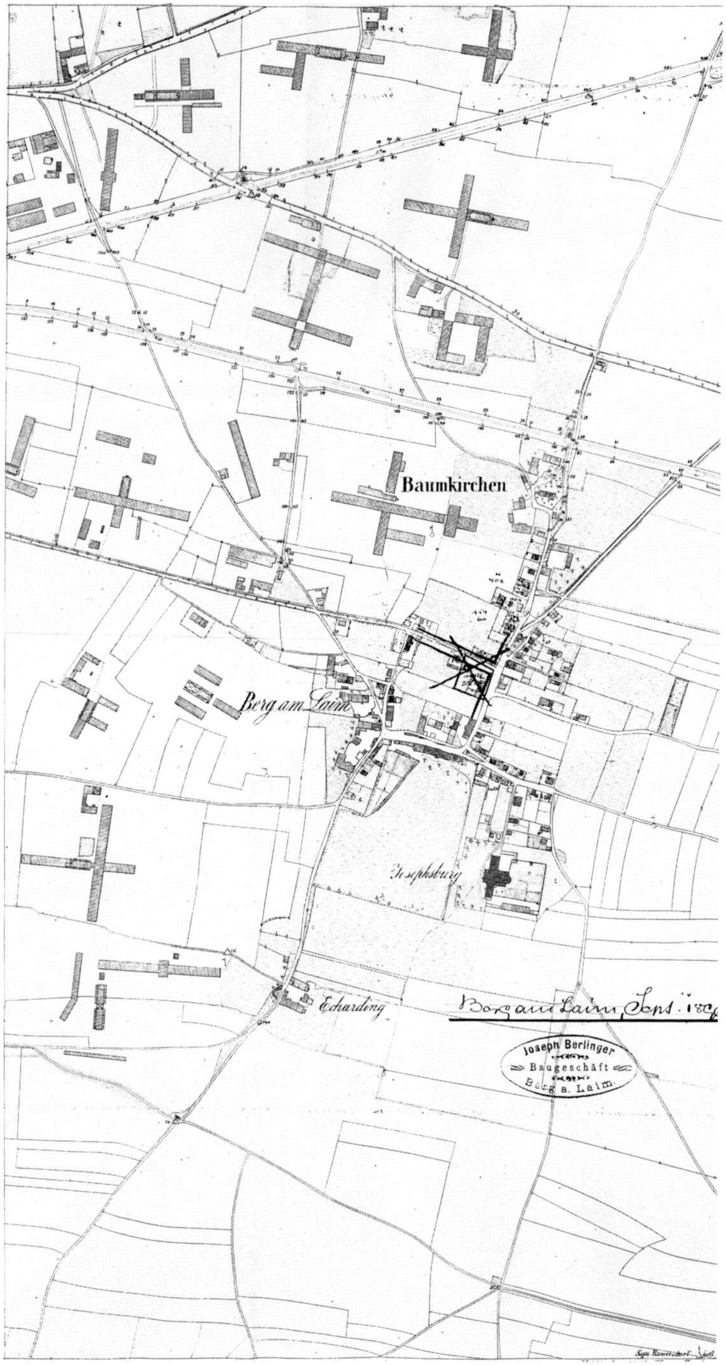

64 Ortsplan von Berg am Laim, 1894, in den Ziegeleien kreuzförmige Anordnung der Trockenstadel um den Ringofen

65 Rasche Erschöpfung der Lehmgründe durch Einsatz von Maschinen. Links Eisenbahnersiedlung an der Mühldorfstraße, rechts Echardinger Ziegelei, um 1925

66 Echardinger Ziegelei, um 1936. Schornsteine prägten das ehemalige Ziegeldorf Berg am Laim.

67 Pferde zogen die mit Lehmerde gefüllten Loren, um 1935

68 Vor dem Lehmabbau wird die wertvolle Humusschicht abgetragen, um 1935

69 Unterkunft für italienische Ziegelarbeiter, um 1904, sogenanntes Grundlerhaus

70 Jugendlicher italienischer Ziegelarbeiter, um 1900. Die meisten Gastarbeiter kamen aus dem Friaul und Bergamo.

71 Die Ringofenanlage der Echardinger Ziegelei, um 1948

72 Maschinelle Aufbereitung der Tonerde, Echardinger Ziegelei, um 1948

73 △

74 △

75 ▽

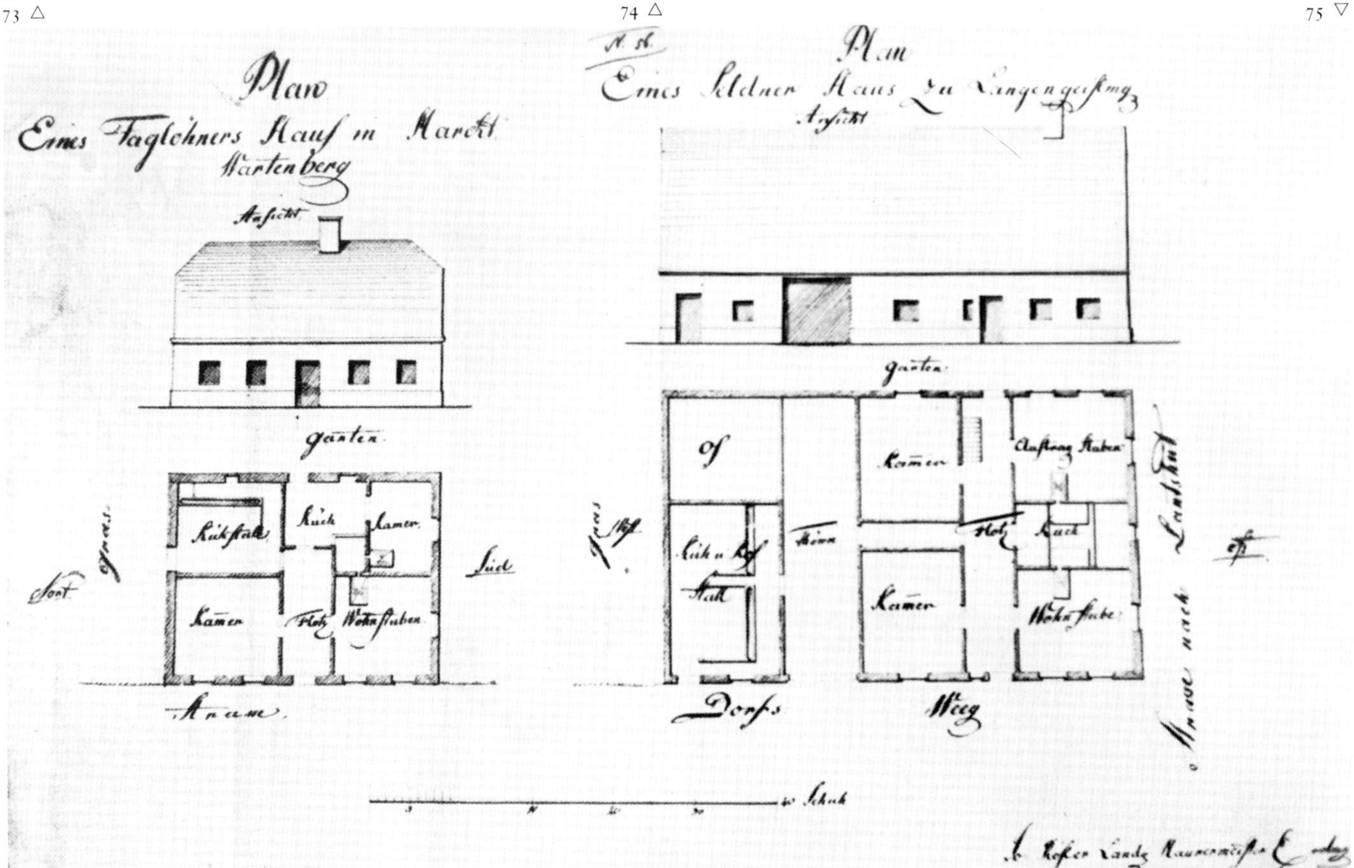
Plan
Eines Taglöhners Hauß im Markt Wartenberg
Ansicht
garten
Kuch
Kamer
Kamer
Holz
Wohnstuben
Süd
N. 56.
Plan
Eines Seldner Haus zu Langengeisling
Ansicht
garten
Kamer
Holz
Kuch
Kamer
Wohnstube
Dorfs
Weeg
Schuh

Zu Seite 162

73 1808 erbautes, eingadiges Taglöhnerhaus an der Echardinger Straße mit Schopfwalmdach, Garten der Englischen Fräulein, Aufnahme 1986

74 1808 erbautes Taglöhnerhaus mit Steilsatteldach an der Clemens-August-Straße 5, Aufnahme 1986

75 Musterblatt einer Vorbildersammlung, nach der die Berg am Laimer Handwerker- und Taglöhnerhäuser an der Josephsburg-/Clemens-August-/St.-Michael- und Echardinger Straße um 1808 errichtet wurden. Institut für Volkskunde der Kommission für Bayerische Landesgeschichte bei der Bayerischen Akademie der Wissenschaften (Plankammer I,4)

76 Gartenseite des 1808 erbauten Siedlungshäuschens mit Schopfwalmdach an der Josephsburgstraße 34, Aufnahme 1986

77 Ehemaliges Handwerkerhaus, Ecke Josephsburg-/St.-Michael-Straße. Geburtshaus von August Fries, dem eine bedeutende Fotosammlung des Stadtteils Berg am Laim zu verdanken ist. Aufnahme um 1940

78 Westseite der Baumkirchner Straße, im Hintergrund das ehemalige Gemeindehaus, um 1950

80 Eisenbahnerkolonie mit Gaststätte »Zum Geflügelten Rad«, Blickpunkt heute: Mittlerer Ring/Berg-am-Laim-Straße, ca. 1910

79 Eisenbahnhaltepunkt Berg am Laim an der Strecke nach Rosenheim, eingerichtet 1897, Aufnahme um 1940

81 Eisenbahnersiedlung

82 Eisenbahnerkolonie an der Schlüsselbergstraße, Aufnahme um 1925

GRUNDRISS EINES SIEDLERHAUSES TYP „L"

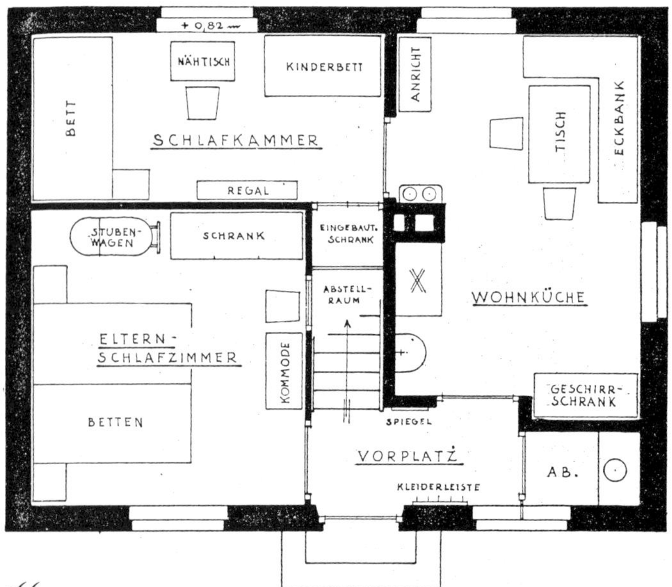

◁ 84

85 ▽

MASSTAB 1:50
1 ZENTIMETER IM PLAN IST GLEICH 50 ZENTIMETER IN WIRKLICHKEIT

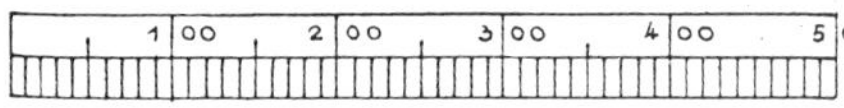

MASSTAB AUSSCHNEIDEN!

MÖBEL AUSSCHNEIDEN, NACH EIGENEM BESTAND ERGÄNZEN UND AUF DEN GRUNDRISSPLAN LEGEN!

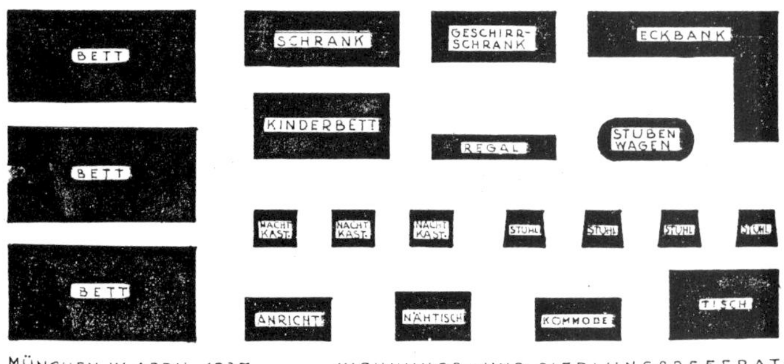

MÜNCHEN IM APRIL 1937 WOHNUNGS- UND SIEDLUNGSREFERAT:

◁ 83 *Reihenhaus in der Maikäfersiedlung, Aufnahme um 1960*

84 *Die meisten Wohnungen sind kaum größer als 30 m², Grundriß von 1937*

85 *Möblierungsplan zur leichteren Einrichtung einer Wohnung, 1937*

86 *Luftaufnahme von der Maikäfersiedlung, links im Hintergrund die Kirche St. Michael, Freigabenummer Reg. v. Obb. G4/Mu 2/3511.30.4.1976*

87 Echardinger Straße, Blick auf die Glaserei Ditl, im Hintergrund die Sportwerkstätte Poiger (Abbruch 1983/1984), Aufnahme 1955

88 Sportwerkstätte und Holzbiegerei Poiger mit Belegschaft, Aufnahme um 1940

89 Gemischtwarenhandlung Johann Deimel sen., Baumkirchner Straße 27, Aufnahme 1906

90 Sauerkrautfabrik Deimel im Rückgebäude, Baumkirchner Straße 27. Lieferung von Krautköpfen, Aufnahme um 1955

92 Bäckerei Aumüller, Ecke Berg-am-Laim-/Baumkirchner Straße (Abbruch 1974), Aufnahme um 1940

91 Bäckermeister Max Aumüller als Schützenkönig, Aufnahme 1936

93 Daschnerhaus mit Bäckerei (Vorläufer des heutigen Aumüller), Berg-am-Laim-Straße 137, Abbruch 1968. Links im Hintergrund Kreuz zur Erinnerung an die erste Loretokirche, rechts im Hintergrund Berlingerhaus. Aufnahme vor 1926

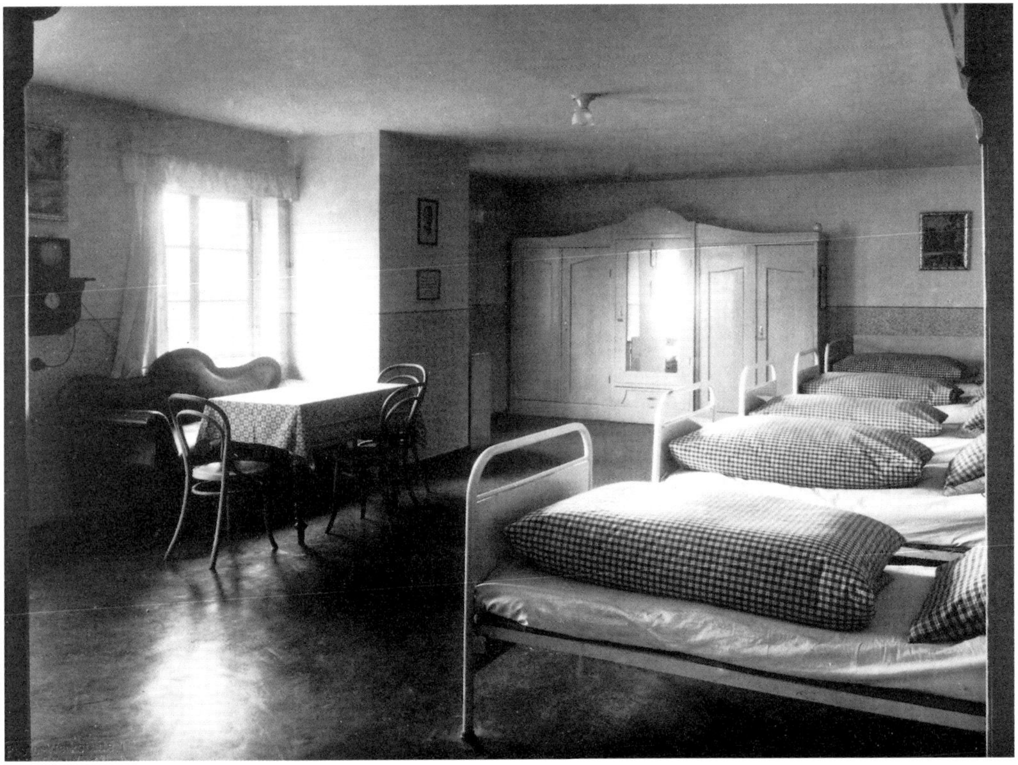

94 Schlafsaal der Bäckergesellen im alten Aumüllerhaus, 1939

95 Mehllager im Aumüllerhaus, 1939

96 Zeichnung des Wohnhauses der Familie Berlinger, um 1910 (Haus 1978 abgebrochen)

97 Lagerplatz der Baufirma Berlinger an der Berg-am-Laim-Straße, rechts im Hintergrund Wohnhaus Berlinger, Berg-am-Laim-Straße 139

98 Spirituosenfabrik Macholl an der Neumarkter Straße, um 1910

99 Briefkopf der Parkettfabrik Linke, Stahlstich, 1913

100 Grundler-Villa an der Berg-am-Laim-Straße 81, erbaut um 1900 (unter Denkmalschutz)

101 Wohnhaus mit Jugendstilfassade, 1900 erbaut von Joseph Berlinger, St. Michaelstraße 4 (unter Denkmalschutz)

102 Kreiller-Villa, jetzt Behr, Umbau 1935, Baumkirchner Straße 24 (unter Denkmalschutz)

103 Weißes Bräuhaus an der Baumkirchner Straße 5, erbaut um 1900 (unter Denkmalschutz)

104 Kronseder Haus an der Kreillerstraße (abgebrochen), Aufnahme um 1962, siehe auch Abb. 154

106 Ursprünglich als Arbeiterwohnheim erbaut, von Georg Berlinger sen. (im Vordergrund) nach dem Hausumbau an der Berg-am-Laim-Straße 139 selbst bewohnt, Aufnahme um 1910

105 Wohnzimmereinrichtung, Berlingerhaus an der Berg-am-Laim-Straße 139, Aufnahme 1910

107 Eingemeindungsfeier 1913, Berg-am-Laim-Straße

108 Eingemeindungsfeier 1913, Polizeieinheit

109 Eingemeindungsfeier 1913, ehemalige Bäckerei Daschner

110 Eingemeindungsfeier 1913, vorne Schusterhäusl (abgebrochen 1964), im Hintergrund Gasthof Strell

112 Entwurf des Straßenschmucks

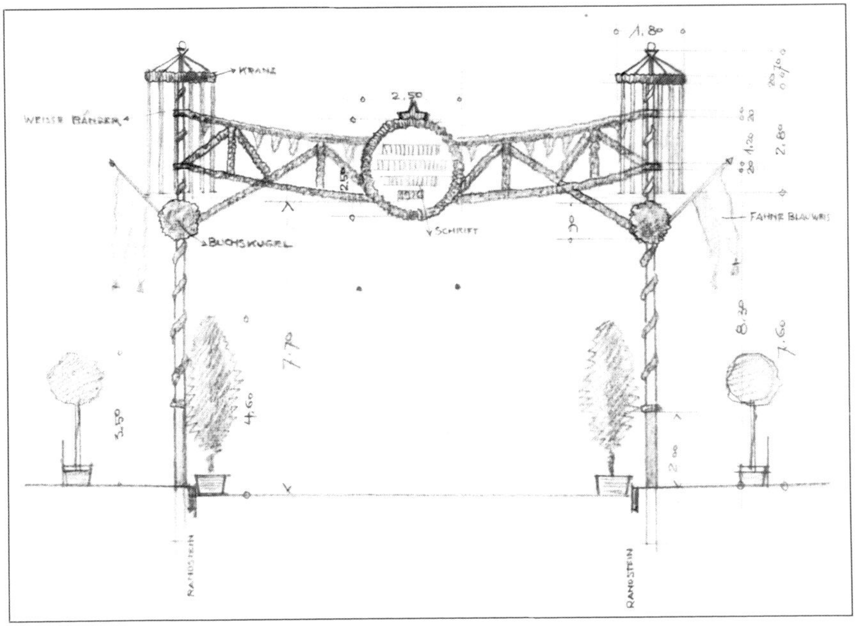

111 Eröffnung der Straßenbahnlinie 31 nach Berg am Laim, 15. 9. 1926 ▽

113 Endstation/Wendeschleife an der Baumkirchner Straße, im Hintergrund der Pfarrhof (zerstört 1944) ▷

Zu Seite 179
114 Berg-am-Laim-Straße im Jahre 1961, rechts das alte Gebäude der Volksschule ▷▷

1
Moosach
749
durch Tram

115 Gasthaus zum Altwirt oder Baumann an der Ecke Berg-am-Laim-/Echardinger Straße (abgebrochen 1969), Aufnahme um 1960

116 Altwirt, Treffpunkt zahlreicher Vereine, Aufnahme um 1910

117 Großwirt oder Gasthof Strell (abgebrochen 1966), 1922 Fest zur Ehrung gefallener Soldaten

118 Gasthaus Schüleingarten, Ecke Kreiller-Plankensteinstraße, Vorläufer der Gaststätte Plankenstein (abgebrochen 1964), Aufnahme 1925

119 Fasching im Gasthaus Schüleingarten, 1926

120 Gasthaus Simon Graf an der Berg-am-Laim-Straße (abgebrochen), Aufnahme um 1910

121 Gaststätte Plankenstein, Ecke Risserkogel-/Kreillerstraße (Abbruch 1963/1964), Aufnahme 1927/1928

122 Die freiwillige Feuerwehr von Berg am Laim, um 1920

123/124 Brand im Bergerhof (später Engert), Oberbürgermeister Fiehler (rechts) und Gutsbesitzer Michael Herrmann (links)

125 Radfahrerverein Berg am Laim, um 1910

126 Radfahrerverein Berg am Laim, 1929, aufgenommen vor der ehemaligen Gaststätte Humplmayer an der Truderinger Straße

127 Vorstand des Evangelischen Vereins Berg am Laim, um 1913

128 Fahnenweihe um 1900, im Hintergrund das alte Berg am Laimer Schulhaus

129 Fahne des Sozialdemokratischen Vereins Berg am Laim, gegründet 1908

130 Mitglieder des Burschenvereins, Aufnahme 1914

131 Fronleichnamsprozession, vorbei am Institut der Englischen Fräulein, Josephsburgstraße, um 1930

132 Benefiziat der Englischen Fräulein im Hof des Instituts, um 1925

133 Bruderschaftsprozession. Sie wird jährlich am 29. September durchgeführt. Ministranten tragen die Stangen der Michaelsbruderschaft. Ecke Josephsburg-/Clemens-August-Straße, Aufnahme 1959

134 Chorausflug der Pfarrei St. Michael mit Chorleiter Höglauer, Aufnahme vor dem Zweiten Weltkrieg

135 Straßenansicht der Schule der Englischen Fräulein, im Hintergrund der Riegerhof, Aufnahme 1914

136 Turnunterricht der Zöglinge der Englischen Fräulein, im Hintergrund Loretokirche, Kloster und Schule, um 1910

137 Blick auf die Südseite des Instituts der Englischen Fräulein mit Landwirtschaft und Garten, um 1950

138 Mit dem Pferdefuhrwerk in den klostereigenen Forst nach Waldtrudering, um 1925

139 Turnunterricht, um 1920

140 Hauswirtschaftsunterricht in der Schulküche, um 1920

141 Konzert im Festsaal des Instituts der Englischen Fräulein, um 1900

142 »Absolvia«-Feier der Schülerinnen des Jahrgangs 1926 mit dem Religionslehrer Edler und Ritter Konrad von Lengrießer

143 Altes Schulhaus an der Baumkirchner Straße 9, erbaut 1875 (unter Denkmalschutz)

144 Um 1850 erbautes Schulhaus, später Gemeinde- und Armenhaus, 1912. Während des Dritten Reiches Treffpunkt der Ortsgruppe der NSDAP (abgebrochen 1964)

145 Fünfte Klasse der Volksschule an der Berg-am-Laim-Straße, 1913

146 Unterricht in der Volksschule, um 1930

147 Ehemaliges Armenhaus an der Josephsburgstraße (abgebrochen 1976)

148 Berg am Laimer Kinder mit ihrer Erzieherin, um 1910

149 Luftaufnahme von Berg am Laim, 1932

150 Der von Brandbomben zerstörte Engerthof in Echarding, Aufnahme 1943

151 Kriegsgefangenenlager im Zweiten Weltkrieg an der Neumarkter Straße, westlich der Kirche St. Stephan

152 Kriegsgefangenenlager an der Gögginger Straße, Blick vom Engerthof

153 Das Lager an der Gögginger Straße als Notquartier für Flüchtlinge, um 1950

150 △ 151 ▽ 152 △ 153 ▽

154 Ausbau der Kreillerstraße 1961

155 Blick auf die Kreuzung Baumkirchner-/Berg-am-Laim-Straße mit der ehemaligen Volksschule

156 Kreillerstraße, 1966, nach dem Abbruch des Gasthofs Strell. Links der neue Volksschulbau, rechts die Bäckerei Aumüller (abgebrochen 1974)

157 Eines der ältesten Handwerkerhäuser Berg am Laims, Josephsburgstraße 29 (unter Denkmalschutz), Aufnahme 1986

158 Der Schüleinplatz mit dem Schüleinbrunnen, Entwurf Prof. Julius Seidler, München 1928. Aufnahme von 1987

159 Die Clemens-August-Straße, bis heute Zufahrt zur Michaelskirche. Links zwei ehemalige Söldenhäuser, erbaut 1808. Aufnahme 1986

160 Berger Weiher (1948 mit Schutt aufgefüllt) mit Behr-Villa, links St. Stephan, Aufnahme um 1930

161 Großmaier- oder Altöttingerkapelle an der damaligen Ecke Echardinger-/Großgmainer Straße, zerstört, Aufnahme 1928

162 Eine der wenigen Idyllen von Berg am Laim, Garten in der Josephsburgstraße, Aufnahme 1987

163 Winterstimmung bei der Stephanskirche, rechts Voglhof, Aufnahme 1985

164 Moderne Wohnanlage an der Halserspitzstraße, Aufnahme 1987

165 Verwaltungsgebäude der Firma Klinge an der Berg-am-Laim-Straße. Das Kreuz im Vordergrund erinnert an die ehemalige Loretokirche, Aufnahme 1987

166 »Stephanspark«, 1984 erbaute Wohnanlage an der Neumarkter Straße, gegenüber der Kirche St. Stephan, Aufnahme 1987

167 Rohde & Schwarz, Mühldorfstraße 15. Im modernen Neubau von 1985 befinden sich die Entwicklungsabteilung und das Schulungszentrum des bedeutenden Elektronikunternehmens.

168 Blick auf St. Michael und das Altenheim der Barmherzigen Schwestern, im Hintergrund Anwesen der Englischen Fräulein. Freigabenummer: M5004CD, 28. 10. 1980

ANHANG

ZEITTAFEL

Jungsteinzeit	Schneidenteil eines Steinbeils, gefunden im Jahr 1900 an der Rosenheimer Bahnlinie zwischen Berg am Laim und Trudering
	Vier Hockergräber der Glockenbecherstufe, gefunden 1936/1937 zwischen Echardinger- und St.-Michael-Straße
um 1000 v. Chr.	Urnenfelderzeitliche Grube mit Keramikresten (daneben ein 24½ m langes, annähernd ost-westlich gerichtetes, allerdings noch nicht datiertes Haus), gefunden 26. 5. 1987 an der Baumkirchnerstraße, Flurnr. 411
zw. 25/30 bis 40 n. Chr.	Zwei Skelettgräber mit Fund einer Bronzefibel, 1924, 1,2 km östlich des Rangierbahnhofs Berg am Laim
2. Jh. n. Chr.	Siedlungsgrube mit Keramik, Eisenresten und Tierknochen, gefunden 1956 am Ellingerweg 10
4. Jh. n. Chr.	Vier Skelettgräber, acht weitere Gräber, darunter ein Kindergrab mit zahlreichen Beigaben, wie Tongefäßen und Schmuck, gefunden 1935/1936 an der St.-Veit-Straße (zwischen Staudach- und Josephsburgstraße)
6./7. Jh. n. Chr.	Ansiedlung durch Germanen (Echarding, Pachem bzw. Bachheim)
23. April 812, 20. Jan. 813 und 8. Jan. 814	Erste urkundliche Erwähnungen Bergs in Güterschenkungen an die Freisinger Marienkirche
870	Baumkirchen (»Pouminunchirihum«)
1022	Erste urkundliche Erwähnung von Zamdorf (»Zamindorf«)
1091	Erste Erwähnung Echardings in einer Urkunde des Klosters Tegernsee
seit Ende d. 12. Jhs.	Nennung von Pachemer Ministerialen in Freisinger Traditionen
seit 1280	Berg *wittelsbachischer Urbarsbesitz* mit 11 Höfen
1340	Chunrad der Ziegelmeister erhält ein Gut zu Pachem
15. Jh.	Untergang Pachems
1430	Berg erhält den Beinamen »auf dem Laimb«
um 1430	Berg am Laim wird Hofmark
1511	Umbau der Kirche St. Stephan im spätgotischen Stil
um 1550	Bau der Kirche St. Veit auf dem Wasen
1615–1678	*Eigentümer der Hofmark: Freiherrn von Lerchenfeld*
1620	Echarding wird der Hofmark angegliedert
1626	Bau der 1. Loretokirche durch Maria Jacobe von Lerchenfeld
1678–1763	*Eigentümer der Hofmark: Bischöfe aus dem Haus Wittelsbach*
1678–1685	*1. Albrecht Sigmund (1623–1685), Fürstbischof von Freising*
um 1680	Bau des Hofmarksschlosses
um 1680	Bau von 10 Söldenhäusern an der heutigen östlichen Baumkirchnerstraße
1685–1688	*2. Max Heinrich (1621–1688), Erzbischof von Köln*

1688–1723	*3. Joseph Clemens (1671–1723), Erzbischof von Köln*
um 1690	Bau der Josephsburg mit Michaelskapelle
Mai 1693	Gründung der Michaelsbruderschaft
Sept. 1693	Gründung des Michaelsritterordens
1713–1727	Barockisierung von St. Stephan in Baumkirchen
1717	Erbauung eines neuen Pfarrhofs
1723–1761	*4. Clemens August (1700–1761), Erzbischof von Köln*
7. Okt. 1738	Grundsteinlegung der Kirche St. Michael
19. Sept. 1751	Weihe der Kirche
1731/1732	Bau eines Jagdschlosses für den Wittelsbacher Herzog Ferdinand
1751	Errichtung eines Franziskanerhospizes in der Josephsburg
1761–1763	*5. Johann Theodor (1703–1763), Erzbischof von Köln und Kardinal*
1763–1777	*Max III. Joseph (1727–1777), Kurfürst von Bayern*
	Nach dem Aussterben der geistlichen Wittelsbacher fällt die Hofmark an ihn
um 1770	Abtragung der Fortifikation der Josephsburg
1778–1848	*Eigentümer der Hofmark: Freiherrn von Hompesch*
1778–1800	*1. Franz Carl von Hompesch*
1800–1809	*2. Johann Wilhelm von Hompesch*
Febr. 1802	Auflösung des Franziskanerhospizes in der Josephsburg
April 1806	St. Michael wird Pfarrkirche
1806	Einrichtung einer Zentralschule im Südpavillon der Michaelskirche
6. Dez. 1806	Versteigerung von Eremitenschule und Kirche St. Veit auf dem Wasen auf Abbruch
Aug. 1808	Anschluß Baumkirchens an die Hofmark
1809	Bau der 1. Steinstraße (heute Berg-am-Laim-Straße)
1808–1810	Bau von 14 Häusern an der heutigen Josephsburg-, Clemens-August-/St.-Michael- und Echardinger Straße
1809–1831	*3. Ferdinand von Hompesch*
1826	Berg am Laim wird Patrimonialgericht II. Klasse mit Sitz in Haidhausen (später Bogenhausen, dann Blumenstraße)
1831–1840	*4. Wilhelm von Hompesch*
1840–1848	*Eigentümer der Hofmark: Simon von Eichthal*
Mai 1840	Niederlassung der Englischen Fräulein in Berg am Laim und Errichtung eines Rekonvaleszentenheims der Barmherzigen Schwestern im Südflügel der Josephsburg
Mai 1841	Eröffnung des Erziehungsinstitutes der Englischen Fräulein
5. Okt. 1848	*Auflösung der Hofmark*
1851	Abriß der 1. Loretokirche und Bau der heutigen Loretokirche in der Josephsburgstraße
1853/1854	Erbauung eines Schulhauses, später Gemeindehaus, an der Baumkirchner Straße
um 1870	Einführung des Ringofens in der Ziegelindustrie
1871	Fertigstellung des Ostbahnhofes, Eröffnung der Bahnlinien nach Simbach und Rosenheim
1875	Errichtung des Schulhauses an der Baumkirchner Straße 9, heute Kinderhort
1875	Zamdorf wird Teil der Gemeinde Berg am Laim
1879/1880	Errichtung eines Armenhauses in der Josephsburgstraße
1883	Errichtung einer Filialgasanstalt in Steinhausen
1884	Choleragefahr in Berg am Laim

1897	Eröffnung eines Eisenbahnhaltepunkts im Ortsteil Baumkirchen
1899	Vertrag der Gemeinde mit der Firma Siemens wegen der Lieferung elektrischer Energie
um 1900	Erschöpfung der Lehmgründe, Einrichtung zahlreicher Gärtnereien
1902	Erbauung der Eisenbahnersiedlung an der Mühldorfstraße
1905	Grunderwerb für den Bau eines Rangierbahnhofes
1908	Gründung des Sozialdemokratischen Vereins Berg am Laim
1911	Anmeldung der 1. Automobildroschke in Berg am Laim
1. 7. 1913	*Eingemeindung Berg am Laims nach München*
1915	Stillegung des Rosenheimer Bahndamms; erste Gaslampen in der Josephsburgstraße
1923–1927	Erbauung der Eisenbahnersiedlung an der Truderinger Straße
15. 9. 1926	Eröffnung der Straßenbahnlinie 31 nach Berg am Laim
1929	Errichtung einer evangelisch-lutherischen Pfarrei
1937	Fertigstellung der »Maikäfersiedlung«
1941–1943	Bestehen der sogenannten »Heimanlage für Juden Berg am Laim«
1944	Zerstörung des Pfarrhofs durch einen Bombenangriff
1946	Gründung von SPD- und CSU-Ortsvereinen in Berg am Laim
1948	Einrichtung eines Bezirksausschusses
1953	Restaurierung von St. Stephan
Sept. 1958	Bezug der Volksschule am Echardinger Grünstreifen
um 1960	Abriß zahlreicher vor 1900 entstandener Gebäude
1962	Bau der Offenbarungskirche
8. 1. 1969	Bezug der Ludwig-Thoma-Realschule
2. 2. 1970	Bezug der Volksschule am Inzeller Weg
Sept. 1971	Bezug des Michaeli-Gymnasiums
März 1970	Eröffnung der Sozialstation
1973	Eröffnung eines Hallenbades im Michaelibad
18. 10. 1980	Inbetriebnahme der U-Bahn-Linie
1982	Gründung des Bürgerkreises Berg am Laim; Eröffnung des Altenzentrums
1987	Renovierung von St. Stephan

ANMERKUNGEN

Verwendete Abkürzungen:

BayHStA	–	Bayerisches Hauptstaatsarchiv
EOAM	–	Erzbischöfliches Ordinariatsarchiv München
OA	–	Oberbayerisches Archiv
StAM	–	Staatsarchiv München

SIEDLUNGSANFÄNGE IM RAUM BERG AM LAIM S. 9

1 Strell, Martin: Geologische Bemerkungen, in: Ausflüge in die östliche Umgebung von München, München [2] 1926, S. 19
2 Falkplan München: Hamburg, 53. Auflage
3 Acht, Peter (Hrsg.): Die Traditionen des Klosters Tegernsee, Quellen und Erörterungen zur Bayerischen Geschichte NF 9, München 1952. Nummer 114: 15. Jahrhundert, handschriftliche Bemerkung
4 Ebd., Nummer 114
5 Störmer, Wilhelm: Der Adel als Träger von Rodung, Siedlung und Herrschaft im frühmittelalterlichen Oberbayern, in: Oberbayerisches Archiv, 106, München 1981, S. 298f.
6 Wagner, Friedrich: Denkmäler und Fundstätten der Vorzeit Münchens und seiner Umgebung, Kallmünz 1958, S. 67
7 Ebd., S. 59ff. bezügl. Englschalking vgl.: Winghart, S.: Frühmittelalterliche Siedlungen von Eching und München-Englschalking, in: Das archäologische Jahr in Bayern 1983, Stuttgart 1984, S. 139ff.
8 Vgl. Sandberger, Adolf: Altbayerische Studien zur Geschichte von Siedlung, Recht und Landwirtschaft (Gesammelte Aufsätze, hg. v. P. Fried und E. Riedenauer unter Mitwirkung von G. Sandberger = Schriftenreihe zur Bayerischen Landesgeschichte 74) München 1985, S. 57
9 Acht, a.a.O., Nr. 114
10 Ebd.: Urbar Lit. 3 f 3 und 24' curia Erhartingen. Außerdem Lit. 9 von 1454 als Ekharting im Amt Gefilde, BayHStA KL 11: Salbuch 1427, Echarting Hof, KL fasc. 759 Nr. 88: Erharting Hof
11 Holzfurtner, Ludwig: Klostergericht Tegernsee (Historischer Atlas von Bayern, Altbayern, Heft 54) München 1985, S. 6
12 Holzfurtner, a.a.O., S. 8f.
13 Sandberger, a.a.O., S. 282
14 Ebd., S. 49
15 Ebd., vgl. Karte im Anhang
16 Ebd., S. 17 und 26
17 Sandberger, a.a.O., S. 28, Nach dem Aussterben der Hohenburger wurde Egerdach nochmals als Lehen ausgegeben, da es im Urbar von 1289 wieder aufgeführt wird: »Item Egerdach possidet Geizzo.« Zitiert nach Holzfurtner, a.a.O., S. 137: Urbar von 1289, Nr. 573
18 Acht bezeichnet es als abgegangenen Ort bei Echardingen, a.a.O., S. 347; Sandberger nennt das Schicksal Egerdachs ungeklärt, a.a.O., S. 30
19 Sandberger, a.a.O., S. 64
20 StAM: Pfleggericht Wolfratshausen B 5 und BayHStA: Kurbayern, Geheimes Landesarchiv 26'1233. Außerdem Stiftsarchiv St. Bonifaz/München: Bestand Riegerbauer, Berg am Laim, Urkunde von 1525. Trotz der Aufteilungen besaßen noch um 1810 der Groß- und Kleinmaier die für die Maierhöfe typischen geschlossenen Ackerflächen im Gegensatz zu den parzellierten Fluren der übrigen Bauern.
21 Lieb, Norbert: Klosterhäuser im alten München, in: Studien und Mitteilungen zur Geschichte des Benediktiner Ordens und seiner Zweige, Bd. 91, München 1980, S. 139ff.
22 Stiftsarchiv St. Bonifaz/München: Bestand Riegerbauer, Urkunde von 1525
23 BayHStA: Kurbayern, Hofkammer, Hofanlagsbuchhaltung 570: Der Kleinmaier (»die Hub«) hatte bis dahin zu Tegernsee gehört, während der Großmaier schon vorher an das Angerkloster gefallen war (StAM: Pfleggericht Wolfratshausen B 5)
24 BayHStA: Altbairische Landschaft 22, Teil I, fol. 69
25 Bitterauf, Theodor (Hrsg.): Die Traditionen des Hochstifts Freising, Quellen und Erörterungen zur Bayerischen Geschichte, NF 4 und 5, München 1905 und 1909, Nr. 301
26 Wening, Michael: Historico-Topographica Descriptio, I. Bd., 1701, Rentamt München, Gericht Wolfertshausen, Perg am Laimb
27 Prinz, Friedrich: Die innere Entwicklung: Staat, Gesellschaft, Kirche und Wirtschaft, in: Max Spindler (Hrsg.) Handbuch der bayerischen Geschichte Bd. I, München 1967, S. 359
28 Vgl. Störmer, a.a.O., S. 291
29 Prinz, Die innere Entwicklung, a.a.O., S. 274
30 Bitterauf, a.a.O., Nr. 301
31 Ebd., Nr. 306
32 Ebd., Nr. 311. Zum Namen Starcholf vgl.: Mayr, Gottfried: Genealogisch-besitzgeschichtliche Studien zum Adel im frühmittelalterlichen Bayern, Studien zur Bayerischen Verfassungs- und Sozialgeschichte, Bd. V, München 1974, S. 12ff.
33 Stahleder, Helmuth: Hochstift Freising (Hist. Atlas von Bayern, Altbayern, Heft 33) München 1974, S. 61
34 Vogel, Hubert: Zur Ortsgeschichte von Ramersdorf, in: Ramersdorf, 100 Jahre bei München, Ottobrunn 1964, S. 6
35 Dollinger, Philippe: Der bayerische Bauernstand vom 9. bis zum 13. Jahrhundert, ed. Franz Irsigler, München 1982, S. 137
36 Bitterauf, a.a.O., Bd. II, Nr. 1113
37 Ebd., Nr. 1114
38 Ebd., Nr. 900
39 Ebd., Nr. 306. Vgl. auch: Stahleder, Helmuth: Bischöfliche und adelige Eigenkirchen des Bistums Freising im frühen Mittelalter und die Kirchenorganisation im Jahr 1315, I. Teil, in: Oberbayerisches Archiv 104, München 1979, S. 128 und 159/II. Teil, OA 105, München 1980, S. 60 zur Urkunde von 1052: Monumenta Boica 31/1, Nr. 174. Vgl. auch Hobmair, Karl: Hachinger Heimatbuch, Oberhaching 1979, S. 85
40 Reitzenstein, Alexander, Freiherr von: Frühe Geschichte rund um München, München 1956, S. 97
41 Genauer lokalisierbar ist erst die auf Pachemer Grund vermutete spätere St. Veit Kirche auf dem Wasen. Siehe dazu Brückl, Josef: 1200 Jahre Trudering, München 1972, S. 155: Flurplan
42 Wagner, a.a.O., S. 64
43 Bitterauf, a.a.O., Bd. II, Nr. 1519: Egildeo de Pache, um 1100. Nr. 1536: Engildio et filius eius Aribo de Pahha, um 1141. Nr. 1746c: Engeldich de P(ache)
44 Ebd., Nr. 1571c
45 Regesta Boica VII S. 270
46 Vogel, Hubert: Das Salbuch des Heiliggeistspitals in München von 1390, München 1966. SA Nr. 564, S. 58
47 Wilmersdoerffer, Theodor: Beiträge zur Geschichte der Vorstädte Münchens I, in: OA 58. Band, 1903, S. 6
48 Stahleder, Bischöfl. u. adelige Eigenkirchen, II. Teil, in: OA 105, S. 50
49 Brückl, a.a.O., S. 675
50 Kreuzer, Anton: Berg am Laim, München 1977. Unveröffentl. Manuskript: Aus einer Pfarrbeschreibung von Baumkirchen 1557: »Diese Pfarr hat ein Filial zu St. Veit.« Apian, Philipp: Bairische Landtafeln, Ingolstadt 1568, Tafel 18
51 Brückl, a.a.O., S. 151ff. Auch Bogner, Josef: Das Eremitenwesen in Bayern und seine sozialen Verhältnisse, in: OA 102, München 1977

52 Kath. Pfarramt St. Michael Perlach (Hrsg.): Festschrift zum Jubiläum 1980: 800 Jahre St. Michael, Perlach, S. 58
53 Brückl, a. a. O., S. 157 ff.

DIE WITTELSBACHER HERZÖGE ALS BESITZER VON BERG S. 14

1 Prinz, a. a. O., S. 322
2 Sandberger, a. a. O., S. 44 f.
3 Störmer, Wilhelm: Adelsgruppen im früh- und hochmittelalterlichen Bayern, in: Studien zur bayerischen Verfassungs- und Sozialgeschichte 4, 1972, S. 165 ff.; Mayr, Gottfried: Von den Agilolfingern zu den bayerischen Königen, in: Der Landkreis Ebersberg, Raum und Geschichte, ed. Kreissparkasse Ebersberg, Stuttgart 1982, S. 117 f.
4 Kraus, Andreas: Das Herzogtum der Wittelsbacher. Die Grundlegung des Landes Bayern, in: Katalog Wittelsbach und Bayern I/1, Die Zeit der frühen Herzöge 1180 bis 1350, Hrsg. H. Glaser, München 1980, S. 173
5 Prinz, a. a. O., S. 322 ff.
6 Monumenta Boica, Bd. 36/1. Datierung des ersten Herzogsurbars nach: Hofmann, Siegfried: Die zentrale Verwaltung des bayerischen Herzogtums unter den ersten Wittelsbachern, in: Katalog Wittelsbach und Bayern, a. a. O., S. 234
7 Monumenta Boica, Bd. 36/1, S. 282
8 Dollinger, a. a. O., S. 135
9 Monumenta Boica, Bd. 36/2, S. 532
10 Vgl. Sandberger, Adolf: Die Landwirtschaft, in: Handbuch der bayerischen Geschichte, a. a. O., Bd. II, S. 659
11 Spindler, Max: Grundzüge des inneren Wandels, in: Handbuch der bayerischen Geschichte, a. a. O., Bd. II, S. 60 ff.
12 Fried, Pankraz: Bayern en miniature: Die altbayerische Hofmark, in: Blutenburg, Beiträge zur Geschichte von Schloß und Hofmark Menzing, Hrsg. Claus Grimm, München 1983, S. 228
13 Liebhart, Wilhelm: Die frühen Wittelsbacher als Städte- und Märktegründer in Bayern, in: Katalog Wittelsbach und Bayern I/1, S. 309
14 Sandberger, Altbayerische Studien, a. a. O., S. 45 ff.
15 Hobmair, a. a. O., S. 387 f.
16 Hiereth, Sebastian: Die bayerische Gerichts- und Verwaltungsorganisation vom 13. bis 19. Jahrhundert, München 1950 (Hist. Atlas von Bayern, Altbayern, Einführung)
17 Panzer, Marita: Rechts- und Sozialordnung auf dem Lande, in: Blutenburg, a. a. O., S. 233 ff.
18 Monumenta Wittelsbacensia, Urkundenbuch zur Geschichte des Hauses Wittelsbach, hg. v. F. Mich. Wittmann, 2. Bd. (1293–1397), München 1861 (qE 6), Nr. 238
19 BayHStA: Kurbayern, Geheimes Landesarchiv 1029 fol. 7
20 Hobmair, a. a. O., S. 389
21 BayHStA: Altbayerische Landschaft 22/Teil I, fol. 69
22 Lütge, Friedrich: Die bayerische Grundherrschaft. Untersuchungen über die Agrarverfassung Altbayerns im 16. bis 18. Jahrhundert, Stuttgart 1949, S. 59. Diepolder schränkt diese Zahl ein (um 1700 rund 900 Hofmarken), in: Diepolder, Gertrud: Das Volk in Kurbayern zur Zeit des Kurfürsten Max Emanuel, in: Max Emanuel Katalog Bd. I, Hrsg. H. Glaser, 1976, S. 403/Anm. 65
23 Fried, Bayern en miniature, a. a. O., S. 227
24 Hiereth, a. a. O., S. 8 ff.
25 Es entstanden die Briefprotokolle, die für Berg am Laim seit ca. 1700 vorliegen
26 Hiereth, a. a. O., S. 8 ff.
27 BayHStA: Altbairische Landschaft 22, fol. 171 (um ca. 1430)
28 BayHStA: Kurbayern, Hofkammer, Conserv. cam. 319
29 Hobmair, a. a. O., S. 546
30 Loibl, Werner: Wittelsbacher Jagdschlösser um München. Ein Kapitel bayer. Geschichte vom 15. bis 19. Jh., in Bayerland, 82. Jahrg., München 1980, Nr. 2, S. 18 f.
31 Scharwerksregister anno 1583, in: Hartmann, Josef: Materialien zu einer Geschichte von Berg am Laim. Ungedr. Manuskript, ca. 1940
32 StAM: Staatsverwaltung 23877.40'
33 Bosl, Karl: Bayer. Geschichte, München 1976, S. 183
34 BayHStA: Altbairische Landschaft, Lit. 93, fol. 80

DAS DORF UND SEINE BEWOHNER BIS ZUM 16. JAHRHUNDERT S. 17

1 StAM: RA 19300/1 Hauptakten, Urkunden 4 Nr. 3–5
2 Vgl.: StAM: Kataster 11572 (1812) und Kataster 11575
3 BayHStA: Kurbayern, Hofkammer, Conserv. Cam. 319
4 ebd.
5 Vgl. Kataster-Plan von 1809, Blatt Süd-Ost I, 2 (Staatl. Vermessungsamt München)
6 Gebhard, Torsten: Der Bauernhof in Bayern, München ²1976, S. 51 f. und 157
7 Werner, Paul/Schierl, Wolfgang: Bayerische Hauslandschaften, in: Charivari, Die Zeitschrift für Kunst, Kultur und Leben in Bayern, 11. Jahrgang, Miesbach 1985, Bd. 3, S. 42
8 BayHStA: Kurbayern, Hofkammer, Conserv. Cam. 319
9 Der Amtmann im Salbuch von 1593 bezeugt. Kreillerstr. 16 als Amtmannhaus bezeugt seit 1686, im Kataster 11572 Haus Nr. 23
10 1 Tagwerk (TW): 0,3407 Hektar (seit 1808). Für den Jauchert gab es in Bayern keine allgemein gültige Maßeinheit. In neuesten Berechnungen für Unterfinning 1 Jauchert: 0,6 ha (Beck, Rainer: Naturale Ökonomie. Unterfinning: bäuerliche Wirtschaft in einem oberbayerischen Dorf des frühen 18. Jahrhunderts, München–Berlin 1986, S. 39)
11 BayHStA: Kurbayern, Hofkammer, Conserv. Cam. 319
12 Später gab es eine weitere Differenzierung in 1/16 und 1/32 Höfe (s. Kurbayern, Hofkammer, Hofanlagsbuchhaltung 570)
13 Bei den Hofnamen wurde die Hofanlagsbuchhaltung von 1774 zugrundegelegt, die Hofnamen und Hofbesitzer angibt. Verschiedenste Kriterien weisen auf die verwendete Zuordnung
14 BayHStA: Kurbayern, Hofkammer, Conserv. Cam. 319
15 Feld-Graswirtschaft, auch Egartenwirtschaft genannt. Vgl. Urkunde des Riegerbauern von 1525 (Archiv St. Bonifaz)
16 Gesamtmenge des benötigten Saatguts aller Bauern: 200 Scheffel Hafer, 141 Scheffel Gerste, 127 Scheffel Roggen, 98 Scheffel Weizen
17 Kellner, Stephan: Die Hofmarken Jettenbach, Aschau und Mödling. Beiträge zur Agrar- und Sozialstruktur Altbayerns in der frühen Neuzeit. München, Ludwig-Maximilians-Universität, Philos. Fak., Dissert. Masch. 1982, S. 36: Im Zeitraum von 1505 bis 1621 Preissteigerung der Gerste um 850%
18 Sandberger, Adolf: Die landwirtschaftliche Betriebs- und Agrarverfassung, in: Handbuch der bayerischen Geschichte, a. a. O., Bd. II, S. 664 ff.
19 Kellner, Stephan: Die Hofmarken, a. a. O., S. 36
20 Lütge, Friedrich: Die bayerische Grundherrschaft – Untersuchungen über die Agrarverfassung Altbayerns im 16.–18. Jahrhundert, Stuttgart 1949, S. 49 ff.
21 Alle Angaben aus dem Salbuch von 1593.
Getreidemaße 1809 (für schweres Getreide):
1 Scheffel = 222,4 l
1 Metzen = 37,06 l
1/4 Metzen = 9,27 l (nach Elsaß, Preise und Löhne S. 142 ff.)
Währung in Bayern:
1 Pfund = 8 Schilling = 240 Pfennig
1 Schilling = 30 Pfennig oder
1 Gulden = 60 Kreuzer = 210 Pfennig
1 Kreuzer = 3,5 Pfennig (nach Elsaß, S. 116)
22 Hartmann, Josef: Materialien für eine Geschichte von Berg am Laim, a. a. O., Geschichte des Schlosses, S. 1 ff. Vgl. auch EOAM: Baumkirchen/Zehendakt
23 Vgl. StAM: Kataster 11572

DIE FREIHERRN VON LERCHENFELD, DIE NEUEN HERREN DER HOFMARK S. 21

1 BayHStA: Kurbayern, Hofkammer, Conserv. Cam. 319
2 Laturell, Volker/Mooseder, Georg: Moosach, Die Entstehungs- und Entwicklungsgeschichte eines Münchner Stadtteils, Bd. I, München 1980, S. 226 f.
3 BayHStA: Kurbayern, Geheimes Landesarchiv 1473, fol. 278–323

4 Neue Deutsche Biographie, Bd. 14, Historische Kommission bei der Bayer. Akad. d. Wissensch., Berlin 1985, s. Lerchenfeld

5 Lieberich, Heinz: Mitteilungen für die Archivpflege in Oberbayern, Nr. 20, München 1944, Nr. 132 Siehe auch Rall, Hans: Kurbayern in der letzten Epoche der alten Reichsverfassung 1745–1801, München 1952, S. 444

6 Zitiert nach Lütge, Friedrich: Die Bayerische Grundherrschaft, a. a. O., S. 36

7 StAM: RA 19300/1, Hauptakten, Urkunden und Schriften von 1778, Nr. 12

8 BayHStA: Kurbayern, Geheimes Landesarchiv 26'1233 und StAM Pfleggericht Wolfratshausen B 5

9 Ebd. und Wildmoser, Alfred/Mayer, Fritz: Die Entwicklung Ottendichls im Spiegel der Urkunden, in: 1000 Jahre Ottendichl, München 1981, S. 23

10 Heerde, Walter: Haidhausen, Geschichte einer Münchner Vorstadt, in: OA 98, München 1974, S. 47 und 89

11 Laturell/Moseder, a. a. O., S. 226

12 BayHStA: GU Wolfratshausen 1421, auch Fundationsbrief der Loretokirche vom 31. 12. 1629, in: Rueß, Luitpold und Lene: Geschichte und Erlebnisse eines alten Hauses, München ca. 1970 (Manuskript bei Verfasserin)

13 Neue Deutsche Biographie, a. a. O., Lerchenfeld, S. 312 f.

14 Wening, Michael, a. a. O., Text zu Berg am Laim

15 StAM: RA 19300/1, Hauptakten, Nr. 15

16 StAM: Steuerbücher 500: 1671 keine Erwähnung dieser Höfe

17 Ein Kreuz an der Berg-am-Laim-Str. 137 gibt ungefähr den Standpunkt der damaligen Loretokirche an.

18 Hubensteiner, Benno: Maximilian I., Versuch eines historischen Porträts, in: Katalog Wittelsbach und Bayern, Bd. II/1, München 1980, S. 188

19 Fundationsbrief der Loretokirche vom 31. 12. 1629, abgedruckt in: Rueß, L.: a. a. O., S. 1 f. Originalabschrift: EOAM fasc. Berg am Laim/Akt Baumkirchen

20 Roeck, Bernd: Gegenreformation in Europa, in: Katalog Wittelsbach und Bayern, Bd. II/2, München 1980, S. 31

21 Westermayer, G.: Jakobus Balde. Sein Leben und seine Werke, München 1868, S. 31 und S. 32/ Anmerkung 1

22 Breuer, Dieter: »Princeps et poeta«. Jakob Baldes Verhältnis zu Kurfürst Maximilian I., in: Katalog Wittelsbach und Bayern II/1, S. 343

23 Originalabschrift: EOAM: fasc. Berg am Laim, gedruckt in: Rueß, Stiftungsbrief, a. a. O., S. 1 ff.

24 EOAM: fasc. Berg am Laim Akt: Filiale Lorettokapelle v. Berg am Laim, und Rueß, a. a. O., S. 32

25 Köhler, Mathilde: Maria Ward. Ein Frauenschicksal des 17. Jahrhunderts, München 1985, S. 174

26 Hartmann, Josef: Materialien, a. a. O., Die Loretokapelle, S. 9

27 Wildmoser/Mayer: Ottendichl, a. a. O., S. 26

28 EOAM: fasc. Berg am Laim, abgedruckt in: Rueß, a. a. O., 2. Stiftungsbrief vom 24. 6. 1674, S. 6

29 Hartmann, Materialien, a. a. O., Loretokapelle, S. 7

30 Ebd., S. 14

31 Rueß, a. a. O., S. 12

FÜRSTBISCHOF ALBRECHT SIGMUND, ERSTER GEISTL. HOFMARKSHERR S. 25

1 StAM: RA 19300/1, Hauptakten Nr. 4–11

2 Albrecht, Dieter: Die kirchlich-religiöse Entwicklung 1500–1745, in: Handbuch der bayerischen Geschichte, a. a. O., Bd. II, S. 654

3 Koadjutor: Amtsgehilfe mit bischöflicher Gewalt und Nachfolgerecht

4 Hubensteiner, Benno: Herzog Albrecht Sigmund, in: Land vor den Bergen. Essays, München 1970, S. 65 ff.

5 Hubensteiner, Benno: Vom Geist des Barock. Kultur und Frömmigkeit im alten Bayern, München [2]1978, S. 36

6 Staber, Josef: Kirchengeschichte des Bistums Regensburg, Regensburg 1966, S. 147 ff.

7 Hubensteiner, Herzog Albrecht Sigmund, a. a. O., S. 78 ff.

8 Vgl. Luttner, Hans: Erching, in: OA 104, München 1979, S. 443

9 Vgl. auch Bauerreiß, Romuald: Kirchengeschichte Bayerns, Bd. 7, St. Ottilien, 1958, S. 368

10 Hubensteiner, Albrecht Sigmund, a. a. O., S. 83

11 Hubensteiner, Vom Geist des Barock, a. a. O., S. 133

12 Loibl, Werner: Die Jagdschlösser der Wittelsbacher um München, Laufzorn, in: Bayerland 2, 82. Jahrgang, Februar 1980, S. 23

13 Daten nach Dehio, Georg: Handbuch der deutschen Kunstdenkmäler, Oberbayern, bearbeitet von Ernst Gall, München–Berlin, [4]1964

14 Zu Ismaning: Engl, Heinz: Chronik von Ismaning, vgl.: 1. Schloß, S. 71 f.
Zu Erching: Luttner, a. a. O., S. 449. Das Wasserschloß Erching mit Kapelle, Mühle und Landwirtschaft liegt heute noch wie zu Albrecht Sigmunds Zeiten, einsam im Erdinger Moos. S-Bahn-Bau und Flughafen werden diese Idylle bald beenden.

15 Wening, a. a. O., Text »Perg am Laimb«

15 StAM: RA 19300/1: Inventarium über die in dem kurfürstlichen Schloß zu Berg am Laim vorhandenen Mahlereien, 1777

17 Loibl, a. a. O., Lustheim, S. 36 f.

18 Bayerischer Architekten- und Ingenieursverein (Hrsg.): München und seine Bauten, München 1912, S. 178 f.

19 Hartmann, Schloß, Inventar 1774, siehe auch StAM: RA 19300/1

20 StAM: RA 19300/1, Inventarium 1777

21 Hartmann, a. a. O., Schloß S. 13, Inventar von 1689

22 Heerde, a. a. O., S. 85

23 StAM: RA 19300/1, »Anzeig von 1778«

24 StAM: RA 19300/1, »Anzeig vom 15. November 1778«, Nr. 5

25 Vgl. Luttner, Erching, a. a. O., S. 443 »Pfleger Joh. Franz Riederer«. Dieser »Pfleger« übte nur niedergerichtliche Funktionen aus, im Hochstift Freising gab es einen eigenen Landrichter für die Blutgerichtsbarkeit. Berg am Laim gehörte aber weiterhin zum Landgericht Wolfratshausen.

26 StAM: RA 19300/1, Inventarium von 1777

27 BayHStA: fasc. 4587/190

28 StAM: RA 19300/1, Eintrag vom 21. Juni 1774

29 Ebd., Anzeig vom 1778

30 Ebd., Inventarium 1777

31 Ebd., Maurermeisters Anzeig v. 30. 06. 1778 und 28. Sept. 1790

32 Ebd., Briefwechsel vom 10. Februar 1787 bis 31. März 1787

BERG AM LAIM IM ZEICHEN DES HEILIGEN MICHAEL UNTER DEM KÖLNER ERZBISCHOF JOSEPH CLEMENS S. 28

1 Max Emanuel wurde in dieser Zeit mit dem Erzengel Michael verglichen. So z. B. im Almanachblatt von 1689 von Pierre Landry, das ihn in der Pose des hl. Michael als Türkensieger abbildet, vgl. Kat. Kurfürst Max Emanuel, Bayern und Europa um 1700, Hrsg. Hubert Glaser, Bd. II, München 1976, S. 86 f., Abb. 219

2 StAM: RA 19300/1, Nachrichtl. Anzeig v. 21. Juni 1778

3 Weitlauff, Manfred: Die Reichskirchenpolitik des Kurfürsten Max Emanuel von Bayern im Rahmen der reichskirchlichen Bestrebungen seines Hauses, in: Katalog Kurfürst Max Emanuel, a. a. O., Bd. I, S. 67 ff.

4 Wening, a. a. O., Perg am Laimb. Ein Beispiel: das 1689–1695 erbaute Wasserschloß Ahaus/Nordrhein-Westfalen

5 Zitiert nach: Stalla, Robert: Die kurkölnische Bruderschafts-Ritterordens- und Hofkirche St. Michael in Berg am Laim vor München. Ein Hauptwerk des süddeutschen Rokoko, München, Ludwig-Maximilian-Universität, Dissert. Masch., 1985, S. 9

6 Zitiert nach: Kreuzer, a. a. O., die Josephsburg

7 Ein Abzug des Sondermayer-Stiches ist im Besitz der Barmherzigen Schwestern Berg am Laim

8 Stalla, a. a. O., S. 210

9 Ebd., ausführliche Beschreibung S. 187 ff.

10 Der Erzengel Raphael befindet sich im ehemaligen Institut der Englischen Fräulein, die Heiligen Rochus und Sebastian in der Vorhalle von St. Michael

11 Katalog Kurfürst Max Emanuel, Bayern und Europa um 1700, München 1876, Bd. II, S. 267 f.

12 Freundliche Mitteilung von Herrn Franz Forster, Berg am Laim

13 Titel des Bruderschaftsbüchleins von 1710, gedruckt von Joh. Lucas Straub, München (Nachdruck von 1693)

14 Trost, Ludwig: Geschichte der St. Michaelsbruderschaft und -kirche in Berg am Laim bei München, München 1893, S. 6f.
15 Börner, Egid, OFM: Ritterorden und Bruderschaften der Franziskaner in Kurbayern, München, Ludwig-Maximilians-Univ., kath.-theol.-Fakultät, ungedruckte Diss., 1987, S. 59
16 Bruderschaftsbuch, a. a. O., S. 23f.
17 Börner, a. a. O., S. 67
18 Stadtarchiv München: Kirche und Kultusstiftung 930, 1718–1723
19 Graf, Carl: Die St. Michaelskirche in München, Kirchenführer, [3]1962, S. 3
20 Trost, Geschichte der St. Mich. Brudersch., a. a. O., S. 30
21 Diese Tafel befindet sich im Besitz der Pfarrei St. Michael
22 Lins, Bernardin, OFM: Geschichte der Bayerischen Franziskanerprovinz zum hl. Antonius von Padua, München 1926, S. 64ff.
23 Trost, Geschichte 1893, a. a. O., S. 7f.
24 Börner, a. a. O., S. 414
25 Ebd., S. 420
26 Bruderschaftsbuch, a. a. O., S. 14f.
27 Ebd., S. 12ff.
28 Ebd., S. 13
29 Börner, a. a. O., S. 464
30 Ebd., S. 466
31 Bruderschaftsbuch, a. a. O., S. 19
32 Zitiert nach Trost, Ludwig: Die Geschichte des St. Michaelsordens in Bayern und der St. Michaelsbruderschaft seit dem Jahr 1693 bis auf die Gegenwart, München/Leipzig, 1888, S. 35/Anm. 3
33 Zitiert nach Börner, a. a. O., S. 418
34 Zitiert nach Hartmann, a. a. O., Die Josephsburg, Schreiben vom 20. 03. 1694 aus Bonn
35 Zitiert nach Börner, a. a. O., S. 418
36 BayHStA: KL Bay. Franz. Prov. 279/II, Processiones publicae Nr. 7, ad 7, 8, 3
37 Zitiert nach Trost, Geschichte ... 1888, a. a. O., S. 12f.
38 BayHStA: KL Bay. Franz. Prov. II, Nr. 6
39 Trost, Geschichte ... 1888, a. a. O., S. 13ff. Originalauszüge dieser Prozessionsordnung in: EOAM: fasc. Baumkirchen/Josephsburg
40 Börner, a. a. O., S. 454f
41 Ebd., S. 102
42 Stalla, a. a. O., S. 47
43 BayHStA: KL Bay. Franz. Prov. 279/§ IV 8
44 Zitiert nach Trost, Geschichte ... 1888, a. a. O., S. 43ff.
45 Zitiert nach Trost, ebd., S. 48f.
46 Zit. n. Trost, ebd., S. 45
47 Trost, ebd., S. 44ff.
48 Schalkhauser, Erwin: Clemens August als Großmeister des Michaelsordens, in: Katalog Clemens August, Brühl 1961, S. 197ff.
49 Zit. n. Trost, Geschichte ... 1888, S. 65
50 Ebd., S. 44
51 BayHStA: KL Bay. Franz. Prov. 279 Spec. § I 7
52 Trost, Geschichte ... 1888, a. a. O., S. 65
53 HSTA Düsseldorf: KK II Nr. 53
54 Ebd., Pistole = Goldmünze (17.–19. Jh.)
55 Steiner, Peter: St. Michael in Berg am Laim, Kirchenführer, [1]1983, S. 3
56 HStA Düsseldorf: KK II Nr. 60, S. 119f.
57 Weitlauff, Die Reichskirchenpolitik, a. a. O., S. 48ff.
58 HStA Düsseldorf: KK II Nr. 60, S. 119
59 EOAM: Heckenstaller, B 554: drama comicum, cantica laudatoria 1694. Vgl. auch Trost, Geschichte ... 1888, a. a. O., S. 35 Anm. 3

DIE BAUTEN DES ROKOKOFÜRSTEN CLEMENS AUGUST IN BERG AM LAIM S. 37

1 Vgl. Braubach, Max: Kurfürst Clemens August, Leben und Bedeutung, in: Katalog Clemens August, a. a. O., S. 17ff.
2 Fillitz, Hermann: Die Kaiserkrönungen von 1742 und 1745, in: Katalog Clemens August, a. a. O., S. 202ff.
3 Barth, Nikolaus: Die St. Michaelskirche in Berg am Laim. Ein Führer durch ihre Geschichte und Schönheit, München 1931, zitiert nach Barth, S. 13. Vgl. auch BayHStA: KL Bay. Franz. Prov. 279 Spec. Rubr. IX/§ I Nr. 1, Fol. 52
4 Weitlauff, Manfred: Kardinal Johann Theodor v. Bayern (1703–1763), Regensburg 1970, 351ff.
5 Barth, a. a. O., S. 14
6 BayHStA: GR fasc. 4567/190
7 EOAM: Fasc. Berg am Laim, Akt St. Michael, Brief v. Praschler an Joh. Theodor, zit. n. Stalla, a. a. O., S. 11. Vgl. auch BayHStA: KL Bay. Franz. Prov. 279, Rubr. IX/Nr. 10
8 BayHStA: KL Bay. Franz. Prov. 279, Appendix Fol. 74/Litt. C
9 Text auf Sondermayer-Stich/Barmherzige Schwestern, Berg am Laim
10 EOAM: Akt St. Michael/Berg am Laim
11 In Erwägung gezogen wurden Joh. Mich. Fischer, Joh. Konr. Schlaun (nach M. Hartig), nach Stalla war es »möglicherweise Würnzl selbst, der als Architektur-Dilettant den Plan entwarf« (S. 17)
12 Stalla, a. a. O., S. 18
13 Ebd., S. 24ff.
14 Barth, Die St. Michaelskirche, a. a. O., S. 17
15 Ebd., S. 9 und S. 16
16 Zit. n. Barth, a. a. O., S. 17
17 Zit. n. Barth, a. a. O., S. 18f.
18 Barth, a. a. O., S. 22
19 Reclams Kunstführer: Deutschland, Nordrhein-Westfalen, Bd. III, Stuttgart [6]1982, S. 106ff.
20 Zit. n. Barth, a. a. O., S. 22
21 Stalla, a. a. O., S. 20
22 Vgl. Stalla, a. a. O., S. 173ff.
23 Ebd., S. 201 und Abb. 124
24 Ebd., S. 247/Anm. 25
25 Für die kunsthistorische Betrachtung der Kirche s. den Kirchenführer von Dr. P. Steiner, [1]1983
26 BayHStA: KL Bay. Franz. Prov., Spec. Rubr. IX, Nr. 34, 35, 49–53
27 Ebd., Nr. 47
28 BayHStA: KL Bay. Franz. Prov. 279 ½, Copia Schreibens an S. Keyserl. Majestät von Ihrer Churfürstl. Durchlaucht zu Cölln
29 Ebd.
30 BayHStA: KL Bay. Franz. Prov. 279 Rubr. IX, Nr. 51, 53 Fol. 54
31 BayHStA: KL Bay. Franz. Prov. 279½, Schreiben aus Augustusburg vom 26. März 1746
32 Zit. n. Trost, Geschichte ... 1893, a. a. O., S. 19
33 Zit. n. Barth, a. a. O., S. 27f.
34 BayHStA: Bay. Franz. Prov. 279, Rubr. IX, Nr. 29, Fol. 53
35 EOAM: Akt St. Michael/Berg am Laim
36 Barth, a. a. O., S. 28f.
37 BayHStA: KL Bay. Franz. Prov. 279, Rubr. IX § III, Fol. 63
38 EOAM: Akt Baumkirchen/Josephsburg
39 StAM: RA 19300/1 »Anzeig über die bey der churfürstlichen fidei Commis Hofmark Berg am Laim vorhandenen Schloß- und andere Gebäude ... verfaßt den 15. November 1778«, Nr. 8ff.
40 Ebd., Nr. 8
41 Ebd., Nr. 8f.
42 Ebd., Nr. 8f. Als im Kloster 1950 eine Heizung eingebaut wurde, stieß man auf Hundezwinger und ein ausgedehntes Kaminsystem (Chronik der Englischen Fräulein, Teil II, S. 27)
43 Alle vorhergehenden Zitate aus Hartmann, a. a. O., Schloß, S. 14
44 Auer, Ludwig: Geschichte der Seidenindustrie u. d. Seidenzucht in Bayern, München 1954, S. 9, 23
45 Hartmann, a. a. O., Schloß S. 15: 14. 01. 1774
46 StAM: RA 19300/1
47 StAM: RA 19300/1, 15. 11. 1778, Nr. 6
48 StAM: AR 755/15
49 Berg am Laim, in: Kalender für katholische Christen, 15. Jahrgang, Sulzbach, 1855, S. 62

SIEDLUNG, WIRTSCHAFT UND BEVÖLKERUNG IM 17. UND 18. JAHRHUNDERT S. 45

1 Vgl. Diepolder, Gertrud: Das Volk in Kurbayern zur Zeit des Kurfürsten Max Emanuel, in: Katalog Kurfürst Max Emanuel, a. a. O., Bd. I, S. 394ff.
2 StAM: Steuerbücher 500. Wie aus dem Vergleich späterer Einwohnerlisten der Hofmark ersichtlich, ist das Haus auf der Josephsburgstraße 29 mindestens seit 1652 bewohnt
3 Aus der Häusergeschichte von A. Kreuzer läßt sich Albrecht Sigmund als Bauherr dieser Häuser ermitteln
4 Heute Baumkirchnerstr. 18
5 Die Häuser an der östlichen Baumkirchnerstraße standen noch bis in die 60er Jahre unseres Jahrhunderts, die Häuser im heutigen Behrpark ließ Amalie Kreiller um 1900 abbrechen, als sie dieses Areal aufkaufte.

6 StAM: RA 19300/1, Lagerbuch von 1764 und BayHStA: Kurbayern, Hofkammer, Hofanlagsbuchhaltung 570
7 Kreuzer, a.a.O., Hausgeschichten
8 Vgl. zu Sölden: Fried, Pankraz: Die Sozialentwicklung in Bauerntum und Landvolk bis 1945, in: Handbuch der bayerischen Geschichte, a.a.O., Bd. IV/2, S. 751ff. Stutzer, Dietmar: Unterbäuerliche gemischte Sozialgruppen Bayerns um 1800 und ihre Arbeits- und Sozialverhältnisse im Spiegel der Statistik, in: Katalog Wittelsbach und Bayern, Krone und Verfassung, Bd. III/1, München 1980, S. 290ff.
9 StAM: RA 19300/1, Hauptakten Nr. 4
10 Vgl. BayHStA: Kurbayern, Hofkammer, Hofanlagsbuchhaltung 570
11 Daten und Zitate aus Kreuzer, a.a.O., Hofgeschichten
12 StAM: Steuerbücher 500
13 StAM: RA 19300/1, Lagerbuch
14 BayHStA: GR Fasc. 838, Nr. 23
15 BayHStA: Kurbayern, Hofkammer, Hofanlagsb. 570
16 Daten aus Kreuzer, a.a.O., Hausgeschichten
17 StAM: Kataster 11572
18 Kreuzer, a.a.O., Hausgeschichten
19 Zit. n. Rueß, Geschichte eines alten Hauses, a.a.O., S. 13
20 StAM: RA 19300/1, Hauptakten Nr. 4. BayHStA: Hofanlagsb. 570
21 Vgl. StAM Kataster 11572
22 Zit. n. Kreuzer, a.a.O., Tafernwirtschaft, vgl. auch: EOAM: (Akt Baumkirchen) »Demüthigster Johann Benno Hueber Würth in Berg, dan Mößner zu Maria Loreto« (ca. 1739)
23 StAM: RA 19300/1, Lagerbuch von 1763
24 BayHStA: GR Fasc. 302b/46B
25 StAM: RA 19300/1, Lagerbuch
26 Zit. n. Hartmann, a.a.O., 19. Jahrhundert
27 Ebd., Die Loretokapelle
28 Rueß, a.a.O., S. 20
29 Daten nach Kreuzer, a.a.O., Hausgeschichten
30 Dieser Betrieb wird heute Ecke Berg-am-Laim-/Baumkirchnerstraße als Bäckerei Aumüller geführt
31 Hartmann, a.a.O., das Schloß, S. 15
32 BayHStA: GR Fasc. 302b/46B
33 StAM: RA 19300/1, Hauptakten Nr. 6
34 Vgl. Karte der Hompeschen Hofmark um 1810 (bei Verfasserin)
35 StAM: RA 19300/1, 15. November 1778/Nr. 9f.
36 Für den Brand von 15000 Ziegeln brauchte man Holz von 4,5 Flößen = 18 Meter Rundholz (in: C. Bachmann, Die Isar als Versorgungsweg von München, Hauptseminararbeit, Institut für bayer. Gesch., WS 1986/87, S. 15f.)
37 StAM: RA 19300/1, 15. 11. 1778/Nr. 9f.
38 Ebd.
39 BayHStA: GR Fasc. 302b/46B
40 Bosl, Karl: München. Bürgerstadt – Residenz – heimliche Hauptstadt Deutschlands, Stuttgart 1971, S. 56
41 Beispielsweise starb Pfarrer Petrus Scheitterer von Baumkirchen am 7. 5. 1634 an der Pest
42 StAM: Steuerbücher 500
43 Rall, Hans: Kurfürst Max Emanuel und das Haus Wittelsbach in 17. und 18. Jahrhundert, in: Katalog Kurfürst Max Emanuel, a.a.O., Bd. I, S. 57
44 Zit. n. Hartmann, a.a.O., Notizen aus Kriegszeiten, S. 1f.
45 Beilage in Manuskript Kreuzer: »Spezifikation sämtlicher Untertanen der Hofmark Berg am Laim, was sie besitzen und an Steuern, Stift, Scharwerk, Soldat- und Wohnanlag, dann Getreidegilt reichen. Verfasst den 25. April 1771.«
46 Vgl. Rall, Hans: Kurbayern in der letzten Epoche der alten Reichsverfassung, 1745–1891, München 1952, S. 343 u. S. 420
47 Lieberich, Heinz: Mittelungen für die Archivpflege in Oberbayern, Nr. 29, S. 1066 Nr. 11
48 Siehe Anmerkung 45
49 StAM: Kataster 11572
50 Kreuzer, Hofgeschichten (Zeugner)
51 Vgl. StAM: Kataster 11572
52 Ebd.
53 Lütge, Friedrich: Die bayerische Grundherrschaft, a.a.O., S. 109
54 Vgl. Kreuzer, a.a.O., Hofgeschichten
55 EOAM: fasc. Berg am Laim, Baumkirchen: »Zehendakten«
56 Ebd., zit. n. Hartmann, a.a.O., Pfarrei, S. 7
57 Kreuzer, a.a.O., Pfarrei Baumkirchen
58 EOAM: Baumkirchen/»Zehendakten«. Zit. n. Hartmann, a.a.O., Pfarrei, S. 9
59 EOAM: Baumkirchen/Zehendakten
60 Ebd. und Hartmann, Pfarrei, S. 13
61 Hartmann, Pfarrei S. 14
62 Lütge, Die bayer. Grundherrschaft, a.a.O., S. 156
63 Vgl. Kreuzer, Hofgeschichten

ZEIT DES UMBRUCHS: 1778–1852 S. 52

1 Allgemeine Deutsche Biographie, Historische Kommission der königlichen Akademie der Wissenschaften (Hrsg.), Leipzig 1881, 13. Bd., siehe Hompesch
2 Weis, Eberhard: Montgelas. 1759–1799. Zwischen Revolution und Reform, München 1971, S. 414
3 Weis, ebd., S. 294 (Zitat von M. Dunant, Napoléon et l'Allemagne, Paris 1942, S. 448)
4 Weis, ebd., S. 100 und S. 293
5 Allgemeine Deutsche Biographie, a.a.O., S. 66
6 Weis, Eberhard: Die Begründung des modernen bayerischen Staates unter König Max I., in: Handbuch der bayerischen Geschichte, a.a.O., Bd. IV/1, S. 32
7 Stumpf, Pleickhard: Denkwürdige Bayern, München 1865, S. 316f.
8 Über die beiden Hompesch ist wenig bekannt, da die Nachlässe »anscheinend nicht mehr vorhanden sind« (Weis, Montgelas, S. 407, Anm. 13)
9 Der Geheime Rat Freiherr von Asbeck war Nachbar von Joh. Wilh. von Hompesch am Karolinenplatz, nach dessen Tod Nachlaßverwalter (Wilmersdoerffer, Theodor: Neuberghausen, a.a.O., S. 31f.)
10 Nach Stumpf, a.a.O., S. 318
11 BayHStA: GU Wolfratshausen 245
12 StAM: RA 19300/2
13 Ebd.
14 Hammermeyer, Ludwig: Das Ende des alten Bayern. Die Zeit des Kurfürsten Max III. Joseph und des Kurfürsten Karl Theodor, Handbuch der bayerischen Geschichte, a.a.O., Bd. II, S. 1069f.
15 StAM: RA 19300/2, Protokoll v. 31. 07. 1806
16 StAM: RA 19300/1, Hauptakten, Urkunden, Fol. 3
17 Zit. n. Heerde, Haidhausen, a.a.O., S. 88
18 Weis, Montgelas, a.a.O., S. 411
19 Zit. nach Hartmann, a.a.O., Loretokirche, S. 2
20 Ebd., Kriegszeiten, S. 4f.
21 Weis, Die Begründung des modernen bayerischen Staats, Handbuch der bayerischen Geschichte, a.a.O., Bd. IV/1, S. 1
22 Zit. n. Hartmann, Kriegszeiten, S. 7f.
23 Ebd., S. 8ff.
24 Lins, Geschichte der bayerischen Franziskanerprovinz, a.a.O., S. 130
25 Auer, Geschichte der Seidenindustrie, a.a.O., S. 84ff.
26 Bogner, Das Eremitenwesen in Bayern, a.a.O., S. 205f.
27 Hartmann, a.a.O., Schule, S. 18
28 Auer, Seidenindustrie, a.a.O., S. 87
29 Reble, Albert: Das Schulwesen, in: Handbuch der bayer. Gesch., a.a.O., Bd. IV/2, S. 956f.
31 Ebd., Bruderschaft, S. 18ff. Eine Notiz aus dem verbrannten Pfarrarchiv wies auf Duschls Mitgliedschaft bei den Illuminaten hin
32 EOAM: Fasc. Baumkirchen/Josephsburg
33 Knemayer, Franz Ludwig: Regierungs- und Verwaltungsreformen in Deutschland zu Beginn des 19. Jahrhunderts, Köln/Berlin 1970, S. 132
34 StAM: RA 19300/2, 13. 8. 1808
35 StAM: RA 19300/3, 28. 2. 1809
36 StAM: RA 19300/2, 28. 4. 1808
37 Zorn, Wolfgang: Die wirtschaftliche Entwicklung Bayerns unter Max I. Joseph, 1799–1825, in: Katalog Wittelsbach und Bayern, a.a.O., Bd. III/1, S. 282
38 Vgl. Karte der Hompeschen Hofmark (bei Verfasserin)
39 Hiereth, Die bayer. Gerichts- und Verwaltungsorganisation, a.a.O., S. 25
40 An der heutigen Josephsburgstraße standen die Häuser: zum Bäck, zum Steinführer, zum Neuschuster, zum Sattler, zum Schlosser, zum Feldschneider.
An der St.-Michaelstraße: zum Neumaurer, zum Kistler.
An der Clemens-Auguststraße: zum Veichten, zum Fuhrmann.
Westlich des heutigen Bergbads: zum Hafner.

An der heutigen Echardingerstraße: zum Schäffler oder Fechtmeister, das heute noch stehende Wasner- oder Josephshaus, das Kreuzerhaus (Quelle: Katasterplan von 1809 und Kataster 1812)
41 Glaser, Hubert (Hrsg.): Katalog Wittelsbach und Bayern, Krone und Verfassung, a.a.O., Bd. III/2, S. 393/Abb. 744, Text S. 394
42 Clemens-Auguststraße Nr. 3 und 5
43 StAM: RA 19300/3, 29.8. 1813: »Die in der Hofmark behausten Familien«
44 StAM: RA 19300/3, 29.8. 1813
45 Vgl. Katasterpläne von 1809 und 1858 (Staatliches Vermessungsamt)
46 Weis, Die Begründung des mod. bayer. Staats, Handbuch der bayer. Geschichte, a.a.O., S. 47
47 StAM: AR 755/10, »Bildung eines Patrimonialgerichts betreff.« (30. 11. 1826)
48 Volkert, Wilhelm (Hrsg.): Handbuch der bayer. Ämter, Gemeinden und Gerichte, 1799–1980, München 1983, S. 120f.
49 StAM: Repertorium AR 3
50 Kreuzer, a.a.O., Hofgeschichten (Rieger- und Zeugnerhof)
51 StAM: RA 19300/4, Protokoll vom 2. Januar 1837
52 StAM: AR 755/15
53 StAM: RA 19300/4, 28. 4. 1840, »Betrifft Besitzveränderungen bei dem Landgute Berg am Laim«
54 StAM:AR 755/15
55 Jungmann – Stadler, Franziska: Die Anfänge der Bayerischen Hypotheken- und Wechselbank, München 1985, S. 23
56 StAM: AR 755/17
57 StAM: AR Fasc. 3262/42
58 Hartmann, a.a.O., Abgaben
59 Lütge, Grundherrschaft, a.a.O., S. 254f. (26–27 Millionen Mark)
60 Hazzi, Joseph: Statistische Aufschlüsse über das Herzogthum Baiern, 3. Bd., Nürnberg 1804, S. 206f.
61 StAM: Kataster 11572
62 Hartmann, a.a.O., Pfarrei, S. 30
63 StAM: Kataster 11572
64 Die erste Zahl bezieht sich nur auf Oberbayern, vgl. Sandberger, Die Landwirtschaft, a.a.O., in: Handbuch der bayer. Geschichte, Bd. IV/2, S. 738. Zweite Zahl: Bayerischer Agrarbericht 1986, ed. Bayer. Staatsministerium für Ernährung, Landwirtschaft und Forsten, S. 28
65 StAM: RA 19300/2, 28.4. 1808
66 Stutzer, Dietmar: Von der Zunft zum Gewerbe, in: Wittelsbach und Bayern, a.a.O., Bd. III/2, S. 461
67 Bosl, München, a.a.O., S. 56, und Fehn, Hans: Das Land Bayern und seine Bevölkerung seit 1800, in: Handbuch der bayer. Geschichte, a.a.O., Bd. IV/2, S. 684
68 Eisenmann, Josephanton/Hohn, Friedrich: Topogeograph.-statist. Lexikon v. Königreich Bayern, Bd. I, Erlangen 1831
69 Martin, Anselm: Topographie und Statistik des Kgl. Bayer. Landesgerichtes Au bei München, München 1837, S. 64
70 Ebd., S. 48/64
71 Hartmann, a.a.O., Pfarrei. Ferner Megele, Max: Baugeschichtlicher Atlas der Landeshauptstadt München, München 1951, S. 23
72 Zorn, Wolfgang: Die wirtschaftliche Entwicklung Bayerns, in: Wittelsbach und Bayern, a.a.O., Bd. III/1, S. 285
73 Vgl. Kreuzer, Hausgeschichten: z.B. der Sattler Vitus Stahl aus Ochsenfurth,
der Schäffler Jakob Holzapfel aus dem Landgericht Cham,
der Schlosser Johann Käßmann aus Bamberg,
der Schneider Georg Bäumler aus Plößen (Kr. Regen),
der Taglöhner Georg Mehringer aus Amberg
74 Vgl. Stutzer, Von der Zunft zum Gewerbe, in: Wittelsbach und Bayern, a.a.O., Bd. III/2, S. 461
75 Das Haus »zum Bäck« (später Josephsburgstr. 26) als Beispiel: 1810 Bäcker Anton Geilhauser,
1811 Bäcker Kaspar Fichtner,
1812 Bäcker Johannes Haas (verkauft um 1500 Gulden),
1817 Bäcker Wolfgang Hauber (verkauft um 1225 Gulden),
1821 Bäcker Andreas Schwaiger aus Mühldorf (verkauft um 1355 Gulden),
1822 »gewester Bäck aus der Au«, Andreas Zwack (verkauft um 2200 Gulden),
1828 Bäcker Peter Metzner (Daten nach Kreuzer, Hausgeschichten)
76 StAM: AR 755/17
77 Hiereth, Die bayer. Gerichts- und Verwaltungsorganisation, a.a.O., S. 24
78 Kreuzer, a.a.O., Zeugnerhof
79 Stenglein, J.G.: Erläuterungen über das definitive Grundsteuer-Kataster im Königreich Bayern, Bamberg 1855, S. 90/§ 95
80 Vgl. Katasterplan 1858, Blatt S.O. I. 2 (Staatl. Vermessungsamt)
81 StAM: Kataster 11591 (1877)
82 Megele, Baugeschichtlicher Atlas, a.a.O., S. 23
83 Hartmann, a.a.O., Aus dem 19. Jahrhundert, S. 1f.
84 Fried, Pankraz: Die Sozialentwicklung im Bauerntum und Landvolk bis 1945, in: Handbuch der bayer. Geschichte, a.a.O., Bd. IV/2, S. 774

BAUMKIRCHEN S. 61

1 Registratur des Landesamts für Denkmalpflege, Schreiben des Bayerischen Landesamts an das katholische Stadtpfarramt St. Michael vom 20. 12. 1982
2 C. Meichelbeck, Historia Frisingensis, Bd. I, 2, Nr. 716, Augsburg 1724/29
3 Zur Diskussion um den Namen »Baumkirchen« vgl. u.a. Anton Kreuzer, Geschichte Berg am Laims, Masch. Manuskript, München 1977, o.S. Grundlegend dazu Romuald Bauerreiss, Kirchengeschichte Bayerns, Bd. I, St. Ottilien 1950, S. 75
4 Th. Bitterauf (Hrsg.), Die Traditionen des Hochstifts Freising, I (744–926), München 1905, Nr. 306
5 Friedrich Prinz, Die Bistümer, in: Max Spindler (Hrsg.), Handbuch der bayerischen Geschichte, Bd. I, München [2]1981, S. 447; ferner J. Mass, Das Bistum Freising in der späten Karolingerzeit (= Studien zur altbayerischen Kirchengeschichte 2), München 1969
6 Monumenta Boica XXXI a, Nr. 327
7 Abschriften von diesen Vorgängen sind im Münchner Diözesanarchiv erhalten; siehe lateinische Quellen Akt Baumkirchen, Akt Berg am Laim
8 Vgl. Sunderdorf'sche Matrikel von 1524, in: Martin Deutinger, Die älteren Matrikeln des Bistums Freising, Bd. III, München 1849, S. 434f.
9 Zitiert nach Josef Hartmann, Materialien zu einer Geschichte von Berg am Laim, Masch. Manuskript, o.O., o.J., Kapitel »Die bäuerlichen Besitzverhältnisse von Baumkirchen«, o. S.
10 Vgl. dazu Joseph Hörwick, Jakob Franz, Der Ortskern von Berg am Laim und die Stephanskirche zu Baumkirchen, mit Zeichnungen von Josef Abriel, Masch. Manuskript, Berg am Laim 1947, S. 9; ferner O. Verf., St. Stephan-Baumkirchen, Masch. Manuskript o.O., o.J., S. 2f. Ob es bereits im Jahre 1431 einen ersten Umbau gegeben hat (vgl. A. Mayer und G. Westermayer, Statistische Beschreibung des Erzbistums München-Freising, Bd. II, S. 617f) bleibt offen
11 Zitiert nach Hartmann, Berg am Laim, Kapitel »Geschichte der Pfarrei Baumkirchen«
12 Bildersammlung des Landesamts für Denkmalpflege, Glockenbeschreibung von St. Stephan in Baumkirchen
13 Diözesanarchiv München, Baumkirchen, Zehentakten: Beschreibung des Pfarrwidums unter Pfarrer Michael Lichtenegger, 1672, sowie Schreiben des Kollegiats St. Veit an Albrecht Sigmund vom 9. 1. 1673
14 Vgl. Kreuzer, Berg am Laim und Hartmann, Berg am Laim, das Kap. »Geschichte der Pfarrei Baumkirchen«
15 Dazu Hörwick/Franz, Der Ortskern, S. 11ff; ferner Registratur des Landesamts für Denkmalpflege, Schreiben des bayerischen Landesamts für Denkmalpflege an das Katholische Pfarramt von St. Michael vom 17. 7. 1986:
»Die in der Nische aufgefundenen Freskenfragmente aus der Zeit um 1730 sind von einer Qualität, die es rechtfertigt, weitere Freilegungsproben durchzuführen.«
16 Vgl. Hartmann, Berg am Laim, Kap. »Geschichte der Pfarrei Baumkirchen«, Rechnung von 1727
17 Diözesanarchiv, München, Akt St. Michael Berg am Laim
18 Diözesanarchiv München, Akt St. Michael Berg am Laim, Briefe von Nikolaus Praschler, Pfarrer von Baumkirchen, und von Franz Würnzl, kurkölnischer Kanzleiverwalter 1737 bis 1741; hier spiegelt sich der Höhepunkt der Auseinandersetzung wider
19 Diözesanarchiv München, Akt »Eingriffe der

Franziskaner in die pfarrlichen Rechte des Pfarrers von Baumkirchen«, 1737–1758

20 Kajetan Weiller, Mutschelles Leben, München 1803, S. 91

21 Hartmann, Berg am Laim, Kap. »Geschichte der Pfarrei Baumkirchen«

22 Stadtarchiv München, Berg am Laim 334 und 96, Schreiben der Kgl. Regierung von Oberbayern an das Landgericht Au vom 14. 5. 1852 und Arrondierungspläne von 1851

23 Diözesanarchiv München, Akt St. Michael Berg am Laim, Pfarrwidum, Brief des Pfarrers Franz Xaver Wolfmeier an den Bischof von Freising vom 21. 7. 1825

24 Diözesanarchiv München, Akt Kirchen- und Pfarrbauten, Schreiben des Pfarrers Georg Müller vom 27. 2. 1717, 22. 3. 1717 und 3. 10. 1718 zum Neubau des Pfarrhofs; ferner Hartmann, Berg am Laim, Kap. »Geschichte der Pfarrei Baumkirchen«

25 Diözesanarchiv München, Akt Kirchen- und Pfarrbauten, »Generale« an alle Pfarrer aus dem Jahr 1710

26 Diözesanarchiv München, Akt Designation und Verlassenschaften 1758–1800, Ziegelrechnung für den Pfarrhausbau aus dem kurkölnischen Ziegelstadl vom 15. 7. 1757 sowie Hartmann, Berg am Laim, Kap. »Geschichte der Pfarrei Baumkirchen«

27 Registratur des Landesamts für Denkmalpflege, Akt St. Stephan Baumkirchen, Schreiben vom 10. 11. 1902

28 Registratur des Landesamts für Denkmalpflege, Akt St. Stephan Baumkirchen, Schreiben vom 10. 9. und 21. 9. 1940

29 Vgl. dazu Registratur des Landesamts für Denkmalpflege, Akt St. Stephan Baumkirchen, Schreiben vom 6. 7. 1953 und vom 4. 9. 1967

30 Registratur des Landesamts für Denkmalpflege, Akt St. Stephan Baumkirchen, Schreiben vom 2. 6. 1965

ZIEGELEIEN S. 66

1 Lorenz Hübner, Beschreibung der kurbaierischen Haupt- und Residenzstadt München und ihrer Umgebungen, Bd. I, München 1803, S. 424

2 Eberhard Weis, Die Begründung des modernen bayerischen Staates unter König Max I. (1799–1825), in: Max Spindler (Hrsg.), Handbuch der bayerischen Geschichte, Bd. IV/1, München 1979, S. 42

3 Ulrike Barnerssoi, Hans Dilley (Hrsg.), Ziegelherstellung, Masch. Manuskript, München o. J. (= de facto 2), Anlage 4

4 Anton Kreuzer, Geschichte Berg am Laims, Masch. Manuskript, München 1977, o. S.

5 Meyers neues Konversationslexikon, Bd. 11, Hildburghausen [2]1871, S. 292

6 Deutsches Museum, Abteilung Keramik (Ausstellung)

7 Karl Schonauer, Hüttenkunde, o. O., o. J., S. 8

8 Interview mit Frau Meßner, 1985

9 Staatsarchiv München und Oberbayern, RA 19300/1, Handwerkszeug eines Ziegelmeisters aus Berg am Laim

10 Interview mit Ziegelmeister Schmid, 1985

11 Barnerssoi/Dilley (Hrsg.), Ziegelherstellung, Anlage 12

12 100 Jahre Georg Berlinger. Ein Münchner Firmenportrait, München 1974, S. 7

13 Theodor Fontane, Werke, Bd. 4, hrsg. von Hansludwig Geiger, Wiesbaden o. J., S. 610

14 Stadtarchiv München, Berg am Laim 344 und 82

15 Stadtarchiv München, Berg am Laim 288, Chronik

16 Vgl. z. B. Stadtarchiv München, Berg am Laim 12

17 Stadtarchiv München, Berg am Laim 12; solche Arbeitsordnungen sind für Berg am Laim etwa seit dem Jahr 1900 erhalten

18 Stadtarchiv München, Berg am Laim 12, Schreiben der Gemeindeverwaltung an das Kgl. Bezirksamt München I vom 29. 4. 1902 gemäß Auftrag vom 14. 3. 1902

19 Stadtarchiv München, Berg am Laim 304, Abschrift des Gendarmerieberichts vom 6. 8. 1906

20 Ulrike Barnerssoi, Hans Dilley (Hrsg.), Italienische Ziegelarbeiter in Bayern vor dem Ersten Weltkrieg, Masch. Manuskript, München o. J. (= de facto 1), Anlage 3.9/2

21 Stadtarchiv München, Berg am Laim 12, Schreiben der Gemeindeverwaltung an das Kgl. Bezirksamt vom 18. 5. 1900: »Diese Kinder sind bereits aus der Arbeit entlassen und fortgezogen.« Da diese Formulierung häufig und stereotyp in verschiedenen Schreiben verwendet wird, weist sie auf eine Verletzung der Arbeitsordnung hin.

22 Stadtarchiv München, Berg am Laim 12, Schreiben des Bezirksamtes vom 18. 5. 1900 an alle Ziegelarbeiter über »Die Beschäftigung von Italienern in Ziegeleien«

23 Zitiert nach Kreuzer, Berg am Laim, o. S.: Bericht des Pfarrers Anton Joseph Geyer an die »Königliche Regierung« 1855

24 Wolfgang Zorn, Die wirtschaftliche Lage vor 1835 führte zur Gründung der Bayerischen Hypotheken- und Wechselbank, in: Bayerland, Sonderheft 1975, S. 327

25 Vgl. Adolf Sandberger, Agrarverfassung, Agrarpolitik, staatliche Fürsorge, in: Max Spindler (Hrsg.), Handbuch der bayerischen Geschichte, Bd. IV/2, München 1979, S. 740

26 Die folgenden Detailangaben sind entnommen Kreuzer, Berg am Laim, o. S.; hier werden einzelne Ziegelhöfe familien- und besitzgeschichtlich genau beschrieben.

27 Hans Rosenberg, Wirtschaftskonjunktur, Gesellschaft und Politik in Mitteleuropa 1875–1896, in: Hans-Ulrich Wehler (Hrsg.), Moderne deutsche Sozialgeschichte, Köln, Berlin 1966 (= Neue wissenschaftliche Bibliothek 10), S. 242

28 Stadtarchiv München, Berg am Laim 288, Chronik; ferner Stadtarchiv München, Berg am Laim 344, Gewerbeanmelderegister

29 Pankraz Fried, Die innere Sozialentwicklung von Bauerntum und Landvolk bis 1945, in: Spindler (Hrsg.), Handbuch der bayerischen Geschichte, Bd. IV/2, S. 772

30 Stadtarchiv München, Berg am Laim 120; in einem weiteren Verzeichnis wird die Aktienziegelei an dritter Stelle geführt. Dazu Stadtarchiv München, Berg am Laim 310

31 Olaf Boustedt, Die Wachstumskräfte einer Millionenstadt – dargestellt am Beispiel Münchens, München 1961, S. 56

32 Stadtarchiv München, Berg am Laim 290: »Verzeichnis sämtlicher wahlberechtigter Gemeindebürger von Berg am Laim (zum Vollzug der Distriktsvertreterwahl), August 1905«

33 Stadtarchiv München, Berg am Laim 290, Schreiben des Kgl. Bezirksamts an den Bürgermeister von Berg am Laim vom 21. 6. 1902

34 Ebd.

35 Stadtarchiv München, Berg am Laim 310

36 Vgl. Stadtarchiv München, Berg am Laim 288, Chronik, sowie Berg am Laim 310, Protokollbuch über Beratungen und Beschlüsse 1878–1913

37 Vgl. dazu Fried, Die innere Sozialentwicklung, S. 765

38 Staatsarchiv München und Oberbayern, Polizeidirektion 790, Schreiben des Vereins an das Bezirksamt vom 24. 2. 1908

39 Stadtarchiv München, Berg am Laim 339

GEMEINDEDORF S. 73

1 Walter Heerde, Haidhausen. Geschichte einer Münchner Vorstadt, München 1972 (= Oberbayerisches Archiv 98), S. 40

2 Stadtarchiv München, Berg am Laim 250, Erlaß des königlichen Generalkommissariates von Baiern auf Neubenennung der zwischen Haidhausen und Zamdorf gelegenen Ziegelstädl mit dem Namen Steinhausen, 1808

3 Vgl. dazu Karl Möckl, Der moderne bayerische Staat. Eine Verfassungsgeschichte vom aufgeklärten Absolutismus bis zum Ende der Reformepoche, München 1979 (= Dokumente zur Geschichte von Staat und Gesellschaft in Bayern III, 1), S. 130; ferner Model-Creifelds, Staatsbürgerliches Taschenbuch, München [10]1971, S. 120

4 Eberhard Weis, Die innere Entwicklung nach Montgelas bis 1825, in: Spindler (Hrsg.), Handbuch der bayerischen Geschichte, Bd. IV/1, S. 71

5 Stadtarchiv München, Berg am Laim 288

6 Münchener Gemeindezeitung 1913, S. 805 und 809

7 Stadtarchiv München, Berg am Laim 305, Schreiben des Gemeindedieners an die Gemeindeverwaltung vom 22. 11. 1897

8 Stadtarchiv München, Berg am Laim 288, Chronik

9 Stadtarchiv München, Berg am Laim 288, Chronik

10 Heerde, Haidhausen, S. 39f.
11 Stadtarchiv München, Berg am Laim 310, Protokoll vom 25. 12. 1884
12 Pankraz Fried, Die innere Sozialentwicklung von Bauerntum und Landvolk bis 1945, in: Spindler (Hrsg.), Handbuch der bayerischen Geschichte, Bd. IV/2, S. 772
13 Michael Brandners Name findet sich auf einer Grabplatte des Friedhofs bei St. Stephan in Baumkirchen
14 Mathias Auer, 30 Jahre Münchener Bezirksausschüsse. Eine dokumentarische Festschrift über das Entstehen der Münchener Bezirksausschüsse, München [2] 1978, S. 157
15 Ebd., S. 179
16 Ebd., S. 195
17 Ebd., S. 241
18 Ebd., S. 217
19 Stadtarchiv München, Berg am Laim 300, Entschließung des Bezirksamtes vom 12. 12. 1869 bezüglich der Geschäftsverteilung durch den Bürgermeister
20 Die folgenden Angaben zum Haushalt stammen aus Stadtarchiv München, Berg am Laim 288, Chronik
21 Münchener Gemeindezeitung, 1913, S. 1220
22 Stadtarchiv München, Berg am Laim 288, Chronik
23 Stadtarchiv München, Berg am Laim 315/III, vor allem V: Das königliche Staatsministerium des Inneren konstatiert am 18. 5. 1894 Schulden in einer Gesamthöhe von 49528,79 M. Außerdem Stadtarchiv München, Berg am Laim 288, Chronik: Hier wird erst im Jahre 1901 bei der Darlehensaufnahme von 150000 Mark ausdrücklich auf die staatsaufsichtliche Genehmigung hingewiesen.
24 Stadtarchiv München, Berg am Laim 345
25 Stadtarchiv München, Berg am Laim 308, Gemeindehaushalt 1899 und 1900
26 Stadtarchiv München, Berg am Laim 288, Eingemeindungsbericht 1910
27 Münchener Gemeindezeitung 1913, S. 1220
28 Ebd.
29 Heerde, Haidhausen, S. 42
30 Stadtarchiv München, Berg am Laim 288, Chronik
31 Stadtarchiv München, Berg am Laim 245, Schreiben der Bürgervereinigung des Münchener Ostens vom 19. 4. 1910
32 Stadtarchiv München, Berg am Laim 245, Einwendungen des Magistrats gegen das Einverleibungsgesuch vom 24. 3. 1911
33 Zu den Möglichkeiten der Lokalbaukommission, auch außerhalb der Stadtgrenzen auf die Bauentwicklung Einfluß zu nehmen: Stefan Fisch, Vortrag im Historischen Verein Oberbayern am 23. 2. 1987
34 Marita Krauss, Das Münchner Bankwesen, in: Friedrich Prinz, Marita Krauss (Hrsg.), München 1900, München (voraussichtlich) 1988 (in Vorbereitung)
35 Stadtarchiv München, Berg am Laim 288, Eingemeindungsbericht: Bei der Reichstagsstichwahl erhielt der Sozialdemokrat Vollmar 233 von den abgegebenen 291 Stimmen und bei der Landtagswahl vereinigten Sozialisten 91, Zentrum 90 und Liberale 38 Stimmen auf sich.
36 Stadtarchiv München, Berg am Laim 294, Schreiben der Stadt München vom 23. 5. 1911
37 Münchener Gemeindezeitung 1914/I, S. 361
38 Stadtarchiv München, Berg am Laim 120, Schreiben des Bezirksamtes an die Gemeindebehörde vom 2. 2. 1913
39 Stadtarchiv München, Berg am Laim 288, Chronik
40 Ebd.
41 Stadtarchiv München, Berg am Laim 339 und 340
42 Stadtarchiv München, Berg am Laim 288, Chronik
43 Stadtarchiv München, Berg am Laim 337
44 Schreiben Pater Piel vom 28. 4. 1944, im Besitz des Verfassers

SCHULEN S. 79

1 Albert Reble, Das Schulwesen, in: Spindler (Hrsg.), Handbuch der bayerischen Geschichte, Bd. IV/2, S. 952
2 Zu Kerschensteiner z. B. Ludwig Englert, Wie Georg Kerschensteiner Münchner Stadtschulrat wurde. Eine Dokumentation, hrsg. von Anton Fingerle, München und Stuttgart 1970 sowie Georg Wehle, Kerschensteiner, Darmstadt 1979
3 Dazu Franz Sonnenberger, Die Rekonfessionalisierung der bayerischen Volksschule 1945–1950, in: ZBLG Bd. 45, H. 1, 1982
4 Dazu demnächst Irmgard Bock, Bildung und Schule unter Kerschensteiner, in: Friedrich Prinz, Marita Krauss (Hrsg.), München 1900, München (voraussichtlich) 1988 (in Vorbereitung)
5 Ebd.
6 Franz Sonnenberger, Der neue »Kulturkampf«. Die Gemeinschaftsschule und ihre historischen Voraussetzungen, in: Martin Broszat, Elke Fröhlich (Hrsg.), Bayern in der NS-Zeit, Bd. 3, München, Wien 1981 sowie Helmut M. Hanko, Kommunalpolitik in München 1933–1935, in: Broszat/Fröhlich (Hrsg.), Bayern in der NS-Zeit, Bd. 3
7 Johannes Timmermann, Schule und Jugend in der Trümmerzeit, in: Friedrich Prinz (Hrsg.), Trümmerzeit in München. Kultur und Gesellschaft einer deutschen Großstadt im Aufbruch 1945–1949, München 1984, S. 168ff

Volksschule

8 Dazu z. B. BayHStA, Plansammlung, Plan von Castulus Riedl, 1752
9 Romuald Bauerreiss, Kirchengeschichte Bayern, Bd. I, St. Ottilien 1950
10 Diözesanarchiv, Akt Baumkirchen St. Veit, Schreiben des Pfarrers Georg Müller an das Bischöfliche Ordinariat in Freising vom 17. 9. 1723
11 Zitiert nach Joseph Brückl, 1200 Jahre Trudering, München 1972, S. 157
12 Stadtarchiv München, Berg am Laim 288, Chronik
13 Schreiben der kurfürstlichen Landesdirektion vom 19. 12. 1805, zitiert nach: Josef Hartmann, Materialien zu einer Geschichte von Berg am Laim, Masch. Manuskript, o. O. (München), o. J.
14 Zitiert ebd.
15 Reble, Schulwesen, S. 954
16 Stadtarchiv München, Berg am Laim 288, Chronik
17 Ebd.
18 Ebd.; außerdem dazu Olaf Boustedt, Die Wachstumskräfte einer Millionenstadt am Beispiel Münchens, München 1961 S. 56
19 Zitiert nach Anton Kreuzer, Berg am Laim, Masch. Manuskript, München 1977 sowie nach Hartmann, Berg am Laim
20 Stadtarchiv München, Berg am Laim288, Chronik
21 Ebd.
22 Stadtarchiv München, Berg am Laim 288, Eingemeindungsantrag
23 Ebd.
24 Archiv der Volksschule Berg-am-Laim-Straße. Programm zur Eröffnungsfeier am 8. Juli 1926
25 Registratur des Schulreferats der Stadt München, Verzeichnis der Schüler- und Lehrerzahlen
26 Archiv der Volksschule an der Berg-am-Laim-Straße, Chronik, Schuljahr 1947/1948
27 Münchner Neueste Nachrichten 1901

Das Institut der Englischen Fräulein S. 83

28 Berg am Laim (o. V.), in: Deutsche Illustrierte Rundschau, Sonderheft zum 300jährigen Bestehen des Instituts BMV der Englischen Fräulein, München 1927, S. 163
29 Stadtarchiv München, Berg am Laim 334
30 Pechmann, M. Gonzaga, FR. von, IBMV: Geschichte des Englischen Institutes Beatae Mariae Virginis in Bayern, München 1907, S. 316
31 Winkler, Maria Theodolinde, IBMV: Maria Ward und das Institut der Englischen Fräulein in Bayern, München 1926, S. 94ff.
32 Winkler, Maria Theodolinde: 100 Jahre im Dienst der höheren Mädchenbildung, München 1935, S. 48
33 Pechmann, Geschichte des Englischen Institutes, a. a. O., S. 317
34 Ebd., S. 316, und Archiv der Englischen Fräulein, Berg am Laim: Akt 1863 und Akt 1910/11
35 Schematismus der Erzdiözese München und Freising, 1842 (1841 kein Eintrag)
36 Chronik der Englischen Fräulein, Berg am Laim, I. Teil, S. 3
37 Archiv der Englischen Fräulein, BaL: »Censurbuch« von 1841
38 Berg am Laim (o. V.), in: Kalender für kath. Christen, Sulzbach 1855, S. 64 (Zitat verkürzt)
39 Chronik der Englischen Fräulein, BaL, I. Teil, S. 3
40 Archiv der Englischen Fräulein, BaL: Kammer des Inneren, 25. Juni 1856: »Im Namen seiner Maje-

stät des Königs von Bayern an die Generaloberin der Englischen Fräulein Katharina di Gracchoׅ«
41 Winkler, Maria Ward und das Institut, a. a. O., S. 149
42 Stadtarchiv München, Berg am Laim, Schule 278 (10. Oktober 1850)
43 Ebd., 21. Dezember 1849/15. März 1850
44 Ebd., 21. Januar 1899
45 Reble, A.: Das Schulwesen, in: Handbuch der bayer. Geschichte, a. a. O., Bd. IV/2, S. 978, Anm. 1
46 Archiv der Englischen Fräulein, BaL: »Censurbücher« zwischen 1860 und 1910
47 Winkler, Maria Ward, a. a. O., S. 149
48 Archiv der Englischen Fräulein, BaL: »Censurbuch«, 1870/71
49 Mater Sophronia: Eine Schülerwanderung in vergangenen Zeiten, in: Festschrift zum Gedächtnis des 300jährigen Bestehens des Instituts B. M. V., München 1926, S. 131 ff.
50 Archiv der Englischen Fräulein, BaL: vgl. Tagesordnung der Zöglinge von 1911, 1912, 1915 und Jahresberichte zwischen 1911 und 1921
51 Klosterchronik, a. a. O., S. 10ff.
52 Ebd., S. 8ff.
53 Klosterarchiv, BaL: 1908 fast ausschließlich klösterliches Lehrpersonal; 1926 14 klösterliche, 4 weltliche Lehrkräfte; 1934 Ausgaben für Lehrpersonal 28900 M
54 Archiv, BaL: Brief v. 6. 3. 1912 und Chronik S. 16
55 Archiv: Jahresbericht 1923/24, 1925/26
56 Archiv: Stundentafel v. 4. Juni 1925
57 Winkler, Hundert Jahre, a. a. O., S. 87
58 Archiv: Akt 1929
59 Winkler, Hundert Jahre, a. a. O., S. 141
60 Archiv: Akt 1929
61 Chronik, S. 31
62 Stadtarchiv München, Berg am Laim, Armen- und Kreditwesen 95
63 Chronik, S. 16, S. 27, S. 29. Das Kinderheim der Blauen Schwestern bestand bis 1974. Heute dient das Mutterhaus der Blauen Schwestern an der Streitfeldstr. 1 (vor Ausbau des mittleren Rings Eingang Ampfingstraße) als Altersheim der Ordensangehörigen.
64 Chronik, S. 27
65 Archiv, Akt 1921
66 Chronik, S. 15ff.
67 Archiv, Akt 1904–1931
68 Vgl. Chronik und Archiv, Akt 1926–1930
69 Knauer, Christl: Das Schulwesen im Dritten Reich am Beispiel der Englischen Fräulein in Berg am Laim, in: Die nationalsozialistische Gewaltherrschaft in München Berg am Laim, ihr Ende und ihre Folgen, Hrsg., E. Kasberger, [2]1985, S. 194–221, siehe auch Archiv d. Engl. Fräulein Bayer. Staatsminist. f. Unterricht und Kultus vom 7. Febr. und 5. Juli 1935
70 Archiv d. Engl. Frl. 23. 8. 1934
71 Ebd., Akten 1934, 1935
72 Chronik, 2. Teil/S. 5ff.
73 Vgl. Festschrift: 60 Jahre städtische Salvatorrealschule, 1985, S. 13
74 Archiv der Engl. Frl. Vertrag über das städtische Schülerinnenheim an der Josephsburgstraße 20/22 vom 24. Dezember 1941
75 Chronik, 2. Teil, S. 7
76 Recknagel, Maria: Weltliches Interregnum im Institut Berg am Laim 1941–1945, in: Marianischer Brief 1961, Berg am Laim
77 Chronik, S. 14f.
78 Graf, Carl: Die St. Michaelskirche, München [3]1962, S. 10f.
79 Chronik, S. 17
80 Boettge, Monika: Die kleine Straße, Tb, München ca. 1960, S. 114
81 Chronik, S. 16a ff.
82 Schulgeschichtlicher Atlas, Hrsg. Schulreferat der Landeshauptstadt München, München 1983
83 Vgl. Boettge, a. a. O., S. 113
84 Habel Heinrich/Himen, Helga: Denkmäler in Bayern, Bd. I/1, Hrsg. Bayer. Landesamt für Denkmalpflege, München 1985, S. 224
85 Statistisches Jahrbuch der Stadt München 1985
86 Informationsblatt Staatliches Michaeli-Gymnasium, hrsg. vom Schulreferat der Landeshauptstadt München, Stand: Januar 1987

VERSTÄDTERUNG S. 91

1 Stadtarchiv München, Verkehr 32, Schreiben des Rats der Gemeindebevollmächtigten an den Magistrat von München, 11. 6. 1850
2 Max Spindler, Die Regierungszeit Ludwigs I. (1825–1848), in: ders. (Hrsg.), Handbuch der bayerischen Geschichte, Bd. IV/1, S. 188
3 Zitiert nach Anton J. Liebl, Die Privateisenbahn München–Augsburg (1835–1844), Entstehung, Bau und Betrieb. Ein Beitrag zur Strukturanalyse der frühen Industrialisierung Bayerns, München 1982 (= MBM 103), S. 41f
4 Wolfgang Zorn, Bayerns Gewerbe, Handel und Verkehr (1806–1970), in: Spindler (Hrsg.), Handbuch der bayerischen Geschichte, Bd. IV/2, S. 798
5 Marita Krauss, Das Münchner Bankwesen, in: Friedrich Prinz, Marita Krauss (Hrsg.), München 1900, München (voraussichtlich 1988, in Vorb.)
6 Verordnungs- und Anzeigeblatt für die kgl. bayer. Verkehrs-Angestellten Nr. 19 vom 16. 3. 1871; die Eröffnung der Bahnstrecke München–Rosenheim fand am 15. 3. 1871 statt. Zitiert nach Franz Moderegger, 120 Jahre Hauptbahn München–Rosenheim–Salzburg 1860/1980, Masch. Manuskript, Traunstein 1980, S. 65
7 Wolfgang Zorn, Die Sozialentwicklung der nichtagrarischen Welt (1806–1970), in: Spindler (Hrsg.), Handbuch der bayerischen Geschichte, Bd. IV/2, S. 864
8 Staatsarchiv München und Oberbayern, Polizeidirektion 793, Ortspolizeiliche Vorschriften von Berg am Laim, 1873
9 Staatsarchiv München und Oberbayern, RA 58223, Schreiben des Bezirksamtes an die Regierung von Oberbayern vom 14. 6. 1901
10 Zu diesem Thema auch Eva Strauß, Die Münchner Polizei, in: Prinz/Krauss (Hrsg.), München 1900
11 Staatsarchiv München und Oberbayern, RA 65148, Schreiben des Magistrats der Stadt München an die Regierung von Oberbayern vom 30. 8. 1882
12 Vgl. dazu »Entwicklung der städtischen Gaswerke«, Münchner Neueste Nachrichten 18. 3. 1909
13 Stadtarchiv München, Berg am Laim 288, Gemeindeprotokoll vom 1. 4. 1910
14 Stadtarchiv München, Hochbauamt 176, »Die Erhaltung des Charakters der Stadt München«, Vortrag von Prof. Dr. Hans Grässel, städt. Baurat in München, gehalten am 11. 1. 1917 im Münchner Architekten- und Ingenieurverein
15 Staatsarchiv München und Oberbayern, RA 65148, Schreiben des Magistrats der Stadt München an die Regierung von Oberbayern vom 30. 8. 1882
16 Staatsarchiv München und Oberbayern, Schreiben des Bezirksamtes an die Regierung von Oberbayern vom 9. 3. 1883
17 Stadtarchiv München, Berg am Laim 344. Im Gewerbeanmelderegister findet sich folgender Hinweis: »26. 12. 1880 bis 31. 3. 1882 – Ziegelproduktion der Gasbeleuchtungsgesellschaft ausschließlich zum eigenen späteren Bedarf, nicht zum Verkauf«
18 Stadtarchiv München, Berg am Laim 288, Gemeindechronik
19 Walter Heerde, Haidhausen. Geschichte einer Münchner Vorstadt, München 1972 (= Oberbayerisches Archiv 98), S. 272f
20 Münchner Gemeindezeitung 1915/I, S. 878
21 Stadtarchiv München, Städtischer Grundbesitz 1538, Gesetzentwurf aus dem Jahr 1905
22 Stadtarchiv München, Städtischer Grundbesitz 1538, Notizen der Gemeinde, ohne Datum
23 Stadtarchiv München, Berg am L. 288, Chronik
24 Anton Kreuzer, Geschichte Berg am Laims, Masch. Manuskript, München 1977, das Kapitel »Berg am Laim wird eine Industriegemeinde«; ferner Stadtarchiv München, Berg am Laim 331, »1902 Neubauten der Baugenossenschaft München Ost des bayerischen Eisenbahnerverbandes«
25 M. Steinbruchener, Masch. Manuskript über Berg am Laim, o. O., o. J.
26 Akten der GWG, Erlasse des Wirtschafts- und Arbeitsministeriums 1935
27 Ebd., Unterlagen zum IV. Bauabschnitt der Maikäfersiedlung; ferner »Festschrift zum 60jährigen Firmenjubiläum der gemeinnützigen Wohnstätten- und Siedlungsgesellschaft, München 1978, S. 35
28 Akten der GWG, Presseinformationsblatt vom 20. 8. 1937
29 Olaf Boustedt, Die Wachstumskräfte einer Millionenstadt am Beispiel Münchens, München 1961, S. 56
30 Neues Münchner Tagblatt, Nr. 333/334 vom 29. 11. 1936

31 Akten der GWG, Merkblatt über die Einrichtung von Kleinwohnungen
32 Akten der GWG, Schreiben der Stadt München vom 8. 7. 1936
33 Akten der GWG, Schreiben der Stadt München vom 25. 10. 1938
34 Akten der GWG, Schreiben der Stadt München vom 22. 2. 1937
35 Wissenschaftszentrum München, Lehrstuhl Prof. Dr. Schröder, Argumente für die Maikäfersiedlung, München 1986, S. 5
36 Sonderausgabe 60 Jahre GWG-Journal, 1918–1978, München 1978, S. 1
37 Schreiben der TU München an die Stadt München vom 28. 8. 1985, in: Die Maikäfersiedlung München, Berg am Laim. Ein Beispiel zum Thema »Behutsame Stadterneuerung«, München 1985, Anhang, S. 3
38 Stadtarchiv München, Lokalbaukommission 224
39 Stadtarchiv München, Lokalbaukommission 224, Schreiben vom 28. 1. 1915
40 Stadtarchiv München, Hochbauamt 176, Schreiben vom 25. 5. 1905
41 Akten der GWG, Schreiben der Stadt München vom 11. 2. 1953, dazu Plan des städtischen Vermessungsamtes
41 Dörfliche Bereiche und Mittelpunktfunktion im Stadtgebiet München. Arbeitsberichte zur Stadtentwicklungsplanung Nr. 12, München 1981, S. 64
43 Stadtarchiv München, Berg am Laim 287, Schreiben der Gemeindeverwaltung Berg am Laim an die »Hohe Kammer der Abgeordneten« vom 31. 10. 1907
44 Stadtarchiv München, Lokalbaukommission 224, Schreiben des Stadtbauamtes vom 24. 9. 1904
45 Stadtarchiv München, Lokalbaukommission 224, Schreiben vom 28. 1. 1915
46 Stadtarchiv München, Berg am Laim 288, Eingemeindungsantrag 1910
47 Stadtarchiv München, Lokalbaukommission 224, Schreiben des Stadtbauamtes vom 31. 10. 1910
48 Stadtarchiv München, Berg am Laim 344, Gewerbeanmelderegister
49 Vgl. dazu Stadtarchiv München, Berg am Laim 245 und 288; ferner Münchener Gemeindezeitung 1915/I, S. 878
50 Dörfliche Bereiche und Mittelpunktfunktion, S. 4
51 Die Angaben stammen aus: Stadtadreßbuch München, 1910: Handels- und Gewerbebetriebe 1909 Stadtarchiv München, Berg am Laim 344, Gewerbeanmelderegister; Berg am Laim 330, Verzeichnis der bezirksamtlichen Heimat- und Verehelichungsakten; Berg am Laim 288, Eingemeindungsantrag 1910; Berg am Laim 288, Chronik
52 Karl Valentin, Der Firmling, in: Karl Valentins Gesammelte Werke, München ^{11}1973, S. 272
53 Neues von Rohde & Schwarz, Heft 103, 23. Jg., München 1983, S. 14
54 Stadtentwicklungsplan. Bericht zur Fortschreibung 1978. München 1978, S. 34
55 Moderegger, 120 Jahre Hauptbahn, S. 26
56 Stadtarchiv München, Berg am Laim 288, Chronik
57 Hans Eisele, Die Gemeinde Berg am Laim bei München vor der Einverleibung in die Großstadt. 10 Ansichtskarten feinster Ausführung, München o. J., S. 3
58 Münchener Gemeindezeitung 1914/I, S. 10
59 Moderegger, 120 Jahre Hauptbahn, S. 77: Bildfahrplan für die Strecke München–Rosenheim–Salzburg. Sommerfahrplan 1915
60 175 Jahre Bayerische Staatsschuldenverwaltung 1. 10. 1811–1. 10. 1986. Ein Führer durch die Ausstellung, München 1986, S. 19
61 Interview mit Frau Meßner, 1986; ferner Gedenkblatt zur Erinnerung an die Eröffnung der Straßenbahn von München Ostbahnhof nach Berg am Laim am Dienstag, den 14. bzw. Mittwoch, den 15. September 1926, Anlage der »Münchener Ostzeitung«
62 Michael Schattenhofer, Vom Groschenwagen zur Untergrundbahn – 100 Jahre Münchner Stadtverkehrsmittel, München ^{2}1982, S. 61
63 Dörfliche Bereiche und Mittelpunktfunktion, S. 64
64 Matthias L. Auer, Laimer Chronik, München 1983, S. 171 f.
65 »Was in den Stadtteilen geschieht«, in: Süddeutsche Zeitung vom 25. 11. 1957
66 Vgl. den Stadtentwicklungsplan einschließlich Gesamtverkehrsplan der Landeshauptstadt München, München 1963, Abb. 4: Verteilung der Bevölkerung innerhalb der Stadtgrenze; Abb. 5: Verteilung der Arbeitsplätze
67 Protokolle des Bezirksausschusses 31, Schreiben der Landeshauptstadt München vom 10. 1. 1958
68 Protokolle des Bezirksausschusses 31, Schreiben der Landeshauptstadt München vom 17. . 1959
69 Münchener Gemeindezeitung 1913, S. 1220
70 Stadtentwicklungsplan 1963, S. 39f; außerdem Nina A. Krieg, München, leuchtend und ausgebrannt . . . Denkmalpflege und Wiederaufbau in den Nachkriegsjahren, in: Friedrich Prinz (Hrsg.), Trümmerzeit in München. Kultur und Gesellschaft einer deutschen Großstadt im Aufbruch 1945–1949, München 1984, S. 78
71 Stadtarchiv München, Lokalbaukommission, Bauveränderungen in Berg am Laim 1392
72 Protokolle des Bezirksausschusses 31, Protokoll vom 4. 3. 1963
73 Protokolle des Bezirksausschusses 31, Protokoll vom 6. 11. 1967 und vom 1. 4. 1971; hier werden die unterschiedlichen Positionen im Bezirksausschuß deutlich: 1967 hieß es, man müsse ». . . historische und landschaftliche Motive« beachten, 1971 wurde gefordert: »Das Aumüller-Eck muß unverzüglich bereinigt werden.«
74 Stadtentwicklungsplan 1974, A – 7f
75 Referat für Stadtforschung und Stadtentwicklung der Landeshauptstadt München, Stadtentwicklungsplan 1975, Sitzungsprotokoll der Öffentlichen Sitzung des Stadtratsplenums vom 2. 7. 1975, S. 95
76 Protokolle des Bezirksausschusses 31, Protokoll vom 4. 2. 1971
77 Protokolle des Bezirksausschusses 31, Protokoll vom 8. 10. 1962
78 Protokolle des Bezirksausschusses 31, Protokoll vom 1. 6. 1959
79 Protokolle des Bezirksausschusses 31, Protokoll vom 6. 2. 1961
80 Stadtentwicklungsplan 1963, S. 14
81 Statistisches Jahrbuch der Landeshauptstadt München 1969, S. 220
82 Protokolle des Bezirksausschusses 31, Protokoll vom 2. 9. 1963
83 Protokolle des Bezirksausschusses 31, Protokoll vom 14. 7. 1969
84 Protokolle des Bezirksausschusses 31, Protokoll vom 27. 1. 1976
85 Protokolle des Bezirksausschusses 31, Protokoll vom 26. 6. 1977
86 Stadtentwicklungsplan 1975, S. II–5; dazu Plan Abb. II–1
87 Protokolle des Bezirksausschusses 31, Protokoll vom 11. 11. 1975
88 Protokolle des Bezirksausschusses 31, Protokoll vom 14. 5. 1970

SOZIALE FÜRSORGE S. 104

1 Stadtarchiv München, Berg am Laim 315/I, Gemeindeprotokoll 1861
2 Stadtarchiv München, Berg am Laim 315/X, Gemeindeprotokoll 17. 3. 1903
3 Stadtarchiv München, Berg am Laim 315/I, Schreiben des Armenpflegschaftsrates vom 9. 2. 1860
4 Stadtarchiv München, Berg am Laim 315/I, »Aufnahms-Zeugnis« vom 9. 2. 1860
5 Stadtarchiv München, Berg am Laim 35
6 Stadtarchiv München, Berg am Laim 288, Protokoll des Patrimonialgerichts vom 14. 2. 1842
7 Münchner Gemeindezeitung, 1913, S. 956; ferner Stadtarchiv München, Berg am Laim 288, Armenpflege zu Beginn des 19. Jahrhunderts (Schreiben ohne nähere Angaben)
8 Stadtarchiv München, Berg am Laim 288, Eingemeindungsbericht 1910
9 Stadtarchiv München, Berg am Laim 310
10 Stadtarchiv München, Berg am Laim 89, Schreiben des Amtsgerichts vom 8. 10. 1907
11 Ebd.
12 Hans Rall, Die politische Entwicklung von 1848 bis zur Reichsgründung 1871, in: Spindler (Hrsg.), Handbuch der bayerischen Geschichte, Bd. IV/1, S. 265
13 Stadtarchiv München, Berg am Laim 288, Chronik
14 Stadtarchiv München, Berg am Laim 350, Schreiben des Bezirksamtes an die Gemeindeverwaltung vom 15. 7. 1910
15 Stadtarchiv München, Berg am Laim 288, Eingemeindungsbericht

16 Ebd.
17 Ebd.
18 Karl Möckl, Der moderne bayerische Staat. Eine Verfassungsgeschichte vom aufgeklärten Absolutismus bis zum Ende der Reformperiode, München 1979 (= Dokumente zur Geschichte von Staat und Gesellschaft in Bayern III/1)
19 Stadtarchiv München, Berg am Laim 330, Antrag der gemeinnützigen Vereinigung von Berg am Laim vom 4. 4. 1911
20 Zur gemeinnützigen Vereinigung vgl. das Kapitel »Geselliges Leben« in der vorliegenden Publikation
21 Stadtarchiv München, Berg am Laim 288, Chronik
22 Stadtarchiv München, Berg am Laim 315/III
23 Stadtarchiv München, Berg am Laim 288, Chronik
24 Stadtarchiv München, Berg am Laim 347
25 Emil C. Scherer, Schwester Ignazia Jorth und die Einführung der Barmherzigen Schwestern in Bayern. Zur Jahrhundertfeier der Barmherzigen Schwestern aus dem Mutterhause zu München am 10. März 1932, München 1933, S. 73
26 Chronik der Barmherzigen Schwestern, Masch. Manuskript, München o. J.
27 Dörfliche Bereiche mit Mittelpunktfunktion im Stadtgebiet München. Arbeitsberichte zur Stadtentwicklungsplanung Nr. 12, München 1981, S. 64
28 Chronik der Barmherzigen Schwestern
29 Stadtentwicklungsplan der Landeshauptstadt München, 1974, S. IV–15
30 Sozialreferat der Stadt München (Hrsg.), Wohnen im Alter, Teilbereich Pflegeplatzbedarf in München, München 1986, S. 28 (Anlage)
31 Ebd., S. 2
32 Sozialreferat der Stadt München (Hrsg.), Konzeption für den Aufbau eines Netzes von Alten- und Servicezentren in der Landeshauptstadt München, München 1979, S. 9

EIN DÜSTERES KAPITEL S. 109

1 Erich Kasberger (Hrsg.), Die nationalsozialistische Gewaltherrschaft in München Berg am Laim, ihr Ende und ihre Folgen. Eine Dokumentation, München 1985 (Privatdruck), S. 22
2 Peter Hanke, Zur Geschichte der Juden in München zwischen 1933 und 1945, München 1967 (= MBM 3), S. 139
3 Ebd., S. 272f
4 Ebd., S. 275
5 Zu dem Überleben der Geschwister Grube s. Kasberger (Hrsg.), Die nationalsozialistische Gewaltherrschaft, S. 110–137
6 Mitteilungen der israelitischen Kultusgemeinde München vom 30. 9. 1941, nach: Wolfram Selig, Richard Seligmann, Ein jüdisches Schicksal. Zur Geschichte der Judenverfolgung in München während des Dritten Reiches, München 1983, S. 193
7 Baruch Ophir, Falk Wiesemann, Die jüdische Gemeinde in Bayern 1918–1945. Geschichte und Zerstörung, München 1959, S. 56
8 Else Behrend-Rosenfeld, Ich stand nicht allein. Erlebnisse einer Jüdin in Deutschland 1933–1944, Köln [3]1979, S. 100–173
9 Edmund Goldschagg 1886–1971. Das Leben des Journalisten, Sozialdemokraten und Mitbegründers der »Süddeutschen Zeitung«, nacherzählt von Hans Döllinger, München 1986, S. 165–175
10 Behrend-Rosenfeld, Ich stand nicht allein, S. 117
11 Hanke, Zur Geschichte der Juden, S. 295
12 Kasberger (Hrsg.), Die nationalsozialistische Gewaltherrschaft, S. 149; auch die weiteren Informationen sind hier abgedruckt.
13 Münchner Adreßbuch 1942; z. B. Truderinger Str. 44: »Deutsche Reichsbahn (Bahnmeisterei, Münchner Ostbahnhof, Gleisunterhaltung)«; Halfinger Str. 18: »Deutsche Reichsbahn«; Neumarkter Str. 85: »Deutsche Reichsbahn«
14 Stadtarchiv München, Hausbogen I und II der Truderinger Str. 44. Unter dieser Hausnummer und auf diesem Hausbogen wurden Deutsche, Holländer, Kroaten, Franzosen, Polen und Westukrainer, also Ostarbeiter, Deutsche und weitere Nationalitäten geführt, insgesamt 801 Personen. Der erste Eintrag stammt vom 25. 2. 1943, der letzte vom 1. 5. 1945. Vgl. außerdem dazu Schreiben des Internationalen Suchdienstes Arolsen vom 25. 5. 1979 an Frau Amadée Noirez, abgedruckt in Kasberger (Hrsg.), Die nationalsozialistische Gewaltherrschaft, S. 140f: Hier wird diese Adresse für das »Arbeitserziehungslager für Frauen« angegeben; es ist anzunehmen, daß es sich dennoch um zwei getrennte Lager handelte.
15 Friedrich Köllmayr, Auch in Berg am Laim gab es antifaschistischen Widerstand, in: Kasberger (Hrsg.), Die nationalsozialistische Gewaltherrschaft, S. 229
16 Kasberger (Hrsg.), Die nationalsozialistische Gewaltherrschaft, S. 143ff
17 Die Unterlagen der Reichsversicherung sind vollständig in der Registratur der Bundesbahnversicherungsanstalt in Rosenheim erhalten.
18 Juliane Wetzel, Jüdisches Leben in München 1945–1951. Durchgangsstation oder Wiederaufbau, Diss. masch., München 1986, S. 215
19 Stadtarchiv München, Hausbogen Neumarkter Str. 85
20 Vgl. dazu Marita Krauss, »Deutsche sind Deutsche ... gleichgültig, aus welchem Teil Deutschlands sie stammen.« Flüchtlinge und Vertriebene im Trümmermünchen, in: Friedrich Prinz (Hrsg.), Trümmerzeit in München. Kultur und Gesellschaft einer deutschen Großstadt im Aufbruch 1945–1949, München 1984, S. 328

GESELLIGES LEBEN S. 113

1 Stadtarchiv München, Berg am Laim 288, Chronik: Berg am Laim im Osten Münchens 1910
2 Pankraz, Fried, Die innere Sozialentwicklung von Bauerntum und Landvolk bis 1945, in: Spindler (Hrsg.), Handbuch der bayerischen Geschichte, Bd. IV/2, S. 775
3 Stadtarchiv München, Berg am Laim 288, Chronik
4 Stadtarchiv München, Berg am Laim 339 und 340
5 Stadtarchiv München, Berg am Laim 288
6 Staatsarchiv München und Oberbayern, Polizeidirektion 788
7 Wolfgang Zorn, Die Sozialentwicklung der nichtagrarischen Welt (1806–1970), in: Spindler (Hrsg.), Handbuch der bayerischen Geschichte, Bd. IV/2, S. 873
8 Stadtarchiv München, Berg am Laim 288
9 Fried, Die innere Sozialentwicklung, S. 775
10 Zorn, Die Sozialentwicklung, S. 874
11 Stadtarchiv München, Stadtchronik: Die Eingemeindungsfeier fand am 1. 7. 1913, die Trambahneinweihung am 13. 9. 1926 statt
12 Staatsarchiv München und Oberbayern, Polizeidirektion 788
13 Festschrift zum 75jährigen Bestehen des Männergesangs-Vereins Berg am Laim, München 1988
14 »Mitglieder-Verzeichnis. 1. Protokollbuch des Männergesang-Vereins Berg am Laim nach dem Stande vom 8. Januar 1919«, S. 2–5
15 Ebd., S. 14
16 Ebd., 9. 9. 1928
17 Staatsarchiv München und Oberbayern, Polizeidirektion 790, Schreiben der Gemeinnützigen Vereinigung Berg am Laim an das Bezirksamt vom 24. 2. 1908
18 Stadtentwicklungsplan 1975, VIII–11
19 Stadtarchiv München, Berg am Laim 288, Bericht zur Eingemeindung, S. 5
20 Chronik der evangelischen Kirche Berg am Laim
21 Gerhard Hirschmann, Die evangelische Kirche seit 1800, in: Spindler (Hrsg.), Handbuch der bayerischen Geschichte, Bd. IV/2, S. 885
22 Chronik der evangelischen Kirche Berg am Laim
23 Fried, die innere Sozialentwicklung, S. 775
24 Zorn, Die Sozialentwicklung, S. 871
25 Staatsarchiv München und Oberbayern, Polizeidirektion 788
26 Stadtarchiv München, Berg am Laim 288, Chronik
27 SPD-Ortsvereinsgründung vgl. Vereinsfahne des »Sozialdemokratischen Vereins Section Berg am Laim«
28 Staatsarchiv München und Oberbayern, Polizeidirektion 788
29 dtv-Atlas zur Baukunst Bd. 2, München [2]1982, S. 537
30 Staatsarchiv München und Oberbayern, Polizeidirektion 788
31 Ebd.
32 Festschrift zum 60jährigen Bestehen des FC Phönix München e. V., München 1980, S. 15
33 Vereinsnachrichten Schwarz-Weiss S. V. 1982, Nr. 13

BILDNACHWEIS

Altnöder 58, 145
Aumüller/Ehrnthaller 91–95
Baur-Callwey 10, 11, 101–103, 143
Bayerisches Hauptstaatsarchiv Fig. 3, 4, 9, 13, 22, Abb. 4, 37 (Archivnr. KCC 319, KGL 1233, Staatsverwaltung 3238, 796, GU 245, Planslg. 4339, Planslg. 7563)
Bayerische Hypotheken- und Wechselbank Fig. 29
Bayerisches Landesamt für Denkmalpflege Fig. 12, 23, Abb. 8, 31, 62
Bayerisches Landesvermessungsamt Fig. 25 (Urpositionsblatt 1:25000, Blatt Nr. 692 München aus dem Jahre 1856); Abb. 63 (Kartengrundlage: Uraufnahmeblatt 1:5000, Blatt SO 1–2 München, aus dem Jahre 1809. Wiedergabe mit Genehmigung des Bayer. Landesvermessungsamtes München, Nr. 8748/87)
Berlinger 52, 97, 105–109, 128
Bertram-Luftbilddienst 86, 168
Bürgerkreis Berg am Laim 137
Deimel 89, 90, 116, 134
Diözesanmuseum Freising 28, 29
Donau Kurier, Ingolstadt 24
Engert 47, 150, 152
Englische Fräulein Berg am Laim Fig. 28, Abb. 48
Finsterer 118, 119, 121
Forster 81, 131
Fries 7, 82, 87, 104, 110, 122, 127, 130, 144, 147, 148, 154–156
Gemeinnützige Wohnungsbaugesellschaft 83–85
Greif 49–51
Gritsch 114, 115
Grundler 100
Halbreiter 140
Heigl Fig. 15, 24, Abb. 111–113
Hörwick 65, 66, 160
Hölzle 153
Kasberger Fig. 31, Abb. 145
Keller und Burkardt 35
Knauer 9, 12, 13, 19, 30, 74, 76, 132, 135, 142, 157
Kolmeder 46, 129, 163
Luisa Fig. 14, 21, Abb. 33
Meßner 44, 149
Mooseder 161
Patscheider 133
Poiger 88
Rodheudt 59–61, 78
Rohde & Schwarz 167
Ruchenbrod 151
Ruess 56, 57, 77, 79, 123, 124
Schmid 67, 68
Schmidt-Glassner 27, 34
Schulze-Berl 136, 138, 139, 141
Staatliche Münzsammlung München Fig. 30, Abb. 18, 21
Staatsarchiv München 40 und Umschlag
Stadtarchiv und wissenschaftliche Stadtbibliothek Bonn Fig. 10, Abb. 22, 32
Stadtarchiv München Fig. 26, 27, 32, 33, Abb. 64, 70, 99
Stiftsarchiv St. Bonifaz München 3
Stadtmuseum München Fig. 5, 8, 11, 19, Abb. 20
Strell 117
Valentin-Musäum München Seite 2
v. Voithenberg Fig. 1, Abb. 1, 2, 6b, 14–17, 23, 25, 26, 36, 38, 39, 41, 42, 45, 53–55, 73, 158, 159, 162, 164–166
Volksschule Berg am Laim 5, 43, 69, 71, 72, 146
Wagner 125
Wiesner 80, 96, 98, 120, 126
Zettlmeisel 6a

Für den Aufbau eines Berg am Laimer Bildarchivs sind die Autoren für weiteres Bildmaterial dankbar. Kontaktadresse: Christl Knauer-Nothaft, Daressalamstr. 15a, 8000 München 82.

REGISTER

Verwendete Abkürzungen:

B. – Bischof	Hzg. – Herzog
Frh. – Freiherr	K. – Kaiser
Gf. – Graf	Kg. – König

Ableithner, Balthasar, Hofbildhauer 31
Aibling 11, 66
Albrecht V., Hzg. 21, 24
Albrecht Sigmund, B. von Freising und Regensburg 24–29, 32, 46–47; Abb. 18, 19
Alexander IV., Papst 62
Alten- und Servicezentrum 108
Altötting 25, 34
Altöttinger Kapelle, s. Echardinger Kapelle
Altöttinger Straße 57
Altwirt (Alter Wirt), Wirtshaus 48, 56, 98, 102, 113; Abb. 40, 115–116
Ampfingstraße 88, 114, 116
Amtmannhaus 19; Abb. 40
Andechs 14–15
Ankofer, Michael, Elektriker 99
Antifaschistischer Aktionsausschuß München-Berg am Laim 75
Anzing 62
Apian, Philipp Fig. 1
Armenhäuser, Baumkirchner Straße 81, 105; Fig. 33; Abb. 144
– Josephsburgstraße 77; Abb. 147
– Truderinger Weg (heute Kreillerstraße) Abb. 40 (Nr. 22)
Asbeck, Frh. von 53
Aschheim 10
Au 9, 44, 60, 63, 69–70, 79
Aumüller, Max, Bäcker Abb. 91, 93
Aumüllerhaus 98–99, 102, 116; Abb. 92, 94–95, 156
Averhausen, Josepho, Jesuit 36
Ayinger (s. Loretohof)

Bachheim s. Pachem
Bachmaierhof 17–19, 21, 52, 70; Fig. 24; Abb. 40, 44
Bachmeier, Georg, Schmied 46; Abb. 40
Bahnhof Haidhausen, s. Ostbahnhof

Baierbrunn 17
Balde, Jakob, Jesuit 24, 27
Barmherzige Schwestern 78, 81, 88, 106–111; Abb. 168
Bauernhöfe, s. Bachmaierhof, Engert-, Gelbl-, Gerbl-, Großmaier-, Kirchmaier-, Kleinmaier-, Krebsbauern-, Neumaier-, Springer-, Vogl-, Zeugnerhof
Baumann, Wirtshaus, s. Altwirt
Baumkirchen (Pouminunchirihum, Pämkirchen) 10, 12–14, 18–19, 21, 38, 41–42, 51, 56–57, 60–65, 69, 72–73, 81, 100–101; Fig. 61; Abb. 6a, 6b, 7, 37, 52
Baumkirchner Straße 46–47, 82, 98, 101–102; Abb. 7, 55, 59–62, 78, 89–91, 113, 143, 155
Bayern 11, 34, 52, 59, 63, 66, 69, 71, 79, 83, 85, 101, 103
Behrend-Rosenfeld, Else, Heimbetreuerin 110
Behrpark 46, 104, 118
Behr-Villa, s. Kreiller-Villa
Benediktbeuren 14
Benefiziatenhaus 24; Abb. 40, 56
Berchtesgaden 36
Berg (Perec, Perke, Perge, Perk auf dem Laim) 10–17, 30, 36
Berg-am-Laim-Straße 11, 14, 23, 48, 57, 76, 82–83, 98, 101–102, 113, 118; Abb. 42, 80, 93, 100, 105–109, 114–115, 120, 155, 165
Bergamo 70
Bergbad 58
Bergerhof, s. Engerthof
Berger Weiher 75; Abb. 160
Berger Weinbauer, Wirtshaus 113
Berger, Xaveria, Lehrerin 84
Berlinger, Bauunternehmen 48, 69, 86, 99; Abb. 101, 106
Berlingerhaus Abb. 93, 96–97, 105–106
Berufsbildende Schulen an der Berg-am-Laim-Straße, an der Friedenstraße 91
Bezirksausschuß 31, 75–76, 101–102, 115
Blaue Schwestern von der Hl. Elisabeth 88
Bogenhausen 9–10, 19, 55, 58, 60, 62, 78
Bogner, Bekleidungshaus 100
Bonn 31, 34, 36
Brandner, Michael, Bürgermeister 75
Brühl 37, 39
Brunnen am Schüleinplatz 115
Brunntal 14
Bühler, Theodor, Pfarrer 65
Bürgerkreis von Berg am Laim 104, 115
Bürgervereinigungen des Münchner Ostens 77, 94
Burggrafenstraße 49
Burg Hoheneck 11
Burschenverein Abb. 130

Casten, Dietrich, Dorfrichter 16
Chlingensperg, Jakob Frh. von, Pfarrer 46, 48, 64
Chunrad der Ziegelmeister von Perg 13
Clemens August, Hzg. v. Bayern, Fürstb. von Köln 28–29, 31, 35–42, 47, 63, 66; Fig. 10, 13; Abb. 32, 35
Clemens-August-Straße 57–58, 65; Abb. 74–75, 133, 159
Cundhart 12
Cuvilliés, François, Hofbaumeister 39

Daglfing 10, 13, 60, 80
Daiserberger, Thomas 104
Daschner, Antonie, geb. Berlinger 48
Daschner, Joseph, Bäcker 48, 99
Daschnerhaus, Bäckerei 48, 98, 102; Abb. 93, 109
Deimel, Johann, Gemischtwarenhändler Abb. 89–90
Deisenhofen 11
Denning 10, 13
Derbolfing 10
Deyrl, Wolf, Hausbesitzer 19
Ditl, Glaserei Abb. 87
Dornach 80
Düsseldorf 52
Duschl, Johann Baptist, Pfarrer 55–57, 59, 116

Ebersberg 14, 34, 46
Echarding 10–11, 14, 17–18, 22, 45, 50, 62, 73; Abb. 50
Echardinger Kapelle (Großmaier-/ Altöttinger Kapelle) 10; Abb. 37, 51, 161
Echardinger Straße 11, 17, 24, 27, 58, 95–96, 104; Abb. 1, 54, 56–57, 73, 75, 87, 115, 161
Echardinger Ziegelei 68; Abb. 65–68, 71–72
Egerdach, s. Echarding
Eglfing 10
Eichthal, Carl von, Bankier 59, 92
Eichthal, Simon von, Bankier 58–59, 91, 105; Fig. 29–30
Eisenbahnerbaugenossenschaften 71, 95, 97
Eisenbahnersiedlungen 95, 97, 113, 117; Abb. 65, 80–82
Eisenbahnhaltepunkt 100; Abb. 79
Ellanpirc 12, 62
Ellingerweg 13
Emplbauer, Zamdorf 46
Engert, Stefan, Bauer 11
Engerthof 11, 18, 22; Abb. 40, 47, 49, 123–124, 150, 152
Engesser, Michael, Bezirksausschußvorsitzender 101
Englische Fräulein (Kloster) 81, 84, 89–90, 106; Abb. 12, 39, 48, 136–137
Englschalking 10, 14
Erching 26–27, 47
Erding 10
Ernst, Hzg. von Oberbayern 20
Ettaler Mandl 118
Evangelischer Verein in Berg am Laim 115–116; Abb. 127

Faistenberger, Andreas, Bildhauer 30; Abb. 27
Feldkirchen 11
Ferchenbach (Forellenbach), s. Hachinger Bach
Ferdinand, Sohn Max Emanuels, Hzg. von Bayern 35, 42
Ferdinand Maria, Kurfürst von Bayern 25
Feuerwehrhaus 76–78; Fig. 27

Fiehler, Karl, ehem. Oberbürgermeister Abb. 123
Finck, Wilhelm, Unternehmer 71
Fischer, Carl von, Architekt 58
Fischer, Johann Michael, Architekt 35, 39
Föhring 10–11, 14
Fontane, Theodor 69
Franziskaner (Orden) 31, 42, 56
Frauen-Sparverein Berg am Laim 117
Freising 12–14, 25–27, 38, 62–63, 65
Friaul 70
Friedenstraße 49
Friedrich, Gf. v. Andechs 15
Friedrich, Leopold v., Kaplan 24
Fries, August, Glaser (Familie) 99, 113; Abb. 77
Fuchs, Kaspar 70

Gasfabrik 93–95
Gast, Joseph, Schuster 47
Gast, Mathias, Schuster 47
Gasteig 21, 51
Gebeck, Veit Adam v. 25
Geflügeltes Rad, Wirtshaus 75, 113; Abb. 80
Geiger, Schuster 99; Abb. 60
Geiselgasteig 22
Gelb, Wilhelm, Bauer 21
Gelblhof 51; Abb. 40
Gemeindehaus 77, 105; Abb. 78, 144
Gemeinnützige Vereinigung von Berg am Laim 72, 100, 106, 114–115
Gemeinnützige Wohnstätten- und Siedlungsgesellschaft (GWG) 95–96
Gerblhof 17–19, 21–22, 28, 38, 60, 118; Fig. 24; Abb. 55, 63
Gerle, Otto, Pfarrer Abb. 11
Geyr (Geyer), Anton Joseph, Pfarrer 59, 61, 70
Giesing 9, 14, 55, 60, 69–70
Gießl, Matthäus, Hofmaurermeister 28
Gleitsmann, Peter, Pfarrer Abb. 58
Glonner, Michael, Schuster 47
Gögginger Straße 112; Abb. 152–153
Goldschagg, Edmund, Publizist 110
Graccho, Katharina di, Generaloberin 83, 85
Grässel, Hans, Stadtbaudirektor 82
Graf, Georg, Gemeindevorsteher 66
Graf, Georg, Ziegeleibesitzer 113
Graf, Karl, Pfarrer 65, 82
Graf, Simon, Wirtshausbesitzer 113; Abb. 120
Grafinger Straße 109
Grill, Leonhard, Tagwerker 19
Gronsdorf 80
Großbauer, Joseph, Goldschmied 31; Abb. 134
Großgmainer Straße Abb. 161
Großhesselohe 80, 91
Großmaierhof, s. Engerthof
Großmaier-Kapelle, s. Echardinger Kapelle
Großwirt, Wirtshaus, s. Strell
Gruber, Michael, Riegerbauer 24, 61, 84
Grünwald 10, 16–17, 26
Grundler, Mathias, Bürgermeister 113; Abb. 10
Grundlerhaus Abb. 69
Grundlervilla Abb. 100
Grundschule am Innsbrucker Ring 83
– an der Berg-am-Laim-Straße 76, 82–83, 89, 98, 118; Abb. 114, 145–146, 155–156
Gustav Adolf, Kg. von Schweden 50

Haas, Simon, Ziegeleibesitzer 71
Haching 10, 15
Hachinger Bach 10, 12–13, 17, 30, 97; Abb. 4–5
Hachinger Tal 11, 15, 17
Häberl, Hans 21
Häckl, Johann Michael, Ziegeleipächter 49
Hällmayr, Anton, Pfarrer 63
Hämperger, Maria, Bäuerin 50
Häringhof, s. Voglhof
Hagl, Korbinian 47
Hagmeier, Mathias, Pfarrer 31
Hahmunt 12, 62
Haholf 12
Haidhausen 12, 14, 19, 22, 27, 45, 49, 55, 57–60, 69–70, 77, 92–93, 106, 115
Halfinger Straße 112
Halserspitzstraße Abb. 164
Handwerkerhäuser 45–49, 58; Abb. 40 (Nr. 33–37), 60, 77, 157
Harlaching 22, 27
Harthausen (Menterschwaige) 12, 22
Hartmann, Joseph, Lehrer 82
Hatto, Diakon 12
Hauptschule am Inzeller Weg 83
Hazzi, Joseph von 59
Heinrich III., K. 12, 14, 62
Heinrich-Wieland-Straße 10
Herbst, Schuster 99
Herrmann, Michael, Gutsbesitzer Abb. 123
Hettenkirchen 55
Hildesheim 37
Himmelreicher (Häringhof), s. Voglhof
Hirsch, Joel Jakob v., Bankier 92
Hitto, Bischof 12
Höglauer, August, Chorleiter Abb. 134
Höhenkirchen 14
Hörmann, Simon und Katharina, Springerbauern 51, 58
Hörmann, Thomas, Zeugnerbauer 60
Hörwick, Joseph, Lehrer 82
Hofer, Franz, Ziegelmeister 70
Hoffmann, Friedrich, Baumeister 69
Hofmarksschloß 11, 22, 26–27, 45, 55; Fig. 6–7, 43; Abb. 19, 40
Hofolding 16–17
Hofschuster, Sophie, Institutsleiterin 84
Hohenbrunn 12
Hompesch, Frh. von, Ferdinand 58
–, Franz Carl 28, 44–45, 52–55, 64; Fig. 22, 24
–, Johann Wilhelm 45, 52–53, 55, 57–58, 60, 66; Fig. 21
Horemann, P. 27
Huber, Bartlmä, Wirt 47, 51
Huber, Peter, Gerblbauer 59
Hueber, Fortunatus, Präses der Michaelsbruderschaft 31, 34
Humplmayer, Wirtshaus Abb. 126

Ignatius v. Loyola, span. Ordensgründer 23
Ilsung, Hanns Christoph, Landrichter und Rat 22
Innsbrucker Ring 83
Institut der Englischen Fräulein (Maria-Ward-Mädchenrealschule) 17, 22, 24, 44, 48, 79, 83–90, 106; Fig. 16, 28; Abb. 27, 38–39, 73, 131–132, 135–142, 168
Ismaning 10, 12–14, 25–27, 47
Israelitische Kultusgemeinde 110

Jagdschlößchen 28, 42, 44–45; Fig. 15
Johann Theodor, Fürstbischof von Regensburg u. Freising 29, 35–36, 38–39, 41, 63
Joseph I., K. 51
Joseph Clemens, Fürstb. und Kurfürst von Köln, Fürstb. von Freising und Regensburg 28–32, 34–36, 41, 44, 66; Abb. 22
Josephsburg 10, 28–31, 34–36, 38–39, 42, 44, 56, 73, 81, 88, 96, 108; Fig. 7; Abb. 19, 36
Josephsburgstraße 11, 17–18, 22, 27, 42, 45, 57, 90, 94, 98, 114; Abb. 2, 12, 53, 55, 57, 75–77, 131–132, 147, 157, 162

Kampenwandstraße 10
Karl V., K. 17

Karl VII., Kg. von Frankreich 35
Karl Albrecht, als Karl VII. Albrecht röm.-dt. K. 29, 31, 35, 37, 40, 50
Karl Theodor, Kurfürst von Bayern 52, 55; Fig. 22
Katholische Arbeitnehmervereinigung im Münchner Osten 116
Katholischer Arbeiterverein 116
Katholischer Männerverein 114, 116
Kathreiner Nachf., Franz, Kolonialwarengroßhandlung 99–100
Keferloh 48
Kern, Bäckerei 98
Kerschensteiner, Georg 80, 82
Kilianihof, s. Kirchmaierhof
Killer, Mathias 52
Kink, Jakob, Lehrer 56–58, 73, 81
Kirchlschneideranwesen, s. Mesnerhaus
Kirchmaierhof (Kiechlmaier), Baumkirchen 62, 64; Abb. 40, 52
Kirchtrudering 10
Kleinmaierhof 11, 22; Fig. 24; Abb. 40
Klinge, Arzneimittelfirma 100; Abb. 165
Klinger, Lehrer 80
Klöster, s. Barmherzige Schwestern, Englische Fräulein
Knoll, Anton, Schuster 47, 60
Knoll, Georg, Schuster 58
Kobnstuhl, Hofgärtner 44
Köglsperger, Philippus Jakobus, Baumeister 39
Köln 37
Kolberer, Christoph, Großmayrbauer 51
Konstanz 25
Krägl, Johann, Schmied 46
Krebsbauernhof 55
Kreillerstraße 19, 46–47, 80, 98, 101–102, 118; Abb. 104, 118, 121, 154, 156
Kreillervilla Abb. 102, 160
Krell, Heinrich 21
Kronseder, Haus Abb. 104

Laim 9
Lantbert, Bischof 12
Leichenhaus 77; Abb. S. 2
Lengrießer, Konrad von, Religionslehrer Abb. 142
Lerchenfeld, Gf. von L.-Aham 21
–, Albrecht von, Hofrat und Kastner 11, 17, 22
–, Christoph von 22
–, Georg Konrad von 22, 24
–, Maria Jacobe von, geb. Rechlingerin v. Haltenberg 22–24
–, Maria Jacobe Schrenckh 22, 25
–, Otto Freiherr von 24
Lerchenfelder, Caspar, Kastner 21
Lerchenfelder, Georg Konrad von 21; Abb. 17
Lichtenegger, Michael, Pfarrer 51
Lindmayer, Bernhard 48
Linke, Parkettfabrik 99; Abb. 99
Liuthram 12
Loreto 23
Loretohof (Ayinger), Wirtshaus 98, 113–114
-kapelle 22–25, 47–48, 50, 55, 57–58, 64, 89; Fig. 5, 16; Abb. S. 2, 12–17, 19–20, 38–40, 93, 136, 165
-steig 23, 57
-stiftung 24
Ludwig, Anton 36
Ludwig IV., der Bayer, K. 10
Ludwig XIV., Kg. von Frankreich 29
Ludwig I., Kg. von Bayern 36, 53, 59, 83, 85, 107
Ludwig-Thoma-Realschule 90
Lüttich 38, 41
Lustheim 26, 29
Die lustigen Steinhauser 118
Lustiger Postillon, Wirtshaus 113–114, 117

Macholl A. G., Gebrüder, Cognac-Brennerei 99; Abb. 98
Männergesangverein Berg am Laim 115
Märkl, Vorstand der Bruderschaft 57
Maffei, Hugo von, Unternehmer 11, 71, 92
Maffei, Joseph Anton von, Unternehmer 71, 92
Mahler, Wilhelm, Bauer 113
Mahlerhaus, Café, s. Gerblhof
Maikäfersiedlung 95–96, 103, 117; Abb. 83–86
Maria Anna, Tochter des spanischen Kgs. Philipp III. 31
Maria Antonie, erste Frau Kurfürst Max Emanuels 27
Maria Eleonora, Kg.in von Polen 31
Maria de la Paz, Tochter des Adalbert und der Amalie von Spanien 86
Maria del Pilar, Tochter von Ludwig Ferdinand und Maria de la Paz von Bayern und Spanien 86
Maria Theresia, K.in von Österreich, Kg.in von Ungarn u. Böhmen 41
Maria Eich 80
Maria-Ward-Mädchenrealschule, s. Institut der Englischen Fräulein
Marie, Kg.in von Bayern, Gemahlin Maximilians II. 86
Markt Schwaben 46
Marschalckh, Georg, Bauer 19
Marxenhaus 45; Abb. 40
Maurus, Abt Abb. 3
Maximilian I., Kurfürst von Bayern 17, 22–25
Maximilian II. Emanuel, Kurfürst von Bayern 25, 27–29, 31–32, 34–37, 42, 50
Maximilian Heinrich, Erzb. und Kurfürst von Köln 29, 55; Abb. 21
Maximilian III. Joseph, Kurfürst von Bayern 44
Max I. Joseph, Kg. von Bayern 42, 52–53, 55, 57
Maximilian II., Kg. von Bayern 85
Mayr, Baron 27
Merkt, Antonie, Institutspräfektin 84
Merl, Ludwig, Schmied 99
Mesnerhäuser
– Baumkirchen 64; Abb. 40
– Loreto 48, 57; Abb. 15, 40
Meßner, Georg, Bauer 113
Mettenleiter, J. M., Radierer 49
Michaelibad 104; Abb. 5
Michaeliburg 10
Michaeli-Gymnasium 90–91, 97, 101
Michaelsbruderschaft 29–32, 34–36, 38–40, 42, 48–49, 55–57, 114; Fig. 9; Abb. 23, 25, 28, 29, 133
Michaelskapelle 28–32, 38, 40–41, 63; Fig. 7–8; Abb. 19, 27
Michaelskirche, s. St. Michael Berg am Laim, s. Michaelsbruderschaft, Michaelskapelle
Milbertshofen 77, 109–110
Miller, Hans, Schäffler 46
Mitterweg 57
Mittlerer Ring 102; Abb. 80
Monte Gargano 31–32, 39; Abb. 35
Montgelas, Maximilian Joseph, Gf. von, bayerischer Minister 52–53, 63
Moosach 22, 76–77, 101
Moosbrugger, Johann 25
Moosburg 57
Mühldorfstraße 75, 100; Abb. 65, 81, 167
Müller, Georg, Pfarrer 51, 63–64, 80
München 9, 11, 15, 17, 21–23, 27–28, 34–35, 38, 41, 44–45, 48, 50, 52, 55, 58, 60, 62, 64–66, 69, 71, 75–77, 79, 82–83, 86–87, 90–97, 99–103, 106–108, 110–111, 114, 117; Fig. 25
Münchner Lagerhaus am Ostbahnhof 99
Münster 37
Musikverband der Eisenbahnerkolonie 117
Mutschelle, Sebastian, Pfarrer 63–64

Napoleon I. Bonaparte, K. der Franzosen 55
Neu-Berg-am-Laim 113, 117
Neumaier, Georg, Bauer 19, 21
Neumaierhof 17, 19, 21–22
Neumarkter Straße 109, 111–112, 151; Abb. 166
Neuperlach 97, 104
Neusöner, Johann Sebald, Besitzer der Hofmark Perlach 30
Neu-Zamdorf, s. Zamdorf
Noirez, Amédée, Lagerinsassin 111
Nymphenburg 26, 83, 87, 90, 97

Oberföhring 11, 60, 76–77, 80
Obermayer, Ziegeleibesitzer 95
Obermayr, Wirt in Zamdorf 114
Obermeier, Lorenz 71
Obermenzing 80
Oefele, Franz Ignaz 30
Offenbarungskirche 116
Osnabrück 37
Ostbahnhof 69, 89, 92–93, 99, 101; Fig. 31
Ostpark, alter u. neuer 96–97, 104
Ottendichl 22, 24
Otto I. d. Gr., K. 12
Otto I., Hzg. 14
Otto III., Hzg. von Niederbayern 16

Pachem 10, 12–13
Paderborn 37
Pasing 115
Passau 62
Perke, s. Berg
Perlach 10–11, 14–17, 80, 107, 116
Pfanniwerke 100
Pfarrhöfe
– alter kath. Pfarrh. (Baumkirchen) 46, 57, 62, 64, 80–81; Abb. 2, 40, 58
– neuerer kath. Pfarrh. 31, 65; Abb. 113
– heutiger Pfarrh. 65
– evangelisches Pfarrhaus 116
Pframmern 12
Philippus, Prior Abb. 3
FC Phoenix 118
Piel, Matthias, Pater 79
Pippin der Jüngere, Kg., Sohn Karl Martells 10
Piuskirche 112
Pizer, Benefiziat 48
Plankenstein, Wirtshaus, s. Schüleingarten
Pödigheim, Ferdinand von 41
Poiger, Franz, Schmied 47, 99, 113; Abb. 56, 87–88
Potzham 11
Praschler, Nikolaus, Pfarrer 40, 63
Preysing, Gf.n von 21, 27

Radfahrervereine Abb. 125–126
Ramersdorf 9–10, 12, 55, 69, 80, 92, 101
Rangierbahnhof 89, 94, 96, 100–111
Recknagel, Heimleiterin 89
Regensburg 62
Reginpald 12
Reindl, Niklas, Zeugnerbauer 51–52
Reiter, Michael, Gemeindediener 73
Rieder, Johann Franz, Amtmann 27
Riedl, Adrian v. Abb. 42
Riedl, Castulus, Wasserbaumeister Abb. 4
Rieger, Ulrich 11; Abb. 3
Riegerhof 17, 19, 46, 51; Fig. 24; Abb. 3, 40, 57, 136
Riem 13, 55, 80, 102-103, 118
Risserkogelstraße Abb. 121
Ritterorden des hl. Michael 35–36, 39–40; Abb. 22, 24
Riva, Antonio 25
Rörlin, Anna 83
Rohde & Schwarz 100; Abb. 167
Rosenheim 57, 59, 66, 92, 95, 100
Rosenheimer Bahndamm 95, 100; Abb. 1
Rosenhof, s. Zeugnerhof
Roth, Joseph, Ziegeleibesitzer 113
Rothschild, Meyer Amschel, Bankier 92
Rottenbucherin, Barbara, Büchsenspannerin 44
Ruedorfer, August, Schmied 46
Ruedorfer, Kaspar, Schmied 46
Ruedorfer, Peter, Schmied 46
Ruedorfer, Thomas 46
Rumolt 12
Rumoltesdorf 12

Salzburg 62, 91–92, 100, 103
Salzburger Straße (s. Josephsburgstraße) 113
Sandrart, Joachim v., Maler u. Kunstschriftsteller 25
Sansovino, Andrea, ital. Bildhauer 31
Schäfflerhaus Abb. 40 (Nr. 14)
Schäfftlmayr, Mathias, Zeugnerbauer 59
Scharnagl, Karl, ehem. Oberbürgermeister 101
Scheitterer, Petrus, Pfarrer 51
Scheyern, Gf.n von 14
Schieder, Leonhard, Mesner 60
Schlösser, s. Hofmarksschloß, Jagdschlößchen, Josephsburg
Schloßhöfe 12, 17, 22, s. auch Neumaierhof, Gelblhof
Schlüsselbergstraße Abb. 82
Schmidbauer, Anton, Taglöhner 56
Schmidt, Hans, Amtmann 19
Schmiedanwesen 17, 19, 45, 70; Abb. 40, 56
Schmiedbauerhaus, s. Bergbad
Schneider, Achazi, Amtmann 19
Schrödl, Hofmarksrichter 55, 58
Schülein, Joseph, Kommerzienrat 115
Schüleinbrunnen Abb. 158
Schüleingarten, Wirtshaus Abb. 118–119, 121
Schuestl, Erhart, Pfarrer 62
Schützenabteilung des Eisenbahnersportvereins 118
Schulwesen 79–91, s. Berufsbildende Schulen, Institut der Englischen Fräulein, Grundschulen, Hauptschule, Ludwig-Thoma-Realschule, Michaeli-Gymnasium, Volksschulen
Schuster, Wolf, Tagwerker 19
Schusterhaus 46–47; Abb. 40 (Nr. 12), 60, 110
Schwabing 9
Sedlmaier, Georg, kgl. Poststallmeister 70
Sedlmair, Gemeindediener und Flurwächter 74
Sedlmayer, Johann, Ziegelfabrikant 71
Seidler, Julius, Bildhauer Abb. 158
Sellmayr, Johann, Ziegeleibesitzer 113
Sendling 9, 12, 14
Simbach 92, 94–95
Sitte, Camillo, Stadtplaner 97
Söldenhäuser, s. Taglöhnerhäuser
Solalinden 14
Sondermayr, S. T., Kupferstecher 38–39
Sophronia, Mater 86
Sozialdemokratischer Verein 117; Abb. 129
Sozialstation 108, 118
Sparverein Neu-Berg am Laim 117
Sparverein Neu-Zamdorf 117
Spaur, Gf. von 83–84
Sportverein Schwarz-Weiß 118
Spreti, Gf. von 55
Springerhof 17, 51, 60; Abb. 40
Starcholf 12
Staudachstraße Abb. 2
Steinbrecher, Matthias, Architekt 86
Steinhausen 73, 95, 118
Steinschneider, Georg, Schuster 47
Stephanspark Abb. 166
Sterler, Alois 56
St. Michael, Maxburgstraße 32, 34

St. Michael Berg am Laim, Pfarrkirche 28, 35, 37–42, 53, 57, 63–64, 66, 89, 103; Fig. 11–12, 14–15, 21; Abb. S. 2; 5, 14, 30–31, 33–36, 40, 159, 168
St.-Michael-Straße 57; Abb. 1, 75, 77, 101
Die Stopsler 114
Straßer, Major 56
Straub, Johann Baptist, Hofbildhauer 40; Abb. 34
Straubing 70
Strauß, Kasimir, Hausmeister 44
Strell, Wirtshaus 47, 98–99, 102, 113; Abb. 40 (Nr. 13), 110, 117, 156
Striegel, Peter, Seiler 99
St. Stephan 12, 57, 61–65, 79, 103; Fig. 23; Abb. S. 2; 6a, 6b, 7, 11, 39, 160, 163
Strobel, Heinrich, Amtmann 28, 45, 54
Stürzlmair, Korbinian, Gerblbauer 18–19
Stürzlmairhof, s. Gerblhof
Stürzlmayr, Hans, Gerblbauer 50
Stürzlmeier, Apollonia, Bäuerin aus Zamdorf 42
Stürzlmeier, Balthasar, Zeugnerbauer 50
Stürzlmeier, Ursula 46
St. Veit
– Kirche 12–13, 55–56, 80–81; Abb. 4
– Straße 13, 80, 101; Abb. 2
– Stift 12–14, 57, 62–64
Swanahilda, bayer. Prinzessin, Gemahlin Karl Martells 61

Tafernwirt, s. Altwirt
Taglöhnerhäuser 48–49, 57–58, 60; Abb. 40 (Nr. 38), 73–76, 159
Tassilo II., agilolf. Hzg., Sohn Theodos 12
Tattenbach, Gf.n von 21
Taufkirchen 17
Tegernsee 10–11, 14; Abb. 3
Thaimer, Bartlmä, Gerblbauer 50
Thalkirchen 9, 80, 94
Thanning 15
Theatinerkirche, St. Kajetan 36
Therese Kunigunde, zweite Gemahlin Max Emanuels, Kurfürstin von Bayern 31
Thoma, Ursula, Schusterwitwe 47
Thomann, J., Riegerbauer 58, 84
Törring, Gf.n von 21
Trägler, Karl, Hafner 99
Trauner, kurkölnischer Gesandter 39
Trausnitzstraße 100
Trudering 10, 13, 46, 55, 80, 108; Abb. 1, 4
Truderinger Straße 95, 109, 111–112; Abb. 126

Unertl, Anton Caietan von 39
Unterbiberg 11
Unterföhring 46, 63
Untergiesing 55
Unterhaching 11–12
Ursentaler, Hans, Großkaufmann 21

Valentin, Karl 99
Venetien 70
Vereine, s. Bürgerkreis, Bürgervereinigungen des Münchner Ostens, Burschenverein, Ettaler Mandl, Evangelischer Verein, Frauen-Sparverein, Gemeinnützige Vereinigung, Katholische Arbeitnehmervereinigung, Katholischer Arbeiterverein, Katholischer Männerverein, Die lustigen Steinhauser, Musikverband der Eisenbahnerkolonie, FC Phoenix, Radfahrervereine, Schützenabteilung, Sozialdemokratischer Verein, Sparvereine, Sportverein Schwarz-Weiß, Die Stopsler, Verschönerungs-Verein der Eisenbahnerkolonien München-Ost 117
Vicelli, Antoni, Bildhauer 63
Violante Beatrix, Tochter Ferdinand Marias 34
Voglhof, Baumkirchen 62, 65; Abb. S. 2; 40, 46, 163
Volksschule an der Baumkirchner Straße 76, 82, 85, 107, 116; Abb. 128, 143; Eremitenschule 13, 80; Gemeindehaus 81; Abb. 144; Zentralschule in der Josephsburg; s.a. Grundschule, Hauptschule 58, 81, 84; Abb. 40 (Nr. 45)
Vordermeier, Maria 46–47
Vorwärts, Vergnügungsverein 117

Waldstraße 109
Ward, Maria, Ordensgründerin 83
Warngau 15
Wasner, Jakob, Flurwächter 74
Wasserburg 57
Weber, Gerichtshalter 58
Weber, Georg, Leinweber 46
Weberhaus 46; Abb. 40 (Nr. 15), 59
Weilheim 11
Weinberger, Kaspar, Ziegelmeister 49
Weinhauser, Hermann, Bezirksausschußvorsitzender 75
Weißes Bräuhaus, Wirtshaus 98, 118; Abb. 103
Wengle, Bartholomäus, Glockengießer 62; Abb. 8
Wening, Michael, Kupferstecher 11, 19, 26, 29; Fig. 6–7; Abb. 19
Werdenfels 25
Weyarn, Kloster 24
Wiedenbacher, Michael, Ziegelschneider 46
Wild, Mathias, Taglöhnersohn 105–106
Wilhelm IV., Hzg. 17
Wilhelm V. d. Fromme 17, 20, 28
Winkler, Paul, Schmied 46
Winning 11
Wirtshäuser, s. Altwirt, Weißes Bräuhaus, Berger Weinbauer, Geflügeltes Rad, Humplmayer, Loretohof, Lustiger Postillon, Plankenstein, Schüleingarten, Simon Graf, Strell
Wörnbrunn 16–17
Wolff, Andreas, Kunstmaler 30; Fig. 8
Wolfmeier, Franz Xaver, Pfarrer 64
Wolfratshausen 14–16, 18, 63; Fig. 4
Wuchner, Karl, Glasmanufaktur 99
Würnzl, Franz de Paula, Hofsekretär 35, 38, 40–41, 63; Fig. 13–14
Wurster, Michael, Bauer 19

Xaverius, Franz, Jesuit 24

Zamdorf 10, 13, 42, 46, 55–56, 60, 62, 69, 71, 73, 80, 95, 113–114, 118
Zamdorfer Weg 46, 113
Zehetmeier, Martin, Schmied 46
Zeichinger, Michael, Zeugnerbauer 19–20
Zeugnerhof 17–20, 50, 70, 104; Fig. 24, 40, 53
Zimmermann, Johann Baptist, Stukkateur 39; Abb. 35
Zuccalli, Enrico, Hofbaumeister 29–30

KLINGE PHARMA

Arzneimittel nach dem Vorbild der Natur

Forschung

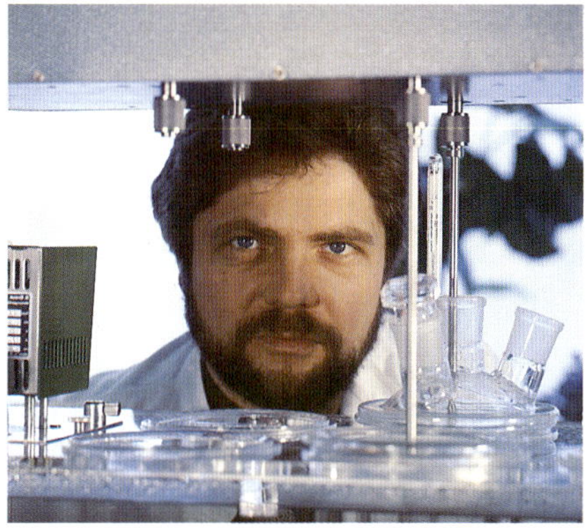
Entwicklung

Produktion

Konfektionierung

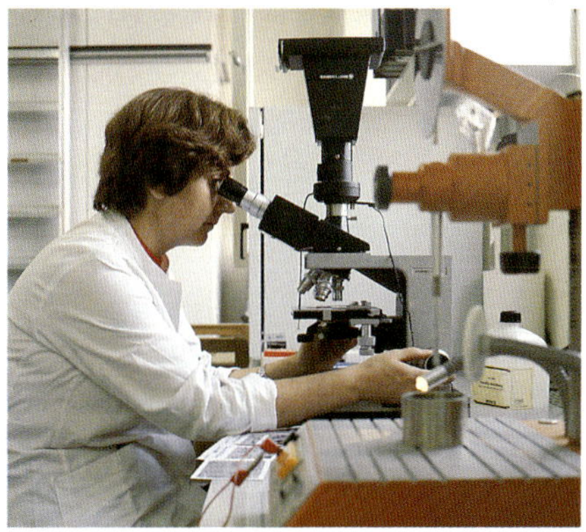
Qualitätskontrolle

Arzt-Gespräch

Partner der Apotheke

Ausbildung

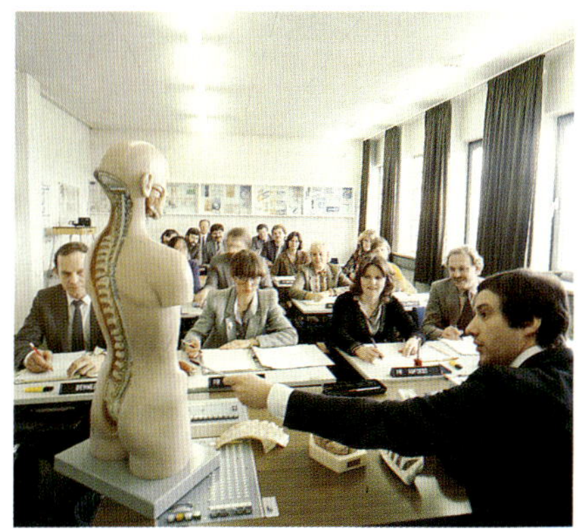
Weiterbildung